U0917289

匈奴帝国史

History of Xiongnu Empire

陈序经 著

应急管理出版社
·北 京·

图书在版编目（CIP）数据

匈奴帝国史/陈序经著．－－北京：应急管理出版社，2020（2022.1 重印）

ISBN 978－7－5020－8297－0

Ⅰ.①匈…　Ⅱ.①陈…　Ⅲ.①匈奴—民族历史—研究　Ⅳ.①K289

中国版本图书馆 CIP 数据核字（2020）第 193954 号

匈奴帝国史

著　　者　陈序经
责任编辑　高红勤
封面设计　设计装帧粉粉猫

出版发行　应急管理出版社（北京市朝阳区芍药居 35 号　100029）
电　　话　010－84657898（总编室）　010－84657880（读者服务部）
网　　址　www. cciph. com. cn
印　　刷　北京楠萍印刷有限公司
经　　销　全国新华书店

开　　本　710mm×1000mm $^{1}/_{16}$　**印张**　$30^{1}/_{2}$　**字数**　400 千字
版　　次　2021 年 1 月第 1 版　2022 年 1 月第 3 次印刷
社内编号　20201232　　**定价**　88.00 元

出版说明

陈序经，字怀民，广东文昌市（现属海南省）人。著名的历史学家、社会学家、民族学家、教育家。曾就读于复旦大学，曾任岭南大学校长、中山大学副校长、暨南大学校长、南开大学副校长。陈序经毕生从事社会学的教学和研究，尤其重视文化研究，提倡在中国创立“文化学”。

《匈奴史稿》是陈序经教授的遗著，本书全面介绍了有关匈奴历史的中外史料和研究成果，可以说是对匈奴历史研究集大成的著作。作者通过深入的研究，描绘出古匈奴人生活的地理环境、经济生活、宗教意识、语言和政俗、文化观念等各个方面，论述了匈奴族的兴起、强盛、迁移与衰亡的全过程，皆能放在世界历史与欧洲历史的背景下，高屋建瓴，引用各类文献典籍加以考据，同时指正一些学者的错误，一一加以驳斥，对匈奴文化的起源与异族文化的融合以及匈奴的历史迁移都做了尽可能详备的阐述，是到目前为止有关匈奴史研究成果中分量最大、资料最多、涉及面最广、学术水平最高的，研究匈奴历史的扛鼎之作。

本次出版以相关版本为底本，参照作者手稿加以校订，除对部分讹误及人名、地名进行了统一外，尽可能保留了原稿的风貌。针对读者需求，本次出版将书名更名为《匈奴帝国史》，如有错漏，万望教正。

作者自序

关于匈奴见诸记载的历史，自公元前 3 世纪头曼时代至公元 5 世纪阿提拉逝世，约有七百年之久。在汉武帝时代，匈奴遭受西汉王朝的严重打击。公元前 1 世纪中叶，呼韩邪单于降汉之后，匈奴分为南北二部。南匈奴迁居边塞以至塞内，在两晋时代，是所谓“五胡乱华”之首。可是到了 5 世纪的上半叶，后魏克姑臧、赫连勃勃与沮渠蒙逊所建立的国家灭亡之后，东亚的匈奴王朝便再也没有见于中国史书，只有匈奴后裔或支派如屠各或稽胡，直到隋唐，还散见于史书的记载。

北匈奴则往西方迁徙。迁到葱岭、大宛以西地方者，前汉时期有郅支，后汉时期有悦般。前者被甘延寿与陈汤攻破，后者被耿秉与窦宪攻破。此后北匈奴的余众到乌孙西北建国，历史似乎也不太长。

4 世纪中叶左右，黑海北部与罗马帝国之东，有一个国家叫做粟特，匈奴曾杀其王而有其国。到了 4 世纪的下半叶，匈奴人又从罗马帝国的东境侵入欧洲，到达现在的匈牙利、意大利、德意志以至法兰西等处，使整个欧洲受到极大的震动，引起欧洲民族的大迁徙与变动，对于此后欧洲的历史有很大的影响。

匈奴的历史，无论对于亚洲、欧洲和世界的历史，都有很重要的意义。关于匈奴的起源、匈奴的强盛、匈奴的衰亡，以及匈奴如何从其故地西迁至葱岭以东和以西的西域乃至到达东欧与西欧，这都是很值得我们研究的问题。

西欧学者二百多年来，以及少数日本学者数十年来，对于匈奴的历史，写过一些论文与著作。他们对于欧洲方面的资料虽然很熟悉，可是对于中国的丰富史料还未充分地利用。

我尽量搜集我国与欧洲有关匈奴的史料，加以整理，期望使匈奴的历史得到较为完整的面貌。但有不少资料，可能我还没有看到。希望对于这个问题有兴趣的人加以补充与指正。

目 录

第一编 匈奴史通论

第二编 匈奴与中国

第三编　匈奴西迁入欧始末

第一编　匈奴史通论

第一章　有关匈奴历史的中国史料

关于匈奴历史的文字记载，最古的是中国的史书。近代的一些考古学者，曾在我国北部的蒙古高原与西域，这就是古代匈奴人居住过的地方，发掘出一些古迹与古物。但正如《史记》与《汉书》所说，匈奴“毋文字”。所以，如果没有中国的记载，即使人们找到这些古迹与古物，可能也不知道这些东西是属于古代匈奴人所遗留的。

在欧洲的历史上，也有关于匈人（Huns）的记载。匈人之在欧洲者，在其强盛时代，兵威震动了整个欧洲，唯时间只有百年左右。史书记载匈人在欧洲的活动既少，且零碎片断。即如参加过东罗马帝国使团出使匈人王庭的普利斯库斯（Priscus）的很宝贵的出使记录，也只是叙述这个使团的所见所闻，对于匈人在欧洲的历史，也只是相当一章一节而已。

不仅这样，欧洲的匈奴本来是来自中国北部的高原或北亚，中国史书既没有记载匈奴人到过欧洲，欧洲的史书也没有说过欧洲的匈人是来自中国的北部，可是经过两个世纪以来的历史学者的研究，尤其是从中国古书所载的匈奴西徙过程来看，现已证明，欧洲的匈人就是中国史书所载的匈奴。这样，要想研究匈人的历史，从中国史书着手之必要是更为明显了。

《史记·匈奴列传》可以说是世界上关于匈奴历史的较有系统、较为全面的最古的记载。在这以前，虽然也有关于匈奴的记载，如《战国策》、《淮南子》、贾谊的《新书》等，可是这些记载多是片断的，是针对有关匈奴的某个问题来发议论的。

《史记》卷一百三十《太史公自序》中说："自三代以来，匈奴常为中国患害；欲知强弱之时，设备征讨，作《匈奴列传》第五十。"《史记·匈奴列传》开头就从其祖先来源说起，说匈奴的祖先是夏后氏的苗裔，经过的时间为商、周与秦，约两千年。似乎以为在唐虞以上叫做山戎。它又把匈奴人的生活习惯加以叙述，然后从公元前3世纪的匈奴单于头曼说起，经过冒顿、稽粥，老上单于，以至且鞮侯单于时代（公元前101—前96年）与狐鹿姑单于时代（公元前96—前85年），至李广利降匈奴时止（公元前90年）。

司马迁在《匈奴列传》中，直到叙至战国时代或是赵国李牧时代时，才用匈奴这个词。他指出："冠带战国七，而三国（按，指燕、赵、秦）边于匈奴，其后赵将李牧时，匈奴不敢入赵边。"

在战国或李牧时代之前，司马迁对于中国北部，包括东北与西北的外族，用了很多不同的名词去称呼。这些名词的差别，似乎因时代不同而各异，或因地域不同而异。他说夏后氏的苗裔叫淳维，但又说"唐虞以上有山戎、猃狁、荤粥，居于北蛮"，"夏道衰，而公刘失其稷官，变于西戎"。其后二百年，又有戎狄，攻大王亶父。周西伯时代有畎夷氏，"周道衰而穆王伐犬戎"。齐桓公时代有山戎，晋文公伐的则是戎翟。翟有赤翟、白翟。戎有西戎、绲戎、义渠、大荔、乌氏、朐衍等多种戎。晋北有林胡、楼烦之戎，燕北有东胡、山戎。"往往而聚者百有余戎，然莫能相一。"后来"燕有贤将秦开，为质于胡"。"胡"是较后采用的名词，但除"胡"作为一个专门名词之外，还有林胡、东胡。

"胡"常用以指匈奴。"始皇帝使蒙恬将十万之众北击胡"，这个胡就是指匈奴。但东胡则是后来的鲜卑与乌桓，在民族上是有别于匈奴的。林胡是否为匈奴或东胡或其他种胡，则不得而知。

在战国或战国末年以前，匈奴的历史是很不清楚的。司马迁写《匈奴列传》时可能也还没有弄清楚，而把我国北边，包括东北、西北的不同民族都列举出来作为绪言，不一定是说这么多的不同民族都是匈奴人或其祖先。

只有秦以后，即匈奴单于头曼以后的匈奴的历史，司马迁才搞清楚，每个单于不单名号记下来，而且记了在位年数和在位期间的大事。我们今天能够知道自公元前3世纪至汉武帝时二百多年间的匈奴的历史，不能不归功于司马迁。而且《史记》以后的史书，如《汉书》《后汉书》等也是跟着司马迁做法去记载匈奴的历史。从这方面来看，司马迁可以称得上匈奴史之父，其实他也可以说是中国史之父。

司马迁《史记·匈奴列传》和后来的史书的匈奴传所记载偏重于华族与匈奴的关系，至于匈奴内部的情况和匈奴与其他民族的关系则记载不多。华族是匈奴的劲敌，华族与匈奴的关系，在匈奴的历史上占最重要的地位。华族因为要抵抗匈奴，攻击匈奴，华族与匈奴便竞相争取东胡，尤其是争取西域。所以在军事上、外交上、商业上，不止与匈奴有直接关系，而且与东胡尤其是与西域——西至新疆葱岭以西的中亚细亚，以至黑海、印度、波斯，也有直接关系。所以，一部匈奴史，也可以说是一部华族与其北边、东北、西北民族的关系史。司马迁《史记》中的《大宛列传》，就是后来史书中之西域传。研究《史记·匈奴列传》的人，不能不读《大宛列传》。所谓“断匈奴右臂”，“右臂”即西域。西域被汉王朝控制之后，匈奴在人力、物力、财力上，都受到很大打击，这与匈奴的衰弱有密切的关系。

《汉书》卷九十四《匈奴传》分上、下两传。传上从最古至公元前58年（宣帝神爵四年），传下从这时到更始时代（公元23—24年）。

班固在《汉书》卷一百的《叙传》中说，他的先世曾居楼烦，前汉元帝时（公元前48—前33年）其先世有班伯者，曾以为“家本北边，志节慷慨，数求使匈奴。河平中（公元前28—前25年）单于来朝（按，为复株累若鞮单于于公元前25年来朝），上使伯持节迎于塞下”。班固的父亲班彪对于当时朝廷对匈奴的政策曾有所论列，班固自己还陪窦宪、耿秉带领军队去打过匈奴。窦宪击败匈奴，至燕然山刻石记功，碑文就是班固所撰。他的弟弟班超，曾在西域三十余年，建立功业“断匈奴右臂”，所以班固对于匈奴不仅有书本与公文的智识，而且有实践的体会，虽则他只记了前汉匈奴的情况。

《汉书·匈奴传·上》除李广利投降匈奴以后的历史外，其上半部分主要是抄录《史记·匈奴列传》。司马迁所叙述的匈奴史，只到汉武帝在位的一部分时间。虽然汉王朝与匈奴战争的高潮在《史记·匈奴列传》中已有记载，但是与这个高潮不可分割的后来的历史，有了《汉书》《后汉书》和后来的史书的记载，我们才能看到匈奴历史的全貌。从这一点看，《汉书》的记载，所占的时间较长，所叙述的也较为详细，这对于后来研究匈奴史的人有很大的帮助。

司马迁的《史记·匈奴列传》中有篇论赞，对当时汉武帝的大事征伐匈奴有所谴责，但文字极简单。班固的《匈奴传》论赞则把前汉的所谓忠言嘉谋之臣对匈奴的意见加以综合叙述，并表示了自己的看法，这也是研究前汉时期匈奴史的人应该注意的。

范晔的《后汉书》中有《南匈奴列传》，对于北匈奴的历史只是在《南匈奴列传》中附带地加以叙述。他的《南匈奴列传》始于后汉初年的南匈奴醢落尸逐鞮单于比，终于后汉末年的呼厨泉单于。呼厨泉单于于献帝建安二十一年（公元216年）来朝，曹操留他在邺，另使其右贤王去卑回到平阳，监管匈奴的五部国。

范晔《后汉书》之所以只为南匈奴立传而不为北匈奴立传，大概是因为南匈奴接近我国的边塞，关系较多，故史料亦多。而北匈奴则远在塞外，且往来无常，情况既不清楚，史料自不易得。可是尽管如此，在《南匈奴列传》中，也有许多处是叙述北匈奴的。而且，南匈奴自呼韩邪降汉以后，成为汉朝属国，虽然有时反抗汉朝，但也往往帮助汉朝征伐北匈奴。因而从《南匈奴列传》中，也可以得到不少北匈奴的史料。

东汉时，很少征伐南匈奴。无论在军事上或外交上，主要对象是北匈奴。如窦宪深入漠北，大破匈奴，这个匈奴便是北匈奴。班超在西域经营三十余年，其对手主要也是北匈奴。可惜当时对于北匈奴的情况，只是当北匈奴扰乱边境时，汉廷才特别注意，而当败走后，人们就不去追究了。如公元91年，北单于为右校尉耿夔所破，《南匈奴列传》就说：“逃亡不知所在。”其实只是汉人不知其“所在”，他们可能更往西北走，可能后来杀死粟特王而占有其国的一部分，也可能就是侵入欧洲的匈奴人的先人。

陈寿所撰的《三国志》没有匈奴传。只在武帝曹操的传记中，片断地记载匈奴的事情。《魏志》卷三十注引鱼豢《魏略》：“赀虏，本匈奴也。”曹操既留呼厨泉单于于邺，而遣其右贤王去卑监其国，匈奴可以说是完全受制于曹魏。这些匈奴人既与汉族杂居，逐渐也就同化了。

《晋书》卷九十七《北狄·匈奴》，篇幅有限，仅一千一百字，对汉末以来的匈奴人之入塞者仅作简单的叙述，并指出：“北狄以部落为类，其入居塞者有屠各种、鲜支种……凡十九种，皆有部落，不相杂错。屠各最豪贵，故得为单于，统领诸种。”此外，在“载记”中，对于“五胡乱华”时的刘元海、刘聪等作了较为详细的叙述，对且沮渠蒙逊等，为研究匈奴历史提供了宝贵的资料，对赫连勃勃也作了较为详细的叙述。

《史记》《汉书》《后汉书》《晋书》中有关匈奴的史料不仅见于各书的匈奴传，也散见于帝王本纪、臣僚列传、西域传或其他传记中，对一些具体事件的记述也更详细。如《张骞传》中关于张骞被匈奴扣留后逃走的经过，《陈汤传》中陈汤征伐郅支单于的经过等，均可为匈奴传之补充，而为研究匈奴历史的宝贵史料。

《史记》《汉书》《后汉书》都有后人为之作注，不但对于年代、地名、事件等多有注解，有的还发表个人或转述他人意见。如《史记·匈奴列传》说霍去病“将万骑出陇西，过焉支山千余里……破得休屠王祭天金人”。裴骃在《集解》中说：“案《汉书音义》曰：‘匈奴祭天处本在云阳甘泉山下，秦夺其地，后徙之休屠王右地，故休屠有祭天金人，象祭天人也。’”司马贞《索隐》引崔浩说：“胡祭以金人为主，今浮图金人是也。”张守节的《正义》中说：“按，金人即今佛像，是其遗法，立以为祭天主也。”祭天金人是匈奴原有的神像，还是外来的佛像或浮图金人，这是一个值得讨论的问题，所以注释者本人的或转引他人的意见均值得商榷。

又如清梁玉绳在《史记志疑》中指出，乐彦[1]《括地谱》中所说匈奴的祖先淳维就是獯粥是错误的。理由是淳维既是夏后苗裔，那么匈奴就与唐虞以上的山戎、獯粥或猃狁不同种族。《史记志疑》又说："史讫太初，不及天汉，故《索隐》于且鞮侯以下引张晏云：'自狐鹿姑单于已下[2]，皆刘向、褚先生所录，班彪又撰而次之，所以《汉书·匈奴传》有上下两卷。'至其所载亦多误。如单于归汉使，苏武使单于，皆天汉元年事，而此误在太初四年。匈奴妻李陵，乃陵降数岁后事，而此误以陵降即妻之。贰师出朔方，步兵七万人，而此误作十万。贰师降匈奴，其家以巫蛊族灭，俱征和间事，而此误叙于天汉四年，何足信哉？"这些看法，对于研究匈奴历史都有一定的作用。

此外，在其他史书中，如《战国策》、后汉明帝撰修的《东观汉记》、晋袁宏的《后汉纪》、宋司马光的《资治通鉴》与元胡三省的《注》等等，都是研究匈奴史的重要史料。

诸子书中有关匈奴的记载也不少。如《淮南子·原道训》，贾谊《新书》里的《匈奴》篇，桓宽《盐铁论》里的《备胡》篇、《论功》篇，以及乐产的《括地谱》、郦道元的《水经注》、杜佑的《通典》、马端临的《文献通考》和清代的《古今图书集成》中，都有关于匈奴的史料，可供参考。

近代国内研究匈奴史学者，当首推沈维贤。其《前汉匈奴表》与《后汉匈奴表》写于清末，《例言》中述及何秋涛的《朔方备乘》，则其书系成于何著之后。开明书店《二十五史补编》中有这二表。编者云，据学古堂日记本及铅字排印本，但前表《例言》中云有图，而这两种版本都没有图。两表共约五万言。

《前汉匈奴表》始于汉高祖二年（公元前205年），终于淮阳王更

[1] 按中华书局标点本《史记·匈奴列传》乐彦作乐产，《史记志疑》误。

[2] 狐鹿当作且鞮。

始三年（公元 24 年）。汉高祖二年冬十二月，汉曾缮治河上塞，即河上郡北境与匈奴交界处。更始三年是夏飒等自匈奴返汉的一年。

《后汉匈奴表》始于光武帝元年（公元 25 年）。这一年，汉王朝拜王莽时代郡中尉苏竟为代太守，使固塞以拒匈奴。同年，安定人卢芳自称上将军西平王与匈奴和亲，匈奴迎之立为汉帝。后表终于汉献帝建安二十一年（公元 216 年）。两个表共四百二十一年。

两汉匈奴表虽为记匈奴与两汉史实，但也记西域事。《前汉匈奴表》的《例言》说："西域与匈奴异矣，然汉使未通以前，匈奴置僮仆都尉以领之，来塞为寇，资其供给。自破姑师，结乌孙，而虏失西方之援，益北，其入塞道益远。而汉转合乌孙，入其右地，故西域者，北伐之门户也。辄举武宣以来，经营之略并著之。"其所据史料，《例言》云："是编引史汉、荀纪、通鉴及纲目本文，有减无增。若夫补阙拾遗，则兼及群籍。有所订正，附注于下。其为前人所纠，当采者，表而出之，或参以管见。至诸子所称，若木女解厄，月氏贡鸡，事涉恢奇，所不敢取。"对于汉代人的疏表策论也有采取。《例言》又说："一代之事，其所得失，当时能者言之了然。如晁错三策，充国议屯田，侯应论边备，或有裨于一时，或为法于来世，顾不能入正文，弃之则又无以资考镜，爰附注于下，以明建策诸臣谋国之心，且以为引伸触长之助。"

《前汉匈奴表》分为四卷，《例言》云：

> 自刘敬倡为和亲，捐子女玉帛以畀单于，而单于反以滋倨侮。至于文景，岁罹其患。盖匈奴方强，而汉示弱以骄之，则贾生所谓倒悬之势也。故以高帝迄孝景六十六年（公元前 206—前 141 年）为一卷。武帝选将练兵，拓地数千里，然每有克获及系累虏使，匈奴辄取偿焉。盖虏势犹盛，而数得汉奸，稔悉亹寓故也。然自天子决计，罢和亲，而将士作气，匈奴自此弱矣。故以武帝五十四年（公元前 140—前 87 年）为一卷。
>
> 自昭宣出师，其所克捷，不逮卫霍，而匈奴遂诎体称藩。盖自

武帝掊击之后，边民习于战斗，器械精利，烽火严明，犯塞者少利。而匈奴已衰，又内相诛夷，汉因而奠定之，所谓以全制其极也。故以昭帝讫平帝九十一年（公元前 86—公元 5 年）为一卷。

班史诸表，不及孺子婴，以新莽居摄，汉祚已移故也。至匈奴传则兼及莽事。夫汉家外攘之绩，实败于莽，揽搆衅之由，可悟安辑之术。故遵纲目，用分注纪年而冠以孺子婴，殿以更始。凡二十一年（公元 6—24 年），为附录一卷终焉。

《后汉匈奴表》分上下两卷，没有像《前汉匈奴表》那样每卷加以说明。上卷始光武建武元年（公元25年），终章帝章和二年（公元88年），共六十三年。下卷始和帝永元元年（公元89年），终献帝建安二十一年（公元 216 年），共一百二十七年。沈维贤之所以这么标分为二卷，这大概是以窦宪、耿秉大破匈奴为分卷界限。汉和帝永元元年，窦宪和耿秉于稽落山大败匈奴，斩名王以下万三千级，获生口甚众，诸裨小王率众降者二十余万人，窦宪与耿秉率众登燕然山并刻石纪功。燕然山即今之土谢图汗部杭爱山，离汉塞三千余里。匈奴经此次大败之后，北匈奴遂愈西徙。

二表均以年为纲。在某一年中，凡有关于汉与匈奴的事件都归并在这一年内，与《资治通鉴》之记事略同。纪年则以两汉皇帝之年号为纲领而非以匈奴单于为主体，也就是说依照《史记》《汉书》《后汉书》的叙事方法。

匈奴在中国古代历史上所占地位的重要是为人们所知的，可是两千多年来，除《史记》《汉书》《后汉书》的匈奴传中做了较为详细、系统的叙述之外，在很长的时间中，只有少数学者做些注解工作。沈维贤能把有关两汉时期的匈奴的主要材料，包括对一些注解的看法，整理成匈奴表，为研究匈奴的人提供不少方便。可惜他的匈奴表只限于两汉。虽然两汉时代的匈奴在中国历史上所占的地位最重要，但如能在表内对前汉之前与后汉之后的历史加以叙述，使来龙去脉有简略的介绍，贡献就更大了。

另外，沈表的叙述主要是纵的方面，对于匈奴的社会生活、风俗习惯，如《史记》《汉书》那样简单的叙述也没有，则亦为一缺点。

近代我国人之注意到匈奴西迁欧洲者，以徐继畬为较早。他曾于道光二十三年（1843 年）到厦门，从美人雅俾里处得到欧洲地图。次年，又到厦门搜访地图和关于欧洲历史的书籍，并请人翻译。嗣以五年时间成《瀛寰志略》十卷，当时很受人们重视。清同治五年（丙寅，1866 年）“总理衙门”为之刊行。

书中卷五“奥地利亚国”中记载：“奥地利之匈牙利地，在国之东界，古时匈奴有别部，转徙至此，攻获那卢弥。”卷六“意大利亚列国”中云：“东汉和帝九年（公元 97 年）。王大喇壤嗣位，时匈奴侵北部，命将击走之。王性宽惠，矜庶狱，有仁声。晚岁好土木，比顽童，论者惜其不终。继立之王好武，屡伐匈奴，胜之。顺帝十二年（公元 137 年），王安敦嗣立，博物好古，明于治体，修律度，振纲纪，号为中兴。时匈奴逐水草屡犯边，王亲率大兵，渡河深入，不解甲者数年，穷追至北海，犁其庭幕，伏尸百万，由是烽燧销息，数十年无鸣吠之警。”

“那卢弥”不知是否潘诺尼亚（Pannonia）的对音，“大喇壤”应为罗马皇帝图拉真（Trajan，约公元 53—117 年）。其谓古时匈奴别部转徙到匈牙利，应为中国人知道匈奴侵入匈牙利之最早的记录。至又谓和帝九年（公元 97 年），匈奴侵入欧洲，被罗马皇帝大喇壤赶走，这是错误的。又谓罗马皇帝安敦亲率大军，追击匈奴至北海，并犁其庭幕，伏尸百万，这也是错误的。

关于这一点，洪钧在《元史译文证补》卷二十七上《西域古地考一•康居奄蔡》的注解中说：“《瀛寰志略》谓东汉顺帝时匈奴犯罗马，罗马王安敦穷追到北海，犁其庭幕，伏尸百万。闻诸西人，罗马是时并无其事，不知志略何由致讹。今译罗马书，乃知必是沙隆（Chalon）之战，阿提拉国之灭。特年代不合，而追至北海之说则全无影响也。”

徐氏作《志略》在鸦片战争之后不久，当时我国人对西欧历史的知识十分浅薄，而徐氏于厦门所见之美人，对于匈奴侵入欧洲的历史也不一定熟悉。尽管时间上有误，但在当时能知道匈奴曾侵入欧洲，应该是一种新见识。

洪钧也是我国较早注意到匈奴人迁移于欧洲与击败罗马帝国的历史的人。洪钧于清光绪十五年（1889 年）出使俄、德、荷、奥诸国达三年之久，出使期间，他也找人译火者拉施特丁与多桑（C. D' ohs son）等人的著作，根据有关《元史》的一些材料，撰《元史译文证补》。该书卷二十七上《西域古地考一・康居奄蔡》条云：

> 东汉时有郭特族人（Goths）亦自东来，其王曰亥耳曼（Hermanridk），粟特族人败溃不复振。晋时匈奴西徙，其王曰阿提拉（Attila），用兵如神，所向无敌，亥耳曼自杀，其子威尼达尔（按，亥耳曼的儿子是 Hunimind 人　　作者注）率郭特人西窜，召集流亡，别立基业。（按，其子曾降于匈奴人，在匈奴人统治之下得到半独立——陈注。）阿提拉复引而西，战胜攻取，威震欧洲，罗马亦惮之。立国于今马加之地，希腊、罗马、郭特之人多为其所抚用，与西国使命往来，坛坫称盛，有诗词歌咏皆古时匈奴文字（原注：罗马有通匈奴文者，匈奴亦有通腊丁文者，惜后世无传焉）。罗马史称阿提拉仁民爱物，信赏必罚，在军中与士卒同甘苦。子女玉帛，一不自私。邻国贡物，分颁其下。筵宴使臣以金器皿而自奉俭约，樽簋以木。将士被服饰金，而己则惟衣皮革。是以遐迩咸服，人乐为用。宋文帝元嘉二十八年（公元 451 年），阿提拉西侵佛朗克部（原注：即今法国，时为罗马属地），罗马大将峨都思（Aetius）率郭特、佛朗克等众御之，战于沙隆之野（原注：在今巴黎东四百里），两军死者五十万人，阿提拉败归，南侵罗马，毁数城而去。寻卒，诸子争立，国内乱，遂为罗马所灭。

他又说：

> 当郭特之未侵粟特也，有部落曰耶仄亦（Aorsi），居里海西高喀斯山北，亦东来族类而属于粟特。厥后郭特、匈奴相继攘逐，独耶仄亦部河山四塞，恃险久存，后称阿兰，亦曰阿兰尼，又曰阿思……今按耶仄亦即汉奄蔡……郭特之名，华书无征。《魏书·粟特传》，匈奴杀其王而有其国，传至忽倪已三世，稽其时序，似即郭特王亥耳曼自戕之事，而不合者多，难于论定。郭特西徙，因其故王之名，遂有日耳曼之称。……罗马抚用其众，资其勇力。既灭匈奴，而罗马亦为郭特所灭，今德意志列邦皆郭特之后，故亦称日耳曼，泰西诸国青目赤发之人，大率为其苗裔。

洪钧的记载比徐继畬详细确实。徐书成于19世纪前期，当时我国人对欧洲历史的知识很少，且其材料的来源间接而又间接，所以他很难知道匈奴西侵的经过。洪书成于19世纪末期，他本人又曾出使欧洲各国，虽他自己不懂外文，但他除了请人代译西籍，还直接与一些外国人商谈，所以他的《元史译文证补》在元史的研究上有一定贡献，虽然也有不少错误。

洪钧除了注意到匈奴西侵的史实之外，还注意到《魏书·粟特传》中所说的匈奴灭粟特而有其国的记载。他说粟特的位置在里海与黑海之北，这是相当正确的。他虽然没有注意到匈奴从东方逐渐迁到粟特的过程，但粟特是匈奴从东方到西方的一个很重要的据点。他可能没有认识到这是研究匈奴西侵史中的极为重要的事，但是他能把这个记载提出来，说明他对史料很熟悉。

洪钧虽然批评徐继畬对于匈奴西侵罗马的时间问题没有弄清楚，但他自己也同样地把阿提拉误为亥耳曼的同时人，以为亥耳曼的自杀是因为抵抗不住阿提拉。这是错误的。

匈奴人侵入哥特人所统治的地区是在4世纪下半叶，较大批的匈奴人侵入这个地区在公元374年，这时的东哥特王是赫尔曼利克，即洪钧所说的亥耳曼。赫尔曼利克是一位有才略的君主，他的声誉在哥特人中相当于希腊的亚历山大（Alexander the Great），他不只扩充东哥特成为一个大帝国，而且使西哥特及其西边的邻国都处在他的势力范围之内。可是到匈奴侵入东哥特时，赫尔曼利克已是一位老人，当他的军队败于匈奴时，就感到他自己没有力量去抵抗或击退敌人。他不愿再看到他的军队失败，更不愿看到他手创的大帝国被摧残，所以才自杀。他的自杀应在公元 374 或 375 年，可是这时匈奴的领袖并不是阿提拉而是乌尔丁（Uldin）。乌尔丁之后还有俄塔（Oktar）与其弟卢阿（Rua）或称卢加（Ruga）。东罗马皇帝狄奥多西（Theodosius）在公元 434 年派使者去看匈奴领袖时，卢阿刚死不久，统治匈奴人的是他的侄子布雷达（Bleda）与阿提拉。卢阿死于公元 445 年，他死后才由阿提拉独管匈奴。阿提拉之侵入欧洲是在 5 世纪中叶，而赫尔曼利克是 4 世纪下半叶的人，时间相差达五六十年之久。

洪钧记载的关于匈奴的西侵的事情虽然很简略，除时间上有误外，还有一点值得商榷。洪钧说匈奴有诗词歌咏，皆古时匈奴文字，在注解中又说罗马有通匈奴文者。但《史记》和《汉书》的匈奴传上都说匈奴“毋文书，以言语为约束”。范晔《后汉书·南匈奴列传》也说匈奴“主断狱听讼，当决轻重，口白单于，无文书簿领焉”。都明确地说匈奴没有文字。不过，匈奴威加欧洲，阿提拉时代又与许多国家办交涉，光凭口传，似亦不可能，而应采用某种形式的文字，说不定将来会发现。

又洪钧说罗马史称阿提拉“仁民爱物”，这可能是一面之词，因为从当时的欧洲人来看，他是一个杀人最多的人。

我国人注意到欧洲人对于匈奴的研究者还有姚从吾。他在德国留学时，曾写过一篇关于欧洲学者研究匈奴的论文，刊登于北京大学《国学季刊》第二卷第三号（1930 年出版）。该文《导言》中所叙匈奴与西方的关系，与我们以上理解的差不多。他又说：

> 欧洲学者关于匈奴的研究，大都将问题集中在两个焦点：第一，

中国古史中的匈奴是否即是欧洲第5世纪的匈人；第二，匈奴与匈人究属什么种族。研究第一个问题的学者自法人得几内(J.Deguignes)起，到现在荷兰人底哥耨提（J.J.M.de Groot）发表的《纪元前的匈人》（*Die Hunen der vorchristlichen Zeit*，1921）止，中间虽有异议，但大体上已经确定、肯定，中国史书中的匈奴即是欧洲第5世纪的匈人(Hunni，Hunnen)。第二个问题至今仍是纷纭不定，莫衷一是，大约有下列各种说法：

(一)匈奴与匈人都是蒙古族。主张这一说的有帕拉斯(Pallas)、白哥曼（Bergmann）、施米特（J.J.Schmidt）、毕叔林（Bischurin）、诺约曼（Neumann），与英国著名的蒙古史家霍渥儿特（H.Howorth）诸人。

（二）东亚的匈奴族为土耳其族的支系，侵入欧洲的匈人则是芬族的支系。主张这一说的有瑞米萨（Abel Remusat）、克拉普楼特（Klaproth）诸人。

（三）威震东亚的匈奴和侵入欧洲的匈人都是芬族。主张这种说法的学者，有圣马丹（Saint Martin）、赛门耨夫（Semenoff）、武一发立微斯（Uifalivis）诸人。

(四)匈奴人与匈人统统是斯拉夫族。主持者为若干俄国的学者。

实在匈奴与匈人均为游牧民族，迁徙无定，久与他族混合，纯粹的匈奴人与匈人或已不存在。他们自身既没有完备的记载保存下来，表现于我国史书中的匈奴、突厥、蒙古，犹系族名与国名混用。因此，他们的祖先究竟应属什么种族，很不容易确定。这些问题又牵涉到人种学、民俗学、考古学等，专凭间接的记载，自然难使人满意。

我认为研究匈奴问题的欧洲学者中，最重要的就是姚文中介绍的得几内或译得岐尼、底哥耨提或译德格罗特，另外还有夏特或译夏德（Hirth）这三个人。

第二章　有关匈奴历史的外国史料

匈奴的西迁，对欧洲来说，是历史上一件极为重要的事。匈奴人横扫欧洲：东起君士坦丁，西至法兰西，南抵意大利，北到德意志。时间约二十年之久。罗马皇帝的使者往来于匈奴王庭的不绝于途，差不多整个欧洲的人民都受其影响，欧人之被迫服役于匈奴军队的不知凡几，商人、技工、艺术家、知识分子之在匈奴王庭供驱使者更不知多少。传说匈奴人中也有懂拉丁语的。至于匈奴王庭与罗马皇帝或其欧洲君侯之订定条约、往来公文，次数之多，更难枚举。然而，可惜的是这些条约、文件很少留存，而当时人之记载这个惊天动地时代的史实的，也寥寥无几。至少可以说，直到现在，人们能够发现关于匈奴在欧洲活动的记载或古物、古迹的实在太少了。

尽管如此，在那个时代和匈奴帝国灭亡之后，仍有一些作家记载了一些关于匈奴人在欧洲活动的情况。现将比较重要的著作及著者略作介绍。

记载匈奴较早而又较为详细的是罗马史家阿密阿那斯·马西林那斯（Ammianus Marcellinus），生于约公元325—330年之间，死于公元395—400年之间。他生于一个希腊的贵族家庭，参加过罗马军队。他的《罗马帝国史》始于罗马皇帝纳尔发（Nerva）的登位，止于瓦伦斯（Valens）

的卒年，即公元96—378年。因为他亲身参加过多次战争，到过许多地方，对于当时的社会与经济问题较为注意，不只注意罗马人的政治生活情况，而且注意其他民族的风俗习惯。在这一点上，他的胸怀比其他罗马史学家如李维（Livy）、塔西佗（Tacitus）广阔得多。

匈奴人于公元374年侵入欧洲东部的哥特人所占领的地方。哥特王赫尔曼利克战败自杀，匈奴人遂长驱直入欧洲。阿密阿那斯即使没有看见过匈奴人，也一定听说过这件事。所以在他的罗马史里指出，匈奴人不会耕种，从来没有摸过犁柄。匈奴人没有固定的住宅，经常坐在马背上，在马背上做买卖，在马背上饮食，甚至在马背上睡觉。他还描述匈奴人的形状，所穿的上衣、裤子与鞋。

他还告诉我们，在欧洲东边有阿兰人（Alans）。阿兰人居住在我国史书所说的奄蔡地，即《魏书》的“粟特国”。阿密阿那斯以为阿兰的领土远伸到亚洲。他指出阿兰人生得高大而美丽，头发近于黄色，但其生活习惯与匈奴人相似。《魏书·粟特传》说匈奴杀粟特王而有其国。可能是这个缘故，阿兰人受到了匈奴人生活习惯的影响。

虽然有些学者怀疑阿密阿那斯的关于匈奴的记载，可是经过研究，他的记载应无问题。因为匈奴人之侵入欧洲仅在他死前约二十年，作为一个军人，注意这一事件是可能的。

关于匈奴侵入欧洲的最重要史料，到现在为止，要算普利斯库斯的《希腊史残稿》（*Fragmenta Historicosum Graecorum*，Ⅶ，69ff.），原文是希腊文，现在残缺不全。普利斯库斯是东部罗马的历史学家。罗马皇帝曾派遣一个使团到匈牙利的匈奴王庭，使团团长名马克西明（Maximin），他既是文官，又是武将，很有才干，他邀请好友普利斯库斯参加这个使团。他们离开君士坦丁时，匈奴王庭派遣去见东罗马皇帝的使团也正出发，便一路同行。无论在途程中、在宴会上和在匈奴王庭里的所见所闻，这位历史学家都详细地记了下来。这位历史学家的著作是关于匈奴西迁的最有价值的史料，既是第一手材料，又是他个人的经历，是最可靠的报告。他所叙述的事，在时间上达三十二年（公元 440—472 年）。

普利斯库斯的著作是后来拜占庭的历史学家与许多西方历史学者研究匈奴和哥特历史的主要史料来源。6 世纪意大利政治家兼历史学家卡西俄多拉斯（Cassiodorus）的《哥特人的历史》（*History of the Goths*）（De rebus geticis）即以这部著作为根据。卡西俄多拉斯的著作因 6 世纪人约但尼斯（Jordanes）的简略采用而保存下来。

近代人研究匈奴西迁历史的如吉本（E. Gibbon）的《罗马帝国衰亡史》（*The History of the Decline and Fall of the Roman Empire*）、西克（O. Seeck）的《古代世界衰落史》（*Geschichte des Untergangs der antiken Welt*，1920—1922），均主要取材于普利斯库斯的著作。弗赖塔格（G. Freitag）在其《德意志往代心影录》（*Belder aus Deutschen Vergangenheit*）里还把普利斯库斯的记载翻译为德文。总之，后人研究匈奴之在欧洲建立强大的帝国，尤其关于阿提拉的生平事迹，主要是根据普利斯库斯的残稿。

约但尼斯据卡西俄多拉斯的《哥特人的历史》写的节录本，题名《哥特人的起源和活动》（*De Origine actibusque Getarum*），通称《哥特史》（*Getica*）。这本书共分四个部分。在第三部分里，叙述西哥特历史，从匈奴的侵入至哥特王国的覆灭（公元 376—507 年）。最值得重视的是叙述阿提拉侵入高卢（Gaul）与毛利亚库斯（Mauriacus）平原的战役。第四部分叙述东哥特历史，从匈奴的侵入至首次推翻在意大利的哥特王国，时间为公元 376—539 年。

约但尼斯的著作以德国著名罗马史家蒙森（Theodor Mommsen，1817—1903）收在《日耳曼史资料大全》（*Monumenta Germaniae Historica, Berlin*，1882）中的最称善本。英文翻译者为密埃劳（C. C. Mierow），题为 *The Gothic History of Jordanes*，Princeton，1915。

此外，在那个时代，说及匈奴人的著作还有马西林那斯·科密斯（Marcellinus Comes）的《编年史》（*Chronicle*），阿波利内利·西多尼阿斯（Apollinaris Sidonius）的书札和诗篇，普罗斯培·泰罗

（Prospe Tiro）与海德底阿斯（Hydatius）的《编年史》和《南高卢编年史》（*South Gallic Chronicle*）。但这些著作，对匈奴的叙述较为片断，所以只能作为补充材料。关于这方面的资料可参看《剑桥中古史》（*The Cambridge Medieval History*. Vol. 1，1957）阿提拉（*Attila*）条参考书目。

此外，还有一些著作中偶尔说到的所谓野蛮人，大致也是指的匈奴人。如索西马斯（Zosimus）的《新历史》（*Historia nea*），俄罗西阿斯（Orosius）的《反对异教史》（*Historiae adversum Paganos*），苏格拉底·斯科拉斯底库斯（Socrates Scholasticus）的《基督教史》，索佐门（Sozomen）的《基督教史》，西俄多利特（Theodoret）的《基督教史》（*Historia Ecclesiastica*），格累哥利亚斯·图伦内西斯（Gregorius Turonensis）的《法兰克史》（*Historia Francorum*），尤内彼阿斯（Eunapius）的历史残卷等等。关于这方面的资料可参看麦戈文（W. M. McGovern）的《中亚古帝国》（*The Early Empire of Central Asia*）一书中第 450 页中的第十七章的注解。

随着阿提拉的失败和他在欧洲建立的帝国的瓦解，匈奴人逐渐退出欧洲和亚洲的历史舞台。虽然后来有人把别的种族，如突厥、柔然等称为匈奴的别种或后裔，但所谓匈奴族却再也没有复兴，所谓匈奴王国、匈奴帝国也再没有重见于历史。

然而这并不是说阿提拉及其帝国完全被人们忘记。据说在 12 世纪的达尔马丁那斯（Juvencus Caelius Calanus Dalmatinus）其人与 16 世纪的尼古拉·俄拉胡斯（Nicolas Olahus）主教都曾写过阿提拉的传略（参看吉本《罗马帝国衰亡史》第三十四章注一）。在斯堪的纳维亚（Scandinavia）国家与德国，阿提拉这个名字变为哀提最耳（Etzel）。在《尼伯龙根之歌》（*Nibelungenlied*）中，哀提最耳或阿提拉被认为是一个征服者。虽然这首诗歌把许多人名和时间弄错了，但这是一首流行很广的诗歌，阿提拉是诗歌中的英雄。把阿提拉当做英雄人物的不只见于《尼伯龙根之歌》，同样也见于斯堪的纳维亚与德国的其他诗歌中。

阿提拉失败之后，欧洲进入中世纪的所谓黑暗时代。中国唐朝的势力范围虽然延伸到中亚细亚，但从中国经中亚细亚到欧洲的陆路交通几乎断绝。至于海路交通，则为阿拉伯人所垄断。直到13世纪，蒙古西侵，中西的陆路与海路交通才又打通，马可·波罗走过这两条路。

蒙古西侵以后，许多欧洲人从陆路经中亚细亚来到中国。16世纪上半叶时又从海路来到东亚。从此以后，欧洲人来中国的便愈来愈多，研究中国的兴趣也愈来愈大。从17世纪下半叶到18世纪的百余年间，欧洲人无论在文化、物质或精神方面都深受中国的影响。不止许多学者注意研究中国，统治阶级——帝王王室中也有许多人极力提倡、支持这种研究，法国的路易十四（1643—1715年）和路易十五（1715—1774年）就是显著的例子。

法国史学家得岐尼（他译德揆尼）（J.Deguignes，1721—1800）在1756至1758年出版的五册巨著《匈奴、突厥、蒙古及西部鞑靼各族通史》（*Histoire générale des Huns, des Turcs, des Mongols et des autre Tartares occidentaux: Ouvrage tiré des livres Chinois et des manuscrits orientaux de la billiotheque du Roi Paris*）的序言中曾说，路易十四在位时，有一位姓黄的中国人，被巴黎的一位教长比侬（Bignon）留在法国皇家图书馆工作。此人曾写过几篇论文，但工作没有完成便病故了。当时法国的东方学者、皇家图书馆长孚尔蒙（Etienne Fourmont）被任命去审查他的遗著。经过相当长的时间，并遇到一些困难后，孚尔蒙便计划编一部中法字典，因而需要了解更多的中国名物，于是设法搜罗中国书籍。这时，在位的是路易十五，奖励研究中国学问，命工匠铸铜质定模十二万个，以供印刷中、法文书籍和字典之用。得岐尼在孚尔蒙的指导之下，学习东方语言，尤其是中国语言。后来，孚尔蒙死了，得岐尼接替孚尔蒙职位，因而有机会博览巴黎的中国书籍。他的五册巨著便是在这样的条件下写成的。序言中还指出，人到处都是相同的。欧洲人没有完全仿效希腊人与罗马人。他们赞扬希腊人与罗马人的优点，但也指摘其缺点。他认为欧洲人也应该用这种公正态度去对待其他民族。无疑，所谓其他民族也指中国民族。

关于匈奴历史的叙述，见于该书第一册。第一册分六编。第一编叙述匈奴的历史及其单于或皇帝，时间自公元前210年至公元93年。第二编分二章：第一章叙述南匈奴（居住在中国边界的匈奴）的历史，时间自公元48年至277年；第二章叙述在中国境内的匈奴的历史，即“汉”（按，为刘渊）或前赵的历史，时间自公元279年至329年。第三编为三章：第一章叙述中国境内的匈奴的历史，即“赵”（按，为石勒）的历史，时间自公元319年至352年；第二章叙述匈奴的历史，即“夏”（按，为赫连勃勃）的历史；第三章叙述陕西与哈密间的北凉的历史（按，为沮渠蒙逊），时间自公元397年至460年。第四编分三章：第一章叙述西方匈奴的历史，时间从公元91年至618年；第二章叙述白匈奴或哌哒的历史，时间从公元420年至531年；第三章叙述鞑靼、柔然的历史，时间从公元310年至799年。第五编的标题是“匈奴的复兴”，也就是突厥族的兴起，时间从公元545年至744年。第六编叙述西方突厥的历史，包括与中国，波斯的战争，突厥征服波斯，突厥帝国，土库曼帝国与匈牙利帝国，与罗马的战争和匈牙利人在潘诺尼亚的殖民地等内容。（参看得岐尼于1748年写的《匈人与土耳其人的来源》[*Memoire sur l'Origine des Huns et des Turcs*]）

得岐尼写这本书的主要目的是想说明西方的匈人（Hunnen，Huns，Hunni）就是中国史书中所载的匈奴。因此，他要解释中国的匈奴是如何迁到西方并侵入欧洲的。他在第一编中说：

> 罗马的历史家，对他们（西部的鞑靼人）只笼统称之为匈人，一切描写与记载，均属不经的寓言，并不知道这些匈人来自何处。他们在鞑靼人中，被称为“匈奴”，曾建立大帝国，后被中国打败，势力分散。一部分迁到西方，后来入寇罗马帝国的阿提拉即出身于这部分西迁的匈奴。留在中国边境的匈人，一部分为东部鞑靼（按，指鲜卑）所征服；一部分据有北中国，建立数个小帝国，惟势力微

弱，已不能统有鞑靼全部。后来到了土门时代，复建大国，得号土耳其（突厥），对于全部鞑靼，方重新统一。（转引自姚从吾《欧洲学者对于匈奴的研究》，北京大学《国学季刊》第二卷第三号，462 页，1930 年出版。）

此外，欧洲的学者，如维斯德劳（Claude de Visdelou，1656—1737）[1] 在其《鞑靼史略》（*Histoire abrégée de la Tartare*）一文里（见 *D'Herbelot Bilbliothequ Orientale* IV，46ff.）早已指出：西方的匈人就是中国的匈奴。但是他的这个主张，只是偶尔的提出，明确地提出这个主张的应归功得岐尼。得岐尼的这个主张发表以后，欧洲的许多学者都表示同意。如诺伊曼（K.F.Neumann）的《亚细亚研究》（*Asiatische Studien*，Leipzig，1837）、吉本的《罗马帝国衰亡史》都采纳了这种看法。但在 19 世纪初期，也有人反对这种看法，如克拉普罗特（J.Klaproth）在《亚洲史》（*Tableaux historiques de l'Asie*，1826），雷米札（A.R'emusat）（上引姚从吾文作瑞米萨）[2] 在《鞑靼语言的研究》（*Recherches sur les langues Tartares*，1820），里特尔（C.Ritter）在《亚洲地理》（*Die Erdkunde von Asien*，1832—1859）都怀疑得岐尼的主张。但是经过一百多年来的研究，近代学者大致都承认西方的匈人就是东方匈奴的后裔，得岐尼确有先见之明。

得岐尼在第四编中，曾把中国史书中所说的匈奴西迁的过程加以说明。他从中国史料中知道匈奴西迁，于是联想到欧洲史书中所载的匈人就是东方的匈奴的后裔。他指出匈奴人从蒙古高原受中国的攻击而西迁到俄罗斯的伏尔加河流域，又从这里西走，到黑海东北一带。在这里，匈奴人杀了阿兰或奄蔡国王而有其国，再从这里侵入到多瑙河流域。到公元 435 年，阿提拉领导这个民族，兵临东罗马的君士坦丁，西向压迫

[1] 维斯德劳是入华的法国耶稣会士，汉名作刘应。

[2] A.R'emusat 通译作雷慕沙。

西罗马帝国与欧洲。这是得岐尼所写匈奴通史的最重要部分，也可以说是他在匈奴史研究上的最大贡献。

由于他的书写于二百年前，当时的欧洲人对于中国的知识还很少，翻译中国古书刚刚开始，因而在他的著作中有很多缺点。如第一册中所叙述的匈奴历史，严格地说只有四编。第四编第二章所说的白匈奴或哌哒是否应列入匈奴历史很值得讨论。第三章所说的柔然和第五编、第六编的突厥族根本就不应当作为匈奴来看待。柔然就是蠕蠕，是东胡的后裔。这两个种族都不是匈奴。这一点，近代学者大致是公认的。虽然我们并不否认，在匈奴帝国瓦解之后，其留在蒙古高原或在中国内地以及西徙到中亚细亚或欧洲的部分人民，既与其他民族如鲜卑、柔然、突厥互相混杂，因而在这些民族中也可能混有匈奴人的血统。

匈奴最强盛的时候是在汉朝初期。我国史书记载匈奴较为详细的是两汉时代，这是匈奴帝国在历史上很重要的时代。得岐尼在匈奴通史中，对于两汉匈奴的叙述，占的篇幅较少。又匈奴在欧洲的活动，在欧洲史上也占极重要的地位，可惜叙述得也不多。

18 世纪欧洲人之研究匈奴者，除得岐尼外，普雷（Pray）的《古代匈奴编年史》（*Annales verteres Hunorum*，1761）与得岐尼有同样看法。此外，吉本对于这个问题的研究尤值得注意。吉本的名著《罗马帝国衰亡史》（共六卷，1776—1788）以大量篇幅叙述匈奴人在欧洲的活动，他也简略地解释过匈奴人从东方迁到西方的历史。吉本有关欧洲匈奴历史著作的史料来源，是前面举出的一些古罗马时代的著作，主要的则是普利斯库斯的残稿。关于东方的匈奴的历史，他利用得岐尼的著作，并参考马拉（P. de Mailla）[1]所翻译的《通鉴纲目》（*Tong-Kien-Kong-Mou: Histoire générale de la Chine*，Paris，1776）。此外，当时住在北京的外国教士所介绍的一些文献，他也加以注意。

吉本很佩服得岐尼的著作。他以为匈奴从东方迁到欧洲的这一经过

[1] 马拉，汉名作冯秉正神父。

是得岐尼发现的。他认为得岐尼是一位灵巧、勤劳的中国语言的传译者，“在人类历史上，揭开了新的重要的篇章”（参看《罗马帝国衰亡史》第二十六章与注十）。

吉本对于匈奴、鞑靼、塞种（Scythians）[1] 三个词似乎没有区别。在《罗马帝国衰亡史》的第二十六章注五中明白地说，不分开使用鞑靼与塞种两个词。在这一章里，他叙述游牧民族的行为与特性，这些都是匈奴、鞑靼和塞种的民族习性。然而在谈到各民族间的争斗时，却又把匈奴、塞种、鲜卑等分开。

前已指出，18 世纪时，研究匈奴问题的人都要提出这一问题：欧洲的匈人是不是中国史书中所载的匈奴？吉本与得岐尼都肯定二者为同一民族，并同样肯定欧洲的匈人来自蒙古高原。但人们不免要问：这个东方的匈奴是怎样迁到西方的？这是研究东西匈奴史上的一个极为重要的问题。前已述及，得岐尼做过解释，吉本在《罗马帝国衰亡史》中又加以说明，即匈奴人受压力（指其他民族的压力，如汉族）而西迁至伏尔加河流域，又受压力而西徙至欧洲东部。匈奴人从蒙古高原来到伏尔加河流域这一段历史，中国人是知道的。可是如何从这里西徙至罗马，中国人就不清楚了。吉本以为，除了汉人的攻击之外，鲜卑人进入蒙古高原也是匈奴西徙的一个原因。此外，塞种人在历史上曾各方奔迁，对于匈奴人的再往西进，也是有关系的。吉本又指出，3 世纪时，投降（指南匈奴）于汉朝的匈奴人也有相当大的数目往西边走，与早已到了或越过伏尔加河流域的北匈奴人联合起来。这样，在这个流域或以西的匈奴人的势力便增强起来，他们再往西走，便抵达阿兰或古奄蔡的地方。这就是伏尔加河与泰内伊斯河（Tanais，顿河古名）之间的平原。在这里，匈奴人与阿兰人互相攻打。最后，匈奴人杀死阿兰国王而占有其国。吉本是从得岐尼翻译的《魏书·粟特传》中知道这个史实的。

---

[1]　Scythians，中译计有塞种、斯基泰人、西徐亚人、塞人等多种译法。除所引中文论著中的原有译法外，本书整理过程中统一译为“塞种”。

吉本用了不少篇幅叙述匈奴是如何打败东哥特人进入欧洲的。在第三十四和三十五章里，他描写了阿提拉的性格与活动、阿提拉的王庭与阿提拉的东征西伐。他认为，在古代至近代的欧洲史上，阿提拉是唯一的征服者，征服了日耳曼人与塞种人的国家，把二者置于自己的统治之下。德国历史学者尼布尔(Barthold Georg Niebuhr，1776—1831)在《罗马历史讲义》中，认为吉本对于阿提拉的威力、统治权与领土有夸大之嫌，这是缺点。然而，事实上，欧洲的征服者中很难找出一位像阿提拉这样曾威加欧洲，使欧洲在民族的迁移和其他许多方面发生巨大变化的人。

自得岐尼和吉本把匈奴西侵的历史加入罗马的历史之后，许多历史学者，在编写罗马史或欧洲史时，往往也加入匈奴西侵一章。1911 年出版的《剑桥中古史》第一卷中就有阿提拉一章。西克在《古代世界衰落史》也把这一段历史编在里面。应该说，这不仅是欧洲历史的重要的一章；在世界史上也是重要的一章。在东方，当匈奴强盛时，汉族屡受侵略，东胡也被打败，还在西域设了僮仆都尉以夺取其资源。只是前汉王朝与民休息六十多年以后，又经过武帝的五十年，而后倾汉朝的人力物力，不断前往进攻，才使其威力受挫。从此以后，匈奴虽逐渐趋于衰弱，然而汉代、三国时仍不断为患。即使到了两晋时代，北部仍遭到匈奴人的严重蹂躏。等到在东方的匈奴人逐渐衰亡或被同化的时候，从蒙古高原西徙的匈奴人又出现在欧洲的历史舞台，并成为这个时代的舞台上的主角。这就是说，无论在东方或西方的历史上，匈奴都占有很重要的地位。换言之，匈奴的历史是世界历史的重要的组成部分之一。所以近代欧洲的学者，如韦尔斯（H.G.Wells）在其《世界史纲》（*The Outline of History*，1921）中就很重视这一部分。

匈奴的历史，不止列入世界史和欧洲史范畴，也被列入国别史范畴，我国的《史记》《汉书》《后汉书》固不待说，欧洲的国家，其中显著的就是匈牙利的历史。1856 年，戈德金（E.L.Gorlkin）在《匈牙利与马札儿人的历史》（*History of Hungary and the Magyars: From the Earliest Period to the Close of the Late War*，London.）中，就有匈奴与阿提拉一章。该书第一章标题为“罗马时代”，仅两页；第二章标题为“匈—阿提拉，公元337—453年”(*The Huns—Attila A.D.* 337—453）。

在这一章里，开头从蒙古高原的游牧民族说起。他说这个高原的民族，古代的希腊人与罗马人称之为*Scythians*（中译塞种——作者注），他们的财产是走动的马、牛、羊，没有一定的住宅，武器是弓矢。利即战，不利即退。一退千里，敌人欲追而不可得。即使居鲁士（Cyrus）与亚历山大的能征善战与纪律严明的军队，遇到他们也无可奈何。这个游牧民族，其在中国北部的就是匈奴。尽管匈奴很强盛，由于自然灾害、汉朝的反攻，使他们受到很大的失败而分裂为南、北匈奴。在南方者，后来出现于欧洲叫做突厥，在君士坦丁建立大本营。在北方者也进入欧洲。近代的匈牙利人把这部分匈奴人作为自己的祖先。戈德金又指出：尽管吉本认为近代的匈牙利人与古代匈奴人的关系，从遗传方面来说极为微小，但吉本是相信突厥或土耳其人与马札儿人在来源上是相同的。他又说：近代语言学研究说明：芬兰、突厥、马札儿、蒙古与中亚的文化较低的鞑靼人都是同种，如果说有差别，那么也只像近代德国里的各种民族一样。

在该书第9页，著者从阿提拉的叔父卢加或卢支拉斯（Ruga，Rugilas）说起。认为在这位匈奴领袖时代，匈奴人在欧洲扎营的地方就是现在的匈牙利。在这一页上还印着阿提拉的像，这是西文典籍中很少见的阿提拉画像。著者叙述卢加死后，其侄布雷达与阿提拉继承大位。不久，前者被后者杀死，阿提拉遂成为匈奴人的唯一领袖。匈牙利人固然把其历史与祖先追溯到阿提拉，而马札儿的历史学者也把这位非常人物当做他们的国王之一。

戈德金详细地叙述阿提拉在欧洲的活动。对阿提拉与东罗马皇帝的交涉，尤其是东罗马派遣以马克西明为首并包括普利斯库斯在内的使团出使匈奴王庭的经过，占的篇幅很多。他还叙述阿提拉与西罗马皇帝瓦伦蒂尼安（Valentinian）[1]的关系，对这位皇帝的妹妹霍诺利娅（Honoria）如何写信给阿提拉和阿提拉一再要求娶这位公主等也加以解释。此外，他又用不少篇幅描写公元451年，阿提拉征伐高卢被击退；第二年，阿提拉南侵意大利；公元453年，阿提拉死去和匈奴帝国的崩溃。最后，简单地说明匈奴帝国崩溃后，一些民族如蠕蠕迁到匈牙利的历史以及查理曼大帝（Charlemagne）在7世纪中叶征伐这个地方的蠕蠕，迫使他们退回到亚洲。

在第三章里，著者叙述公元884年至954年间的匈牙利历史，只有一点值得注意。即他指出：尽管马札儿的历史学家总想追溯马札儿人或匈牙利人是阿提拉的后裔，但其理由是不够充分的，结果只是一种推论。著者又指出：从种族的来源与从风俗习惯上看，近代的匈牙利人与古代的匈奴人有相同之处是无疑的，但这并不等于说匈牙利人就是匈奴人的近亲。匈牙利人之出现于欧洲在公元884年，他们的民族在东方的名称是马札儿，希腊人称之为Scythians，即塞种，他称之为突厥者。这样一来，匈奴人、斯基泰人、突厥人、土耳其人，可以说有密切的关系。

戈德金是受得岐尼与吉本的影响而做出这样的结论的。前已指出这个结论是可疑的，值得讨论。

19世纪以来，欧洲人研究中国历史的越来越多，对于匈奴的研究，除了戈德金的著作外，还有很多。翻译的中国古籍包括有关匈奴记载在内的也逐渐增多。如1828年法国的布罗斯曾把《史记·大宛列传》译为法文，题为《大宛国的关系》，刊载于《新亚洲学报》第二卷第418～450页。

1874年，英国人威理（A. Wylie，汉名作伟烈亚力）译《汉书·匈奴传》，题为《匈奴人的历史及其与中国的关系》，刊登于1874—1875年出版的《大不列颠与爱尔兰人类学研究所学报》，他又翻译了《汉书·西域传》。

---

[1] 指Valentinian Ⅲ，拉丁文全名为F1avius Plaeidus Valentinanus（公元419—455年）。

1882年，他翻译了《后汉书・西羌传》。发表于这一年的《远东评论》。此外还有金斯密尔所译的《大宛传》，题为《公元前2世纪的中国与中亚和西亚的交通》，又夏德的译本题为《张骞的故事》。

《汉书・匈奴传》的西文译文较好的是巴克译的《突厥——塞人部落》，他于1894年所著的《鞑靼千年史》的第一部分的匈奴史中，很多篇幅译自中国史籍。此外，德格罗特的《纪元前的匈人》也翻译了不少中国史书上关于匈奴的记载。

上面所举的一些翻译工作虽然不是严格的研究工作，但对匈奴的研究是有一定作用的。许多不懂中文的人可以从中得到关于匈奴历史的知识，尽管这些翻译有不少的缺点和错误。

从19世纪到本世纪上半叶，关于匈奴的著作不胜枚举。兹将几本较为重要的略为介绍。

巴克的《鞑靼千年史》。据“再版序”说：“本书以1893年与1894年间草于琼州，即华南之海南岛也。琼州府尹曾贷余以中文历史要籍多种。1894年余去华，是时詹姆生先生（Mr.George Jamieson）适代理上海按察司，[1]承其校阅排样，主理出版事……余于《中国评论》第二十卷中尝言匈奴、塞种、匈人、突厥为同一部落之异名。自是而后，沙畹、夏德诸学者继续努力，更有深切之研究云。”

这本书共分七卷：卷一、匈奴；卷二、鲜卑；卷三、蠕蠕；卷四、突厥；卷五、西突厥；卷六、回纥；卷七、契丹。卷七里的第五章叙述女真的兴起及契丹的败亡。

巴克既用鞑靼这个名称包括匈奴、鲜卑、蠕蠕、突厥、西突厥、回纥与契丹，说明他认为这些民族有密切关系，正如他在“再版序”中所说：匈奴、塞种、匈人（指欧洲的匈奴人）、突厥，为同一部落的异名。这种看法是有问题的。鲜卑为东胡，在东汉时代，匈奴与鲜卑就已分为两个不同的民族。笼统地把鲜卑作为鞑靼名称之下的一种民族或无问题，

[1] 詹姆生1891年起任英国驻上海领事兼“大英按察使司衙门”按察使。

作为匈奴的一种就不对了。至于蠕蠕、突厥、回纥、契丹是否都为匈奴或匈奴的别种也是有问题的。关于这个问题不在这里讨论，但巴克既把匈奴专在卷一中叙述而与其他民族分开，这也说明匈奴与其他民族不同。

《鞑靼千年史》中关于匈奴的部分约三万字，占全书的三分之一，但若从匈奴整个历史来说则又很简略。

这一卷又分为七章：匈奴的古史；冒顿的御宇；与汉族争霸时期；衰败时期；属国时期；匈奴的内属、分裂与衰亡；匈奴人称帝于中国北部。所叙历史约七百年，即从公元前 3 世纪的战国末年至公元 5 世纪初的两晋时代。

在最后一章中，石勒、石虎也被列为匈奴，是值得商榷的。

在第一章中，他认为“中国人对于北亚骑马、食肉、饮酪之游牧民族，除匈奴一词外，并无他名以称之”。这是不对的。在中国的古籍中，除匈奴这个名词外，还有昆夷、猃狁、獯鬻、北狄、戎狄、东胡、胡等名称。巴克既以为中国人把北亚的民族统称为匈奴，又以为希罗多德所叙述的，与希腊、波斯接触的塞种与中国的匈奴或欧洲的匈人都是同种，这种看法是欧洲人从得岐尼以来到吉本以及后来的一些学者所主张的，这种看法也是很值得商榷的。

巴克对于中国史书的阅读能力胜过得岐尼与威理，所译的匈奴传也比他们好。《鞑靼千年史》中关于匈奴的叙述也比在他之前的欧洲人正确，书中还指出以前的学者，如吉本，在这一问题上的错误，尽管他自己的一些看法也未见得正确。

德国人夏德是近代西方的汉学家中成绩较大的一位。夏德于 1869 年在德国大学得博士学位后，曾在我国的广州、九龙、厦门、上海、扬州、宜昌、重庆、台湾等地的海关任职。1889 年，曾与施古达（G. Schlegel）、考狄（H. Cordier）等创办《通报》，1895 年解职后即专攻汉学，1902 至 1917 年受聘为美国哥伦比亚大学教授，讲授中国历史，1920 年返德，1926 年逝世于慕尼黑。

夏德的著述很多，据说达一百六十余种，为人们引用得最多的是《中国与罗马的东边地》（*China and the Roman Orient*，1885）。关于匈奴问题的研究以《伏尔加河流域的匈人与匈奴》（*Über Wolga-Hunnen und Hiung-Nu*）一文为最重要。该文于 1899 年 6 月在慕尼黑科学院的哲学、语言与历史学会上宣读，刊行于 1900 年该会出版物上。

1900 年，俄国圣彼得堡的帝国科学会印刷局刊行了夏德的关于土耳其民族历史的中文资料第一部分的阿提拉世系表。1901 年他又在匈牙利《东方评论》发表了《关于匈奴人与中国人的关系》，此外，又如他的《金斯密尔先生与匈奴》，载在《美国东方学报》的第三十卷 32 ～ 45 页，是答复金斯密尔在上海《英国皇家学会中国分会学报》第三十四卷所发表的《夏德博士与匈奴》的对他关于匈奴问题的批评的文章。

夏德的伏尔加河流域的匈人与匈奴的研究，主要是说的欧洲的匈人，就是中国《史记》《汉书》《后汉书》中所记载的匈奴，他的主要论证是根据拓跋魏国时代魏收所著的《魏书·西域传》“粟特国”一条中的记载，他对于这一条记载做了很详细的注释。他指出匈奴人强悍好战，不甘屈服，利则进，不利则退，不羞遁走，所以虽然有一部分投降于汉，但也有很多往西方跑。最先往西迁移的是公元前 51 年的郅支单于，其次往西方迁移是公元 90 年，前者为甘延寿、陈汤所败，后者为耿秉、窦宪所系。两次的西迁都到了康居的境内，《魏书·西域传》中所说的悦般也是匈奴人所建立起来的国家，悦般在乌孙的西北，这就是康居所统治的地方。

匈奴的两次迁移既然都抵达康居所在地，其后往西迁徙，遂到了粟特，这也就是古奄蔡地，也是后来阿兰人所占领的地方，粟特东接康居，西近大秦，这就是东罗马的领地，匈奴到了粟特，遂与粟特人或阿兰人互相征伐，结果粟特王被匈奴王杀死，匈奴乃有其国。匈奴人又以这个地方为根据地，而后从这里侵入东罗马与欧洲的其他地方。

夏德认为《魏书·西域传》“粟特”条中所说的王“忽倪已”为粟特王名（按，“粟特”条说：“先是，匈奴杀其王而有其国，至王忽倪已三世矣。”）其实粟特的王名应该是“忽倪”而不是“忽倪已”。已字应该是紧连下句，而非紧连忽倪而成为忽倪已，夏德又推算，“忽倪已”在位的时候应该是魏文成帝太安时代，就是公元455至459年间，他以为三世约为百年这样推上去，匈奴人之侵入粟特当为355年间。大约二十年后，他们又侵入欧洲。

夏德又推算出忽倪应为阿提拉的幼子厄内克，我们以为在时间上这样的推算是错误的，在汉时以忽倪为阿提拉的幼子也是错误的。关于这一点，我们别有解说，这里只好从略。

其实夏德这篇论文，不只是好多论据有其错误的一面，就是在翻译方面也有很多错误。至于他在阿提拉的世系表中，以为阿提拉推上去，每代以三十三年计算，阿提拉算上去二十代的祖先就是冒顿，这也是一个错误。1925年季基提所发表的《阿提拉世系与匈奴单于的名号》曾指出匈牙利的编年史中的阿提拉世系表是出于后人的伪造，夏德不察，遂以为真。

尽管这种错误在夏德的著作中并非少见，但是西洋人之研究中国古书中所记载的匈奴之西徙到粟特的解释较为详细而又较为准确的，要算夏德了。

1911年所出版的（我用的是1957年的再版本）《剑桥中古史》第一卷中60～366页，有施密特的一篇文章题为《阿提拉》。施密特这篇文章是说明阿提拉就位以后以至他死去的历史，其时间是从公元435至453年，他的主要史料是普利斯库斯与约尔丹。他描述匈奴人在这个时期中在欧洲的活动，但他也指出在公元5世纪之前，匈奴人有了好多不同的部落与好多侯王的统治，在5世纪初年以后，特别是在其王卢加的时代开始，把大部分的匈奴人尤其是在匈牙利平原居住的匈奴人联合起来。在这个地方，除了匈奴人之外，还有好多斯拉夫人、德意志人和萨尔马特人（Sarmatians）也都在他的统治之下。卢加死后，他的两个侄子即布雷达和阿提拉（他们都是蒙特粟克［Mundzucus］的儿子）。这两兄弟虽然共同统治匈奴人，但内政上还是各管某一部分或某一区域的部落，只是在外交上共同合作。公元444年或445年后才由阿提拉一人统治。有人说布雷达是被阿提拉杀死的，但施密特则只说是被阿提拉排挤。应该指出：布雷达若不是被阿提拉杀死，也是在被排挤之后不久就死了。因为当东罗马帝国的使团（即普利斯库斯所参加的使团）到达匈奴境内时曾见过布雷达的妻子，而她当时已是遗孀。

施密特的这篇文章虽不长，对历史的叙述也不够详细，然而对阿提拉即位后的匈奴人在欧洲的主要活动都简略地叙述到了。《剑桥中古史》的作者们参考的史书较多，所以这篇文章常被人们引用。

在欧洲的历史学者中，德格罗特（前引姚从吾文中作底格柔提）的关于匈奴的著作的成绩与影响都较大。德格罗特是荷兰人，生于1854年，死于1921年，曾在荷兰的东印度殖民地政府当过翻译、顾问。1877年，到我国厦门，学习厦门方言并研究我国的风土人情，1902年任柏林大学教授。他的著作包括的方面很广，如有关厦门的岁时节令的两册，有关中国的宗教的六册，有关中国的大乘佛教的两册，关于中国排斥异教的历史二册，大同主义一册。他被认为是近代欧洲研究汉学的较为渊博的学者。

德格罗特关于匈奴的著作是《纪元前的匈人》和《纪元前中国的西域》（*Die Westlande Chinas in der vorchristlichen Zeit*）两书。这两本书都是在他死后出版的，前者刊行于1921年，后者刊行于1926年，由继承他的教授位置的佛朗克（O. Franke）[1]整理。二书又合称《亚洲历史的中国史料》（*Chinesische Urkunden zur Geschichte Asiens*）。德格罗特这两本书总结了欧洲学者过去一百多年间对《史记》《汉书》的匈奴传、西域传的翻译及研究情况，所以西方学者研究这方面问题的，都很重视这两本书。

《纪元前的匈人》一书共分二十二章，另有导言。第一章是最古的传说，第二章是秦代盛时的匈奴与长城的修筑，第三章为头曼时代，第四章为冒顿时代，以下叙述历代单于，差不多每一单于为一章，唯第

[1]　佛朗克，汉名傅兰克。

十六与十九章各有两个单于，而第十六与第十八章都说到呼韩邪单于。全书写到公元1世纪初（公元18年）尸道皋若鞮单于止，共约三百多年，除导言外共288页。

德格罗特在序文中指出，中国古书中的关于匈奴与西域的记载是世界上现存的最古的记载。凡研究东亚、北亚或中亚的人都要依赖这些材料。他认为，公元3世纪以前，中国有记载的世界民族，最重要的就是匈奴，欧洲人知道欧洲的匈奴就是来自中国的匈奴，即系从中国古书中记载的匈奴的历史推论而来的。哥卑尔（Gaubil）[1]、得岐尼、德厄布罗（D'Herbelot）、维什德劳等人介绍、翻译了中国的一些史料，使欧洲人得到中国历史的基本知识。可是这些人所用的史料并非最古的史料，而是像《通典》《通考》《通鉴》等数百年后的转手材料。法国的东方学者使用的就是这些材料。因此，他认为把有关匈奴的原始资料加以翻译是很必要的。对于后来的欧洲学者如布罗斯、威理所翻译的《汉书·匈奴传》《汉书·西域传》，德格罗特认为远在水平以下而无科学价值。他认为巴克译得较好，但仍有不清楚和与原文有出入之处，因而他自己又重新翻译。他希望经他翻译之后，别人就永远不用再做这项工作了。

德格罗特对这次翻译工作确是下了功夫。他除了读“匈奴传”的原文外，还参考了好多有关这个问题的其他史料，如《左传》等。但是如果说他的翻译完全没有错误则未免言之过甚。例如《汉书·萧望之传》中说：“望之以为：‘单于非正朔所加，宜待以不臣之礼。’”德格罗特把正朔当为北方，这里的非正朔的意义是不奉正朔或者是不按照汉朝的礼节和制度，而并非北方，这一类的错误并不算少。欧洲学者对于匈奴的研究（北京大学《国学季刊》第二卷第三号508～512页）又如他在第一章的最后传说中，虽然用了不少篇幅去加以说明，可是他对于秦或者战国以前有关匈奴的传说为《史记》或《汉书》中的匈奴传中首一段中所说的，不只没有批评，反而当为史实，加以注释，这也是有问题的。

[1] 哥卑尔，耶稣会士，汉名作宋君荣。

匈奴的历史在韦尔斯所著的《世界史纲》里占了不少的篇幅，他在第十四章《最初的文化》第五节中叙述中国早期的历史，就谈到匈奴，他以为中国最早的历史，就说到西北边境的人民，就是乌拉阿尔泰族，这也就是匈奴。中国最早的一些皇帝为了抵抗这个外族而曾引起战争。他指出古代的匈奴，曾受到中国文化的影响，却没有得到中国文化中统一的思想。他指出铁器何时传入中国，不得而知，可是把铁当为武器是在公元前500年左右，他认为铁可能是从北边的匈奴人那里传入中国的。

在第二十八章里，他把匈奴的历史从秦汉说起，他认为从现在的眼光来看，秦汉统一天下是与中国政治统一的传统思想有密切关系的。而秦汉对于西北民族的反应是中国统一的一件重要的事情。中国文化中的新的政治组织与力量对匈奴不断的扰乱与侵入，给予打击。对于中国来说，这是中国历史进入好转的道路。

长城是中国人用以抵抗匈奴南下的障塞，可是长城并不阻碍中国人越过长城而北上，中国不只有长城，它有坚固的政府，又有熟练的军队。他们可以深入漠北，把匈奴驱逐出有水草的高原之外。

韦尔斯用匈奴或匈人这个名词，与欧洲所用的斯提安这个称呼都是广义的采用。在欧洲，人们把在多瑙河与中亚的好多民族，如萨尔马特，如波斯，如粟特等都名为斯提安，在亚洲，匈奴或匈人与后来的蒙古族是相类似的，所谓突厥鞑靼，也是这个蒙古族的支派。在欧洲人所说的斯提安支派中有一部分人往南迁移而发展文化，另一部分仍旧过着帐幕车马的生活，并以牛、马、羊为食。同样，在内蒙古高原的匈奴，有一部分南迁，受到汉族文化的影响而被同化；而留在北边的则逐渐西迁。公元1世纪时，已有一部分迁至欧洲东部边境，后来又进入欧洲本部。

关于匈奴的中文史料，韦尔斯根据巴克及19世纪一些欧洲学者的翻译与著作；关于匈奴的西迁，特别是侵入欧洲以后的活动，主要利用吉本的《罗马帝国衰亡史》中的有关记载。在他的《世界史纲》里，匈奴的历史是世界历史的不可分割的一部分，而且是很重要的部分。

韦尔斯虽非专门研究历史的人，但《世界史纲》曾风行一时，这就使一般读世界历史的人对匈奴历史的重要性有初步的了解。然而，韦尔斯并不是专门研究历史的人，他对于匈奴历史的研究又只是从一些转手材料中得到的，所以必然有错误。如第二十八章第五节中谓，当阿提拉强盛时曾与中国的皇帝办交涉，而且是在互相平等的条件下进行的。这无论在中国的和欧西的史籍中都是找不到根据的。《魏书》曾记载匈奴统治下的粟特国的商人到过中国，但没有派遣过使团，而粟特国王也不是阿提拉。

近代的研究匈奴历史较为全面、系统的书，是麦戈文的《中亚古帝国——斯基泰人与匈奴及其在世界历史上的地位的研究》（*The Early Empire of Central Asia: A Study of the Scythians and the Huns and the Part They Played in World History*，1939）。麦戈文是美国西北大学政治学教授，少年学习中文，后曾在英国伦敦大学的东方研究院教授中文与日文。

全书除导言外共分四册：《阿利安的背景》（*The Aryan Background*）；《第一（或前期）匈奴帝国》（*The First Hunnish Empire*）；《第二（或中期）匈奴帝国》（*The Second Hunnish Empire*）；《晚期（或后期）匈奴王国》（*The Later Hunnish Kingdoms*）。

虽然这本书的副题把斯基泰人即塞种人与匈奴人分列，可是读者很容易了解这本书主要是关于匈奴历史的著作。

第一册中，第一章叙述突厥斯坦（Turkistan）的早期居民。第二章叙述居住在中亚北部的塞种人与萨马提安人。第三章叙述居住在中亚南部的大夏人（Bactrians）与康居人（Sogdians）。第一册共33页，占全书419页的十三分之一。这一册既题为《阿利安的背景》，而作者又认为最初的匈奴人属于阿利安种族（关于这一点下面再加讨论），那么这一册也可作为全书的“引言”，因此这本中亚早期帝国史若改为匈奴历史似更为确切。

第二册第四章叙述蒙古高原的早期居民。第五章讲匈奴帝国的兴起。第六章为匈奴人与中国人争霸。第七章述匈奴帝国的逐渐衰弱。第八章述匈奴为中国的属国时代。

第三册共五章。第九章，匈奴帝国的再兴。第十章，匈奴帝国的变化。第十一章，匈奴人与中国人再起战争。第十二章，拉锯式的平衡力量。第十三章，匈奴帝国的最后崩溃。

第四册叙述后期的匈奴王国。这里所说的王国 Kingdoms 与上面所说的帝国 Empire 不同。因为崩溃以后，大的帝国已经灭亡，此后只有小的王国分散于各方。第十四与十五章叙述在中国或在中国边境的匈奴人。第十六与十七章叙述欧洲的匈奴。在中国的匈奴又分为两期：第一期从刘渊到刘聪；第二期从刘曜到北凉或匈奴在东方统治的停止。在欧洲的匈奴也分为两期：第一期从匈奴灭亡阿兰至击败西哥特；第二期，在匈牙利的匈奴王国勃兴至阿提拉的逝世及其王国的崩溃。最后，第十八章，叙述在波斯与印度的匈奴人。

麦戈文区别蒙古人与突厥人为前者属于东方的黄种，后者属于欧洲的白种。他认为最初的匈奴人近于突厥或土耳其人，是白种人；但经过与中国北部的居民长期的通婚，匈奴人逐渐有了黄种人的特性而与蒙古种相类。这里不准备讨论这个问题，但要指出：这种看法是一个没有根据的推论。

以上介绍的是近代的西方学者研究匈奴历史的较重要的和有代表性的一些著作。详细的参考书目或论文可参看麦戈文书中的附录。该书的参考书目占二十多页，其中有些与本题的关系不大，但大致上包括了他的这本著作出版前有关这方面的主要参考资料。少数没有收入这个书目的，可参看姚从吾的《欧洲学者对于匈奴的研究》中所介绍的专著或论文。

下面将日本学者对于匈奴的研究略作介绍：

1879 年（日本明治十二年）冈本监辅撰《万国史记》，卷三中说：

> 鞑靼诸部古称匈奴，群居亚细亚北方，不详其祖，以游牧为业，蛮野好战，侵掠邻邦，屡寇中国，及罗马衰，入欧罗巴。一千三十年间匈奴入俄罗斯及罗马境，其酋遏底拉为人残暴，大恣焚掠，所

过一空。益进劫略日耳曼，并吞比利时。再进入，法兰西与罗马合力拒战，匈奴大败，死者三十万，遏底拉途死，部下溃散，乱始平。自是，匈奴族屡出百战百胜之将，横行中国诸国，侵晋、唐、辽、金，蚕食大半。其用兵于欧罗巴诸国声名赫著者，首推铁木真帖木儿郎。[1]

这是简单地叙述匈奴从中国的北方侵入欧洲的过程。“遏底拉”当即阿提拉。但他说匈奴一千三十年间侵入俄罗斯及罗马境内，时间有误。匈奴侵入现在的俄罗斯的西部在公元4世纪，侵入欧洲则在4世纪下半叶与5世纪上半叶。又他把铁木真与帖木儿当作匈奴人也是错的，二人都是元朝的后裔。

白鸟库吉在1897年（明治三十年）的《史学杂志》八卷八号曾发表过一篇《匈奴究属何种族》的论文。1907年又在同杂志卷十八第二至第五号中刊载一篇《蒙古民族起源考》的文章，主要是考订见于《史记》《汉书》的《匈奴传》上的一些名词。何健民于1936年译为中文，书名《匈奴民族考》（中华书局出版）。1929年（昭和四年）10月，为了庆祝三宅博士七十寿辰，他又写了一篇《匈奴休屠王之领域及其祭天金人》，收入纪念论文集并译为几种西文。（参看1902年的*Bulletin de L'Académie Imp'eriale des Sciences de st.Petersburg*，1902，p.1，ff.与*Journal Asiatique*，1923，p.71，ff.）此外，他还发表了好多关于西域与蒙古的论文。因为他是东方人研究匈奴、西域与蒙古较早的一位，有的论文又译成西文，所以他的论文曾为欧西学者所参考。

白鸟库吉研究匈奴、西域与蒙古问题多从语言方面入手。这虽然是研究这些问题的一种方法，但过于注重，甚或专赖这个方法也很容易做出错误的结论。如在匈奴民族的起源问题上就有这种缺点。他起初用突厥语去解释，遂以为匈奴是突厥种族；后来又用蒙古语去解释，于是又

[1] 见《万国史记》卷三“鞑靼纪”，清光绪二十四年（戊戌，1898年），上海书局石印本。

认为匈奴人是蒙古种。现摘录其《蒙古民族起源考》中的两段话就可看出这一点来。他说：

> 欧洲之东洋学者，咸视匈奴为突厥（Turk）种，然其在初，异说聚讼，论战良久。后经许多波折，始一致于Turk说。余今不拟一一列举而加以批评，然为叙述自家之见解起见，仍有介绍其梗概之必要。当18世纪顷，有耶稣教宣教师，被派至中国，彼辈在此从事著述匈奴史，其时只视匈奴为政治的团体，故未考究此民族之种类。洎乎Pallas，Bergman等学者，始考匈奴为西史上之Hunnen，而均结论为Mongol种，是即匈奴问题之发轫。而Iakinth Bicurin氏与Neumann氏等学者亦赞同是说，然最驰名者首推Schmidt氏，而有名之《蒙古史》之著者Howorth氏亦倾于是说。然至Klaproth氏，乃谓匈奴为Turk种，Hunnen为Finn种，并抨击Schmidt氏说，氏之主张，后渐得力，而Schmidt一派之Mongol说遂无人过问矣。Saint Martin氏谓匈奴与Hunn均属于Finn种，然以赞成者不多，遂淹没无闻。如上所述，匈奴人种问题，异说纷纭、莫衷一是，迄Castren氏，乃采最安全之方法，谓匈奴在其极盛时代，Turk人固不待言，如Mongol人、Mandju人与夫Finn人等皆包含在其中。Lacouperie氏谓《史记》所载之匈奴语，一部分为Turk，一部分为Tunguse语，故不能视匈奴为政治的集团国民。现如Munka'csi氏乃根据余之材料，考匈奴为Turk与Mongol之混合种。如上所述，关于匈奴民族，自古则既议论纷然，未有定说，然在今日，殆已一致于Turk，唯尚有Munka'csi氏说，是以此问题犹未获解决。余于兹对匈奴语得发表新材料与新解释，想不无少补。

他又说：

> 余于此二文中（按，指在俄国《学士院杂志》所发表的《匈

> 奴及东胡诸族语言考》与在1902年德国*Keleti Szemle*所发表的《乌孙考》（*Über den Wusun Stamm im Centralasien*——作者注）所研钻之要点如下：各国学者，虽断定匈奴民族为Turk种，然未有积极的考证，是为憾事，故特考究Turk语，解释从来之Turk说予以确切之根据，俾补西人之疏忽，此其一。对东胡民族，例如乌丸、鲜卑、托跋、蠕蠕、奚及契丹等族，学者咸异口同声谓系Tunguse种。然此等民族语言中，颇多蒙古语，故遽即视为Tunguse，实属谬误，余故予以证明，此其二。关于乌孙民族，有谓白皙人种者，有主张Turk种者，犹无定论。余以乌孙之语言及其传说，考为Turk种，此其三。嗣后余仍继续研究此等民族，结果仅承认第二及第三说，略有增补及修正之必要，而其趣旨，无须变更。然至第一说之匈奴种族，则须重行予以根本的解释。如上所述，余为证明匈奴民族之为Turk种起见，尝搜《史记》与《汉书》等所见之匈奴语，而专以Turk语解释之，在今日观之，殊不无牵强，转从Mongol语或Tunguse语加以解释，则颇觉可靠。职是之故，余乃另草《蒙古民族起源考》（按，即何译之《匈奴民族考》[1]）发表愚见，或可藉以解决此问题。

我把这两大段话抄下来，说明白鸟库吉的主张的改变，同时也可看出西欧学者对于匈奴人种的起源问题的各种不同意见。

近代其他日本学者对于匈奴的研究也发表了不少论文。如1934年《中国语》上所发表的竹内几之助的《关于匈奴与现代蒙古的饮食》，1935年《史学杂志》上所发表的江上波夫的《匈奴的居住》。后者还发表过《关于匈奴的宗教习俗》（《人类学杂志》，1937年10月），《关于匈奴妇女的颜色——焉支》（《东亚论丛》，1940年9月），《匈奴的祭祀》（《人类学杂志》，1941年4月）等论文和《中亚

[1] 何健民：《匈奴民族考》，中华书局，1939年。

古代北方文化——匈奴文化论考》一书（1948年，全国书房）。此外，还有榎一雄的《关于史记匈奴传补续说》（《东洋学报》，1939年）与大野恭平的《西汉对匈奴政策》（《东洋史研究》，1941年2、3月）等。

第三章　匈奴人的古物与古迹

匈奴的历史有七百多年之久，所占领或经过的地方跨越亚洲北部与欧洲好多地方。匈奴人虽然没有自己的文字去记载其活动，但是他们在平时或战时生活上的一切用具、住宅以及他们死后葬在坟墓中的好多东西，经过考古学者的发现与发掘，对于匈奴历史的研究都是最有价值的资料。下面把我所知道的一些古物古迹略为叙述。

在欧洲，传说当匈奴进入欧洲的时候，教皇利奥一世（Saint Leo 或 Leo the Great，公元 390—461 年）曾得天使之助，驱走了匈奴人。后来又有人曾绘一幅图，下面的说明是“教皇利奥一世说服阿提拉从罗马撤兵”。意大利罗马的梵蒂冈 1929 年版的德文《布罗克豪斯大辞典》中的阿提拉条曾翻印这幅图画。这近于神话的传说，虽难以置信，但也说明当时人的看法。

此外，在戈德金所著《匈牙利与马札儿人的历史》中，插有阿提拉一个半身图像。阿提拉所用的细颈瓶（flask）杯图以及浮雕的阿提拉小像是从何处翻印而来，或是随便的意绘，著者没有说明，所以也难说明其历史价值。

近数十年来，在我国西北一带发现很多汉代木简，是研究汉代社会历史最有价值的材料，也是研究匈奴史很重要的史料。比方，1906 年英国的斯坦因（Aurei Stein）在新疆的尼雅、楼兰与乾林（Hanlimes）等处所发掘出来的一打以上木牍就是汉代的遗物。虽然从所得的木牍来看，多是附在赠送当地长官家族的礼物上面，其中一片是写给当地一位长官的夫人的，但我们相信，将来若再事发掘，还可能找出有关当时的其他事情的木简。西域的好多地方，尤其楼兰是汉族与匈奴争夺最剧烈的地方，应能发掘出更多的木简。（参看向达翻译的《斯坦因西域考古记》[*Ancient Central Asian-Tracks*，1932] 第 71 页附木牍影图。我国学者王国维 1914 年写了《流沙坠简》，也是研究这种木简较早的著作。）

木简发掘得最多而且也是最为重要的，是 1930 年西北科学考察团在今日内蒙古自治区的额济纳河流域的黑城附近所发掘的。额济纳河是来自祁连山的雪水，从山上流下来经河西走廊而入鼎新县，至狼形山下又分为东西两条。西河叫做海图果勒河，注入西居延海，东河叫做纳林河，注入东居延海。现在这一带的河流，因为河西走廊的农民用额济纳河水灌溉，故水量很小，而两旁地方也多成沙地。古代河西走廊曾为匈奴占领，作为牧场，不事农业，居延地区原来应当是一片沃野，这也是匈奴到西域去的经常路线。公元前 121 年（汉武帝元狩二年），霍去病打通这条路到祁连山。不久匈奴住在这里的休屠王、浑邪王降汉。公元前 102 年，武帝又遣路博德到居延建筑障塞作为防备匈奴的军事据点。匈奴既时时出没于这个地方，汉人军书旁午，往来信牍，很为频繁，其中当含有匈奴方面的史料。

黑城在居延东海的南边，在纳林河之东与居延城的东南。西北科学考察团在这里附近找出一万枚木简，现在已经整理出来的数千枚，列在《居延汉简甲篇》，图片有号码，另有译文。从这些木简中，我们可以看出当时住在这里的士卒的生活与工作。简上有的写明军器的名称与数目，如弓弩多少以及日常必需品，如："入小畜鸡一鸡子五枚"（75 号），"入狗一枚"（38 号）。还有布、酒、粟的记载，如："二月二十八日从居延来为孙幼卿出米三升二十九日朝三升莫三升"（1692 号）。又有关于小孩妇女的记载，士卒之患病吃药的也有记载，如："第二十四隧卒高自当以四月十日病头疼四节不举"（19A 号）；又如"第卅隧卒尚武四月八日病头痛寒炅饮药五齐未愈"（19B 号）。关于军事政治的如："诏夷虏候章发卒曰持楼兰王头诣敦煌留卒十人女译二人留守证”（1582 号）。又如：“皇帝陛下车骑将军下诏书曰乌孙小昆弥乌□”（1803 号）。又如：“夷狄贪而不仁怀佚二心请编 / ”（1801 号）。又如有关于传送书牍的：“一封诣广地一封诣橐他　十二月丁卯夜半尽时卒□□使不今卒”（1920 号）。又有关于任命的如：“元凤三年十月戊子朔戊子酒泉库令安国以近次兼行太守事……”（1584A 号）。又有记报兵簿事如：“元凤三年六月临木部卒报兵簿”（1119 号）。也有记胡骑的如：“□□属国胡骑兵马名籍”（2112A 号）。“以食庠□胡骑二人五月食”（1042 号）。

最值得我们注意的是关于匈奴邪单于与匈奴入寇的记载，如：“郅支为名未知其变”（1804 号）。又如：“塞外诸节穀呼韩单于”（1800 号）。又如：“就屠与匈奴呼韩单于谌”（2361 号）。

郅支就是郅支单于，呼韩应为呼韩邪单于。郅支单于是呼韩单于的哥哥。就屠不知是否屠耆单于之误。当时五单于争立，互相征伐，互相杀害，呼韩邪降汉后，郅支西徙，屠耆单于也与呼韩邪不和。所谓谌者，欺也，忌也，是否因为两者互相欺侮，互相猜忌，故谓为谌。所谓“郅支为名未知其变”，不知是否只知这个单于的字，而不知其争立或行动的情况，要想打听，才这样的写。我们若好好地将这些木简来与《汉书·匈奴传》或其他列传对照，做进一步的研究，对于《汉书》所记，可以互作补充。

又如“匈奴人入塞及金关以北　塞外亭燧见匈奴人举蓬炟和□五百人以＝上能举二蓬”（2409 号）。这些材料对于研究匈奴历史当有很大的贡献。

关于有关匈奴的碑铭。《史记·匈奴列传》说：“骠骑封于狼居胥山，禅姑衍，临翰海而还。”丁谦说：“骠骑出代与左王将战，揆其地望，当在克鲁伦河境，狼居胥山，在宁夏西北沙漠间，今尚有狼居胥山碑遗迹。”（见《史记会注考证》）又如《后汉书·窦宪传》说窦宪与耿秉大破北匈奴之后，“宪、秉遂登燕然山，去塞三千余里，刻石勒功，纪汉威德，令班固作铭。”班固所作的碑文也见于《窦宪传》。同传还有："南单于于漠北遗宪古鼎，容五斗，其傍铭曰：'仲山甫鼎，其万年子子孙孙永保用。'"

关于石刻的古物，如霍去病墓前的石人马。《汉书·霍去病传》说："元狩六年薨。上悼之，发属国玄甲，军陈自长安至茂陵，为冢象祁连山。"霍去病的墓在现在陕西兴平县，颜师古注云："在茂陵旁，冢上有竖石，冢前有石人马者是也。"这匹石马以整块灰色的花岗石雕刻，自顶至地，高 1.4 米，马并不大，身重蹄短，尾长至地。腹下有一人，人以膝抵马腹，左手取弓，右手以短矛刺于马胁，头大而后仰，眼大而圆，额低耳大，其须乱而与马胸相接。近来中国科学院在长安县沣水西岸的客省庄一个古墓中发现两个腰牌，其中一个透雕两个胡人，在两匹马的中间作赤膊跌跤状，其发也是从头顶拉向脑后。

有关匈奴的建筑，最伟大的是万里长城，我们下面还要叙述这条长城，现在要谈的是长城北边的一些障塞。比方《史记·匈奴列传》说："呴黎湖单于立，汉使光禄徐自为出五原塞数百里，远者千余里，筑城鄣列亭，至庐朐。"张守节《正义》引《括地志》说："五原郡稒阳县北出石门鄣，得光禄城，又西北得支就城，又西北得头曼城，又西北得虖河城，又西北得宿虏城。按，即筑城鄣列亭至庐朐也。"这都是阴山以北所建筑的城郭列亭。据考古方面的报告，在阴山南北麓，发现二十多个古城遗址。在大青山与乌拉山之间的峪口，是由阴山以北到山南的一条路线，旁边就有一个古城。又从呼和浩特到蜈蚣坝也有很多城堡遗址。

呼和浩特东北三十余公里，大青山南麓有一个地方叫做塔布土拉罕，意义是五大堆土，有一个长方古城，分内外两城。外城周围约三公里，在内城地面上可以找出好多花纹陶片。在呼和浩特的布秃村也发现了汉城（参看 1961 年第四期《考古》杂志）。此外在包头市西边约十五公里的麻池乡，也有汉代的古城遗址，这个城也分内外两个，内城散布许多汉代砖瓦，城的周围有许多古墓，墓中有许多古物。

在阴山的南北麓的好多城堡都是汉朝建筑的，在匈奴本部，据《史记》《汉书》上记载也有城堡。《史记·匈奴列传》说，大将军卫青北击匈奴，“北至阗颜山赵信城而还”。《史记集解》引如淳曰：“信前降匈奴，匈奴筑城居之。”《汉书》中颜师古引孟康说：“赵信所作，因以名城。”《汉书·匈奴传》记载有：“卫律为单于谋，‘穿井筑城，治楼以藏谷，与秦人守之。”虽然有人劝卫律，以为胡人不能守城，卫律因而中止。除赵信城在匈奴本部外，近代考古学者又发现了匈奴时代的城市遗址。苏联的考古学者索斯诺夫斯基和奥克拉德尼科夫，在色楞格河左岸与伊伏尔基河合流的地方发现了一座古代匈奴城市。城市的面积在一公顷以上，周围有城墙，高度超过 1.5 米，城的外面有许多住宅，住宅用土坯建筑，在城的内外有陶器，有耕作的工具，还有贮藏粮食的地窖等遗物、遗址。住宅的墙内用木柱，地下还有通暖气的管道。（参看《前资本主义问题》，1934 年 7 至 8 号。索斯诺夫斯基的《下伊伏尔基河的古代城市》与奥克拉德尼科夫的《布雅特蒙古考古探察团 1947—1950 年的工作情况》，载在物质研究所调查报告和田野勘测简报 1952 年第 4、5 期。又 1950—1955 年间 X. 培尔列发现匈奴、回纥、契丹的十数个城市。）

苏联的考古学者，还在色楞格河左岸哈剌勒赤·黑里姆金、八剌哈思、扎尔嘎特兰、苏木等地发现匈奴时代的城市，城的面积约有四万平方米（200×200），城墙颇高，并有四个城门。城里的房舍是用粘土做成，盖有汉瓦。（参看吉谢耶夫《蒙古时代的城市》，中译文载《史学译丛》1957 年第六期。又参看 1957 年乌兰巴托科学委员会出版的《和·普尔赉的匈奴三城的遗址》一书。）

除了上面所说的色楞格河左岸的匈奴城市的住宅外，1940 年在西伯利亚的哈喀斯克自治区，也就是蒙古唐努乌梁海以北的阿巴坎（Abakan）镇以南的一个地方，当时苏联的建筑工人曾在一个高约二米的土丘中发现了大量的瓦片，据考古学者的考订这是一个古代的建筑遗址，很可能是匈奴时代的遗址。

1941 年与 1945 年，当时苏联的考古学者在阿巴坎发掘出一个中国式的建筑遗址。根据出土的瓦当和青铜门环等物，他们认为这个遗址修筑的年代，应该在汉代，并且可能是李陵降匈奴后的住宅。住宅分为二间：

第一室正方形长宽十二米。第二室长十二米，而宽为六米。第一室的东边墙有门，在这里发现了铜门环一个，沿着中部各墙发现有文字的瓦当，瓦当的文字有“天子千秋万岁常乐未央”，“天子千秋”四字居中，“万岁常”在左边，“乐未央”在右边。

在遗址的地下也发现了一些取暖的坑道，深入地下六十厘米，是用石片砌成的筒状，第一室中坑道的安置与墙壁平行成为一个方形。

除瓦当、门环之外，又发现玉盘一件，色浅绿，惜已残破。另有珊瑚珠一枚很大，还有铁刀一把和陶器的残片。这应是上层人物的用品。所以当时苏联学者以为可能是李陵住宅，但很难确定，可以确定的是遗址是匈奴时代的东西。住宅若作为投降于匈奴的重要人物所居，其建筑的设计者与工人应该是汉人。

《史记·匈奴列传》说，匈奴“毋城郭”，这只是指着一般的情况来说，不能说完全没有城市。这些城市可能是受到中国的影响。而其建筑，至少像赵信城与卫律所要建筑的，都是受了汉城的影响。又《史记·匈奴列传》中指出匈奴人“岁正月，诸长小会单于庭，祠。五月，大会茏城”。这里的庭与城分开来说，不知五月所会的茏城是否也有城。

《汉书·匈奴传》载李广利投降匈奴之后，为卫律所忌，以至被杀。他死前骂曰：“我死必灭匈奴！”死后匈奴雨雪连下数月，人畜大受损害，匈奴“单于恐，为贰师立祠室”。又《汉书·地理志》云：“云阳，有休屠、金人及径路神祠三所，赵巫主䣕鄹祠三所。”休屠、金人为休屠王所崇拜的神，“径路”（剑名），被匈奴人视为宝刀。匈奴人立祠之所谓祠或祠室，是一种房屋，这些房屋的建筑质量应该较好，而其中必有很多供神的物品，假使能找到这些祠室的遗址，可能也会找出些古物。

《史记·匈奴列传》说，“其（匈奴人）送死，有棺椁金银衣裘”。在蒙古等处，近年以来，发掘出好多匈奴时期的坟墓。坟墓之中有很多古物，证明了司马迁记载的正确性。发掘古墓较早的是俄国的科兹洛夫（P. Kozlov）。1912 年，在蒙古土谢图汗诺颜山下苏珠克图地方有个矿工寻找金矿，发现若干丘坟，找得一些古物。矿工死后，他的孀妇曾把一些古物卖给科兹洛夫的考察队，因此他们于1924年到这个地方发掘，找出很多东西，引起研究蒙古和匈奴历史的人们注意。科兹洛夫的报告，1925年出版苏联的列宁格勒。叶特斯（W.P.Yetts）曾把科兹洛夫的发现写成《俄国科兹洛夫探险队外蒙考古发现》一文，登于1926年4月份的《伯林顿杂志》（*The Burlington Magozine*），向达将之译为中文，登在1927年二十四卷十五号的《东方杂志》上。

1932年，在列宁格勒出版了一部英文本《北蒙古的出土文物》（*Excavation in Norther Mongolia*，1924—1925），本书共分四部分：第一部分是一般说明，第二部分是说明第四部分的图片，第三部分是出土文物清单，第四部分是八十五幅图片。

这个报告第一部分指出，这个报告是俄国地理学会1924—1925年在科兹洛夫的领导下在蒙古发掘的结果，坟墓的数目共有二百一十二个。在这部分里，除了说明发掘的方法、坟墓的形状、埋葬人物的位置等等问题之外，还考证坟墓中的人是属于哪一种族，以及陪葬的东西的来源。据他们考证的结果，埋葬的人物属于公元前后一二世纪的时代，正是匈奴人统治这块地方的时候。其人则应为匈奴的单于或贵族。同时，还有一些近臣、妻妾或奴婢作为陪葬。至于坟墓中所掘出的物件，有的是匈奴人自制的，有的是来自汉族，有的是来自西域。汉族的东西以丝绸为多，其他各种器物也有。在某一器上还有“上林”二字，这可能是来自汉代的上林。又在图片十七页中有一幅残丝，除有图画之外还有“新神灵广”等字。至于来自西域的东西，据著者的意见，其中有不少受了希腊艺术的影响，虽则这些东西并非来自希腊本土或者附近的属地，而系来自希腊化的大夏（Bacrtia）等地。

第二部分是解释第四部分中的各个图片，说明发掘出坟墓的形状、大小、颜色、作用等等，读者可互相参照。

第三部分是把发掘的一些坟墓中所找出的东西列举出来，比方在第一号坟 Tumulus No.1 中，在棺材的西边的地板上，安排着什么东西，都一件一件地列举出来，这里有金属物、玉类、木质类、丝织类物品等。

这本报告虽然比较简单，但也扼要地把所出土的东西加以介绍，而且提出了一些比较重要的问题，如人种问题、文化交流问题等，这对于研究匈奴历史的人，有很大的帮助。这本书的出版较晚于前面所说的叶特斯的文章，书中曾一再提到叶特斯的文章以说明东西文化的交流。

此后苏联考古学者与蒙古的学者对于这项工作继续给予注意，如1928—1929 年索斯诺夫斯基在蒙古伊里木谷口的古墓发掘，以及 1954 年的诺颜山的发掘，1956 年乌兰巴托科学委员会所出版的《科学院校学术研究成就》的第一期中，策·道尔吉苏荣的《北匈奴坟墓》，均是关于这批古墓发掘的报告。

近来以来，我国的考古学者，在内蒙古自治区也发现了很多匈奴时代的坟墓，像上面所说的麻池乡古城的周围，就有很多古墓（《匈奴西岔沟古墓群被掘事件的教训》）。[1]

司马迁在《史记·匈奴列传》中记载匈奴人死后有棺椁，没有指出匈奴人对于坟墓的重视。《汉书·匈奴传》对于这一点记载得很清楚："汉复得匈奴降者，言乌桓尝发先单于冢，匈奴怨之，方发二万骑击乌桓。"匈奴人对于发掘他们死后单于坟墓者，要用二万骑兵去征伐，说明了单于坟墓在匈奴的重要性。单于固是如此，一般人对于祖先的坟墓无疑也是重视的。

科兹洛夫所发掘的墓，上面已经指出是颜诺乌拉或称颜诺山的墓，这个山在现在的乌兰巴托北部一百二十公里，注入色楞河的哈拉河的旁边。墓有二百一十余个。于右任曾著有考察外蒙土谢图汗诺颜山下苏珠克图地方二百十二古墓记，其中有十个古墓，有的特别深大，深十五米，这可能是为防备盗掘。苏联科学院与蒙古人民共和国科学委员会合编的《蒙古人民共和国通史》说：

[1]　参看 1957 年第一期《文物参考资料》；又《"匈奴西岔沟文化"古墓群的发现》，见 1960 年 8、9 期合刊《文物》。

在蒙古人民共和国境内发现的所谓石墓——所以称为石墓，是因为他们在地面上是由侧面埋置的石板做成的四方形的墙垣围绕起来的——可以说明公元前7—前3世纪的蒙古居民的生活情况和他们与外贝加尔地区的密切关系。蒙古人民共和国的中部有很多这样的石墓。此外在蒙古东北肯特省，在克鲁伦河流域以及乌兰巴托以南的东戈壁和中戈壁省，直到与中国接壤的地方都可以找到这种石墓。同时在蒙古人民共和国北部沿库苏古泊沿岸和色楞格河流域都曾发现这种石墓。在西部科布多省内也可以遇见这种石墓。（中译本50～5l页）

这可见得石墓的分布之广。关于科兹洛夫的发掘，此书也作了简单的介绍与评价：

这次发掘非常有成就，在每个发掘的坟墓中，都发现了很多有价值的遗物。……被发现的墓室，设在地下深处，是木质结构，其中藏有巨大的杉松木棺材。最有趣味而且丰富的墓葬品都在棺材的周围。这个墓葬是匈奴贵族的。诺颜乌拉古墓地的发现，在蒙古考古学研究史上起了极大的作用。这是20世纪最大的考古学发现之一，对于更集中更精细地研究曾住在蒙古地区的各民族古代史打下了基础。（12～13页）

匈奴时代的坟墓，初期受西北亚民族的影响较深，但在后来却慢慢地受了汉族的影响。棺材的制造形状、油漆、密封都与汉族的相似。在墓内又安置了好多汉族的用品。最近在阴山长城一带发现的古墓中，还有“单于和亲”“单于天降四夷宾服”等瓦当。（参看1961年《考古》杂志第四期上所载的内蒙古呼和浩特布秃村汉城遗址调查。）

古墓里所发现的死尸，头是向东卧的。《史记·匈奴列传》说：“单于朝出营，拜日之始生。”头向东方是有崇拜太阳的意思。《史记·匈奴列传》又说其送死有棺椁、金银、衣裘而无封树、长服，近幸臣妾从死者多至数千百人。《正义》说：《汉书》作数十百人，颜师古云或数十人或百人。《史记》说的人数可能过大，但在一个墓里发现好多束发辫，还有一束大发辫缚以红绳，可能是妇女的发辫，也许就是近幸臣妾的发辫。

坟墓里发现的东西很多，有金、铜、铁、玉、珠、琥珀、漆、毛绒毡、服装、发辫等等物品。金质的有装饰在棺材上的三角而狭长的薄金片，有的还涂以红漆，也有压花或夹了宝石的较厚金片与纽扣。麻池乡的古墓中发现很多金质和银制镂空饰片，饰片上的花纹作虎、豹、骆驼等形象。铁器有铁的马勒、铁竿、箭镞以及铁制的铃舌，在其他的古墓中发现有刀、剑、镝、铧、铁环、铁钉与一些铁片。

铜器有铜鼎、铜炉、铜杯、铜壶、三足蜡灯台、马的护面具、铜镜。又在最古的坟墓里，发现有公元前 7 至前 3 世纪的铜斧、铜刀、铜镞、铜铃与颈饰用的铜制品。1954 年在诺颜山古墓中发现的铜器有铜铃、铜壶嘴与好多残片。

在古墓中所发现的玉器有白玉人形，有佩在身上的饰物。玉上还刻着双龙对舞的透雕。

还有弓的骨制附件、骨制的筷子、绘有兽类图案的骨器，虽然为数不多。

漆器有漆盘、漆杯、漆碗，连棺材的外面也是用漆涂的。在各处的坟墓中又发现许多陶器及残片，有上口向外，翻扁圆形，上粗下细，底部有方形洼坑的陶器，陶器上有纹，有的陶器内部很光滑，於軒王所赠给苏武的服匿，是小口方腹而底平。

织品有刺绣的织品，也有西域伊斯兰式的饰有植物、动物和人物的产品，有一块有两个骑士像的毡子。

服装有匈奴的褶裤，裤子是绣戎的，有丝袍、丝帽等等。至于发辫，在一个坟墓里有十七束之多，有的粗有的细，都是匈奴的样式。

除了古墓中所挖掘出的古物之外，考古学家近年来在我国内蒙古地区和蒙古还发现了好多有关匈奴时代的古物与古迹。考古学家推论在公元前 7 至前 5 世纪，在内蒙古的长城附近已有农业，因为在那里发现了磨谷器。在策・道尔吉苏荣的《北匈奴坟墓》的报告中说，在古墓散布的地区，经常发现从公元前 7 世纪到前 3 世纪的石臼，而且在出土的古物中，有黑色农作物的种子，可见，农业不止限于匈奴的南部，在蒙古的东部与戈壁地区，1949 年进行的人类学的考查发现了新石器时代的好多遗物，有石斧、劈刀等，使匈奴的历史可以追溯到更早的时代。

根据考古学家的报告，在蒙古发现了青铜器，尤其是青铜刀，这些刀很像西伯利亚的卡拉苏克刀，又似殷商和周朝初期北方中国的制品，在南戈壁地区又挖掘出制作完善的斧子。此外，在戈壁地区与色楞河盆地又发现了陶器，这些陶器在制造技术和形式方面，既与叶尼塞河和阿尔泰的卡拉苏克的陶器很相似，也与热河地区的石棺中发现用以殉葬的土罐很相似。（参看《蒙古人民共和国通史》，48 页。）

匈奴是游牧民族，他们既如《史记・匈奴列传》所说“士力能弯弓，尽为甲骑”，在他们所用的器具中，武器与马具乃特别多，不只在坟墓中，在其他地方也发现不少。

匈奴与汉族无论平时或战时，互市始终没有断绝过。汉族物品用交换方式而流入匈奴的，不知有多少，所以现今在当时的匈奴与汉朝的边境地区，到处都可以发现汉代的钱币与工艺品。至于匈奴用掠夺的方式而获得的汉族物品数目也是很大的。此外汉族历年所赠送于匈奴的物品更是不少。大量的食品与各种用品，从高祖以至后来的皇帝，不知送给过多少。刘邦在位时，“岁奉匈奴絮缯，酒食物各有数”。吕后接到冒顿侮辱她的信之后，还赠“御车二乘马二驷”。文帝给匈奴单于服绣袷、绮衣、长襦锦袍、比疏、黄金饰具带、黄金犀毗与大量的绣锦赤绨、绿缯。到了后来，匈奴单于愈求愈多。狐鹿姑单于（公元前 96—前 85 年）致信汉朝皇帝说：“取汉女为妻，岁给遗我糵酒万石，稷米五千斛，杂缯万匹。”匈奴对于汉族所要求的物品这么多，对其所役属的西域诸国所要的东西，也必不少。除酒、米、食品是得到后就吃掉以外，其他好多物品，如汉朝皇帝所给的“匈奴单于玺”以至好多可以久留的物品，可能有不少还藏在其他尚未发掘的坟墓中，也可能有很多尚埋没在当时匈奴人居住或活动过的一些地区。

至于匈奴人自己所制造的产品，遗留到今者，除了已经发现的之外，还有很多需要人们去发掘与考证。比如王国维为之作跋的匈奴相邦印就是一个例子。《观堂集林》卷十八中的匈奴相邦印跋说：

> 匈奴相邦玉印……其形制文字，均类先秦古钵，当是战国讫秦汉间之物……此印年代较古，又为匈奴所自造，而制度文字并同先秦。……

匈奴没有文字，这个玉印是否为匈奴自造，颇成问题。即使这个玉印是在匈奴国内所制造，也需要华人去帮忙。这些问题的讨论以及上面所说关于匈奴时代的古物、古迹所说明的问题，都有赖于今后考古学者去作进一步探索。

第四章　匈奴本部的地理环境

匈奴在强盛的时候，东破东胡，南并楼烦、河南王地，西击月氏与西域诸国，北服丁零与西北的坚昆。东胡所居的地方应该是现在的内蒙古东部大兴安岭一带。楼烦、河南应该是现在山西北部与陕西北部。月氏原在河西走廊，这就是现在甘肃的武威、张掖、酒泉一带。此外匈奴还控制了现在的新疆，置僮仆都尉去管理，势力一直伸张到乌孙、大宛或葱岭以西的大夏、康居等地，也就是现在的中亚细亚的咸海、黑海一带。北部到现在的贝加尔湖一带。这是一个大帝国或所谓的“百蛮大国”。可是我们在这里叙述的匈奴所在的方位与疆界是注重于匈奴本部的地区，就是现在所说的蒙古高原地带，这是在冒顿及其后代还未征服东胡与月氏或西域诸国之前的匈奴疆域。

匈奴的东边是东胡，东胡所居住的地方是现在的察哈尔一带，东胡后来称为乌桓。所以称为乌桓，据说其所居地为乌桓山，因而得名。东胡后来也称鲜卑，则据说是因为其所居的地方有鲜卑山。在匈奴与东胡之间，有所谓瓯脱地。《史记·匈奴列传》说：

(东胡)与匈奴间，中有弃地，莫居，千余里，各居其边为瓯脱。东胡使使谓冒顿曰：“匈奴所与我界瓯脱外弃地，匈奴非能至也，吾欲有之。”冒顿问群臣，群臣或曰：“此弃地，予之亦可，勿予亦可。”于是冒顿大怒曰：“地者，国之本也，奈何予之!”诸言予之者，皆斩之。冒顿上马，令国中有后者斩，遂东袭击东胡。……

大破灭东胡王，而虏其民人及畜产。

“匈奴传”记瓯脱约有好几处，历代的学者对瓯脱这个名词的含义又作了很多的解释，我们不准备在这里讨论。要指出的是，这里所说的瓯脱是指两国比较荒芜的边地。尽管这只是弃地，可是冒顿也当这个地方为国之本。有人说游牧民族逐水草而居，没有国界的观念，对于匈奴的冒顿来说，这是不正确的。

匈奴南边的疆界应与楼烦、林胡接壤，但这两个国家所占的地方可能不大，而且曾为匈奴所并后，又为赵国所破。《史记·匈奴列传》上说：“当是时，冠带战国七，而三国边于匈奴。”所谓的“三国”，就是指燕、赵和秦，这三国的北部边境在战国末年，可以说以长城为界，匈奴狐鹿姑单于曾遗书汉朝皇帝：“南有大汉，北有强胡”，其所指的界线就是长城。战国时代，燕、赵、秦既边于匈奴，这些国家都筑了长城，以拒匈奴。《史记·匈奴列传》上说：“燕亦筑长城，自造阳至襄平。置上谷、渔阳、右北平、辽西、辽东郡以拒胡。”“而赵武灵王亦变俗胡服，习骑射，北破林胡、楼烦。筑长城，自代并阴山下，以高阙为塞。”“秦昭王时，义渠戎王与宣太后……于是秦有陇西、北地、上郡，筑长城以拒胡。”

秦统一天下后，把过去各国所筑的长城连接起来并加以修筑。《史记·匈奴列传》上说：

后秦灭六国，而始皇帝使蒙恬将十万之众北击胡，悉收河南地。因河为塞，筑四十四县城临河，徙适，戍以充之。而通直道，自九原至云阳，因边山险巉谿谷可缮者治之，起临洮至辽东万余里。又度河据阳山北假中。

《史记·蒙恬列传》上也说：

> 始皇二十六年……乃使蒙恬将三十万众北逐戎狄，收河南。筑长城，因地形，用制险塞，起临洮，至辽东，延袤万余里。

到了汉代，据《汉书·匈奴传》说："汉遂取河南地，筑朔方，复缮故秦时蒙恬所为塞，因河而为固。……是岁，元朔二年（公元前127年）也。"到了太初三年（公元前102年），"汉使光禄徐自为出五原塞数百里，远者千里，筑城障列亭至卢朐"。汉武帝时，占领河西走廊之后，障塞也伸张到甘肃西北部以至新疆的境内。

长城是防御匈奴的伟大建筑物。这也可以说是匈奴的最南的边境。《汉书·匈奴传》下载匈奴单于对汉使者说："自长城以南天子有之，长城以北单于有之。"说明匈奴认为这是两国的边界。但是实际上靠近长城以北地区的匈奴人不见得能随便地居住或往来。

匈奴西边的边境大致是以阿尔泰山为界，这是一条天然的疆界。

匈奴的北境，是在现在的贝加尔湖一带。《汉书·李广苏建传》说：苏武出使匈奴，匈奴人"乃徙武北海上无人处"。北海应就是贝加尔湖。虽然这里是无人之处，但同时又说匈奴"单于弟於靬王弋射海上。武能网纺缴，檠弓弩，於靬王爱之，给其衣食"。后来这位王死了，人众徙去，丁零盗武牛羊。同处又说：匈奴单于曾使李陵至海上为武置酒设乐，劝武投降，苏武拒绝了。李陵使妻赐武牛羊，后来又到北海告诉苏武武帝逝世的消息。可见这个北海，并不是没有人往来的地方。贝加尔湖之北与西北当为丁零与坚昆的领土，所以丁零人也到这个地方去盗苏武的牛羊。应该指出，在苏武被流放到北海之前，汉朝的使者郭吉出使匈奴时已曾被匈奴迁之于北海。

上面是叙述匈奴帝国的方位与其四至，我们现在要简单地说明匈奴的自然地理情况。

匈奴本部，从地理上来看，就蒙古高原而言，自成一个单位或地区，也可以说是高原中的一个大盆地。周围多有山岭为屏障。东有兴安岭，东北有肯特山，南边有阴山、贺兰山，西边是阿尔泰山，西北是唐努山。

唐努山略取东西走向，然后折向西南，延长为杭爱山脉，杭爱山脉隆起在蒙古高原的西北部。

在古代，人们把这个盆地大致分为幕南与幕北。《史记·匈奴列传》说："汉谋曰，'翕侯信为单于计，居幕北。'"又说："大将军青、骠骑将军去病……咸约绝幕击匈奴。单于闻之，远其辎重，以精兵待于幕北。"又说："是后匈奴远遁，而幕南无王庭。"这里所说的幕是沙土，或是荒漠的意思，所以幕也就是漠。班固在《汉书·匈奴传》最后说："隔以山谷，雍以沙幕，天地所以绝内外也。"这说明幕与漠同，所以上引"咸约绝幕击匈奴"，"绝幕"者，就是深入荒漠之地，或是到了漠北的地方。

这个荒漠地区，在汉代，人们也叫做翰海。《史记·匈奴列传》说："骠骑封于狼居胥山，禅姑衍，临翰海而还。"《史记集解》中引："如淳曰：'翰海，北海名。"而张守节在《史记正义》中说："按，翰海自一大海名，群鸟解羽伏乳于此，因名也。"张晏与如淳的解释是错的，本文明云出代右北平两千余里，则其地正在大漠，安能及绝远之北海哉？清代齐召南说："翰海，北史作瀚海，即大漠之别名，沙碛四际无涯，故谓之海。"（见《史记会注考证》）齐召南的说法是很对的。

这个荒漠地区，现在叫做大戈壁，范围很广，几乎占了蒙古高原盆地的全部，包括了现在的内蒙古自治区的大部分，形状好像一个斜置的胡瓜。自东北向西南伸张，东西最长处约为两千公里，南北最长处约为一千公里，面积达一百五十万平方公里。

这个荒漠与新疆的塔里木盆地的沙漠相比却有不同之处。塔里木盆地的沙漠上层覆盖了很厚的流沙，风一吹来容易流动，往往成为沙丘，一堆一堆地排列，或星散于地面。这种沙质松柔，行走其上，不只寸步难行，而且脚步往往下沉。在这种沙漠上交通很为困难。至于蒙古高原的戈壁，土质含有石质露出地面，有的地方满布砾石，有时也称为石沙漠，人在上面行走，没有什么困难。在这种荒漠上，不要修路，汽车也可以随便跑。从呼和浩特过了大青山以后到百灵庙的途程中，汽车在地面上，不一定循着公路，而是可以自由往来。而且这个地面在较低的地方可以生长草类。所以在这条路上的两旁已有不少地方开垦为农田。

这个盆地的地势，从整个来看是西北高东南低，可是也有高低间隔的地方。从南向北的人有这样的印象，就是越北越高，从远处看，是一个高坡，可是上了高坡又是平原。比如从呼和浩特上大青山，是爬上很高的山岭，可是到了山顶一看，山的北面是平地，好像与山顶差不多一样高。明朝永乐北征，经过兴和（今河北省北部的张北县）的时候说过："汝观地势远见似高阜，致即又平也。"（见金幼孜《北征录》，《豫章丛书》本第九函）可说是这一带地形的写真。秦汉的匈奴人侵袭汉族，自北而南，所谓居高临下，南下牧马，就是因为地势使然。

大戈壁的土质虽为砾石质，可是也杂有不少的泥沙。风一吹，细沙就飞扬起来。在较大的北风吹来时候，粗的沙石被北风吹到附近的地方堆积下来，其细粒可以一直吹到华北各省，所以华北的沙土有不少是来自大戈壁。《史记·匈奴列传》说卫青围攻匈奴于幕北时，日暮大风起，匈奴单于与少数骑兵突围遁跑，可能也是利用滚滚的沙尘作为遮掩而遁跑的吧。

在大戈壁中，有很多的小盆地，其中较大的有三：其一在东边，在大兴安岭以西，东西宽约三百公里，南北长约五百公里；其二在中部，在呼和浩特以北，东西长约五百公里，南北宽约三百公里；其三在居延海一带，东西长约三百公里，南北宽约二百公里。居延盆地虽然有流沙，但有额齐纳河从南边的祁连山经河西走廊流入这个地区，所以沿岸一带，水草比较丰茂，额齐纳河古称弱水，又称黑河，其源流主要来自祁连山的雪水。上游的水，沿途用以灌溉，到了这个盆地已经减少，每年三月冰融，水量较多。这个地区在前汉时代，很为重要。公元前121年，就是武帝元狩二年，霍去病曾带兵经过这个地方而攻祁连山，《史记·匈奴列传》说："夏，骠骑将军复与合骑侯数万骑出陇西、北地二千里，击匈奴。过居延，攻祁连山……"《汉书·匈奴传》说：太初三年（公元前102年），"使强弩都尉路博德筑居延泽上"。又说：天汉二年（公元前99年）"使骑都尉李陵将步兵五千人出居延北千余里，与单于会，合战……”可见居延一带是汉与匈奴交战的重要地区。直到后汉安帝的时代（公元 107—119 年）始置居延县，属张掖管辖。汉朝占据了居延，不只河西得以安宁，对于控制西域，也有很大的作用，可见居延当时在军事上的重要性。

除了大戈壁中这几个大盆地之外，在蒙古高原上，还有几个盆地。一为色楞格河流域，二为科布多盆地，三为唐努乌梁海盆地。色楞格河流域在大戈壁之北，科布多与唐努乌梁海之东。这个地区包括杭爱山与乌兰台戛山以东，肯特山与阿尔唐乌鲁桂山以西和乔伦以北。乔伦是草原地带与戈壁地带的分界，乔伦之南，沙碛渐渐地多起来，而进入大戈壁地区。在这个区域里，肯特山与阿尔唐乌鲁桂山，是色楞格河与克鲁伦河的分水岭，两山之东是克鲁伦河流域，两山之西则是色楞格河流域。这个区域除河谷两旁与一些山区外，多为草原，是即古代的幕北。现在蒙古人民共和国的乌兰巴托是这个区域的人城市，位于土拉河北岸。土拉河是色楞格河的支河，在今日是经济政治的重镇，在古代应该也是幕北的要地。

科布多盆地位于大戈壁的西北部，东边是杭爱山，南边与西边是阿尔泰山，北边是唐努山，中间地形低下，河流向内流，是一个闭塞盆地。图尔公山是这个盆地的最高山，也是蒙古高原最高的山。山上有雪田冰川，有森林，有草地。从这个地区的南边可以越过阿尔泰山到新疆的准噶尔盆地。北边有好多山口，西北循科布多河与西伯利亚接壤。

唐努乌梁海盆地位于蒙古高原的西北部，南边有唐努山与科布多盆地为界；北边有萨彦岭与西伯利亚分界；东部较高，有哈尔特沙迪克山和乌拉山，两山之东，河流东流入色楞格河，两山之西，河流西流入小叶尼塞河。这个盆地向北通往西伯利亚的交通比较方便。

匈奴在强盛时代，其势力的伸张固是指向西与西北方面，就是在失败的时期，也是要往这个方向迁徙。大戈壁的居延盆地乃成为匈奴与汉族争夺最为剧烈的地区。匈奴从这里到河西走廊，进入洮河流域，或青海草原，并进一步去控制西域诸国，即现在的新疆一带。但是他们也可以通过科布多盆地与阿尔泰山的山口，长驱而入新疆的天山以北的准噶尔盆地，或是从科布多与唐努乌梁海通过丁零、坚昆而西走。在强盛时代，匈奴可以经过这些地方，控制河西走廊、天山南北的西域诸国以至葱岭、乌孙、大宛以西的康居、大夏等处。在衰弱的时代，匈奴也可经过这些地方而退向葱岭、乌孙、大宛以西各地。

蒙古高原的山岭很多，上面已大致说及，其较重要者是东部的兴安岭、东北的肯特山、西部的杭爱山与阿尔泰山，以及南部的阴山、狼山、贺兰山。兴安岭自黑龙江北部边境向南至内蒙古中部西拉木伦河上游地区，延绵一千五百公里，高度在一千至二千米之间，东坡较陡，西坡较缓，倾斜向大戈壁。兴安岭以东为松花江、嫩江流域及其平原；兴安岭之西就是茫无涯际的大戈壁。兴安岭的东坡，尤其是北部森林茂盛，可以从事农垦；西边虽然也有海拉尔河总汇了山谷中流出的溪水，但景色与岭的东边完全不同，这里比较干寒，没有树木，只有碧绿广阔平坦的草原。

肯特山像上面所说，是色楞格河与克鲁伦河的分水岭。在色楞格河流域一带，是丘陵地带，除肯特山外，地形较为平坦。肯特山的山坡也较为平缓，最高峰海拔只有二千八百米，可是这个地区的海拔均多在一千六百米以上，所以肯特山的高峰离地面往往也不过几百米。

杭爱山海拔在二千至三千米，两侧崎岖，山谷之中有平地，所占的面积相当广阔，北边得了北冰洋的水汽，雨量较多。故森林颇为茂盛，林间也有野兽，其景色与西伯利亚相似。这个山脉是好多河流的发源地，匈奴时代的幕北王庭似乎也曾到过这个山脉所流出的河水旁边，应该是史书中所说的幕北的重要地区。

阿尔泰山是一条很长的山脉，自西北向东南，长约一千六百公里。西段高而东段低，但海拔均在三千米以上。在科布多境内阿尔泰山的西部与唐努山相接，其东段自西向东，还有四条山脉。阿尔泰山的北坡有森林，南坡没有，东段伸入大戈壁，无论是南坡还是北坡都没有森林。

新疆的北部，在天山与阿尔泰山之间，就是准噶尔盆地。这里地势低陷，来自西北的海洋水汽可以深入，雨雪较多，大部分成为草原。古代天山以北的西域的一些国家，都在这个盆地建立。著名的乌孙国，就占据着这个盆地的西侧。匈奴可以通过阿尔泰山的山口来到这个盆地，役属这些国家。

阴山在大戈壁的南边，内蒙古自治区境内，略与黄河平行。阴山是匈奴与汉朝的交界地区，北为匈奴，南为汉朝。所谓“不教胡马度阴山”，就是这个意思。我们现在乘火车赴呼和浩特与包头，过了集宁就隐约地可以望到一条从东向西延伸的山脉，这就是过去的阴山。阴山乃是大青山和狼山的总称，高出海面虽约为二千至三千米，但高出附近的地面只有数百至一千米。从阴山的北坡来看更显得不高。阴山沿黄河折向西南就是贺兰山；贺兰山从南到北走向与这一带的黄河平行。

阴山是古代抗拒匈奴的屏障。阴山之南有一条狭长的平原，从下面来看阴山不仅可以挡住匈奴人，而且可以挡住酷冷的北风。山北与山南景物完全不同。以呼市附近为例，从山南到山北要越过险峻的蜈蚣坝，由山南至坝底村约为十公里，全为山沟，由坝底逾蜈蚣坝至后坝约十五公里。这是前山与后山的分界处，现在有了公路，行车时仍要小心，没有公路之前当更险要。

我们上面曾指出，在战国时代，燕、赵、秦在其北边筑了长城。现在还有一段古代长城的遗址，绵亘在大青山、狼山靠南边的山顶上。这一段长城，应该是战国时赵国所建。为占夺这个地方，赵国与匈奴曾有过长期而剧烈的战争。后来赵国打败了匈奴人，占据了山南的平原，于是在山上筑长城以拒胡。

现在的大青山，十余年来，除了在山南种植不少树木之外，山上树木不多。可是在古代，却是森林地带，应该说，直到13世纪时这里还有森林。呼和浩特蒙古语是青色的城，包头是蒙古语译音，意义是有鹿的地方。鹿或禽兽出没的地方，应该是有树林的地方。原来阴山的森林，经过数百年的砍伐，已使青色的山变得光秃。

我们若把历史回溯到西汉时代，阴山的树木必当很多，深密的森林布满在这条绵长不断的山岭之中。这森林对于匈奴来说是很有作用的。

《汉书·匈奴传》引侯应的话说：

> 臣闻北边塞至辽东，外有阴山，东西千余里，草木茂盛，多禽兽，本冒顿单于依阻其中，治作弓矢，来出为寇，是其苑囿也。

阴山的树木，不只可以用做弓矢，也可以用做车与穹庐的架子及其他用处。匈奴人是游牧民族，阴山有禽兽，是匈奴人打猎的地方，是匈奴人依靠以取食物的地方。这样看起来，不只备战要靠阴山，就是日常生活也要靠阴山，可以说是匈奴人的生命线。因此之故，匈奴在与汉朝的争夺战中失败后，阴山为汉朝占领，匈奴人之过阴山者都哭起来。《汉书·匈奴传》又引侯应的话说：

> 至孝武世，出师征伐，斥夺此地（指阴山一带），攘之于幕北。建塞徼，起亭隧，筑外城，设屯戍，以守之，然后边境得用少安。幕北地平，少草木；多大沙，匈奴来寇，少所蔽隐，从塞以南，径深山谷，往来差难，边长老言匈奴失阴山之后，过之未尝不哭也。

阴山不只是作为狩猎的场地，而且还是匈奴在军事上的屏障与隐蔽的地方。匈奴失了阴山，也可以说是匈奴帝国衰败的开始。

阴山保不住了，匈奴在幕南就难于立足。他们跑到幕北，就是越过了大戈壁而到了蒙古高原最北的地方。在这里，地既平又少草木，多大沙。地平则难守，少草木，多大沙，对于随水草而生活的民族是极为不利的，这也就是《汉书·匈奴传》上郭吉所谓幕北寒苦，无水草之地。自此不只在军事地理上匈奴处于不利的地位，在经济条件上，匈奴也处于不利的地位。幕北既不容易生活，再加以汉朝的不断攻击，匈奴就不得不逐渐往西迁徙——迁往天山之北，现在的准噶尔盆地，再迁往乌孙与大宛的中亚细亚地带，以至欧洲东部的黑海地区。可见阴山的争夺战对于匈奴的兴衰有着极为密切的关系。

上面是叙述蒙古高原的山岭，我们现在谈谈这里的河流。

这个地区东北部的最大河流是克鲁伦河。这条河发源于肯特山麓，先向南流，然后折而向东，最后注入呼伦湖。河水大时，可与额尔古纳河连接起来，成为黑龙江的上游。这条河的两岸，除沿河一带略有草原之外，都是沙漠，河水主要是来自肯特山的雨雪，所以河水深处不过一二米。在肯特山以西，有鄂尔浑河下游的三条支河：依罗河、哈拉河与土拉河。这三条河发源于肯特山的西麓与南麓。土拉河是蒙古水系的重要分界，河之南是内流区域，方向是自北而南，河流很少，从山麓的草原逐渐而至戈壁；其北属外流区域，方向是自南而北，河流很多，由草原逐渐而至森林地带。

在蒙古的正北，或是贝加尔湖之南，主要河流是色楞格河，这条河上游有三条支流：北边一条是穆棱河，发源于汗泰加山脉西麓；南边一条是乔鲁图河；中间一条伊第尔河，是色楞格河的正源，与乔鲁图河都发源于杭爱山的北麓。在此以东还有鄂尔浑河，与色楞格河平行，上游也有很多支流。鄂尔浑河与色楞格河汇合于买卖城（今阿尔丹布拉克附近），最后注入贝加尔湖。

唐努山与汗泰加山脉的北部，是小叶尼塞河及其上游“施什锡德河”的发源地。这条河自唐努乌梁海盆地向西流，到了奇悉尔和自北南流的大叶尼塞河相会，然后再向西流又与自西南来的赫姆奇克河相会流入西伯利亚，所以这个地方是外流区域。

西部科布多盆地的最大河流，是科布多河与札布汗河。前者发源于阿尔泰山北麓，注入慈母湖（哈腊乌斯）与喀拉湖（哈腊湖）相通；后者发源杭爱山南麓，是盆地最大河流，自东南流至西北，注入吉尔吉斯湖。

在中南部，自杭爱山南麓流出的水，成为翁金河、图音河与拜达里格河。翁金河在东，图音河在中间，拜达里格河在西。这三条河的走向，都是自北而南。翁金河是这三条河中最长的，自西北向东南走，潴为乌兰湖。这条河深入蒙古的中部，水量有限。图音河注入鄂罗克湖，拜达里格河注入邦察罕湖，都是很小的湖泊。

西南方面，发源于祁连山的额济纳河，上游为弱水与临水，二者经过河西走廊，流至宁夏北部潴为居延海。此外，蒙古最大和最多的湖区在西北部的乌布苏诺尔与科布多省。

大致而言，蒙古盆地，除了杭爱山脉稍居于偏西北的中部外，四周皆围有山岭或高原，中间地势较低，海拔约一千米或数百米。山岭高原地带为河流之所出，唯除正北及西北一些河外流外，其余多是内流河。中间的广大区域则是大戈壁。

大戈壁的周围河流很少。而且这些河流水量有限，有的在中途就消失了。至于大戈壁的中部，差不多完全没有水。所谓湖泊地乃是风蚀的洼穴，一年之中除雨季积了些水外，大部分时间干涸。然而像上面所说，这个戈壁也不像塔里木的戈壁那样一望无垠、丘陵起伏、松沙干燥、深地无水。相反地，在这个戈壁中，稍向下掘地往往有水，低洼有水的地方易形成草原，加上土壤中含有盐分，所长出的草，很宜于饲畜，所以住在这里的绝大部分的人民都以畜牧为业。

大戈壁的边缘地带，尤其是在河流较多的地方，草类或其他植物也较多。在雨雪较多时，这里的草原便扩展范围，向戈壁地带发展，使戈壁的面积缩小。雨雪较少时，草原缩小了，戈壁遂扩展开来。这与畜牧事业有着密切的关系。水草丰富，则畜牧繁盛；水草缺乏，畜牧受到影响，所以住在这个地方的人们往往从一个地方迁到另一个地方，所谓逐水草而居，就是这个意思。

从整个蒙古的地理来看，荒漠地带所占的比例最大，草原因雨雪的多少而决定时大时小。然而，植物之中生长得面积最广的，还是草类。有些地方，虽也可耕种，但是地域既小，而能种的农作物也主要是大麦与燕麦。山区地带，也有森林，但是高山如阿尔泰山在三千三百五十米左右的地方，已属于永久积雪，在这些地方，连植物影子也不见。

在匈奴的本部里，现在看来也有不少湖泊。但是史书所记载的湖泊并不很多。居延泽现称嘎顺诺尔，是史书屡载的湖泊，但这个泽或海，在匈奴时代来说，是匈奴出河西走廊与西域的交通要冲，在交通上与在军事上，是个重要地方，在经济上的作用可能也有一些，但不明显。自公元前 121 年霍去病阻断了匈奴这条通路及公元前 102 年路博德筑遮虏鄣以防备匈奴之后，在这个海边，汉人曾从事农垦，但直到现在，这一带还是地广人稀。居延海的水来自祁连山，下游称额济纳河，流经张掖、鼎新等处，然后北流到内蒙古的西部而潴为居延海。居延海分东西两海，东海小而西海大，东海淡而西海咸，东海还产有不少鱼，海边芦草丛生，也有树木。

在大戈壁的地区中，除了居延海外，还有好多湖泊。如乌兰泊，是翁金河所潴成的湖泊，翁金河的水量减少，这个湖泊的水量就要减少。又如在巴格布克多山麓的密堪泊，主要是靠泉水汇流，遇干旱，地下水面低于湖床时，湖水也就要枯干。总而言之，大戈壁的湖泊多是低洼地方，雨天时候成为湖泊，一到旱季，湖水也就要干。

北海就是现在的贝加尔湖，也是史书所屡记的湖泊。《汉书·匈奴传》说到这个湖的有几处，说是一个很大的湖，在匈奴的时代，虽非是完全没有人烟的地方，可是到过或住在这个地方的人必定寥寥无几。匈奴的於軒王曾在这里狩猎，可能是负有监视丁零人的任务，但是他死之后，并没有派人替代。他的士卒走了以后几乎又是空无人烟了。

在色楞格河流域地区的西北角，有一个库苏古尔泊，南北长一百三十公里，东西最宽处约四十公里，是现在蒙古地区最大的湖。湖在四面高山之中，四周林木茂盛，色楞格河的上游，额格河的水源，多来自这个湖。湖南部的木伦河与依德尔河之间，还有一个桑金达赖泊，是一个高山湖泊，没有出口，成为咸水。

在科布多盆地中，湖泊很多。著名的有慈母湖、喀拉湖与吉尔吉斯湖。慈母湖在科布多城东约四十公里。喀拉湖在慈母湖东约五十公里，形状狭长，北部水常流动，水味淡；南部水常停滞，水味咸。吉尔吉斯湖在喀拉湖北约八十公里。

唐努乌梁海盆地也有很多湖泊，但面积很小。在盆地东南有德里湖，北部在贝克穆河中流有多齐湖、托罗湖与那雅湖，这些湖虽远不若科布多盆地或色楞格河流域的湖泊之大，但这些小湖盛产鱼类。

阴山以北是寒冷地带，史书称为苦寒之地。冬季来得很早，所谓“胡天八月即飞雪”就是这个意思。《汉书·匈奴传》引严尤上书王莽说：“胡地秋冬甚寒，春夏甚风。”又《汉书·匈奴传》记李广利降匈奴，被匈奴杀死后，雨雪数月不停。同传又指出常惠与乌孙击败匈奴之后，在一日之中，下雪深丈余。这都说明匈奴的本部是一个极为寒冷的地方。

当然，在这么大的地区中，气候也并非到处一样。比方大戈壁的冬季各月，气温下降到零下20度很为普遍，水都结冰，人们要用雪作饮料。霜雪在9月上旬就已下降。在幕北的色楞格河流域，更为寒冷。史书中所说幕北苦寒的地方很多。在这个地区，北边少有高山阻止从西伯利亚来的寒潮，所谓蒙古高压的中心，就在这个地区，气候非常干燥，非常寒冷。在乌兰巴托一带，气温可以低到零下40度以下。一年之中，植物能够生长的时间只约有一百天。到了夏天，这一带平均温度虽为17.1度，但有时也高达34.3度，又可以说是酷夏了。不只一年之中的气候差别若是之大，一日中白天与夜间气温相差也有时很大，白天似炎夏，而夜间则似严冬。住在蒙古高原的人们，夏天也带着一件皮大衣，是有其理由的。不过应该指出，就是在夏天，所谓酷热的时间也是极短的，严冬可以说是这个地区的经常性的气候。

第五章　匈奴人的经济生活

《史记·匈奴列传》说："其俗，宽则随畜，因射猎禽兽为生业，急则人习战攻以侵伐，其天性也。……自君王以下，咸食畜肉，衣其皮革，被旃裘。壮者食肥美，老者食其余。贵壮健，贱老弱。"又说："其畜之所多则马、牛、羊，其奇畜则橐驼、驴、骡、駃騠、騊駼、驒騱。逐水草迁徙，毋城郭常处耕田之业，然亦各有分地。……儿能骑羊，引弓射鸟鼠，少长则射狐兔；用为食。士力能毌弓，尽为甲骑。"

另外，《东观汉记》说："单于岁祭三龙祠，走马斗骆驰以为乐事。"《后汉书·南匈奴列传》也说："匈奴俗，岁有三龙祠，……会诸部，议国事，走马及骆驰为乐。"这些史料明显说明匈奴是一个狩猎与畜牧的民族。

匈奴单于自头曼、冒顿以后，对狩猎都很重视。匈奴人射猎，不只以射鸟兽作为食品或娱乐，而且以之作为一种军事训练，一种严格纪律的手段。所以匈奴人从小就练习射猎，在羊背上射，在马背上射，这样的长期训练，严格遵守纪律，严格执行命令，是冒顿之所以能东败东胡，西击月氏而建立一个大帝国的重要原因。同时，匈奴的射猎，往往也是军事上的行动。且鞮侯单于（公元前 101—前 96 年）的弟弟於靬王弋射于北海，既是射猎，也是监视丁零的军事行动。《汉书·匈奴传》说："数万骑南旁塞猎，行攻塞外亭障，略取吏民去。"又说："左大且渠……乃自请与呼卢訾王各将万骑南旁塞猎，相逢俱入。""单于将十万余骑旁塞猎，欲入边寇。"此外匈奴也有因没有禽兽可猎而他去的。《汉书·匈奴传》载："昌、猛见单于民族益威，塞下禽兽尽，单于足以自卫，不畏郅支。闻其大臣多劝单于北归者，恐去后难约束。"颜师古注说："塞下无禽兽，则射猎无所得，又不畏郅支，故欲北归旧处。"

直到一百三十年后，就是后汉章帝元和二年（公元 85 年）时，匈奴人还没有放弃射猎的生活。《后汉书·南匈奴列传》说："其岁，单于遣兵千余人猎至涿邪山，卒与北虏温禺犊王遇，因战，获其首级而还。"这是打猎与打仗合而为一了。在和平无战事的时候，射猎与畜牧也是合而为一，就是说，在畜牧的时候，也可以射猎。到过蒙古高原的人，可以看到在高原上黄羊或其他兽类成群出现，鸟类在天空中回旋，随畜的牧人，就可以引弓而射。社会发展的初期，人们主要是靠打猎为生，经过一个时期，人类懂得养畜之后，慢慢地畜牧变为主业，射猎成为副业。匈奴在头曼与冒顿的时代，已经进入畜牧为主、射猎为副的时代，所以匈奴是游牧民族。

在未叙述匈奴的游牧情况之前，我们在这里提出一个与射猎有关的问题，就是匈奴人会不会捕鱼？渔猎在原始社会里往往并举。匈奴人生活地区虽称沙漠苦寒之地，然也有不少河流湖泊，这些河流湖泊盛产鱼类，那么匈奴人是否也能捕鱼？《后汉书·乌桓鲜卑传》载："冬，鲜卑寇辽西。光和元年冬，又寇酒泉，缘边莫不被毒。种众日多，田畜射猎不足给食，檀石槐乃自徇行，见乌侯秦水广从数百里，水停不流，其中有鱼，不能得之。闻倭人善网捕，于是东击倭人国，得千余家，徙置秦水上，令捕鱼以助粮食。"鲜卑入居匈奴故地。匈奴有十余万人留居故地，自号鲜卑。这些在蒙古高原上的鲜卑人、匈奴人看来是不会捕鱼的。但从冒顿到公元 2 世纪末的匈奴历史中，汉人被虏或逃入匈奴的不知多少，这些汉人曾把农业、建筑及许多手工业技术传入匈奴，有的长期为匈奴服务。若说匈奴人不会捕鱼，汉人在匈奴者也不捕鱼或没有传授捕鱼的方法给匈奴人，那是不易理解的。檀石槐因为粮食缺乏而找人捕鱼，匈奴人历史上也时因牲畜死亡而陷入饥饿，似乎也应捕鱼以助粮食。《汉书·李广苏建传》说，苏武在北海时，"单于弟於靬王弋射海上，武能网纺缴，檠弓弩，於靬王爱之，给其衣食”。这里说的网纺，应该是捕鱼的网纺。捕鱼之法，应该早已传入匈奴，匈奴人也会以鱼为食。可能鱼在匈奴人的食品中所占成分太少，故史书少有记载。

现在我们谈谈匈奴的畜牧。

匈奴是一个游牧民族。《汉书·匈奴传》“赞”说：“（匈奴）辟居北垂寒露之野，逐草随畜，射猎为生，隔以山谷，雍以沙幕，天地所以绝外内也。”《盐铁论·备胡》说：“随美草甘水而驱牧”，“衣皮蒙毛，食肉饮血”。《盐铁论·论功》说：“因水草为仓廪。”袁宏《后汉纪·明帝纪》载：“（永平）十六年（公元73年）春，（耿）秉出张掖居延塞，击匈林王到沭楼山，渡漠六百里余，绝无水草，得生口辞云：匈林王转北逐水草，秉欲将轻骑追之，都尉秦彭止之而还。”

游牧民族依靠的畜类中最重要的是马、牛、羊。在这三种之中，马又最重要。马的种类很多，奇特的也有多种。《盐铁论·崇礼》说：“骡驴馲驼，北狄之常畜也。”匈奴马的数量也多，冒顿纵精兵四十万骑围高帝于白登七日。精兵之外当还有很多不为骑兵所用的马。在匈奴，骑兵是攻战的主要力量，骑兵往来快捷，出没无常。战国时代，汉人时常受到主要是匈奴骑兵的扰乱与侵略。《汉书·晁错传》说：“今匈奴地形技艺与中国异。上下山阪，出入溪涧，中国之马弗与也，险道倾仄，且驰且射，中国之骑弗与也；风雨罢劳，饥渴不困，中国之人弗与也，此匈奴之长技也。”《汉书·匈奴传》又载：“匈奴之俗……以马上战斗为国。”

欧洲的罗马历史学家曾记载：匈奴人在欧洲，不只战时用骑射，平时也常在马背上，连吃饭、闲谈及办交涉都在马背上，正如《淮南子·原道训》所说：“人不弛弓，马不解勒。”

匈奴以骑兵见长，汉武帝要征伐匈奴，对用马作战便不得不非常重视，二次远伐大宛，主要原因之一就是想得到大宛的善马。《史记·大宛列传》载：“宛贵人相与谋曰：‘汉所为攻宛，以王毋寡匿善马而杀汉使。今杀王毋寡而出善马，汉兵宜解。’”

马肉、乳可作食品，马乳还可以作酪。在匈奴人的食品中，牛羊肉、乳尤为普通。《史记·匈奴列传》载，中行说对汉使曰：“匈奴之俗，人食畜肉，饮其汁，衣其皮；畜食草饮水，随时转移。”

马还可以作祭品与盟誓之用。《汉书·匈奴传》下载：“昌、猛与单于及大臣俱登匈奴诺水东山，刑白马，单于以径路刀金留犁挠酒，以老上单于所破月氏王头为饮器者共饮血盟。”

匈奴人用畜皮做衣服，“衣其皮革，被旃裘”就是这个意思。他们很早就制作裤子、长靴、长袍、尖帽或风帽，这种服饰，无论在行动或保暖方面，都很适应马背上的生活。战国时代赵武灵王所采用的胡服，就是这种服装。胡服，非匈奴人所发明，可能是中亚细亚的塞种最先创制，匈奴人从他们学习而来。

匈奴人住的地方叫做穹庐，是毡帐所制的幕，也叫做帐幕。这种房舍，也需用木条作柱梁。成帝绥和年间（公元前8—前7年）汉朝使者王根建议乌珠留单于割让匈奴温偶駼王地，单于答复道：“已问温偶駼王，匈奴西边诸侯作穹庐及车，皆仰此山材木，且先父地，不敢失也。”每个穹庐所用木材不很多，较轻便，易搬迁。穹庐不很大，一般父母子女一家四五口，睡在里面就很拥挤。所谓“父子乃同穹庐而卧”这种居住条件是汉人所不习惯的。正如嫁给乌孙昆莫的江都王建女所作的歌曰：“吾家嫁我兮天一方，远托异国兮乌孙王。穹庐为室兮旃为墙，以肉为食兮酪为浆。居常土思兮心内伤，愿为黄鹄兮归故乡。”

古代史书多说匈奴人不事耕种，《史记》说匈奴人“毋耕田之业”。《淮南子·原道训》说：“雁门之北狄不谷食。”《盐铁论·备胡》说：“外无田畴之积。”《盐铁论·论功》说：“马不粟食。”但《汉书》引用司马迁“毋耕田之业”一语，又说到李广利被匈奴人杀死之后，“会连雨雪数月，畜产死，人民疫病，谷稼不熟”。颜师古注云：“北方早寒，虽不宜禾稷，匈奴中亦种黍穄。”这说明匈奴是有耕田之业的。他们除在本部耕种之外，在西域还有骑田。《汉书·西域传·乌孙》载：嫁到乌孙的楚解忧公主曾上书言“匈奴发骑田车师”，这很像汉人的屯田做法。

匈奴人耕田产谷，还建有谷仓去藏谷。《史记·卫青霍去病列传》载：武帝元狩四年（公元前 119 年），卫青击匈奴至寘颜山赵信城时，“得匈奴积粟食军。军留一日而还，悉烧其城余粟以归”。《汉书·匈奴传》指出：昭帝始元四年（公元前 83 年），“卫律为单于谋‘穿井筑城，治楼以藏谷，与秦人守之’”。这些粟谷，不一定是匈奴自己生产的，可能是汉朝所给予或是匈奴人从汉朝边地或西域诸国掠夺而来的。但匈奴人既已种谷、藏谷，就不仅是食畜肉，而是也食谷物了。

近来发掘的匈奴墓中有铁制的铧与镰刀，有石臼，说明匈奴农业的技术是相当高的。

生产上和生活上所需要的东西，尤其是统治者需要的奢侈品，匈奴人不能完全自给，必须从其他地方输入，所以匈奴人十分重视商业交换。《史记·货殖列传》载：“乌氏倮畜牧，及众，斥卖，求奇缯物，间献戎王。戎王什倍其偿，与之畜，畜至用谷量马牛。”游牧部落用以为交换的主要物品是牲畜，他用价值十倍的牲畜去交换“奇缯物”，“奇缯物”在游牧社会中是一种奢侈品。

匈奴是很乐于与邻人尤其是汉人互市的。贾谊《新书·匈奴篇》说：“夫关市者固匈奴所犯滑而深求也，愿上遣使厚与之和。以不得已许之大市……则胡人著于长城下矣。”《汉书·匈奴传》说：“景帝复与匈奴和亲，通关市……终景帝世，时时小入盗边，无大寇。”又说：“武帝即位，明和亲约束，厚遇关市，饶给之。匈奴自单于以下皆亲汉，往来长城下。”即使武帝在马邑用交易为名伏兵诱单于，希望一击而破之，为匈奴发觉后，两国处于战争状态之下时，交易也没有中断。《汉书·匈奴传》说：“自是后，匈奴绝和亲，攻当路塞，往往入盗于边，不可胜数。然匈奴贪，尚乐关市，嗜汉财物，汉亦通关市不绝以中之。”《后汉书·南匈奴列传》指出：一再受了汉朝痛击之后的北匈奴，也“愿与吏人合市”。汉朝答应互市之后，“北单于乃遣大且渠伊莫訾王等，驱牛马万余头来与汉贾客交易。诸王大人或前至，所在郡县为设官邸，赏赐待遇之”。为什么匈奴这样乐与汉人交易呢？我以为，一方面是匈奴人，尤其是其统治者，想丰富他们的生活享受；另一方面，他们把交换来的汉人物品作为商品转卖他人从中取利，或交换别的物品。就是说，匈奴是将汉人物品运到西域诸国包括大秦的中间人。岑仲勉先生在所著《隋唐史》中指出："匈奴早已运用（北道）为转输华丝于西亚罗马之通途。"

西域诸国以至最远的大秦，都喜欢汉人的丝绸，不过汉人与西域的交通，一向为匈奴所阻隔。自冒顿灭月氏，服乌孙、呼揭、楼兰及其旁二十六国之后，匈奴完全垄断了汉人与西域交通的路线。西域诸国既不能直接与汉人交易，也就不得不依赖匈奴做中间人。《史记·大宛列传》载：张骞从匈奴逃到大宛时，"大宛闻汉之饶财，欲通不得，见骞，喜"。《史记·西南夷列传》转述张骞说："大夏在汉西南，慕中国，患匈奴隔其道。"在汉未与西域诸国直接交通之前，匈奴的势力一直伸张到葱岭以西的安息，就是在汉与西域诸国直接交通之后，这种妨碍汉与西域诸国直接贸易的势力仍然存在。《史记·大宛列传》说："自乌孙以西至安息，以近匈奴，匈奴困月氏也，匈奴使持单于一信，则国国传送食，不敢留苦，及至汉使，非出币帛不得食，不市畜不得骑用。所以然者，远汉，而汉多财物，故必市乃得所欲，然以畏匈奴于汉使焉。"

自武帝元狩二年（公元前 121 年）汉占据了河西一带，与西域诸国直接交通之后，匈奴在政治上、军事上和经济上均受到很大的损失，经济损失尤大，因昔日为匈奴人所垄断的贸易，已操在汉人与西域人的手里了。而匈奴人，尤其是其统治者，用惯了汉人的珍贵物品，要他们中止使用是非常困难的。以前半自用半转卖，收支可以平衡，现在贸易之利没有了，不得不把价值多倍的牲畜去换取汉人的物品，这样就大大地入超，造成匈奴的经济危机。再加上汉朝军事上的不断攻击，结果引起匈奴内部政治上的动乱，五单于争立，呼韩邪向汉称臣。从此以后，匈奴分裂为南北二部，南部归附于汉，入居塞内，北部继续留在漠北，势力虽然也时强时弱，总的趋势是逐渐衰弱。

和帝永元元年（公元89年）汉朝大举征伐北匈奴，永元三年（公元91年）耿夔大破北匈奴于金微山，北单于率部分人众西逃，从此匈奴退出了漠北地区。但是这部分北匈奴仍一直与汉人做买卖，直至他们西徙到中亚的西部，杀了粟特国王并占领其国之后，商人还到甘肃贩货。北魏克姑臧（公元439年）曾把这些商人当俘虏，粟特国王遣使赴魏赎回他们。

最后，略谈匈奴的手工业。匈奴是游牧民族，自己制造的手工业品，主要是日常生活用品和战争用品。

首先是兽毛皮革制品。衣服、马褂、长靴、尖帽、风帽等穿着物品，穹庐的墙壁、地毡、毛毡等，此类物品除自用外，还可作商品或礼物。《淮南子·原道训》说："匈奴出秽裘。"《后汉书·南匈奴列传》说："二十八年（公元52年）北匈奴复遣使诣阙，贡马及裘。"

其次是木制品。穹庐用的柱梁、马鞍、车，匈奴车相当多。《盐铁论》说："胡车相随而鸣。"《后汉书·耿夔传》说他在公元109年击败南单于，获其车千辆，都是说明其车之多。《汉书·晁错传》说："材官驺发，矢道同的，则匈奴之革笥木荐弗能支也。"颜师古引孟康说："草笥，以皮作如铠者被之。木荐，以木板作如楯。"卫律曾治楼以藏谷，伐木数千准备筑城。匈奴人还用木作桥。《汉书·匈奴传》说："北桥余吾，令可度，以备奔走。"颜师古注云："于余吾水上作桥"，"拟有迫急，北走避汉，从此桥度也"。还用木做棺材。《史记·匈奴列传》说："其送死，有棺椁金银衣裘，而无封树丧服。"

匈奴人日常吃畜肉，杀了牛羊，其骨可能用为器皿或工具。《盐铁论·论功》记载匈奴人用素弧骨镞，就是一个例子。

匈奴人也用各种陶器。《汉书·李广苏建传》说单于之弟於靬王赐苏服匿。同传注孟康曰："服匿如罂，小口大腹方底，用受洒酪。"晋灼曰：

“河东北界人呼小石罂受二斗所曰服匿。”《南齐书·陆澄传》载：“竟陵王子良得古器，小口方腹而底平，可将七八升，以问澄，澄曰：‘北名服匿，单于以与苏武。’子良后详视器底，有字仿佛可识，如澄所言。”匈奴没有文字，王子良所得的古器是有字的，很可能是仿制汉人的东西。近人在蒙古高原匈奴人的墓中掘出很多古物，包括陶器、石器、铜器、铁器、银器与金器。其中有生活必需品、军用品与装饰品。这些古物，有很多是汉朝给予匈奴的，有的是匈奴从汉族或其他各族掠夺而来的，也有的是匈奴用交换方式得来的。出土的古物，只能说是匈奴人使用的手工业品，不一定是匈奴制造的。即使是匈奴出产的东西，也不一定是匈奴人制造的，也可能是久居匈奴的汉人或其他种族人制造的。

第六章　匈奴人的宗教意识

匈奴人祭天地，拜日月，崇祖先，信鬼神。在他们的生活中，无论是平时或战时，都与这种宗教意识有密切的关系。每年有规定的日子举行集体的祭祀；平日，一个人病了，以为是鬼神作祟。战时，攻打敌人不胜，也以为对方是有神保佑。我们要想了解匈奴人的生活或文化，就不能不注意到他们的宗教意识与迷信的风俗。

研究匈奴宗教信仰或迷信风俗的主要材料是《史记》《汉书》与《后汉书》中零碎片断的记载。历来注解这几部书的人们，在这方面固然给我们以不少的启发，却增加了问题的复杂性，虽然如此，仍可以得到一个大致清楚的轮廓。

《史记·匈奴列传》："岁正月，诸长小会单于庭，祠。五月，大会茏城，祭其先、天地、鬼神。秋，马肥，大会蹛林，课校人畜计。"《汉书》照抄了这段话，只是茏城作龙城。《史记索隐》引崔浩的话说："西方胡皆事龙神，故名大会处为龙城。"《后汉书·南匈奴列传》："匈奴俗，岁有三龙祠，常以正月、五月、九月戊日祭天神。"又《史记·匈奴列传》："汉使骠骑将军去病将万骑出陇西过焉支山千余里，击匈奴得胡虏约八千级，破得休屠王祭天金人。"又说："朝出营，拜日之始生，夕拜月。"从上面数段话来看，我们所要解释的问题有三个：一是祭祀的日期，二是祭祀的地点，三是祭祀的对象。先从祭祀的日期说起。

匈奴每年三次集会的日期，据《史记》说是正月、五月与秋天。《后汉书》为正月、五月与九月。两者是一致的。但是《汉书·匈奴传》注蹛林二字引服虔曰：“蹛音带，匈奴秋社八月中会祭处也。”虽然八月也是《史记》所说的秋天。但八月、九月，都在秋天，不必作为一个重要问题加以讨论。

在这三次集会中所祭祀的神灵是不是一样呢？《后汉书》说是一样，说“匈奴俗，岁有三龙祠，祭天神”。《史记》与《汉书》说的至少从字面上来看，是不同的。正月是一个小集会，也祭祀，但没有说明祭祀的是什么。五月是一个大集会，祭其先、天地、鬼神。秋天只说马肥而大会，课校人畜计，没有提到祭祀。《史记》与《汉书》虽然没有明言秋天大会是祭祀，但是我们应该相信范晔与服虔的记载，这个大会也是有宗教含义的。大致上，正月的集会是一个小集会，参加的人是匈奴诸长，所以说诸长小会。在这个小集会中，诸长也可能讨论到他们这一年中的国家大计或有关的问题。五月的大会，参加的人数必定很多，不限于诸长。这一次的集会，好像是最富有宗教的色彩，所以清楚地指出祭其先、天地、鬼神。秋天的时候，马肥了，人畜也增加了，需要课校计算，这个大会，好像是为秋天收成而感谢天神的集会。这三个集会，照范晔的记载虽然没有区别，但照司马迁与班固所说，就有大小的不同，而且除祭祀之外，还有与祭祀有关的其他任务。

此外，匈奴拜日月是每天都要举行的，这是日常生活中的一种习俗，与每年三次集会不同。由此，我们可以看出，匈奴有定期的集体拜祭，又有每日的日常拜祭，可见宗教之深入匈奴人的生活。

关于匈奴集体祭祀的地点，是一个意见很为分歧的问题。《后汉书》没有说到祭祀的地点，崔浩以为龙神大会处为龙城，也没有说龙城是一个固定的地方。但是《史记》却说，正月的集会是在单于庭，就是单于所在的地方。五月大会龙城，龙城是一个地方，而且好像是一个固定的地方。秋天大会蹛林，照字面上看，也好像是一个固定的地方。看起来这像是三个不同的地方。然而一些作注解的人却有不同的意见。服虔注蹛林“秋社八月中会祭处也”，这当是一个地方。《史记索隐》引郑氏云：“蹛林，地名也。”《史记索隐》又说：“晋灼曰：‘李陵与苏武书云相竞趋蹛林，则服虔说是也’。”这都是说蹛林是一个地方名。《汉书》颜师古注云：“蹛者，绕林木而祭也。鲜卑之俗，自古相传，秋天之祭，无林木者尚竖柳枝，众骑驰遶三周乃止，此其遗法。”这是把蹛林当做祭祀的一种仪式，不当为地方名。究竟蹛林是一个地方的名称，还是祭祀的一种仪式呢？这是不容易简单回答的。

单于庭这个名词的意义是很清楚的，它就是单于经常驻扎的地方。游牧民族逐水草而居，单于庭也可以随时随地迁徙，但是单于庭为一个地方，是无可怀疑的。

龙城是不是一个地方呢？照崔浩解释，是一个地方。而且，《汉书》中说及龙城的有好几处。《汉书·韩安国传》说：“将军卫青等击匈奴，破龙城。”同书《卫青传》说：“青至茏城。”颜师古注云：“茏读如龙。”又《汉书·匈奴传》上说，左贤王“未尝肯会龙城”，“右贤王会龙城而去”。龙城是一个地方没有问题。问题的焦点是龙城与单于庭是两个不同地方还是同一个地方。我认为龙城与单于庭是一个地方。可以肯定地说，大会龙城时，单于必在龙城。《汉书·匈奴传》：

> 右贤王会龙城而去，颛渠阏氏语以单于病甚，且勿远。后数日，单于死。郝宿王刑未央使人召诸王，未至，颛渠阏氏与其弟左大且渠都隆奇谋，立右贤王屠耆堂为握衍朐鞮单于。

这是说单于在龙城，单于庭也在这个地方。假使单于庭不在这个地方，单于到这个地方参加龙城大会，会完之后，单于应该回单于庭，若说他因病重而不能跋涉途程，那么他应该留诸王在这个地方处理他死后的事情。他没有这样做，说明他以为他不会死。在这种情形之下，大家会龙城之后都回去，而他却留在这个地方，是没有什么意义的。何况他正病重，更应早日回到单于庭，准备身后的事情。而且这位颛渠阏氏，自始就为单于所不喜欢而被黜，她曾与右贤王私通。假使单于庭不是在这个龙城大会的地方，颛渠阏氏不会到这个地方参加大会，也就是说单于不会带她来到这个地方。因此，我们推想这个龙城大会，就在单于庭所在的地方。

上面举出卫青所破的龙城，就应该是单于所在地，也是五月大会的地方。卫青攻破这个地方，是一件大事情，所以史者特别笔之于书。

霍去病所破休屠王祭天处，好多注解家都认为这不仅是休屠王的祭天处，而且也是匈奴人的祭天处。《汉书》孟康注曰："匈奴祭天处本在云阳甘泉山下，秦击夺其地，后徙之休屠王右地，故休屠有祭天金人像也。"《史记正义》引《括地志》也有同样的记载。假使这个注解是对的，单于庭、龙城及蹛林是一个地方的话，那么云阳甘泉山下应该是单于庭所在地，秦夺了这个地方之后，祭天又徙到休屠王右地。然而却有人反对说匈奴的祭天处是在云阳甘泉山下。王先谦《汉书补注》：

> 沈钦韩曰，始皇纪，十年，迎太后复居甘泉宫。十五年，韩非死云阳，则云阳为秦地久矣。三十二年，使蒙恬略取河南地，即汉之朔方郡耳，宁得以前与秦逼处数十里间乎?

这样看起来，匈奴祭天的地方不应在云阳甘泉。同处又说：

> 《地理志》，左冯翊云阳县，有休屠金人祠，及径路神祠，越巫䏶祠。此因霍去病得休屠金人，置诸云阳，《郊祀志》作甘泉宫，以致天神，是也。本以得金人而有其祠，说者反谓匈奴祭天之处，值矣。

我们同意沈钦韩所说匈奴祭天金人不在云阳甘泉，但是《史记》《汉书》既说明这个祭天金人是休屠王祭天金人，可能除了匈奴单于的祭天之外，休屠王也有祭天的地方，这就是匈奴的右地。这个金人是休屠王用以祭天的，而非单于用以祭天的。

那么蹛林是一个地方还是如颜师古所说是祭祀的一种仪式呢？我们

的意见倾向于颜氏的说法。因为这三个集会都是在单于所在的地方，由于集会祭祀有不同的任务，司马迁未加以区别，所以使我们觉得不大清楚。颜师古说得对，蹛林是祭祀的一种仪式。龙城之会就是范晔所说的龙祠。这三次集会虽然都是祭天，同时也有其他的任务，如商讨国家大计，秋后感谢天神等。五月大会则最富有宗教色彩，除了祭天地之外，还祭祖先与鬼神。

下面可以进一步谈祭祠的对象。

匈奴人除了崇拜自然的现象如天地与日月之外，还崇拜祖先与鬼神。此外，还有霍去病所获得的祭天金人。拜祭天地、日月与中原拜祭天地、日月相像。古代中亚的祆教，以为太阳是光的来源，把太阳当做神。匈奴之拜日，是受了中原或祆教的影响，抑或是他们自古就有这种风俗，不得而知。匈奴祭天地与中原相像的地方很多，中原以天地为万物的父母，《论语》上说："唯天唯大，唯尧则之。"匈奴也以天为最高与最大的神灵。中原的皇帝叫做天子，匈奴也有这个看法，匈奴的单于，也有天子的含义。《汉书·匈奴传》："单于姓挛鞮氏，其国称之曰'撑犁孤涂单于'。匈奴谓天为'撑犁'，谓子为'孤涂'，单于者，广大之貌也，言其象天单于然也。"天是神，而皇帝与单于为天之子，这说明了天与人的关系。所以尊天，也得尊天子或单于。

休屠王的祭天金人是什么，注解的人意见也很分歧。《史记索隐》引韦昭说："作金人以为祭天主。"这可以说金人是祭天对象的代表。但是同处引崔浩说："胡祭以金人为主，今浮图金人是也。"《汉书》颜师古注云："作金人以为天神之主而祭之，即今佛像是其遗法。"《史记正义》也说："按，金人即今佛像，是其遗法，立以为祭天主也。"虽然都是说以金人作为祭天对象的代表，但是颜师古与张守节的注解，却把金人当做佛像。金人是不是佛像？历来学者讨论的很多，有些人以为汉朝得这个祭天金人，是佛教入中国之始。我们不拟在这里讨论这个问题，但要指出，霍去病获得休屠王祭天金人，是在公元前第2世纪末，印度的佛像雕刻与佛像的采用迟于这个时代，所以这个金人不可能是佛像。假如是佛像的话，那就应该叫祭佛金人或是浮图金人。我们以为这个祭天金人，只是匈奴休屠王用以为祭天的偶像，与佛教没有什么关系。

现在来说明祭其先的问题。历来注解的人都着重于祭天的解释，对于“祭其先”这几个字都少注意。我们以为“祭其先”应解释为祭其祖先，而不能解释为先后的先。“其”字指匈奴，“先”为祖先，则读如“祭其祖先、天地、鬼神”就很清楚。

崔浩以为西方胡皆事龙神，故名大会处为龙城。《史记》《汉书》《后汉书》虽没有西方胡皆事龙神的记载，却有“龙城”与“龙祠”的记载。《后汉书》：“匈奴俗，岁有三龙祠”，指出三次集会都祠龙，说明匈奴人是祠龙的。他们祠龙，可能是因为匈奴在古代是以龙为图腾，为他们的祖宗的，所以到了两汉的时代还祠龙。不过，这个时候祭祠的对象已增加了，而且天地、日月及其他神灵的地位比龙神的地位还重要。这就是说，图腾制度到这个时候，已经逐渐削弱，成为一种遗迹。所以，虽然大会龙城而祠龙，或像崔浩所说因为祠龙而名大会处为龙城，但祭祠的对象除龙神外，还有天地、日月神及匈奴自己的先祖与其他的鬼神。在这个大会里，龙神已经不是主要的神，而天神是最重要的了，所以《后汉书》说：“岁有三龙祠，祭天神。”但是，古代既是以龙为族名，以龙为祖宗，龙神还要祭祠，故“祭其先”仍排列在祭天地及其他鬼神之前，仍放在第一位。

为使这样的解释是完善的，我们不仅要明白为什么叫做龙祠，而且应该了解，龙城之所以叫做龙城，固然含有地方的意义，而且也是历史上传下来的一种宗教制度。宗教制度离不开政治制度，宗教的活动，也离不开政治中心。单于不只是部族的代表人物，而且是天之子。他是族长，又是宗教和政治领袖。参加龙会的王侯及其他人物，不只是到大会来拜神，而且是到这会来朝单于。从单于方面来看，参加大会的政治意义，比宗教意义还要重要。不参加这个会的诸王，与其说是不愿赴会拜神，不如说是对单于有了不满情绪，最明显的例子是《后汉书》所载师子称病不往“龙城议事”。

中国古代也有过图腾制度，但是崇拜自己已死的父母、祖父母的风俗发展之后，图腾制度就逐渐衰微。匈奴在西汉的时代，也可以说是处在这两种制度相交替的一个过渡时期。

关于“祭其先”的问题，《史记》与《汉书》的其他各处，虽没有匈奴祭祖先的明确记载，也还是可以找出一些旁证来的。《汉书·匈奴传》说：“南单于既内附，兼祠汉帝。”汉朝人拜祖先，皇帝对于其祖宗设庙以祠。匈奴内附，既拜汉朝皇帝的祖宗，不会不拜自己的祖宗。这是一个旁证。其次，匈奴人对其祖宗的坟墓很为重视。《汉书·匈奴传》说：“汉复得匈奴降者，言乌桓尝发先单于冢，匈奴怨之，方发二万骑击乌桓。”匈奴对于祖宗的坟墓如此尊崇，那么他们对于已死的祖宗不会不加拜祭。《汉书·匈奴传》记载，单于母阏氏有病，卫律使胡巫告诉单于“先单于怒，曰‘胡故时祠兵，常言得贰师以社，今何故不用？’于是收贰师。”胡巫所说的话，虽然是卫律教他说的，但是单于听了之后，以为他的祖宗因不杀李广利而发怒了，结果单于把李广利杀死以祠兵。这说明匈奴人相信祖宗死后有神灵，相信这个神灵可以赐人祸福，因而尽量设法满足其欲望。这种信仰与做法，也是崇拜祖宗的一种表征与方式。这又是匈奴人崇拜祖宗的一个旁证。拜祖宗应列为匈奴人的宗教意识的一种。

匈奴人不只相信祖宗死后有神灵，其他人死后也有神灵，也可以降吉凶。单于因母病而信胡巫的话决意杀李广利，《汉书·匈奴传》说：“贰师骂曰：‘我死必灭匈奴！’遂屠贰师以祠。会连雨雪数月，畜产死，人民疫病，谷稼不孰，单于恐，为贰师立祠室。”这很清楚地指出匈奴人相信人死后可为鬼神，与人间祸福有密切的关系。

死人在另一个世界中的情形怎么样呢？《史记·匈奴列传》记载，有殉葬的物品和人，说明匈奴人相信在另一个世界中，也像在人间一样，需要享用金银衣裘以及近幸臣妾。

匈奴人信鬼神，除李广利一节外，《汉书》记载的还有好多地方。如《汉书·李广苏建传》里说：“单于愈益欲降之，乃幽武置大窖中，绝不饮食。

天雨雪，武卧啮雪与旃毛并咽之，数日不死，匈奴以为神。”《汉书·张骞李广列传》说：“大月氏攻杀难兜靡，夺其地，人民亡走匈奴，子昆莫新生，傅父布就翎侯抱亡置草中，为求食，还，见狼乳之，又乌衔肉翔其旁，以为神，遂持归匈奴，单于爱养之。”这是平时所见的特殊现象而以为神。汉高祖被围在平城，他使人去厚赂单于阏氏，阏氏对单于说“汉王有神”，劝单于不要再围下去。《汉书·张骞传》说：“昆莫既健，自请单于报父怨，遂西攻破大月氏。大月氏复西走……昆莫略其众，因留居，兵稍强，会单于死，不肯复朝事匈奴。匈奴遣兵击之，不胜，益以为神而远之。”《后汉书·耿恭传》：“恭乘城搏战，以毒药傅矢。传语匈奴曰：‘汉家箭神，其中疮者必有异。’因发强弩射之，虏中矢者，视创皆沸，遂大惊。会天暴风雨，随雨击之，杀伤甚众。匈奴震怖，相谓曰：‘汉兵神，真可畏也！’遂解去。恭以疏勒城傍有涧水可固，五月，乃引兵据之……匈奴遂于城下拥绝涧水。恭于城中穿井十五丈不得水，吏士渴乏……乃整衣服向井再拜，为吏士祷。有顷，水泉奔出，众皆称万岁。乃令吏士扬水以示虏。虏出不意，以为神明，遂引去。”

在战争的时候，匈奴还相信各种巫术。《汉书·西域传》“渠犁”条载汉武帝诏书中说到匈奴的巫术，录之如下：

> 曩者，朕之不明，以军候弘上书言“匈奴缚马前后足，置城下，驰言‘秦人，我匄若马’。……重合侯得虏候者，言“闻汉军当来，匈奴使巫埋羊牛所出诸道及水上以诅军。单于遗天子马裘，常使巫祝之。缚马者，诅军事也。”又卜“汉军一将不吉”。匈奴常言“汉极大，然不能饥渴，失一狼，走千羊”。乃者贰师败，军士死略离散，悲痛常在朕心。

从这段话里，我们可以看出匈奴巫术种类之多。缚马前后足以置城下，埋羊牛于军道及水上，都是巫术用于军事方面的表现。“单于遗天子马裘，常使巫祝之”，与上面所说单于听胡巫的话而杀李广利，都说明巫术在匈奴的势力之大与采用之广。

匈奴还有饮血以为盟誓的风俗。《汉书·匈奴传》说：

昌、猛见单于民众益盛，塞下禽兽尽，单于足以自卫，不畏郅支。闻其大臣多劝单于北归者，恐北去后难约束，昌、猛即与为盟约曰："自今以来，汉与匈奴合为一家，世世毋得相诈相攻。有窃盗者，相报，行其诛，偿其物；有寇，发兵相助。汉与匈奴敢先背约者，受天不祥。令其世世子孙尽如盟。"昌、猛与单于及大臣俱登匈奴诺水东山，刑白马，单于以径路刀金留犁挠酒，以老上单于所破月氏王头为饮器者共饮血盟。

盟约的仪式很严肃，既是一种盟誓，也是一种宗教仪式。

第七章　匈奴人的语言和政俗

语言有单音和复音的不同，现在的汉族、苗族以及西藏、缅甸、越南、泰国诸族，可以说是单音系；而现在的蒙古族以至西伯利亚的好多种族，均为复音系。从中国古代的甲骨文字来看，汉族的语言为一字一音的单音语。从古代传下来的一些匈奴语，以至新疆出土的与匈奴有关的文字来看，是复音语。例如，匈奴谓天为撑犁，谓子为孤涂，谓贤为屠耆。因此，可以说匈奴的语言与汉族的语言根本上有区别。

然则匈奴所说的是哪一种语言呢？19世纪时，有些人像圣马丁（Vivien de St.Martin）主张，匈奴人所说的是近代芬兰、匈牙利的语言。[参看《乌拉尔的匈奴人，旅行杂记》（*Les Huns ouraliens, nouvelles des voyages*，IV，1848）]现在一般学者，对于这种主张，可以说是都不赞成的。

可是反对圣马丁主张的人们，意见也很分歧。有的以为匈奴语与通古斯语相似，或者是与通古斯和蒙古语相似；有的以为匈奴语是蒙古语；又有的以为匈奴语是突厥语。

白鸟库吉以为匈奴语是东胡（按白鸟所指东胡应作通古斯，下同）、蒙古语的混合，他最初曾主张匈奴语是突厥语，这种主张见于他所著的《匈奴及东胡诸族语言考》。后来他在《蒙古民族起源考》一文里，又以为匈奴语是蒙古语系言。

举例来说，头曼这个名词，本是匈奴单于的名字，夏德以为是突厥语所谓万（Tuman）的意思。白鸟库吉虽不反对夏德这种看法，但他以为所谓“万”不限于突厥语有Tuman之音，蒙古语与东胡语也是这样，所以匈奴语实含有蒙古与东胡两种语的成分。

白鸟库吉又把《史记》《汉书》《后汉书》及扬雄长赋中所翻译的匈奴语列为一表，并指出其与东胡、蒙古、突厥三种语言的关系。我们且录之如下：

（1）撑犁 （天）（突厥）语Tängri，（蒙古）语Tängri、Tängere。

（2）孤涂孤屠 （子）（东胡）语gute、hute。

（3）单于 （广大）（东胡）语Činkai，（蒙古）语Činkba。

（4）冒顿 （圣）（蒙古）语Bogda、Bogdo。

（5）阏氏 （妻）（东胡）语Aŝi，（蒙古）语izi。

（6）头曼 （万）（东胡）语、（蒙古）语、（突厥）语Tuman。

（7）逼落 a）（冢）（蒙古）语Dara。

b）（种）（东胡）语、（蒙古）语、（突厥）语Vtara。

（8）瓯脱 （室）（东胡）语Säkä，（蒙古）语Čeke、Sere，（突厥）语Sagatex。

（9）屠耆 （贤）（突厥）语、（蒙古）语、（东胡）语Voda、vota。

（10）径路 （刀）（突厥）语Uyngyrar。

（11）居次 （女）（突厥）语kyz。

（12）祁连 （天）（东胡）语kilem。

（13）若鞮 （孝）（东胡）语säkäti，（蒙古）语šuhutai。

（14）比余 （栉）（高丽）语Psi、pit，（马札）语Fesü。

（15）胥纰 a）（瑞兽）（东胡）语Sabintu、sabitu。

b）（钩）（东胡）语、（蒙古）语、（突厥）语votk。

（16）煤蠡 （聚落）（突厥）语Balik，（蒙古）语Balgha-sun，（东胡）语Falan。

（17）服匿 （缶）（蒙古）语putung，（东胡）语Butun。

白鸟库吉说："是表苟无大误，则属蒙古语者、突厥语者二，东胡语者三，突厥语、蒙古语共通者一，蒙古语、东胡语共通者四，蒙古语、突厥语、东胡语共通者五。故蒙古语及东胡语在匈奴语中多于突厥语，是可据而知者。因东胡、蒙古、突厥三种民族，在乌拉尔—阿尔泰（Ural—Altai）民族中有着极密切之关系，故此等语言，若究其语源，则互相类似是理所当然者，毫不足怪也。职是之故，虽匈奴语中有二国语或三国语共通，亦不能断定此民族为三民族之混合团体。又再考之，自冒顿单于起自匈奴而统一漠北之后，三民族必常隶属之，故其中之一民族之匈奴，于其语言中颇多混合其二民族之语言，亦势所使然也。汉史所载匈奴语其所以如此杂多之性质，盖亦由来于此也。"白鸟库吉这篇文章的目的，主要是从语言上去证明匈奴种族为蒙古种。关于匈奴种族属于哪一种族，我们另有专章讨论。我们在这里所要注意的是他以为匈奴的语言是由东胡语与蒙古语二者所构成的。

主张匈奴语为蒙古语的著作，还有帕拉斯（P.S.Pallas）的《蒙古民族历史资料汇编》（*Sammlung historischen Nachrichten über die mongolischem Völkerschaften*），贝格曼（即第一章姚从吾文中的白哥曼）的《卡尔麦克带领下的游牧生活》（*Nomadische Streifereisen unter den Kalmuken*，1804）。

我们以为在汉代的记载中，匈奴与东胡是分别得很清楚的。因为二者在历史上互相征伐，种族混杂，语言互有影响是很可能的。但若因此遂断定其语言相同，则不一定是对的。至于说匈奴语是蒙古语，更可怀疑。据近人考证，蒙古这个名词始见于《唐书》的蒙瓦与蒙兀，至元朝乃大兴盛。匈奴人在后汉末季以后，尤其是自鲜卑占据蒙古高原以后，有的向西移徙，有的向南移徙而同化于汉族，其留在蒙古高原的，大致也同化于鲜卑或其他种族。其与唐以后的蒙古族是否使用同一语言，固很成问题，其种族是否有关系，也是一个问题。若说在蒙古的语言中有一些匈奴语的成分，这是可能的，但是若说匈奴语就是蒙古语，那就不见得是对的。

主张匈奴语是突厥语的人很多。例如雷米札所著《鞑靼语言的研究》，克拉普罗特所著《论突厥与匈奴以及土耳其的类同》（*Surl' Identid' e des Tou-Kiue et les Hiongnu avec les Turcs*）。（参看1825年的《亚细亚杂志》[*Journal Asiatique*]。）此外，又如佛朗克的《从中国的记载中所认识的突厥与塞族》（*Beiträge aus Chinesischen Quellen zur Kenntnis der Türkvölker und Skythen*，参看*Abhandlungen der königlichen Preussischen Akademie der Wissenschaft zu Berlin*，1904）论文以及夏德的*Uber Wolga Hunen und Hiungnu Sitzungsberichte der Münchener Akademie der Wissenschaft*，1899。

除了上面所指出的几位学者外，主张匈奴语是突厥语的人还有很多。在他们之中像我们上面所说的夏德，认为在突厥语言中有了不少匈奴语言。还有人以为突厥尤其是其中的楚瓦什族（Chuvash）是匈奴的后裔，所以他们断定匈奴语就是突厥语。

近来好多学者以为突厥与高车、铁勒与敕勒或是汉代的丁令或丁灵，均为同种。因《北史·铁勒传》（卷九十九）说："铁勒之先，匈奴之苗裔也。"《北史·高车传》（卷九十八）说："高车，盖古赤狄之余种也。初号为狄历，北方以为敕勒，诸夏以为高车、丁令。其语略与匈奴同而时有小异。或云：其先匈奴甥也。"《北史·突厥传》（卷九十九）说："突厥者，其先居西海之右，独为部落，盖匈奴之别种也。姓阿史那氏。"

《北史》虽说铁勒为丁令后裔，但在汉时所说的丁令与匈奴有别。两者是否同种族与同语言，还是一个问题。至于高车，只说是或云其先匈奴甥；突厥也只说是匈奴的别种，是则不只突厥与高车有了不同之处，突厥与铁勒也有不同之处，同时高车与铁勒也有区别。《北史》作传分三者为三传，可能是因为有了这种区别之故。所以后来一般学者以为他们都是同族，是有可商榷之处的。又丁令在汉代的记载中既异于匈奴，则铁勒、高车、突厥是否为丁令的后裔，成了一个问题。

这些种族既有不同之处，其语言是不是相同呢？铁勒、突厥与匈奴的语言是否相同，史书没有记载。只有高车的语言，据《北史》说是“略与匈奴同”。所谓“略与匈奴同”，本不相同。《北史》接着说“时有小异”，这又好像是大同小异了。假使是大同而小异，那么高车语言，大致上就是匈奴的语言。

假使高车的语言与铁勒、突厥的语言也是大同小异，那么突厥的语言也应该与匈奴的语言是大同小异。不过我们既已指出突厥为匈奴别种，而不一定是匈奴的后裔，同时史书也没有记载突厥语言与匈奴相同，我们也难于断定匈奴语就是突厥语。

我们也不能不指出，在匈奴强大的时候，好多种族在匈奴的统治之下，所以匈奴称为“百蛮大国”。这不只是说“百蛮”之中匈奴最大，而且是说在匈奴这个大国里有“百蛮”，因而后来好多种族都被当做匈奴的别种。除突厥之外，《北史》卷九十六中说：“稽胡一曰步落稽，盖匈奴别种，刘元海五部之苗裔也。”又如蠕蠕也被称为匈奴的别种。《南史》卷七十九《蠕蠕传》说：“北狄种类实繁，蠕蠕为族，盖匈奴之别种也。”又如《晋书·载记》第三十中说：“赫连勃勃字屈孑，匈奴右贤王去卑之后，刘元海之族也。”

因为在匈奴这个大国里有好多种族，经过长时期的混杂，血统固有同化，语言也必互相影响。在匈奴强盛时，不但受匈奴统治的各族可能用匈奴的语言作为一种通用语，在葱岭以东乃至葱岭以西的西城诸国，匈奴语也可能是通用的。张骞第一次出使葱岭以西到大月氏、大夏、康居、大宛诸国，带了堂邑氏故胡奴父照同去，我们推论，就是利用他的匈奴语以为翻译。

因此，在匈奴统治之下的各种族后裔的语言含有匈奴语成分固然可能，就是与匈奴接触频繁的东胡族的语言含有匈奴语的成分，也是可能的。

近来又有人以为在西伯利亚的楚瓦什族是匈奴的直系后裔。巴特霍尔德（W. Barthold）在其《突厥民族历史研究的现状与今后的问题》（*Der heutige Stand und die nächsten auf gaben der geschichtlichen Forschungen der Türkvölker*, *Zeitschrift der Deutscben Morgenlandischen Gesellschaft*，1929）一书中与波佩（Poppe）的《突厥—楚瓦什的比较研究》（*Türkisch-Tschuwaschische Vergleichende Studien*，参看*Islamica*，Ⅰ）一文中都有这种看法。人们以为楚瓦什人的语言虽有突厥语的特性，但却又与所有的突厥方言不同。他们还指出后代的布加尔人（Bulgars）与哈萨尔人（Khazars）的语言，比古代突厥语尤接近于楚瓦什与匈奴语。假使这种看法是对的，那么突厥语也只是与其他的好多种族一样有一些匈奴语的成分，而不能谓为匈奴语的直系。

总而言之，我们以为匈奴是自有其语言系统的，虽则其本身在早期发展上可能已吸收了其他种族的语言。在汉代，这种匈奴语是在西北各种民族中最为通用的语言，在匈奴强盛时，好多种族受到匈奴的统治或控制，这些民族受匈奴语的影响，有的较深，有的较浅。同时，匈奴因为与各种族的关系密切，因而在匈奴语中，也有其他各种族语言的成分。后汉亡后，匈奴也亡，其南入塞内者，种族语言都同化于汉族。其西徙者，也必与西域诸国的种族与语言混杂。汉代的匈奴语已逐渐失去了固有的特性，匈奴既亡，这种特性更易消失。可能有少部分的匈奴人，如近人所说的楚瓦什人，保存了不少原来的匈奴语言，以往在匈奴统治之下或与匈奴有密切关系的各种族中的后裔，也保存了一些匈奴语言，所以突厥、通古斯、蒙古各个种族中，都有或多或少匈奴语的成分，楚瓦什人则可能保存得更多一些。然而，我们很难确定其成分多少，因为经过了这么长的时间，即使有些嫡系苗裔，其种族可能含有大部分甚至纯粹的匈奴血统，也不能说其语言一定能保留原有的特性。因为种族的原来血统，固可以保留，而语言及文化的其他方面，却可以完全改变。美国的黑种人就是一个很好的例子，他们大部分仍保留其血统特征，但是他们所说的话及生活方式，可以说完全美国化了。

匈奴语，除《史记》《汉书》《后汉书》所保留而加以翻译如白鸟库吉所举出者外，匈奴的单于与其王号或官号的名称见于这几本书中的也很多。假使头曼的意义是万，冒顿的意义是圣，那么冒顿以后单于的名字应该都有含义。除了五单于争立之中的屠耆单于意义是贤以外，其他单于名字意义如何，我们就不清楚了。从单于与王号或官号的各种名字中有几点是值得我们注意的。

第一，单于的名字有的是单音的，如单于咸、单于舆；有的是双音，如头曼、冒顿、稽粥、军臣；有的是三音节，如呼韩邪、伊稚斜、句黎湖、狐鹿姑；有的是三个音以上的，如虚闾权渠、握衍朐鞮。两个音既为一字一义，三个音或四个音也可能是一字一义。

第二，有好几个音是常常见于各单于或其他的名号或官号的，兹列举如下：

（1）乌—单于名字有乌维、乌藉、乌珠留、乌累若鞮、乌达鞮侯、乌稽侯尸逐鞮。

（2）呼—单于名字有呼韩邪、呼揭、呼兰若尸逐、呼厨泉、呼徵。

（3）于—单于名字有於扶罗，太子有于单。

（4）句—单于名字有句黎湖、句龙王车纽。

（5）屠—单于名字有屠耆、伊屠、於闾鞮屯屠何。

（6）且—单于名字有且鞮侯、且莫车、且麋胥。官号有左右大且渠。

（7）休—单于名字有休兰尸逐侯鞮、休利。王号有休屠王、休旬王。

这些例中所指出的音，如乌、呼、於，是不是另有意义，或需与他音混合起来始成为一字一义，不得而知。又如渠，单于名字如虚闾权渠，官号如大且渠，阏氏如颛渠阏氏。渠这个音可能是一个字，而且是表示一种好的意义，这只是一种推论而已。

第三，有好几个音是相同或相近的，如呼与於，呼屠及单于名字如壶衍鞮的壶，握衍朐的握，是否在匈奴语言中都是同音、同义，而汉译之后，音虽相同或相近，而字却不相同？这种例子是有的，如昆邪王，亦译作浑邪王。

第四，在语法上，单于这个称号，固常放在名字之后，如老上单于或老上稽粥单于、军臣单于等；也可以放在名字之前，如单于咸、单于舆等。

至于匈奴语的书写符号，即文字，司马迁与班固都说匈奴“毋文书，以言语为约束”。桓宽在《盐铁论·论功》中却说匈奴“虽无礼义之书，刻骨卷木，百官有以相记”。《史记·匈奴列传》指出：“说（中行说）教单于左右疏记，以计课其人众畜物。”中行说是文帝时陪同汉朝嫁给单于的宗室女的官员，所谓教单于左右疏记，至少要教他们数目字，否则不易计课其人众畜物。中行说本是汉朝人，所能教单于左右的不外是汉族的文字或数目字。这样看来，匈奴不仅有刻骨的或雏形的文字，而且也受到汉族文字或计数符号的影响。

我们认为，匈奴与汉朝的关系既很密切，时间又很长，同时匈奴又大量输入汉朝各种物品，其中有些物品如丝绣，匈奴本没有，他们采用这些东西，可能就沿用汉人的名称。所以，在匈奴的语言中有一些汉人语言成分是可能的。总而言之，在匈奴语言中，既有东胡及西北其他外族的语言成分，也有汉人语言成分。但这并不是说匈奴语言是由各外族语言混合而成的。他们自有其语言，自成一个系统。同时他们的语言，也影响到其他外族，如丁令、东胡等。所以在这些种族的语言中，可以找出匈奴语言的痕迹。

言语以外，匈奴还用自己的宗教、政治及其他的习俗惯例去约束或治理其民族。宗教及其制度，上面已经叙述，现在简略谈其政俗。

匈奴的官制，《史记》《汉书》与《后汉书》均有记载。《史记·匈奴列传》：

> 然至冒顿而匈奴最强大，尽服从北夷，而南与中国为敌国，其世传国官号乃可得而记云。置左右贤王，左右谷蠡王，左右大将，左右大都尉，左右大当户，左右骨都侯。匈奴谓贤曰“屠耆”，故常以太子为左屠耆王。自如左右贤王以下至当户，大者万骑，小者数千，凡二十四长，立号曰“万骑”。诸大臣皆世官。……各有分

> 地，逐水草移徙。而左右贤王、左右谷蠡王最为大，左右骨都侯辅政。诸二十四长亦各自置千长、百长、什长、裨小王、相、封都尉、当户、且渠之属。

班固在《汉书·匈奴传》里完全照抄了这段话。范晔在《后汉书·南匈奴列传》里加以补充道：

> 其大臣贵者左贤王，次左谷蠡王，次右贤王，次右谷蠡王，谓之四角；次左右日逐王，次左右温禺鞮王，次左右渐将王，是为六角；皆单于子弟，次第当为单于者也。异姓大臣左右骨都侯，次左右尸逐骨都侯，其余日逐、且渠、当户诸官号，各以权力优劣、部众多少为高下次第焉。

范晔这段话，使我们一方面了解到各王的次第，一方面了解到匈奴王族的王号与异姓大臣的官号。除这些王号与官号外，还有好多王侯，如昆邪王、休屠王、卢屠王、奥鞬王、犁汗王、休旬王、瓯脱王、西祁王、右皋林王、右股奴王、右伊秩訾王等等。此外，赵信本为匈奴小王，降汉之后又降匈奴，单于以他为自次王；汉人之降匈奴者如李陵，匈奴以为右校王；雁门尉史降，匈奴以他为天王；卢绾降，匈奴以他为东胡卢王。用侯名称的有左安侯、左姑姑侯、粟置支侯等。

这些王侯的地位如何，不很清楚。从史书记载这些王侯的事情来看，可知其大略。先从只次于单于的左贤王说起。

左贤王就是左屠耆王，因为匈奴谓贤王曰屠耆，《史记·匈奴列传》说左贤王常以太子当之，是单于的继承者。但左贤王不一定都是单于的儿子。最明显的例子是复株累若鞮单于，他继位以后，以其弟且麋胥为左贤王，弟且莫车为左谷蠡王，弟囊知牙斯为右贤王。复株累若鞮在位十年，死了以后，且麋胥继立为单于，而以弟且莫车为左贤王；且麋胥死后，且莫车继立为单于，以其弟囊知牙斯为左贤王。且莫车死后，囊知牙斯继位单于。他们既以弟为左贤王，乃遣其子入侍汉朝，这就说明左贤王不一定是单于的儿子。

左贤王位置仅次于单于，是单于的继位者，但也不完全如此。如卫青在幕北攻败匈奴单于，单于逃跑，右谷蠡王以为单于死了，乃自立为单于。又如虚闾权渠单于死后，颛渠阏氏与其弟左大且渠都隆奇立右贤王，屠耆堂为握衍朐鞮单于。

左贤王的地位高于其他诸王，范晔在《后汉书》所说的高低次第，是不可混乱的。不过可能也有例外。《汉书·匈奴传》说："赵信者，故胡小王，降汉，汉封为翕侯，以前将军与右将军并军，介独遇单于兵，故尽没。单于既得翕侯，以为自次王。"颜师古注云："自次者，尊重次于单于。"赵信回匈奴之后，很得单于的信任，在军事、政治等方面，都采纳他的提议，权力确实不在左贤王之下，是名副其实的"自次王"。然而这仅是例外，而不是制度。此外，又有所谓天王。《汉书·匈奴传》说："时雁门尉史行徼，见寇，保此亭，单于得，欲刺之。尉史知汉谋，乃下，具告单于，单于大惊，曰：'吾国疑之。'乃引兵还。出曰：'吾得尉史，天也。'以尉史为天王。"这个天王，只有其名，非其地位如天之高而名天王。

在匈奴的官制中，单于阏氏的地位与作用，是很值得注意的一个问题。《史记》《汉书》《后汉书》记载匈奴阏氏的地方颇多，但阏氏的地位作用如何？历来学者意见颇不一致。现在将这几部书中关于阏氏的记载收集起来，作一番比较研究，希望得出比较正确的解释。

司马贞《史记索隐》说："（阏氏）旧音於连、於曷反二音。匈奴皇后号也。"颜师古《汉书注》云："阏氏，匈奴皇后号也。阏音於连反，氏音支。"《后汉书·和帝纪》里注云："阏氏，匈奴后之号也，音焉支。"这三种解释，都是把阏氏当做皇后。《史记·刘敬叔孙通列传》载"刘敬对曰：'陛下诚能以适长公主妻之……生子必为太子。'"刘敬也以为阏氏是皇后，故说生子必为太子。北宋史家刘攽对上述说法却有异议，他说："匈奴单于号其妻为阏氏尔，颜氏便以皇后解之，大俚俗也。"

日本白鸟库吉大致同意刘攽的看法。他在《蒙古民族起源考》一文里说："通古斯（Tunguse）语谓妻为Asi……匈奴之阏氏，即为Asi，确是同语……故阏氏之义，不若师古所言之严格，不过但有妻义耳。"白鸟库吉与刘攽的意见大致相同：阏氏并非匈奴皇后，但与刘攽的意见又不完全相同，刘攽所说的阏氏，是匈奴单于的妻；白鸟库吉所说的阏氏是泛指一般的妻。

我们还要指出，白鸟库吉承认阏字有二音，这就是：一为颜师古所说的阏音於连反，与《后汉书》所说阏氏音焉支的焉字同音；一为司马贞所说的阏旧音於连、於曷反二音。但是白鸟库吉以为阏氏就是通古斯所谓妻的Asi的同语，那么他在这里所采用的阏氏是司马贞所说的旧音於曷反，非於连反。司马贞虽然以为阏旧音於曷反，但在《史记索隐》中也引用习凿齿与燕王书中所说阏氏也音烟肢。习凿齿与燕王书曰："山下有红兰，足下先知不？北方人采取其花染绯黄，挼取其上英鲜者作烟肢，妇人将用为颜色。吾少时再三过见烟肢，今日姑视红兰，后当为足下致其种。匈奴名妻作'阏支'，言其可爱如烟肢也。阏音烟。想足下先亦不作此读《汉书》也。"

阏氏音烟肢或焉支，含有美丽的意义。据说汉武帝时攻破匈奴在河西走廊的势力，匈奴失了焉支山之后，曾有歌谣说"失我焉支山，使我嫁妇无颜色"。焉支山也作胭脂山，因为焉支山出烟肢，匈奴妇女用之为颜色，使其更加好看，才有这样的歌谣。因此，阏氏音为焉支比阏音於曷反意义更鲜明。

刘攽以为只有单于之妻才称为阏氏的意见，也有可商榷之处。《汉书·金日磾传》载："金日磾字翁叔，本匈奴休屠王太子也。武帝元狩中，骠骑将军霍去病将兵击匈奴右地，多斩首，虏获休屠王祭天金人。其夏，骠骑复西过居延，攻祁连山，大克获。于是单于怨昆邪、休屠居西方多为汉所破，召其王欲诛之。昆邪、休屠恐，谋降汉。休屠王后悔，昆邪王杀之，并将其众降汉。封昆邪王为列侯。日磾以父不降见杀，与母阏氏、弟伦俱没入官。"同传又说："日磾母教诲两子，甚有法度，上闻而嘉之。

病死，诏图画于甘泉宫，署曰‘休屠王阏氏’。”

休屠王不过是匈奴好多王之一，其子称为太子，其妻称为阏氏，那么阏氏就不只是单于之妻可以这样称呼，其他匈奴王之妻，也可以这样称呼。

单于的阏氏不止一位，《后汉书》有“诸阏氏”的说法。《史记·匈奴列传》载：“单于有太子名冒顿。后有所爱阏氏，生少子，而单于欲废冒顿而立少子，乃使冒顿质于月氏。”同传又说，东胡“乃使使谓冒顿，欲得单于一阏氏。冒顿复问左右，左右皆怒曰：‘东胡无道，乃求阏氏！请击之。’冒顿曰：‘奈何与人邻国爱一女子乎？’遂取所爱阏氏予东胡”。

从这段话来看，单于的阏氏不只有一个，而是有好多个。在好多阏氏之中，有的为单于所爱，有的不为单于所爱。单于把所爱的阏氏送给与他为敌的东胡，又进一步说明阏氏并非专指匈奴的皇后。因为无论冒顿如何忍辱，也不会把一国的皇后随便送给他的敌人。

不但匈奴妇女可以为阏氏，汉人女子嫁给单于也可以称为阏氏。《史记·匈奴列传》说：“高帝乃使刘敬奉宗室女公主为单于阏氏。”《汉书·匈奴传》说：“老上稽粥单于初立，文帝复遣宗人女翁主为单于阏氏。”《后汉书·南匈奴列传》：“及呼韩邪死，其前阏氏子代立，欲妻之，昭君上书求归，成帝敕令从胡俗，遂复为后单于阏氏焉。”

阏氏还有其他的称呼，如宁胡阏氏、颛渠阏氏、大阏氏、第二阏氏、第五阏氏等。《汉书·匈奴传》载：“王昭君号宁胡阏氏。”同传又载：“虚闾权渠单于立，以右大将女为大阏氏，而黜前单于所幸颛渠阏氏。颛渠阏氏父左大且渠怨望。”“乌珠留单于立，以第二阏氏子乐为左贤王，以第五阏氏子舆为右贤王。”

在众多阏氏中，也有高低位次之分。王先谦的《汉书补注·匈奴传》引沈钦韩以为“匈奴正妻则称大阏氏”，大阏氏好像是地位最高的。但是《汉书·匈奴传》说：“始，呼韩邪嬖左伊秩訾兄呼衍王女二人。长女颛渠阏氏，生二子，长曰且莫车，次曰囊知牙斯。少女为大阏氏，生四子，长曰雕陶莫皋，次曰且麋胥，皆长于且莫车，少子咸、乐二人，皆小于囊知牙斯。又它阏氏子十余人。颛渠阏氏贵，且莫车爱。呼韩邪病且死，欲立且莫车，其母颛渠阏氏曰：‘匈奴乱十余年，不绝如发，赖蒙汉力，故得复安。今平定未久，人民创艾战斗，且莫车年少，百姓未附，恐复危国。我与大阏氏一家共子，不如立雕陶莫皋。’大阏氏曰：‘且莫车虽少，大臣共持国事，今舍贵立贱，后世必乱。’单于卒从颛渠阏氏计，立雕陶莫皋，约令传国与弟。呼韩邪死，雕陶莫皋立，为复株累若鞮单于。”颛渠阏氏比大阏氏贵，所以大阏氏才说“舍贵立贱，后世必乱”。《资治通鉴》胡三省注“颛渠阏氏，单于之元妃也，其次为大阏氏。”由此看来，王先谦之说是不对的。

阏氏这个名词，在两汉时的西北各民族中，只有匈奴采用，成为匈奴所独有的名词。乌孙虽与匈奴同俗，但乌孙王的妻子叫做夫人。《汉书·西域传》“乌孙国”条说：“汉元封中，遣江都王建女细君为公主，以妻焉……乌孙昆莫以为右夫人。匈奴亦遣女妻昆莫，昆莫以为左夫人。”《汉书·西域传》“渠犁”条载：“而龟兹王绛宾亦爱其夫人……王及夫人皆赐印绶。”乌孙昆莫的右夫人是汉朝宗室女公主，龟兹王的夫人，是汉朝的女外孙，就是汉朝嫁给乌孙王为夫人的解忧公主的女儿。匈奴单于的女儿嫁给乌孙王，也只称夫人。这说明在西域诸民族中，王妻除了夫人这个称谓外，似无其他的称谓。奇怪的是，匈奴好多官职分为左右，如左右贤王、左右谷蠡王等，阏氏却没有左右之分；乌孙在职官上有大昆弥、小昆弥的区别，但夫人没有大小之分，却有左右之分。虽则匈奴与乌孙同俗，然在职官与夫人的制度上却有其不同之处。匈奴单于妻除阏氏外，是否也有夫人的称谓呢？史书上除了说到郅支单于时有“诸阏氏夫人数十”的记载外，其他单于妻均无称谓夫人的记载，很可能是郅支逃到西域之后，受了西域风俗的影响，除保留阏氏的称谓之外，又采用了夫人的称谓。

匈奴不仅称单于之妻为阏氏，单于之母也称阏氏。《汉书·匈奴传》说：“单于年少初立，母阏氏不正。”《后汉书·和帝纪》说：“二月，大将军窦宪遣左校尉耿夔出居延塞，围北单于于金微山，大破之，获其母阏氏。”汉人皇帝有皇后，其母为皇后者谓皇太后，祖母为皇后者曰太皇太后，《汉书·武帝纪》载：“甲子，太子即皇帝位，尊皇太后窦氏曰太皇太后，皇后曰皇太后。”而匈奴单于之母只称阏氏，这是匈奴与汉人不同之处。

总的来说，从《史记》《汉书》与《后汉书》所说的阏氏来看，固未必像司马贞与颜师古所说是皇后，也不见得平民之妻也能称为阏氏。只有单于之妻与诸王之妻，才能称为阏氏，冒顿未继立为单于时，也只能称其妻为妻。《史记》载：冒顿“复以鸣镝自射其爱妻”，而不能称为阏氏。

阏氏虽不见得是皇后，但单于的阏氏在匈奴的地位却很重要。《史记·匈奴列传》《汉书·匈奴传》载汉高祖在平城被围七日，没有办法冲出来，最后乃使人设法去笼络阏氏，阏氏说服冒顿，然后得救。冒顿是匈奴单于中意志最坚强、最讲纪律的，平时对大臣的话都不愿意听，而且对于不听他话的人每加斩杀。阏氏在单于包围汉皇帝的时候，受汉的厚赂，敢于进言为汉帝解围，说明阏氏是单于左右中最为他所信任的人。《汉书·匈奴传》载，虚闾权渠单于死后，颛渠阏氏与其弟左大且渠都隆奇谋，立右贤王屠耆堂为握衍朐鞮单于。颛渠阏氏任用近亲，专杀旧臣。在匈奴历史上，虽然没有因单于死而由妇女行使权力的记载，但是像上述两位阏氏，都是有政治影响的要人。《汉书·李陵传》载：“陵痛其家以李绪而诛，使人刺杀绪。大阏氏欲杀陵，单于匿之北方，大阏氏死乃还。”颜师古以为这里的阏氏是单于的母亲，说明母阏氏对于国家政事是可以干预的。同传又载：“贰师在匈奴岁余，卫律害其宠，会母阏氏病，律饰胡巫言先单于怒，曰：‘胡故时祠兵，常言得贰师以社，今何故不用？’于是收贰师。”李广利降匈奴后，单于对他很好，尊宠在大臣卫律以上。卫律嫉忌他，乘机谋害他。单于对李广利虽宠爱，但为了母阏氏的健康而杀死他，既说明单于对母亲的孝敬，也说明阏氏地位的重要。

匈奴的阏氏，除对国内政事有重要影响外，在外交上也占重要的地位。苏武出使时，副使张胜与缑王谋劫单于母阏氏，就是一例。汉朝赐财物给单于及大臣时，往往也赐给阏氏。《后汉书·南匈奴列传》载："汉乃遣单于使，令谒者将送，赐綵缯千匹，锦四端，金十斤，太官御食酱及橙、橘、龙眼、荔枝；赐单于母及诸阏氏……"又据欧洲人在第5世纪的记载，匈奴王布雷达、阿提拉的夫人，在王不在王庭的时候，曾多次出面招待与设筵宴请从欧洲来到匈奴王庭的使者。布雷达已死，其妻仍与阿提拉之妻一同出来款待使者，可见得他们在外交上的地位。

匈奴阏氏，不仅在内政、外交上有重要地位，在战争中也起作用。冒顿攻围汉高祖时，阏氏随军。《后汉书·南匈奴列传》载："单于被创，堕马复上，将轻骑数十遁走，仅而免脱。得其王玺，获阏氏及男女五人。"匈奴游牧民族，逐水草而居，无论平时或战时，阏氏及其他家属皆随单于而走。阏氏在战争剧烈时，也参加打仗。《汉书·傅常郑甘陈段传》载："单于乃被甲在楼上，诸阏氏夫人数十皆以弓射外人。外人射中单于鼻，诸夫人颇死。"匈奴长于骑兵，男子从小到大皆习骑马，女子也善骑。在战争的时候，阏氏在军中，那么在战争剧烈与危急的时候，阏氏参加作战是可能的。郅支单于的阏氏夫人数十皆引弓作战，只是一个例子而已。

第八章　匈奴种族的起源问题

关于匈奴的种族及其来源问题，在国内，近数十年来，关注的人逐渐增加。在苏联，学者也很为注意。在日本，也有人研究。在欧洲，以英、法文，尤其以德文进行的讨论也很多。但研究这一问题的专篇论文却很少。即以所发表的论著而言，亦多属片断、重复而缺乏系统性。本章主要以司马迁、王国维和其他一些有代表性的、比较重要的外文著作作为讨论的依据，并把我所认为的一些重要中外文著作和所能找到的材料写成本章。

“匈奴”这个族称，在我国历史上，究竟是在什么时候开始被人们采用，直到现在，注意到这个问题的实在很少。《逸周书·王会解》有“匈奴狡犬”[1]四字。篇后附载的《成汤献令》上说，在正北的十三个少数民族中，有一个叫做“匈奴”。其所列举的十三个外族原名如下：“正北：空同、大夏、莎车、姑他、旦略、貌胡、戎翟、匈奴、楼烦、月氏、孅犁、其龙、东胡。”近人丁谦在《〈汉书·匈奴传〉地理考证》中，曾据此断定“匈奴”这个名词可以追溯到夏商时代。

《逸周书》是晋太康二年（公元281年）盗发汲郡魏安釐王冢而得的。因此，有人以为是魏晋时代的著作。但班固《汉书·艺文志》已载有此书，故其著作年代当在汉代或汉代以前。一般学者都肯定这本书不

[1]　《汉魏丛书》中之《汲冢周书·王会解》作“匈戎狡犬”。清乾隆十六年（1751年）金豁王氏刊本。

是周朝初期的作品，因而不能同意丁谦因这本书里有“匈奴”之名，遂断定为周初以前就有了“匈奴”这个族称的说法。

有人以为《逸周书》是战国之世的逸民处士所纂辑。如果这种说法是对的，那么“匈奴”这个族称可以说在战国时代已经被引用了，但我怀疑《逸周书》是战国时代的作品。其中列举的十三个北方种族中，有些是我们不清楚的，如“旦略”“其龙”；有些是战国时代已经知道的，如“东胡”“楼烦”。但“月氏”则是汉初或汉武帝时才知道的；而“莎车”之名，《史记》没有记载，《汉书》始有传，是故最早也应当是在张骞出使西域以后才知道的。所以，若从这一点来看，我以为《王会解》篇的著作年代应是在张骞出使西域之后。

王国维在《鬼方昆夷玁狁考》里，也以为“战国以降”，始有匈奴之名。我查阅战国时代的著作，在战国初年和中期，没有发现连用“匈奴”这两个字的。《史记·秦本纪》“惠文君后七年”（公元前318年）云：“韩、赵、魏、燕、齐帅匈奴共攻秦。”又《李牧传》云：“常居代雁门，备匈奴。”这也许是司马迁根据旧时典籍所重述，也许是用他当时所通用的名词去追记一个外族。究竟前者是对的还是后者是对的，我们无从考证。

战国末年的荀况在著作中曾用过“匈”字。《荀子·天论》：“君子不为小人匈匈也辍行。”然而这里的“匈”字与匈奴是没有关系的。而且在《荀子·强国》里，在谈到秦国时说：“今北与胡貉为邻，西有巴戎。”而《史记·匈奴列传》：“冠带战国七，而三国边于匈奴。”“三国”是燕、赵、秦。虽则司马迁在这里所用的“匈奴”二字可能是用他当时所通用的名称去追记战国时代的一个外族，但是荀子所说的“胡貉”既是与秦的北边为邻，那么应该就是司马迁所说的匈奴。然而荀子不用匈奴而用胡貉二字，说明匈奴这个名称在荀子时还没有被采用，或者这两个字还没有通用。

我在《战国策·燕策·燕太子丹质于秦》里找到匈奴这个词，而且连用二次。其文云：

> 樊将军（於期）亡秦之燕，太子容之。太傅鞫武谏曰：“不可。夫秦王之暴而积怨于燕，足为寒心，又况闻樊将军之在乎？……愿太子急遣樊将军入匈奴以灭口。”……太子丹曰：“……夫樊将军困穷于天下，归身于丹，丹终不迫于强秦而弃所哀怜之交，置之匈奴，是丹命固卒之时也，愿太傅更虑之。”

这是秦始皇十九年（公元前 227 年）的事情，上距秦之统一天下七年，是目前我所能找到的匈奴这个名词之最早见于著作者。《战国策》为前汉刘向集先秦人所记战国时事之书。刘向是宣、元时代人。虽然有人对这部书所记的事情也有怀疑的地方，但在刘向之前的司马迁作《史记》时已多采其文，所以我们对于匈奴这个名词最早见于上面所录的那段话似乎不应有所怀疑。

但是应该指出的是，荀子至齐，年已五十，因为齐人谗他，乃到楚。楚春申君以他为兰陵令。据说他著书数万言是在兰陵的时候。春申君被杀于公元前 238 年，即秦始皇九年。假使荀子是在春申君死后始著书，那么与燕太子丹之收容樊於期差不多可以说是同时。太傅鞫武与太子丹用匈奴这个名词而荀子没有用，却仍用胡貉这两个字，可能是在燕已开始采用匈奴这个名词而在他处还没有采用。而且匈奴这个名词，自从太傅鞫武与太子丹用了之后，好像直到汉代的贾谊才再用。所以我们可以说，战国末年，虽然已有人用匈奴这个名词，但是并未被普遍采用，而仅限于个别人与个别地方。

匈奴这个族称与这个民族的历史，无疑地要以司马迁的《史记·匈奴列传》为研究这个问题的最早的系统材料。但是，直至秦，匈奴的通用名称仍是“胡”。秦始皇时，曾有传说：“亡秦者胡。”秦始皇以为这是指所谓的匈奴，因此便派蒙恬去伐胡，并修筑长城。可见在秦时，通用的名称是胡而不是匈奴。

司马迁作《史记·匈奴列传》时，这个名词已普遍通用，但是在贾谊的《新书》里，已数见匈奴这个名词。贾谊卒于公元前 168 年，而司马迁在二十三年后始出生，所以贾谊采用这个名词比《史记》要早数十年。在贾谊的《新书》里，除《势卑》篇屡用匈奴之名外，还有一篇是以匈奴为题的。这两篇都是讨论对付匈奴的对策。

在贾谊死前三十一年，汉高祖曾被匈奴困于平城。这三十年中，匈奴不断扰乱汉朝边境，追溯上去，在公元前 215 年，秦始皇曾遣蒙恬征伐匈奴，这说明匈奴已很强大了。再追溯上去，李牧曾破杀匈奴十余万骑。这也可说明匈奴的势力很强大。从李牧时起，尤其是秦亡之后，匈奴南下，成为西汉王朝最大的外患。可以推想，是在这个时期，匈奴之名才逐渐地被普遍采用，从而有人笔之于书。

王国维在《鬼方昆夷玁狁考》里，曾区别匈奴民族的本名和汉人所加给的丑名。他说：

> 曰戎曰狄者，皆中国人所加之名；曰鬼方、曰混夷、曰獯鬻、曰玁狁、曰胡、曰匈奴者，乃其本名。而鬼方之方，混夷之夷，亦为中国所附加。

我们要指出，声音上可能是本名，但是文字上可能是丑名。因为“奴”固是一个不好的名词，而“匈”这个字也非好意。“匈”古虽与“胸”通，如《荀子·王霸》：“三邪者在匈中。”“匈中”同“胸中”。但《荀子·天论》：“君子不为小人匈匈也辍行。”“匈匈”是喧哗之声的意思，《史记·项羽本纪》之“天下匈匈”，“匈匈”是喧扰骚乱之意。说不定是因为秦时及汉初，匈奴族常常入侵，骚扰北边，时人因受害而生厌恶之心，因而用这两个字去名这个民族的。

此外，《史记·卫将军骠骑列传》：“（赵破奴）为匈河将军，攻胡至匈河水，无功。”《汉书·赵破奴传》文同，但《汉书·匈奴传》：“从票侯赵破奴万余骑出令居数千里，至匈奴河水。”丁谦《〈汉书·匈奴传〉地理考证》说：“匈奴水指塔米尔河西源，以匈奴王庭在此水滨，故以为名。”丁谦所考证的匈奴水是否即塔米尔河，不在这里讨论，但是否因匈奴种族在地理上发祥于匈河或匈奴河，所以叫做匈或匈奴，则是值得注意的。

匈奴之名，见于著作虽在战国末期，但匈奴这个民族当然不是始于这时候。那么，这个民族究竟始于什么时候，属于什么种族，这是我们所要研究的问题。

在历史上，最先对这个问题给以解答的是司马迁。《史记·匈奴列传》：

> 匈奴，其先祖夏后氏之苗裔也，曰淳维。唐虞以上有山戎、猃狁、荤粥，居于北蛮，随畜牧而转移。……夏道衰，而公刘失其一稷官，变于西戎，邑于豳。其后三百有余岁，戎狄攻大王亶父，亶父亡走岐下，而豳人悉从亶父而邑焉，作周。其后百有余岁，周西伯昌伐畎夷氏。后十有余年，武王伐纣而营雒邑，复居于酆鄗，放逐戎夷泾、洛之北，以时入贡，命曰“荒服”。其后二百有余年，周道衰，而穆王伐犬戎，得四白狼、四白鹿以归。自是之后，荒服不至。于是周遂作《甫刑》之辟。穆王之后二百有余年，周幽王用宠姬褒姒之故，与申侯有郤。申侯怒而与犬戎共攻杀周幽王于骊山之下，遂取周之焦穫，而居于渭泾之间，侵暴中国。秦襄公救周，于是周平王去酆鄗而东徙雒邑。当是之时，秦襄公伐戎至岐，始列为诸侯。是后六十有五年，而山戎越燕而伐齐。齐釐公与战于齐郊。其后四十四年，而山戎伐燕。燕告急于齐，齐桓公北伐山戎，山戎走。其后二十有余年，而戎狄至洛邑，伐周襄王，襄王奔于郑之氾邑。初，周襄王欲伐郑，故娶戎狄女为后，与戎狄兵共伐郑。已而黜狄后，狄后怨，而襄王后母曰惠后，有子子带，欲立之，于是惠后与狄后、子带为内应，开戎狄，戎狄以故得入，破逐周襄王，而立子带为天子。于是戎狄或居于陆浑，东至于卫，侵盗暴虐中国。中国疾之，故诗人歌之曰“戎狄是应”“薄伐猃狁，至于大原”“出舆彭彭，

城彼朔方”。周襄王既居外四年，乃使使告急于晋。晋文公初立，欲修霸业，乃兴师伐逐戎翟，诛子带，迎内周襄王，居于雒邑。

当是之时，秦晋为强国。晋文公攘戎翟，居于河西圁洛之间，号曰赤翟、白翟。秦穆公得由余，西戎八国服于秦，故自陇以西有绵诸、绲戎、翟、貆之戎，岐、梁山、泾、漆之北有义渠、大荔、乌氏、朐衍之戎，而晋北有林胡、楼烦之戎，燕北有东胡、山戎。各分散居谿谷，自有君长，往往而聚者百有余戎，然莫能相一。自是之后，百有余年，晋悼公使魏绛和戎翟，戎翟朝晋。后百有余年，赵襄子逾句注而破并代以临胡貉。其后既与韩魏共灭智伯，分晋地而有之，则赵有代、句注之北，魏有河西、上郡，以与戎界边。其后义渠之戎筑城郭以自守，而秦稍蚕食，至于惠王，遂拔义渠二十五城。惠王击魏，魏尽入西河及上郡于秦。秦昭王时，义渠戎王与宣太后乱，有二子。宣太后诈而杀义渠戎王于甘泉，遂起兵伐残义渠。于是秦有陇西、北地、上郡，筑长城以拒胡。而赵武灵王亦变俗胡服，习骑射，北破林胡、楼烦。筑长城，自代并阴山下，至高阙为塞。而置云中、雁门、代郡。其后燕有贤将秦开，为质于胡，胡甚信之。归而袭破走东胡，东胡却千余里。与荆轲刺秦王秦舞阳者，开之孙也。燕亦筑长城，自造阳至襄平。置上谷、渔阳、右北平、辽西、辽东郡以拒胡。当是之时，冠带战国七，而三国边于匈奴。其后，赵将李牧时，匈奴不敢入赵边。后秦灭六国，而始皇帝使蒙恬将十万之众北击胡，悉收河南地。因河为塞，筑四十四县城临河，徙适戍以充之。而通直道，自九原至云阳，因边山险巉谿谷可缮者治之，起临洮至辽东万余里。又度河据阳山北假中。

当是之时，东胡强而月氏盛。匈奴单于曰头曼，头曼不胜秦，北徙。十余年而蒙恬死，诸侯畔秦，中国扰乱，诸秦所徙适戍边者皆复去，于是匈奴得宽，复稍度河南与中国界于故塞。

单于有太子名冒顿……是时汉兵与项羽相距，中国罢于兵革，以故冒顿得自强，控弦之士三十余万。

> 自淳维以至头曼千有余岁，时大时小，别散分离，尚矣，其世传不可得而次云。然至冒顿而匈奴最强大，尽服从北夷，而南与中国为敌国。

我特地抄了这一大段文字，不仅是因为这段文字是关于匈奴起源问题的最早的记载，而且是因为凡司马迁以后的人们谈到这个问题的，差不多都以这段话为根据，虽则他们之中在对于这段话的解释与取舍上有不同之处。此外，我以为这段话本身有很多可以商榷的地方，所以不厌其长录之如上。

班固是汉代对于匈奴最有研究的人，他不仅在《汉书》里写了上下两篇很长的《匈奴传》，而且他曾偕窦宪到过匈奴，匈奴的知识是很丰富的。但是他对于匈奴的起源问题，完全照抄上面所录的那段话。换句话说，他与司马迁的意见是完全相同的。

（唐）司马贞《史记・匈奴列传索隐》云：

> 张晏曰“淳维以殷时奔北边”。又乐产《括地谱》云“夏桀无道，汤放之鸣条，三年而死。其子獯粥妻桀之众妾，避居北野，随畜移徙，中国谓之匈奴”。

《括地谱》这本书，《隋书・经籍志》《旧唐书・经籍志》《新唐书・艺文志》均无著录，故乐产的年代无从考见。但司马贞在《史记索隐》中曾引述这段话，则作者的年代应在唐或唐以前。张晏以为夏亡后，淳维跑到北边，成为匈奴的始祖，不外是从司马迁“匈奴，其先祖夏后氏之苗裔也，曰淳维”这段话引申而来。但司马迁并没有说淳维是在夏亡之后，殷代初年跑到北边。张晏既肯定了北奔的时间，乐产更进一步说明奔到北野的是夏桀的儿子，并且他的名字不是淳维而獯粥。獯粥是司马迁所说的荤粥。獯粥妻桀之妾的话，恐是由司马迁的“其俗……父死，妻其后母”脱胎而来。至于他所说“避居北野，随畜移徙”

当系由司马迁的“居于北蛮，随畜牧而转移”而来。总之，乐产的话，一部分是根据《史记·匈奴列传》而略加修改，一部分可能是从张晏的“殷时奔北边”而来。至于他说奔北边的是桀子獯粥而非淳维，这是他与司马迁、张晏的异处。

《索隐》于引述乐产上文后说：“其言夏后苗裔，或当然也。”这是有怀疑的意思，但是接着又说：

> 故应劭《风俗通》云：“殷时曰獯粥，改曰匈奴。”又服虔云：“尧时曰荤粥，周曰猃狁，秦曰匈奴。”韦昭云：“汉曰匈奴，荤粥其别名。”则淳维是其始祖，盖与獯粥是一也。

乐产并没有指出淳维与獯粥相同，而司马贞却当为一。司马贞一方面对于匈奴是夏后苗裔持怀疑态度，另一方面却指出司马迁、班固、张晏所说的淳维就是乐产所说的獯粥。

日本桑原骘藏在《张骞西征考》[1]里说：

> 据《史记》之《匈奴传》：匈奴祖先为夏后氏之后，即所谓淳维者是。其与夏后氏之关系固难凭信。惟淳维 Shun-Wei 之发音，与 Hunni（序经按，指匈奴）想稍接近。或谓此因淳维始祖之名，方发生所谓匈奴种族之名称，然乎？否乎？

这是不相信淳维与夏后的关系。但是他既以为淳维与匈奴发音稍接近，同时他又指出匈奴与獯粥是同音之转，他说“然乎否乎”也持怀疑的态度。

他又说：

> 视淳维与匈奴为同一之发音者，虽涉牵强附会，然 sh、kh、H

[1] 杨铼译，商务印书馆史地小丛书。

> 三音之彼此转讹，在音韵学上，当非绝无。

桑原骘藏在同书《参照》（按，即注释）“十九”中说：

> 此《本论》脱稿后，在 D’Herbelot 之 *Bibliotheque Orientale* 第四册所收之 Visdelou 的《鞑靼略史》（*Hlistoire Abregee de la Tartarie*）五一页内，发见关于匈奴如次之记载：“匈奴初依其祖先淳维（Chun-vei）或獯粥（Hiun-Yu）之名，在商（殷）时代（以种族之名）称作獯粥。”此记载稍嫌不彻底。要之，匈奴祖先称作淳维或獯粥，主张种族名之獯粥（因之獯粥与异字同名之匈奴）依其祖先之名一点上，与予所说一致。

《本论》中又说：

> 始祖之名或有力之君主名称，尝负有其种族或部族之名称，在塞外种族之间，其实便甚伙。如鲜卑种族之吐谷浑部，即取名其祖先吐谷浑。又如白匈奴嚈哒（Ephthal）种族，亦系取其王之名，而定种族之名称者。

司马贞除了以为獯粥就是淳维外，还以为山戎、鬼方、玁狁、淳维、熏粥、匈奴的各种名称均是异名同族。他在《五帝本纪·黄帝纪》“北逐荤粥”句下说：“（荤粥）匈奴别名也。唐虞以上曰山戎，亦曰熏粥；夏曰淳维，殷曰鬼方，周曰玁狁，汉曰匈奴。”这个说法，表面上看虽然与他上面所说的“淳维是其（匈奴）始祖，盖与獯粥是一也”，没有什么不同，然而稍加考察，就能明白前后有矛盾。因为在《匈奴列传》里，他同意乐产所说的獯粥是夏桀的儿子，而在《五帝本纪》里，他所说的熏粥却是唐虞以上的熏粥，或是山戎。在时间上，这两种獯粥相差约一千年。唐虞以上已有獯粥，獯粥怎能说是夏桀之子？司马贞把乐产所创出的夏桀之子獯粥与司马迁在《匈奴列传》中所说的唐虞以上的荤粥混为一谈，并且把夏的淳维当做唐虞以上的荤粥，去为乐产解释，这是很大的错误。

关于乐产与司马贞的错误，清梁玉绳《史记志疑・匈奴列传》条曾指出：

> 案：《索隐》曰“乐彦（产）《括地谱》云夏桀无道，汤放之鸣条，三年而死，其子獯粥妻桀之众妾，避之北野”。淳维盖与獯粥是一。据此，则獯粥为淳维别名，乃匈奴之始祖，其后随代异称，将名作号，遂以獯粥与山戎、猃狁、匈奴同呼矣。然言夏后苗裔，似夏后之先无此种族，安得言唐虞以上有之。而《五帝纪》又云：“黄帝北逐荤粥”，服虔、晋灼亦皆云“尧时曰荤粥”（《风俗通》殷曰獯粥），是知夏后苗裔之说不尽可凭，而乐彦所述者妄也。

班固、张晏、乐产、司马贞、桑原骘藏以及其他学者都是根据司马迁的《匈奴列传》解释匈奴的起源的。但是他们之间却有不同的见解。班固完全接受司马迁的说法。张晏只说“淳维以殷时奔北”。乐产说匈奴的始祖是桀的儿子獯粥。司马贞和桑原骘藏把司马迁的淳维与乐产的獯粥为同一发音。而司马贞对于说匈奴是夏后的苗裔已有怀疑，可是不像桑原骘藏那么肯定地说“其与夏后氏之关系固难凭信”。我们要问：为什么对于同是司马迁所说的话却有不同的看法呢？我以为主要是由于司马迁自己对于匈奴的起源这个问题没有弄清楚。梁玉绳《史记志疑・匈奴列传》条说：

> 夫自辟天地即生戎狄，殷以前谓之獯鬻，周谓之猃狁，汉谓之匈奴。莫考其始，孰辨其类？相传有所谓淳维者，难稽谁氏之出，未识何代之人。而史公既著其先世，复杂取经传合并为一，无所区分，岂不误哉。

既说匈奴是夏的苗裔，其名叫做淳维，这应该是汉人，而且下文又说“自淳维以至头曼千有余岁”，那么头曼以及其后代的匈奴人应该是汉族的苗裔了。但是紧接着又说“唐虞以上有山戎、猃狁、荤粥，居于北蛮”，那么在淳维及其祖先夏后氏之前在北方已住有其他民族。夏后氏的苗裔之于这些民族有什么关系，司马迁没有说明。淳维是否奔居北蛮也没有提及。而下文所说的“夏道衰，而公刘失其稷官，变于西戎，邑于豳”，乃是说明周的祖先变于西戎而非夏的苗裔变于西戎。因为照《史记》所载，周的祖先并非夏的后裔。前者是帝喾之后而后者是帝颛顼之后。据《史记·周本纪》：

> 周后稷，名弃……后稷卒，子不窋立。不窋末年，夏后氏政衰，去稷不务，不窋以失其官而奔戎狄之间。不窋卒，子鞠立，鞠卒，子公刘立。公刘虽在戎狄之间，复修后稷之业，务耕种……子古公亶父立。古公亶父复修后稷、公刘之业。

《匈奴列传》说“公刘失其稷官，变于西戎”，这里又说公刘的祖父不窋失官，奔于戎狄。对于这一点，不必在这里讨论。我们所要注意的是周的祖先变为西戎，后来受到戎狄的攻伐离豳到岐下。不止亶父自己到岐下，其百姓也跟他到岐下，他不只复修后稷之业而与戎狄随畜牧而转移的生活方式不同，而且至文王、周公而成为汉族文化的代表人物。简单地说：华夏的苗裔虽然因夏道衰而跑到戎狄的地方居住，但终不因此而成为戎狄。照这个例子来推论，夏后氏的苗裔也不一定就变为匈奴，完全放弃其固有的文化，流为“不知礼义……父死妻其后母，兄弟死，皆取其妻妻之”。何况司马迁很肯定地指出，自“唐虞以上”以及春秋战国时代，除了淳维与不窋的子孙之外，在西北一带有许多种戎狄。当时华夏与戎狄的分别主要是种族的不同。文化的交流对种族虽有影响，但不能过于强调。义渠之戎仿效汉族“筑城郭以自守”，甚至其王与秦昭王的母亲“宣太后乱，有二子”，而义渠还是戎狄。赵武灵王“变俗胡服，习骑射”，赵武灵王及其臣民也不因此而流为戎狄。

司马迁对于匈奴的起源问题，大概没有经过详细的考虑，只是搜集当时的一些传说及各种记载。这些材料，作为反映当时的人们对于这个问题的一些不同看法，是很有价值的，若作为一种有系统的见解，就很值得商榷。上面指出的他的一些错误，就是因为他在《匈奴列传》里，没有说明那些材料是反映当时对于这个问题的一些不同的看法，而仅用“或曰”的方式去表达。其实，司马迁在叙述外族的列传中，常常说他们的祖先是华夏苗裔。如在《朝鲜列传》中说：“朝鲜王满者，故燕人也。”在《东越列传》中说：“闽越王无诸及越东海王摇者，其先皆越王勾践之后也。”这可能是大汉族主义的表现，与历史事实未必符合。

事实是把各种外族都当做华夏的苗裔是错误的。而现代之研究匈奴的学者几乎没有人相信像《史记·匈奴列传》所说匈奴是夏后氏的苗裔了。

匈奴不是夏后氏的苗裔，但匈奴是不是唐虞以上的山戎、猃狁、荤粥，以及夏、商、西周、春秋、战国时的各种戎狄的后裔，或是他们的混合民族呢？

司马迁对这个问题没有解答。但后来注解《史记》的许多学者曾提供了一些意见。如《吕氏春秋·审为篇》高诱注说：“狄人猃狁，今之匈奴。”又如上面所举的应劭、晋灼、司马贞等说唐虞以上叫做山戎或熏粥、殷时叫做鬼方、周时叫做猃狁，秦汉叫做匈奴。这就是说匈奴之与唐虞的山戎或熏粥、殷时的鬼方、周时的猃狁不过是同族而异名罢了。

这个说法似过简单。司马迁在《匈奴列传》里除了说唐虞以上有山戎、猃狁、荤粥外，没有说到夏殷二代的戎狄。说得比较详细的是周的祖先和西周、春秋、战国的戎狄与汉族的关系。在这个时期里，西北外族名称之为他所采用的，除匈奴外，还有四种：一为戎，一为夷，一为狄或翟，一为胡。戎有西戎，犬戎，山戎，绵诸、绲戎，翟、豲之戎，义渠、大荔、乌氏、朐衍之戎，楼烦之戎；夷有畎夷（有人谓即昆夷）；狄或翟有赤翟、白翟；胡有东胡、林胡或胡貉或普通所谓的胡。或戎狄连用。他指出散居于谿谷的戎有一百多，“然莫能相一”。匈奴之名，除一见于《秦本纪》外，在《匈奴列传》里两见于叙述战国时事：一为“三国（燕赵秦）边于匈奴”，一为“李牧时匈奴不敢入赵边”。然而在《匈奴列传》里，匈奴与胡、戎狄是并用的，且可通用。如燕“边于匈奴”，但燕亦筑长城置各郡以“拒胡”。秦“边于匈奴”，但“蒙恬将十万之众北击胡”。在《蒙恬列传》中则说：“蒙恬将三十万众北逐戎狄……是时蒙恬威震匈奴。”这样看起来，胡、戎狄、匈奴，好像是同一个民族了。

但是《匈奴列传》又说，在战国末年，“东胡强而月氏盛”。唐张守节《史记正义》引《括地志》云：“凉、甘、肃、延、沙等州地，本月氏国。”则月氏也是西边的戎狄。月氏既不同于匈奴，东胡也异于匈奴。若说除月氏与东胡外，上面所列举的各种胡、戎狄与匈奴是同一民族，恐怕也是不对的。司马迁曾说各种戎狄“各分散居谿谷，自有君长，往往而聚者百有余戎，然莫能相一”。这就是说这么多种戎狄是很复杂的。我们不能因司马迁互用胡、戎狄与匈奴等名词而遂谓其为一民族。

《匈奴列传》说匈奴是一个以畜牧为生和骑猎为主的民族。我们怀疑许多居于西北及塞内谿谷的戎狄是否也与匈奴同俗。《左传》记载隐公九年（公元前 714 年）北戎侵郑时的军队是徒步的，昭公元年（公元前 541 年）狄人的军队也是徒步的。那么戎狄的徒兵是异于匈奴的骑射了。这些用步兵的民族与以骑猎为主的民族是否为同一民族，是很值得研究的。

司马迁指出自淳维至头曼有一千多年。在这么长的时间里，匈奴“世传不可得而次”。这清楚地说明他对于匈奴的历史是不清楚的。在塞内与华夏杂居的戎狄的情况，如人种、语言、风俗、习惯之记载于书籍的已经很少，则远处塞外的匈奴，在头曼以前的历史当然更不容易了解。匈奴既没有文字记载历史，而汉人除了受外族的严重侵扰时外，对于外族又是很少注意的。匈奴不但远居塞外，而且在匈奴与汉的边界上又被其他好多戎狄隔离，那么汉人对于匈奴知识的贫乏是很自然的。

头曼以后，匈奴开始为西汉人所注意。司马迁说“至冒顿而匈奴最强大”，又说在冒顿时，匈奴“尽服北夷”。其他北夷与匈奴是否为一民族？这又是值得研究的。

司马迁对匈奴的起源问题虽有矛盾与含糊之处，但近人丁谦在《〈汉书·匈奴传〉地理考证》里曾为之作解释：

> 汉代匈奴，为北方之大敌，但推原种族，实与塞外诸番迥不相同。盖其始祖淳维，系出夏后，居然中国神明之裔，与周之先世后稷封邰，相距不远。唯稷之后虽不窋换官，窜于戎狄，而公刘亶父，世守华风，故日渐内迁。至文武二王，遂有天下。淳维之后，至殷北徙，戎狄杂居，竟与同化，舍耕稼而事牧畜，旷宫室而处穹庐，去衣冠而服皮褐，殆所谓用夷变夏者非耶？此传之首，备述三代以来诸戎狄之盛衰，似与匈奴本事不相附丽，然细按之，实所以着匈奴勃兴之所自。盖荒服诸部，种类虽多，皆力薄势分，初无与于中国之利害。自战国列王，竞事开疆，诸部遂日渐沦亡。特诸部亡而诸部之人民岂能尽灭。当其时，近东者多归并于东胡，近西者多归并于月氏，近北者多归并于匈奴。故嬴秦之世，三部并强。迨汉初，匈奴冒顿以枭雄之质，崛起朔方，灭东胡，破月氏，遂统一大漠南北，南面与中国相颉颃矣。

丁谦想把匈奴为夏后氏之苗裔说与唐虞以上实有的外族，混合起来而形成用夷变夏的调和论调，但这只能是丁谦的说法，司马迁在《匈奴列传》里并不是这样说的。丁谦以为自淳维跑到北边之后，与戎狄杂居，竟与同化。同化之后，逐渐征服其他的荒服诸部，遂成为匈奴。这不能说是历史上不会有的事。但是淳维既在荒服杂居而同化于外族，则淳维就变为该外族的分子，因为这个外族是在淳维未到北边之前便已存在的。若说淳维到了北边之后，外族人拥立他为君长，因而遂改号曰匈奴，则匈奴人的祖先便不能谓为夏后氏之苗裔。明代有一个暹罗华侨的儿子郑昭，曾打败缅甸，恢复暹罗，做暹罗的皇帝。但是暹罗的统治民族仍是泰族，并不因此而成为华夏苗裔，最多只能说在暹罗王室的王族中有汉族的血统。

近人专题研究匈奴起源问题较早的著作是王国维的《鬼方昆夷玁狁考》，全文七千余言，也是研究这个问题的最长的文章。他除利用古代典籍外，又得古文字及古器物之助。他以为见于古金文之“厰粇”“厰允”“𢩦允”皆与玁狁相同。又以为《易》的鬼方，《诗》的混夷、昆夷，《国语》的犬戎，《尚书大传》的畎夷皆与玁狁相同，而玁狁又与匈奴相同。他说：

> 我国古时，有一强梁之外族，其族西自汧陇，环中国而北，东及太行、常山间，中间或分或合，时入侵暴中国。其俗尚武力，而文化之度不及诸夏远甚。又本无文字，或虽有而不与中国同。是以中国之称之也，随世异名，因地殊号。至于后世，或且以丑名加之。其见于商周间者曰鬼方，曰混夷，曰獯鬻，其在宗周之季，则曰玁狁，入春秋后，则始谓之戎，继号曰狄。战国以降，又称之曰胡，曰匈奴。综上诸称观之，则曰戎曰狄者，皆中国人所加之名。曰鬼方，曰混夷，曰獯鬻，曰玁狁，曰胡，曰匈奴者乃其本名。而鬼方之方，混夷之夷，亦为中国所附加。当中国呼之为戎狄之时，彼之自称绝非如此。其居边裔者，尤当仍其故号，故战国时，中国戎狄既尽，强国辟土，与边裔接，乃复以其本名呼之。此族春秋以降之事，载籍稍具，而远古之事，则颇茫然，学者但知其名而已。今由古器物与古文字之助，始得言其崖略。

他又说：

此族见于最古之书者，实为鬼方。《易·既济》“爻辞”曰：高宗伐鬼方，三年克之。《未济》“爻辞”曰：震用伐鬼方，三年有赏于大国。《诗·大雅·荡》之篇曰：内奰于中国，覃及鬼方。《易》之“爻辞”盖作于商周之际，《大雅·荡》之篇作于周厉王之世而托为文王斥殷纣之言，盖亦谓殷时已有此族矣。后人于《易》见鬼方之克需以三年，知其为强国。于《诗》见鬼方与中国对举，知其为远方。

他以为：

鬼方之名，《易》《诗》作鬼，然古金文作䰍，或作魃……皆为古文畏字……鬼方之名，当作畏方……混夷之名，亦见于周初之书。《大雅·绵》之诗曰：混夷駾矣……而《孟子》及《毛诗·采薇·序》作昆，《史记·匈奴列传》作绲，《尚书大传》则作畎夷……四字声皆相近……又变而为荤粥、为熏育、为獯鬻，又变而为猃狁……故鬼方、昆夷、熏育、猃狁，自系一语之变，亦即一族之称。

他指出：

至猃狁之后裔如何，经传所纪，自幽平以后至于春秋隐桓之间，但有戎号，庄闵以后，乃有狄号。戎与狄皆中国语，非外族之本名。戎者兵也……则凡持兵器以侵盗者亦谓之戎。狄者远也……因之凡种族之本居远方而当驱除者亦谓之狄。且其字从犬，中含贱恶之意，故《说文》有犬种之说，其非外族所自名而为中国所加之名，甚为明白。故宣王以后，有戎狄而无猃狁者，非猃狁种类一旦灭绝或远徙他处之谓，反因猃狁荐食中国，为害尤甚，故不呼其本名而以中国之名呼之。其追纪其先世也，且被以恶名。是故言昆戎则谓之犬戎，薰鬻则谓之獯鬻，厰允则谓之猃狁，盖周室东迁以后事矣。

他最后说：

> 及春秋中叶，赤狄诸国皆灭于晋。河南山北诸戎，亦多为晋役属。白狄僻在西方，不与中国通，故戎狄之称泯焉。尔后强国并起，外族不得逞于中国，其逃亡奔走复其故土者，或本在边裔未入中国者，战国辟土时乃复与之相接。彼所自称本无戎狄之名，乃复以其本名呼之。于是胡与匈奴之名始见于战国之际，与数百年前之獯鬻，玁狁先后相应，其为同种，当司马氏作匈奴传时盖已知之矣。

王国维在这篇文章里，除了从音韵上去说明鬼方、昆夷、玁狁、戎狄、胡、匈奴为同一种族之外，他又找了许多材料去说明这个异名同族的匈奴在地理上的递嬗之迹。他由古器物及史料证明“鬼方之地”与“昆夷地正同”。他说：“后世玁狁所据之地，亦与昆夷略同。故自史事及地理观之，混夷之为畏夷之异名，又为玁狁之祖先，盖无可疑，不独有音韵上之证据也。”

王国维的这篇文章也是根据《史记·匈奴列传》的提示而作的，所以他在这篇文章的结尾指出獯鬻、玁狁、戎狄、胡、匈奴为同种而“当司马氏作匈奴传时盖已知之矣”。但是他对司马迁所说的匈奴的祖先是夏后氏的苗裔叫做淳维这一点，则避而不谈，连一些人以为淳维与獯鬻是同声同族也没有提及，这表明他不同意司马迁的匈奴是夏后氏的后裔的看法。从这一点看，他与过去许多注解《史记·匈奴列传》或说到匈奴的起源问题的人不同。因为那些人一方面保留司马迁所说匈奴是夏后氏后裔的说法，一方面又接受司马迁所说的唐虞以上的山戎、玁狁、荤粥也是匈奴的祖先说法，结果是无法自圆其说的。王国维则直截指出：匈奴这个外族的祖先，无论叫做鬼方、昆夷、玁狁、戎狄，都是外族，而非汉族苗裔。

王国维说鬼方、昆夷、玁狁、戎、狄、胡、匈奴是异名同族也不是一种创见。司马迁、应劭、晋灼、韦昭、司马贞都有这种看法。司马贞《五帝本纪索隐》中曾说过唐虞叫做山戎、熏粥则叫做鬼方，周时叫猃狁，汉叫做匈奴。至于昆夷与犬戎、猃狁是异名同族，颜师古、司马贞、崔述都曾说过。《史记·匈奴列传》“周西伯昌伐畎夷氏”句下，《索隐》云：“韦昭云：‘春秋以为犬戎。’按，畎音犬，大颜云‘即昆夷也’。”崔述《丰镐考信录》卷七云：“郑氏以西戎为昆夷，猃狁为北狄……余按太原及方，皆在周之西北，猃狁之国，当在凉、巩之间。所谓西戎盖即猃狁，而变其文以叶韵耳。猃狁之为周患，见于“出车”“六月”“采薇”“采芑”四篇详矣。而传记初未有言者。《国语》有犬戎，有姜氏之戎，而史伯则但称西戎，足为周患者皆戎，然则猃狁者亦戎也。……猃狁文皆从犬，疑则《周语》之犬戎犹鄋瞒之或称为长狄也。以猃狁、西戎为二国而曲为之解，误矣。程子疑西戎兵不加而服，朱子疑既却猃狁而还师以伐昆夷，亦沿郑孔之误。”我们可以说王国维是把以往学者对于这几个名词的解释综合起来，从音韵上与地理上去说明其为异名同族。他简化司马迁及其他人对于这个问题的意见而归纳秦汉以上从“西自汧陇，环中国而北，东及太行、常山间”的外族为鬼方、昆夷、熏鬻、猃狁、戎狄、匈奴几个名词而断定其为异名同族。其实，孟子早已指出“太王事薰鬻而文王事昆夷”，那么“薰鬻”与“昆夷”是不同了。又《史记》与《汉书》匈奴传均说冒顿“后北服浑庾”，“浑庾”即“昆夷”的异音。匈奴征服浑庾，那么浑庾就不见得是匈奴的同族了，这说明薰鬻与昆夷异于匈奴。

王国维以后，研究这个问题的学者，大都同意他的结论。如梁启超在《中国历史上民族之研究》[1]中，在匈奴的起源问题上，是同意王国维的。日本学者研究这个问题时也参考他的著作，可见他这篇文章影响很大。在声韵和地理的考证方面，王国维是下了一番工夫的。他的论据可以说是“同韵就同族”“同地也同族”。不能否认，这是研究古代民

[1] 见《梁任公近著》第一辑下卷。

族的一种方法，但是只靠这种方法却不一定能得到正确的结论。如“但”与“蛋”，在音韵上相同，然而不能说广西山居的“但”与两广、福建的水居的“蛋”是同族。“闽”与“蛮”在音韵上相同，然而不能说“蛮”就是“闽”。“粤”与“越”在音韵上相同，然而只能说，在广东，在历史上的某一时期，粤人与越人是指同一民族。若一概而论，凡越都是粤，那就不见得是对的。因为春秋战国时代的越国的越人和在越南的越人未必相同。至于现在的广东的粤人与越南的越人，也不能谓为同族。其实，同音字也未必是同族，春秋时浙江的越，汉以后广东的越，以至越南的越，都不能一概而论为同族。当然，这也不是说玁狁或熏鬻等之于匈奴是完全没有关系的。

同样，“同地即同族”也不是绝对的。西北民族多事游牧，随地迁移，一个民族不一定老是在一个地区，而同一地区也可有几个民族。新疆一省有十数种少数民族，云南、广西也各有好多种少数民族。这是以比较大的区域来说明同地未必同族。在海南岛，有些很小的地方，苗黎杂居，他们虽有很相同的地方，然而严格地说，他们不是同族。

王国维所说的鬼方、昆夷、玁狁、戎狄、胡、匈奴，不止地域上是“西自汧陇，环中国而北，东及太行、常山间”这么大的地域中，只有“一强梁之外族”，又何况这个外族，历时两千余年，即自黄帝至秦汉，“或分或合，时入侵暴中国”，始终还只是“一强梁之外族”。地广数千里，年历两千余，在中国的西北，只有一个名异实同的外族，这种看法，从常识来说，恐怕也是难以信服的。

相反，在黄河一带，尤其是黄河以南，在同时间里，除汉族或戎狄以外，还有其他的南方民族。所谓东夷、南蛮，不过是大的分类。东夷、南蛮本身，就有好多不同的民族。直至现在，滇黔两粤不必说，即湖南浙江也还有不少少数民族的地区。若谓同音即同族，同地也同族，则黄河以南汉、戎狄以外只有东夷、南蛮两种民族了。《汉书·乌孙传》有匈奴“百蛮大国”句，《史记·匈奴列传》有“居于北蛮”句，“梁伯戈铭”称“抑鬼方蛮”，我们不能因此说匈奴或鬼方与南蛮的蛮是同一民族。同字尚且如此，何况同音呢？

司马迁在《史记·匈奴列传》中原指出：在头曼、冒顿之前，西北的外族是“各分散居谿谷，自有君长……莫能相一”，可见得不是一个外族，而是好多外族。毛诗《出车》的序也说过“西有昆夷之患，北有猃狁之难”。这说明昆夷与猃狁完全是两个不同的种族。崔述在《丰镐考信录》中虽然说犬戎、昆夷、猃狁为同族，然而他也指出“盖西戎之国不一而猃狁为最强”。关于这一点，王国维与崔述一样，承认犬戎或猃狁是戎的一种，是戎中最强大的。我以为，他们若在这个认识的基础上去研究外族的相异处，可能会明白这些外族不是一个种族而是好多种族。可惜他们只着重于“同音同地”，因而把两千余年间的西北民族归纳到数个名词而认定为同名同族。

再看自头曼以后至两晋南北朝的七百余年中，西北民族的新陈代谢不是一个而是很多个。单以秦汉来说，最初是除匈奴之外，有东胡与月氏。此后，匈奴之北有丁令、坚昆；匈奴之西有乌孙、塞种。西域三十六国后来分为五十余国，其民族是否相同也值得研究。《汉书·西域传》“西夜国”条说，“西夜与胡异，其种类羌氐”，可见种族不同。同传“康居国”条“匈奴百蛮大国”，更说明匈奴是好多外族中的一个。匈奴为百蛮大国是在冒顿之后。在头曼以前，恐怕只是好多外族中的一个。

据现存的史料记载，古代西北民族在春秋战国时期，有的在西北边境，有的在塞外，有的常侵入内地。《史记·匈奴列传》说，“山戎越燕而伐齐，齐釐公与战于齐郊”，其深入内地，猖獗可知。周襄王欲伐郑，娶戎狄女为后，可见戎狄与王室的接近。边疆戎狄，忽来忽去，史不绝书。至于塞外的戎狄，因为接触少，不易知其情况。自管仲相齐之后，攘夷狄是霸业的主要内容，所以孔子说，“微管仲，吾其披发左衽矣”。[1]晋文以后，秦晋在西北扩充领土。战国时，秦赵也继续在西北发展。大

[1] 见《论语·宪问》。

致说，有的外族在内地或靠近内地的，被征服后，就同化于汉族。在边境的，有的内迁，有的外走至塞外。可是塞外不是空而无人的，也有其他外族，则两者或互相征伐或合并，也绝不会在短时期内就成为一个大帝国。司马迁说："至冒顿而匈奴最强大，尽服从北夷"[1]，可见是经过长期的征伐的。只看冒顿对东胡的要求，忍让爱马与妻子，便说明这个民族的强盛远非一朝一夕之功。匈奴在未强盛之前，只是好多民族中的一个，而即使强盛之后，在这个"大国"里，也仍存在着好多不同的民族。因为其他民族固不会全部跑光或被杀光，匈奴的人口也不会一下增加起来。匈奴这个族名，在战国时代尚不能包括所有的外族，那么就更不能包括战国以前以至唐虞以上的西北的所有外族了。

王国维除《鬼方昆夷玁狁考》外，还有《西胡考》上、下及续考三篇，虽主要论述西域的胡人，但续考中也有一节与匈奴有关，兹录之如下：

> 自唐以来，皆呼多须或深目高鼻者为胡或胡子……是唐人已谓须为胡，岂知此语之源本出于西域胡人之状貌乎？且深目多须不独西胡为然，古代专有胡名之匈奴，疑亦如是。两汉人书，虽无记匈奴形貌者，然晋时胡羯皆南匈奴之裔。《晋书·石季龙载记》云：太子詹事孙珍问侍中崔约曰："吾患目疾，何方疗之？"约素狎珍，戏之曰："溺中可愈。"珍曰："目何可溺？"约曰："卿目晼晼，正耐溺中。"珍恨之，以告石宣。宣诸子中最胡状，目深，闻之大怒，诛约父子。又云：冉闵躬率赵人，诛诸胡羯，无贵贱男女少长皆斩之，死者二十余万，屯据四方者，所在承闵书诛之。于是高鼻多须至有滥死者。……晋之羯胡，则明明匈奴别部，而其状高鼻多须与西胡无异，则古之匈奴盖可识矣。……西域人民与匈奴形貌相似，故匈奴失国之后，此种人遂专有胡名，顾当时所以独名为胡者，实因形貌相同之故，观《晋书·载记》之所记，殆非偶然矣。

[1] 《史记·匈奴列传》。

我觉得王国维的主张可商榷。首先，他以为谓须为胡乃出于西域胡人的状貌，因以为深目多须不独西胡为然，古代专有胡名之匈奴疑亦如此。在理论上，这种说法很勉强。西域的西胡是否皆深目多须姑不置论，若说因西域的胡是多须深目而遂说古代专有胡名的匈奴也是多须深目，那就不一定是对的。否则，古代的东胡也该是多须深目了。

至于他用《晋书·石季龙载记·上》的两段话去证明匈奴是高鼻深目则亦可商榷。王国维说西汉人书没有记匈奴形貌的，但是司马迁应该见过匈奴人，班固则更该见过。司马迁在《史记·匈奴列传》是很注意匈奴人的语言、风俗、习惯，而没有提到匈奴人的形貌。班固曾深入匈奴人所居的地方，所接触的匈奴人必定很多，然而在《汉书》的长篇《匈奴传》里也没有说到匈奴人的形貌。假使匈奴人的形貌与汉人差别太大，像高鼻、深目、多须等，不会不引起他们的注意，因为他们对于匈奴的风俗习惯之异于汉族的都曾做过比较详细的叙述。所以他们没有提及匈奴人的形貌，大概是因为匈奴人与汉人大致相同。

司马迁《史记·大宛列传》说："自大宛以西至安息，国虽颇异言，然大同俗，相知言。其人皆深眼，多须𩑶。"班固《汉书·西域传》"大宛"条除重述司马迁这几句话外，在"西夜国"条又指出："蒲犁及依耐、无雷国，皆西夜类也。西夜与胡异，其种类羌氐行国。"可见他二人对外族的形貌是注意的。司马迁所说的"皆"，即大宛以西至安息，无例外的是深目多须𩑶。反之，在大宛以东，他既没有说没有深目多须𩑶，则亦不能说是完全没有。《北史·西域列传》除"康国"条说人皆深目、高鼻、多髯外，在"于阗"条说："自高昌以西诸国人等，深目高鼻，唯此一国，貌不甚胡，颇类华夏。"在"高昌"条说："高昌者，车师前王之故地，汉之前部地也。"《史记·大宛列传》记大宛的位置是"其北则康居，西则大月氏，西南则大夏，东北则乌孙"。《汉书·西域传》"大宛"条云："北与康居，南与大月氏接。"《汉书》记大月氏的位置虽与《史记》略异，但大宛的位置没有什么变化。高昌既为车师前王之故地，车师在大宛之东，《汉书》说大宛去长安一万二千二百五十里，车师去长安八千八百五十里，则大宛距车师三千四百里。《史记》《汉书》都说大宛以西的人皆深目高鼻，而《北史》谓高昌以西的人深目高鼻，则自后汉以后，深目高鼻的人是逐渐东移了。于阗的位置在车师（高昌）西南，在大宛东南，则高昌以西各国应为深目高鼻的人所居住了。至于“貌不甚胡，颇类华夏”，则既非全类华夏，亦非全异于胡了。

应该指出，这里的“胡”，不一定是匈奴。因为秦汉时的“胡”，主要指匈奴，而这时的“胡”，主要是西胡，亦即西域一带的外族人。

《北史·西域传》无“大宛”条，可能这个国家已被消灭。但是人民未必完全消灭。高昌人与大宛人在民族上是否有关系不得而知(按,《北史》说高昌东去长安四千九百里，则高昌的位置比《汉书》所说的车师是更东了。可是《汉书》说车师去长安八千一百五十里。《北史》又说高昌为车师前王之故地，《北史》恐有误）。《北史》又说“国有八城，皆有华人”。又说“晋以其地为高昌郡。张轨、吕光、沮渠蒙逊据河西，皆置太守以统之”，则本为汉人所统治。在太延中（公元435—439年）蠕蠕侵伐这个地方，至和平元年（公元460年）遂“为蠕蠕所并”“以阚伯周为高昌王，其称王自此始也”。则统治权已是外族，而非汉人，而这些外族是深目高鼻的人种。

西北民族多从事畜牧，逐水草而居，经常迁徙。大月氏、乌孙、康居均曾移居。在匈奴西北的民族，为丁令、坚昆，也可能时时迁移。大宛虽为居国，然而人民的移动也是可能的。塞种即曾为他族所迫而迁徙。在这些民族中，种类不同：大宛是深目多须；乌孙，据颜师古说是“青眼赤须，状类猕猴”；月氏、塞种、丁令、坚昆都与匈奴各异。在匈奴强盛时，有的民族，如月氏、塞种虽移居别处，但其人民之留在原处的不一定很少。匈奴征服各国后，在其大“帝国”里，必有各种不同民族，他们不仅受匈奴的统治，而且为匈奴所驱使，在匈奴的军队中，也必有这些人。在汉朝与匈奴的战争中，凡为匈奴服务的，均可能称为匈奴人，或如《晋书·石勒载记》所称是匈奴的别种。《石勒载记·上》说“石勒……上党武乡羯人也。其先匈奴别部羌渠之胄。祖耶奕于，父周曷朱，一名乞翼加，并为部落小率”。

按匈奴先后入塞共十九种，而羯为其中之一。石勒虽为匈奴的刘渊效命，然而他自己的种族未必与刘渊相同。他所以叫做羯人，足以证明与匈奴有别。说不定他的祖先就原与匈奴异族，在匈奴强盛时并在匈奴“帝国”之内，后来才称其族为羯。假使这种看法是可能的，那么石勒及其同族的部众，就不能因为说他是匈奴别部而说他是匈奴人，更不能因为他效命刘渊而遂谓其为匈奴族的后裔了。《石勒载记》云，石勒“状貌奇异”，也是说他的血统有特殊的地方。

其实，深目多须的人不只在匈奴“帝国”中和大宛以西以至安息可以找出来，在林邑也可以找出来。《隋书·林邑传》说“其人深目高鼻，发拳色黑”。《晋书·四夷列传》“林邑”条说“林邑国本汉时象林县，则马援铸柱之处也”。林邑在今越南境内的中圻。邝露《赤雅》说“马人本林邑蛮，深目猳鼻，散居峒落”。顾炎武《天下郡国利病书》卷一百〇四“广东八”有同样的词句。《南史·林邑传》说，“其大姓号婆罗门”，可能这是从印度移过来的民族。但是不能因此而说越南或印度支那半岛的民族都是深目高鼻的。

总之，在一个国家里，有几种不同的种族，是常有的事情。匈奴在强盛时是“百蛮大国”，既可说成“百蛮”中的大国，也可说在这个“大国”里有“百蛮”，而其中有的人则是深目多须，但又不一定是凡匈奴人皆深目多须。近人夏曾佑在《中国古代史》第二章第十节中，于赵的石氏下注云，“案此即胡羯之状，为高鼻、多须而深目，此状颇类今亚细亚西境诸族人，而非匈奴种也”。清楚地表明胡羯不是匈奴种，亦即高鼻、多须、深目不是匈奴人的形貌特征。一般来说，这是白种人或阿利安人的特征。假使匈奴人没有这种特征，匈奴人当属于黄种人或蒙古种人。

公元4世纪时，匈奴人曾侵入欧洲，与当时在东欧的哥特人或是现代的德意志人接触。约但尼斯在其《哥特史》中，曾有关于匈奴人的叙述。大意谓他们的令人恐怖的容貌，使那些在战争中未被他们所战胜的人们也大为畏惧。他们（匈奴人）使其敌人战栗而逃，因为他们的黑色的外表是可畏的，他们的体格是丑陋而无定形的。头部不像头部，眼睛像针孔一样。粗犷的体形说明他们壮健。他们的婴儿，一出世就被残忍对待，他们用剑割男孩的脸，使其在未得奶汁哺育之前先练习忍受创伤。所以他们长大后没有须。他们的颈是骄傲而时时直立的云云。约但尼斯还说他们的脚部是有毛的。由此可见匈奴人不是白种人而是蒙古种人。

约但尼斯的生卒年代不明，一般谓约公元6世纪时人，此书写于何时无考。我们仅知公元445年前后，罗马曾派外交人员与匈奴皇帝阿提拉办交涉，其中一位名普利斯库斯者曾在阿提拉的宫廷里见过阿提拉。在他写的《第八残篇》中曾说："他（阿提拉）的身材是矮短的，胸部广阔，头很大，眼睛小，散播出灰色。他的鼻子是平的，脸色是黑的。"这说明这位著名的匈奴英雄是黄种人，属于蒙古种——因为断定人种的标准最好是从形貌方面，虽然其他方面如人体骨骼、文化特性等也有参考的价值。

今存的与这个问题有关的最古的文物是汉代霍去病墓前的石刻——马所踏的匈奴人。霍去病以击匈奴卓立战功，死时年仅二十四岁。《汉书·霍去病传》云"元狩六年（公元前117年）薨。上悼之，发属国玄甲，军陈自长安至茂陵，为冢像祁连山"。颜师古注云"在茂陵旁，冢上有竖石，冢前有石人马者是也"。近人冯承钧译色伽兰（V.Segalen）等所著之《中国西部考古记》（*Premier des Résulats archéologiques obtenus dans la Chine occidentale*，1915）上说："石马以整石刻之，质为灰色花岗石。自地至马顶，高一公尺四十分。其下台石虽已埋没，马身虽小，其姿势之雄健，尚可仿佛得之。"最重要的记载是："马无鞍辔，身重蹄短，尾长垂地，腹抵一人于下。其人以膝抵马腹，趾接马尾，左手持弓，右手以短矛刺于马肋之中，其头甚巨而后仰，眼大而圆，额低耳巨，其乱须蓬接马胸，一见而知非中国人而为夷狄。此马与人猛勇镇定之状，除完全型范之外，殆难仿造。”这个夷狄的形貌绝非白种人。匈奴人与汉人是有分别的，但汉人与匈奴人均为黄种人，为蒙古种。

然而这不等于说匈奴人血统上没有与其他民族相混杂。头曼以前，史料缺乏，无从稽考。头曼以后，匈奴人与汉人通婚，见于史书者甚多，往往是王室或一些重要人物。当时民间，尤其边境地方，通婚者必更多。另外，匈奴之东有东胡，西北有丁令、坚昆、塞种、乌孙、月氏等种族，西南有西域各国的民族及羌氐，在匈奴强盛时，多处于匈奴统治之下，即匈奴衰弱时，与匈奴来往接触也未断绝，则种族之间通婚当亦为常事。《汉书·西域传》载江都王建女细君嫁给乌孙昆莫为右夫人，而匈奴亦遣女妻昆莫为左夫人。匈奴女可嫁给乌孙人，乌孙女嫁给匈奴人也不应有问题。匈奴自郅支单于西迁以后，与大宛以西各民族通婚也无可疑。《汉书·陈汤传》言郅支娶康居王之女，康居王又娶郅支女。东汉时，匈奴大规模西迁，则与大宛以西的民族的血统相混杂的程度可能更深。自公元前 3 世纪至公元 5 世纪的七八百年间，匈奴种族之有外族血统是事实。然而从阿提拉的形貌来看，则匈奴血统的遗传仍是主要因素。

现简单地重述一下关于匈奴的起源问题：

一、匈奴人不是夏后氏的苗裔，不是华夏族。

二、匈奴是春秋、战国时的所谓戎狄之一，可能是边境或塞外的一个新兴民族。逐渐强盛后，匈奴之名也逐渐被通用。这个民族不是唐虞以上的犬戎、荤粥，不是殷、周时的鬼方、昆夷、獯鬻、猃狁。只从同音或同地来说明他们是一族是未必可靠的。

三、匈奴人是黄种人。其后与外族长期接触、通婚，也有了其他种族的血统。

到 18 世纪，法国学者得岐尼在其《匈奴、土耳其、蒙古与其他的西方鞑靼人的通史》中，对于匈奴究竟是何种族问题，做了如下的解释与说明：“罗马的历史学家对于他们（西部的鞑靼人）只笼统地称为匈人，一切描写与记载均属不经之谈。并不知道这些匈人来自何处。他们在鞑靼人中，被称为匈奴，曾建立大帝国，后被中国人打败，势力分散，一部分迁到西方。后来入寇罗马帝国的阿提拉即出身于这一部分。留在中国边境的匈人，一部分为东鞑靼所征服，一部分据有北中国，唯势力微弱，已不能统有鞑靼全部。后来到了土门时代，复建大国，得号土耳其（突厥），对于全部鞑靼方重新统一。”“土耳其族既得到政权，所有各部族都被叫做土耳其，匈奴人至此也变作土耳其人。后来成吉思汗由蒙古族崛起，得到政权，所有各部鞑靼族又都变成蒙古人了。”“匈奴这个名词的消灭，似乎仍依照鞑靼族中的常例：一部兴起，得到政权，统一各部族后，即拿自己本族的名称代表其余各部族。”（以上三段译文均据北京大学《国学季刊》第二卷第三号［1930 年 9 月］姚从吾：《欧洲学者对于匈奴的研究》）得岐尼认为匈奴人即突厥人，即蒙古人。其书第一册第一编中曾说“匈奴人就是后来的突厥人”。又说“蒙古人，据各书所载，出自突厥族”。这就是说蒙古人是突厥人的后代，而突厥人是匈奴人的后代。同时，这三种人也可以总称为鞑靼人。

我们知道，鞑靼是国名，是靺鞨的别部。《辞源》说靺鞨是种族名。有人把其历史追溯到周代的肃慎，汉魏的挹娄，后魏的勿吉。但靺鞨最先见于隋唐，分为黑龙江或黑水靺鞨与松花江或粟末水靺鞨。前者于宋代建国，后者于唐时建渤海国。鞑靼国之名，唐末始见于史书，后为蒙古人之称。元朝灭亡之后，其族往西北走，通称鞑靼，故又为族称。西文为 Tartars，也称塔塔儿，他们随元朝西侵，散居于中亚细亚与欧洲等处，欧洲人统称之为鞑靼，虽然这个民族已与所居之地的各民族混杂。

得岐尼与欧洲许多学者对于 13 世纪时蒙古人的西侵，印象深刻。不过蒙古人的西侵，最西不过达到今苏联的基辅与黑海附近，没有进入欧洲本部。匈奴人却一直打到东罗马帝国、西罗马帝国，以至法国巴黎附近，可是这是公元 4 至 5 世纪的事，时间已久，史书所记甚少。而蒙古人之西侵则时间较近，且火药、印刷与指南针亦于此时传入欧洲，再加上马可·波罗的游记，使欧洲人不但羡慕中国的高度文化，而且对世界地理的观念亦大为改变。

由于欧洲人对蒙古的西侵印象深刻，于是注意蒙古的种族问题。元朝灭亡之后，其宗族或部落既散居于中亚细亚与欧洲而称为鞑靼，其后裔亦称为鞑靼，并且把与蒙古人混杂的人也称为鞑靼，把来自蒙古高原和我国东北各省的少数民族也称为鞑靼，甚至还有把古代住在中亚细亚北部的塞种人与鞑靼种也混而为一。如英国的吉本在《罗马帝国衰亡史》一书的第二十六章注解五中即如此主张。

斯基泰族，有人以为即我国史书中的塞种，原居河西走廊、祁连山一带，后迁至新疆伊犁一带，其后又为乌孙所占，遂分布于葱岭一带，“休循”即塞种所建立的“国家”。

英国的巴克在《鞑靼千年史》中即把塞种与斯基泰并而为一。其卷一，第一章《匈奴之古史》中说：

> 中史谓匈奴之先出于夏后氏之苗裔曰淳维，以失行遁入北荒，建国称王。自是以迄西元前2世纪，中国北方诸邦，屡遭此辈游牧民族侵寇之害；然其世代年系绝少记述。今日勾稽古籍，于此辈往迹略窥一二；顾其蒙昧之状，比之希罗多德之纪塞种无以异也。斯时东胡民族尚未为中国所知，两者接触，犹在数百年后。唯匈奴以泱泱大国，故知之甚悉。后来屡用突厥人或突厥塞种（Turko—Scythian）之名以称匈奴帝国中各种部落；然在西元后第5世纪以前，犹无突厥之名，漫以此称往昔匈奴将不免通人之讥矣。鞑靼一辞或称塔塔，或称鞑子，中史用此，殊为含混；而其见于史籍，亦在西元后第2世纪，其始此辞仅指一小部落而言，与突厥同。是故匈奴与匈（Hun）是否一辞，今姑不论，要之中国人对于北亚骑马食肉饮酪之游牧民族，除匈奴一辞外，并无他名以称之，此与匈奴势力失堕，为中国所驱，西行而入于北欧以后，北欧除匈奴以外之无他名以称此辈骑马食肉饮酪之游牧民族则可决也。复次，希罗多德所述与希腊波斯接触之塞种，与中国之匈奴、欧洲之匈人正同。则屏

去其他纷异之证，而谓此三者在种族上彼此息息相关，固至为合理之结论也。

他又说：

匈奴以马背为家，随畜牧而转移（以下述《史记·匈奴列传》，略）鞑靼此俗历千数年而不衰……鞑靼民族中亦复战伐不绝，唯古纪蒙昧，难得其概。要之自西元前1400年至西元前200年之间，中国与此辈游牧民族战争之事，时见古籍，时期亦可见梗概……今日中国如陕西、山西、河北诸省之北部，在当时俱为此辈游牧民族牧马之区；终战国之世（西元前700至前200年），中国与此辈常保其平等之势。周室自天子以至诸侯，先后数与此辈游牧民族籍和亲以保其安谧，而赵武灵土且胡服骑射以效之也。现今又有一字源问题，即所谓东胡（此辞大率用以称契丹满洲以及高丽之先世而言，与以匈奴指突厥、回鹘、黠戛斯之先世而言正同）一辞，是否与欧洲之通古斯（Tungusie or Tunguz）一辞是否同源是也，在此不欲为详细之讨论，今只略述其概。案俄文此字与中文意义正同，故二字根语，若非同出一源，则当属非常巧遇之事。此外，尚有一点，亦可见中国边陲诸邦，渐染鞑靼思想之深也。赵襄子曾漆智伯之头以为饮器，此事深悖孔子礼教之观念，而与匈奴塞种之习则甚近也。

关于鞑靼人与匈奴之异同，巴克在此书卷二第一章《乌桓与鲜卑等东胡民族》中说："古时中国人称匈奴以东之民族为东胡。胡之一名，广义言之，盖包括各种鞑靼民族、高丽人、喀什噶尔人、突厥人、阿富汗人，以及一部分之叙利亚人、印度人、波斯人亦可用之。……而东胡之名称则限于高丽人以及满洲人种之祖先，亦即吾人所称之通古斯族及与通古斯族同文者之谓耳。"在卷二第三章《入主中国北部之鲜卑族人》中又说："西元第2世纪时，鲜卑人已尽有匈奴故地，今楚库河、土拉河、克鲁伦河、鄂鲁浑河诸流域及杭爱山一带，胥有此辈足迹。自是鞑靼民族日益发达。”巴克的《鞑靼千年史》从公元前约2世纪叙至公元12、13世纪。他虽然把匈奴与鲜卑或东胡的不同之处加以说明，但他既把匈奴、鲜卑、蠕蠕、突厥、西突厥、回纥、契丹都分卷分章叙述，亦即把这些民族统属于鞑靼民族，是则巴克书中的鞑靼的范围比得岐尼和吉本所说的都广。

应该指出，鞑靼之名，见于我国史书固晚，见于欧洲史书则更晚，而且包括那么多民族也是不得当的。此点将在以后讨论。现在所要指出的是从得岐尼、吉本、巴克至今日的欧洲学者、日本学者，对于匈奴的种族问题的看法，大致可分三类，而见解则或多或少地受得岐尼、吉本、巴克的影响。吉本受得岐尼的影响很大，在《罗马帝国衰亡史》的第二十六章的注解中，称誉得岐尼为中国文字的有技巧与勤劳的解译者，并称得岐尼揭开了人类历史新的与重要的序幕。18世纪的欧洲，能从中国的史书中，把中国的历史介绍给欧洲人的极少，吉本不懂中文，得岐尼能从中国的转手材料写成一部史学巨著，吉本当然以为是件了不起的事。吉本正是依靠得岐尼的著作去解释匈奴的种族，故得岐尼之误吉本亦因之而误。巴克则做了不少纠正工作，巴克在《鞑靼千年史》中所批判的吉本的缺点，也可以说是间接地在批判得岐尼。然而在用鞑靼这个名称上，巴克比吉本和得岐尼更为笼统，而欧洲学者在讨论匈奴种族问题上，都直接、间接地受他们的影响。

三类观点如下：

一、得岐尼的看法，即匈奴人是蒙古种，也是突厥族。蒙加西（Munkacsi）也持这种看法。卡斯特楞（M.A.Cactren）在其《阿尔泰民族讲义》（*Vorlesungen über die Altaischen Völker*）中也有这种看法。他们认为匈奴在强盛时期是包括了突厥人和蒙古人的。芬兰人马尔札（Magyars）与麦戈文在其所著《中亚古帝国》中，也倾向于这种看法。不过他们以为最初的匈奴人只是近于突厥族，后因匈奴人多与蒙古族通婚，于是蒙古族的特征逐渐增加而成为蒙古种。另外，他又从语言方面进行解释，认为匈奴人的语言接近土耳其的语言，是土耳其最早的和最特殊的语种。他的结论是匈奴人可能是土耳其或突厥人的“叔父”而不是父亲。

日人白鸟库吉在1900年发表的《匈奴及东胡诸族语言考》与1902年发表的《乌孙考》中，以为匈奴是突厥种，可是后来又认为匈奴是蒙古种。他在《史学杂志》第十八编第二、三、四、五各号中发表《蒙古民族起源考》（何健民译，题《匈奴民族考》）主张匈奴是蒙古种。

主张匈奴是突厥种的学者还有下列代表人物及其著作：

（一）雷米札的《鞑靼语言的研究》；

（二）克拉普罗特的《论突厥与匈奴以及土耳其的类同》；

（三）沙畹（E.Chavannes）的《司马迁的史记》（*Memoires historigues de Se-ma Tsien*，I，LXV）；

（四）佛朗克的《从中国的史料中所认识的突厥与塞族》（*Beitrage aus chinesiche Quellen Zur Kenntnis der Turkvoelker und Skythen*，Abhandlungen der Koniglichen Preunischen Akademie der Wissenschaff zur Berlin，1904.）。

主张匈奴人为蒙古族的也很多。下面是一些代表人物及其著作：

（一）帕拉斯的《蒙古民族历史资料汇编》；

（二）贝格曼的《卡尔麦克带领下的游牧生活》；

（三）诺伊曼的《亚洲研究》；

（四）霍渥儿特的《关于匈奴浅注》（*Some Notes on the Huns*，*Sixth Oriental Congress*，1883，pt.4pp.177ff.）。

这不过是随手举出的一些主张匈奴族是蒙古族或突厥族的人物与著

作。此外，如 Zeuss[1]，Prichard[2]，Latham[3]，Hirth，Laufer[4] 等都主张匈奴是突厥族。而 Niebuhr、Schmidt 则主张匈奴是蒙古族。

二、有些人，如圣马丁在其《李柏的东罗马帝国史注释》（*Notes frr Le Beaui Histoire du Bas*，Vols Ⅱ、Ⅲ、Ⅳ）中主张匈奴是芬兰族。

三、有人以为匈奴是回纥族。德国的洪保德（Humboldt）是代表人物。

主张匈奴是芬兰族或回纥族的意见，现在几乎无人赞同了。至于匈奴到底是突厥族或蒙古族则仍有不同意见。

在我国历史上，突厥盛于隋唐时。《周书·异域传》说："突厥者，盖匈奴之别种。"《北史·突厥传》说："突厥者，其先居西海之右，独为部落，盖匈奴之别种也。"所谓"匈奴之别种"，可以解释为匈奴的一种。但在中国历史上，突厥的出现系在五六世纪之后，匈奴"国家"早已灭亡，其民族有的远徙西方，到了欧洲，有的投降入塞，逐渐汉化；其留在本部者，鲜卑侵入后皆称为鲜卑人。从《周书》《北史》中所说突厥的祖先中，找不出与匈奴的关系。故二书所云突厥为"匈奴之别种"不见得是可靠的。

匈奴人无疑是蒙古族。这里要进一步说明的是在蒙古族里有很多民族支派，匈奴是其中之一。这个民族自很早以前就称为匈奴，与其他民族如东胡的鲜卑、乌桓、西域的塞种或其他的蒙古族是不同的。

古代的华夏族所称胡人主要虽指匈奴，但对于胡与东胡是清楚地分开说的。《史记·匈奴列传》说秦开"为质于胡，胡甚信之。归而袭破走东胡，东胡却千余里"。冒顿时代，东胡强盛，冒顿严格训练士卒，才击败东胡。后汉时，窦宪击败匈奴之后，鲜卑侵入匈奴故地，匈奴人

---

[1] Zeuss，Johann Kaspar（佐伊斯，约翰·卡斯帕尔，1806—1856），德国语言学家。

[2] Prichard，James Cowles（普里查德，詹姆斯·考尔斯，1786—1848），英国人类学家。

[3] Latham，Rober Gordon（莱瑟姆，罗伯特·戈登，1812—1888），英国人类学家、语言学家。

[4] Laufer，Berthold（劳费尔，贝特霍尔德，1874—1934），德裔美国东方学家。

之留在故地者据说尚有十余万落，自号鲜卑，“鲜卑由此渐盛”。应该指出，匈奴人自号鲜卑，是政治上的鲜卑，或是鲜卑“国”的人民而非种族上的鲜卑人。至于以后与鲜卑人通婚、杂处而同化于鲜卑则是另一回事。

西域的乌孙所居之地，据《汉书·西域传》“乌孙”条说：“本塞地也，大月氏西破走塞王，塞王南越县度，大月氏居其地。后乌孙昆莫击破大月氏，大月氏西徙臣大夏而乌孙昆莫居之，故乌孙氏有塞种、大月氏种云。”《汉书·西域传》的“休循”与“捐毒”条说这两个国家的人民都是塞种。这个种族，在民族上，与匈奴也是不同的。在古代，胡，主要指匈奴人。葱岭以东的西域诸民族则很少称为胡，这也说明其与匈奴有别。

《汉书·西域传》中“乌孙”条颜师古注云：“乌孙于西域诸戎，其形最异。今之胡人，青眼、赤须，状类弥猴者，本其种也。”徐松《〈汉书·西域传〉补注》引《焦氏易林》说：“乌孙氏女深目黑丑，是其形异也。”

乌孙族中有大月氏种、塞种。颜师古与《焦氏易林》所说的乌孙人，也可能包括塞种。塞种若像他们所描写的，也不是匈奴人的形状。但这种塞族也可能是与乌孙人同化的结果。又颜师古所说的“今之胡人”，也并非指匈奴人。因此，巴克以为匈奴人与塞族同种，也是有问题的。

至于说希罗多德所述之与希腊、波斯接触的斯基泰人（Scythians）即中国史书中的塞种[1]，也有待研究，我们现在还不能作这样的结论。从希腊人画在花瓶上的斯基泰人的形貌是深目、高鼻、长发来看；又从地下掘出的一些残骨来看，也与西欧的种族相近——身体高而头作圆形。这些特征，都说明斯基泰人是属于白种人而非蒙古人，所以斯基泰族与

[1] Scythians，古代东南欧游牧民族。现代音译有西徐亚人、斯基泰人等多种译法。波斯人称之为Seka，即中译之塞迦人。汉语古译为塞种。实即同一民族。作者不同意这种意见，又不见说明原因，全稿乃有多种不同译名。为读者方便，本书整理过程中统一用塞种或塞人译法。以下第九章的标题为整理小组所定。

匈奴人有很大差别。

斯基泰既属于白种，其与来自东方或中亚的鞑靼自然不同。虽然两者的风俗习惯多有相同，但种族的特征主要取决于体质形貌。吉本把斯基泰族与鞑靼族混为一谈更是错误，何况匈奴是否为鞑靼之一种还成问题。

总而言之，匈奴不是白种人，匈奴是蒙古种族。在蒙古族中，匈奴自成一个支派，与东胡固有差异，与西域各民族也不相同。当然，匈奴在发展过程中，无论强盛或衰弱时代，都会与其他民族混杂。这是一切民族通有的现象。匈奴这个国家灭亡之后，族人星散，同化于其他民族，历时既久，其民族特征遂慢慢消失。尽管现在已很难找出一个典型的匈奴人，然而，在历史上，这个民族曾存在于蒙古人种中是不容置疑的。

第九章　以匈奴和塞种为代表的游牧文化概观

《史记》和《汉书》都把匈奴和西域诸国分为两类：行国和居国。行国即游牧部落，居国即农业国家。行国虽然逐水草迁徙，然《史记·匈奴列传》说他们也各有分地。居国有时也以畜牧或游猎为副业。由于这两种国家有根本不同之处，所以在生活方式或文化上也不同。

其次，匈奴与西域各国种族既不相同，文化传统也就各异。大体上，西域除了游牧民族如匈奴、羌氐、塞种（由葱岭以东迁至葱岭以西的塞种即希腊人和波斯人所记载的塞迦人）的游牧文化外，还有希腊文化、波斯文化、印度文化和汉族文化的影响。因为葱岭以东或以西的西域诸国，有的曾被希腊统治，有的曾被波斯统治。而印度，特别是佛教文化，对这个地区影响很大。至于汉朝开通西域之后，在军事、政治、经济、文化等等方面，也都伸延至葱岭东西，所以汉族文化也占有重要地位，而每种文化又各具特性。

马是游牧民族中最重要的畜物。王国维《不嬰[1]敦盖铭考释》中释“驭方”云：

> 驭古御字，《说文解字》驭古文御，此作驭者，从又、持支、驱马，亦御之意也。此作驭，下文又作御者，古文本有此二字，故或云驭或云御也。驭方者，盖古中国人呼西北外族之名。方者，国也。

---

[1] 按，即“忌”字。

其人善御，故称御方。殷时已有此称。殷墟卜辞云：

贞遘于御方。周人或以为名。噩侯鼎云，噩侯驭方内飨于王。《博古图》载穆公鼎云：亦惟噩侯驭方。

王国维加以注解说：

西北民族之善射御，自古已然。如秦之祖先，本在戎狄，其入中国，皆以畜牧及御显。如费昌为汤御，孟戏中衍为大戊御，造父为周穆王御，其裔孙赵夙亦为晋献公御。可知中国人于畜牧仆御不如西北民族，此御方之名所由起欤。[1]

《史记·秦本纪》说秦的祖先有名费昌者：

费昌当夏桀之时，去夏归商，为汤御，以败桀于鸣条。大廉玄孙曰孟戏、中衍，鸟身人言。帝太戊闻而卜之使御，吉，遂致使御而妻之。自太戊以下，中衍之后，遂世有功，以佐殷国，故嬴姓多显……造父以善御，幸于周缪工、得骥、温骊、骅骈、騄耳之驷，西巡狩，乐而忘归。徐偃王作乱，造父为缪王御，长驱归周，一日千里以救乱。缪王以赵域封造父。造父族由此为赵氏……非子居犬丘，好马及畜，善养息之。犬丘人言之周孝王，孝王召使主马于汧渭之间，马大蕃息。

有人以为秦的祖先是西北的外族子孙，上面所引的“中衍鸟身人言”当然不是指汉人。即使秦的祖先是汉人，也必深受西北的善御的外族的影响，而使御术成为家传的职业。如《后汉书·马援传》：“马援字文渊，扶风茂陵人也。其先赵奢为赵将，号曰马服君，子孙因为氏。”章怀太

[1] 见《海宁王忠悫公遗书·观堂古今文考释》。

子贤注云："马服者，能服驭马也。《史记》曰：赵惠文王以奢有功，赐爵号为马服君。"这说明居住在西北，受到外族文化影响，善于马术，甚至子孙可以为姓氏。西北民族以善御出名，西北地区以出好马著名。传说周孝王辟方之世（公元前909—前895年）命申侯伐西戎，西戎来献马。汉武帝起初设法取乌孙马，后闻大宛马更好，便不惜用很大的兵力去攻击大宛以求马。所以在古代的汉人的心目中，西北外族与马是分不开的。反之，与马有关的事便与西北外族有关。如骑射，赵国与北方的外族接近，所以赵武灵王变胡服以适于骑射。又如《吕氏春秋·仲秋纪第八·爱士》说："野人之尝食马肉于岐山之阳者三百有余人，毕力为缪公疾斗于车下，遂大克晋。""野人"也可以说是野蛮之人，是汉人对外族的蔑称。"野人"是西北外族人，当善于骑术。

公元4世纪时，欧洲历史学家阿密阿那斯·马西林那斯曾说匈奴人日夜都能留在马背上。在马背上做买卖，在马背上吃喝，甚至蜷曲在骏马狭小的头颈上睡觉。可以说，不止公元四五世纪时为然，前此当亦如此。抑且不只匈奴人如此，其他许多游牧民族当亦如此，然则马在他们的生活上的地位可以概见了。

如大月氏、乌孙、塞种，对马都很重视。《史记·大宛列传》"乌孙"条说，"乌孙……行国，随畜，与匈奴同俗"。《汉书·西域传》"乌孙"条说"国多马，富人至四五千匹"。关于大月氏，《汉书》说"本行国也，随畜移徙，与匈奴同俗"。《史记》则无"本"字。按大月氏在没有迁到葱岭以西之前为行国，但移到葱岭以西之后，征服大夏，遂渐渐变为居国。大概大夏本为居国，人民从事耕种，大月氏渐被同化，遂放弃游牧生活而成为居国。塞种在伊犁河谷与准噶尔盆地时也是行国，后被大月氏迫迁至葱岭以西，其在罽宾者，也受土著民族影响变为居国，在其他地方如在休循、捐毒者，则仍保持游牧生活。《汉书·西域传》"休循"条说，"民俗衣服类乌孙"，"捐毒"条说，"衣服类乌孙"。乌孙是"俗与匈奴同"的，休循俗又与乌孙同，则休循俗也与匈奴同。但这里特别指出"衣服"，乌孙的衣服是否与匈奴相同，已无法肯定，但捐毒既亦为游牧民族，且与休循、罽宾同为塞种，又同在伊犁河与准噶尔盆地居住，与匈奴接近，则其风俗应大致与匈奴相同。

总之，匈奴、大月氏、乌孙、塞种等游牧民族，其文化有根本相同之处。此外，住在青海、西藏，以及塔里木盆地的大戈壁的西南与东南和羌族相似的行国如西夜、无雷等，风俗大概也与匈奴、乌孙相同。《汉书·西域传》“无雷国”条说“衣服类乌孙”。

至于青海及其他处的羌族风俗，据《后汉书·西羌传》云：

> 所居无常，依随水草。地少五谷，以产牧为业。其俗氏族无定，或以父名母姓为种号。十二世后相与婚姻，父没则妻后母，兄亡则纳嫠嫂，故国无鳏寡，种类繁炽，不立君臣，无相长一，强则分种为酋豪，弱则为人附落。更相抄暴，以力为雄。杀人偿死，无他禁令。其兵长在山谷，短于平地，不能持久而果于触突。以战死为吉利，病终为不祥。堪耐寒苦，同之禽兽，虽妇人产子亦不避风雪。性坚刚勇猛，得西方金行之气焉。

范晔所述，从细点来看，与司马迁、班固所说的匈奴的风俗有所不同，然而大致还是相似的。所以可以说游牧民族的风俗习惯、生活方式，是基本相同的。

下面把这些游牧民族文化的各个方面叙述一下，着重匈奴与塞种的生活方式，因为这两个民族占的地区较大，在历史上的地位较重要，可以作为古代游牧民族的典型。

游牧民族以畜牧为业，《史记》《汉书》说在匈奴是马牛羊。希腊人所说的塞种（Scytho-Sarmatian）也是以这三种牲口为业，并同样地把马放在首位。在汉族和印欧民族中，猪是占首位的。但是塞族不养猪，司马迁、班固在《匈奴传》里也没有提到猪。匈奴人不养猪，大概是因为猪的行动慢，不适宜游牧，同时饲料也有问题。

犬在古代是一种重要畜物，狗肉也是食品。但《史记》《汉书》的

《匈奴传》里没有说到犬。《逸周书·王会解》篇说“匈奴狡犬，狡犬者巨身四足”。注：“匈奴地有狡犬，巨口而黑身。”这种犬在匈奴的作用如何？是否用来田猎？匈奴人是否吃狗肉，则均不得而知。塞种则亦养犬，据说常常跟随马行动。

司马迁、班固都说“其奇畜则橐駞、驴、骡、駃騠、騊駼、驒騱”等等。颜师古注：“橐佗，言能负橐囊而驮物也。骡、驴种而马生也。駃騠，骏马也，生七日而超其母。騊駼，马类也，生北海。驒騱，駏驉类也。”这些字既多从马，可见“奇畜”仍多属马。

在历史上，用马拖车是先于骑乘的。自从车轮发明之后（有人说车轮最早发明于美索不达米亚）马便被用来拖车，没有马或马很少的地方，人们便用牛或骡拖车。中国、印度、希腊、美索不达米亚都是这样。最初是为了交通，后来又拖战车用于战争。至于骑术，可能是游牧民族发明的。骑术除了用于交通以外，也可用于战争，这就是骑兵。春秋战国时代，交通、战争都用马车，赵武灵王以后，才逐渐使用骑兵。在欧洲，除克尔特（Celts）人因很早与塞人接触而使用骑兵外，其余各国使用骑兵都较晚。所以从历史上看，汉族的骑术是学自胡人或匈奴；欧洲人的骑术则学自塞种。

在历史上，骑术是一项重要发明，它比用马拉车快得多，用于战争则效果更大，匈奴人和13世纪时的蒙古人就是依仗骑兵侵入欧洲的。

骑术对于服制的影响很大，裤的发明即由于骑马。如汉族最早只有衣和裳，没有裤子。欧洲和世界上许多地方的人们，最初穿的多是长衣，从肩部遮掩到脚部，现在英国的克尔特人所穿的裙子便是古代传留下来的。赵武灵王变胡服，短衣、裤子，为了便于骑射。欧洲民族采用裤子也是受塞种的影响。

又如鞾（靴）也与骑马的游牧民族有关。《太平御览》卷六百九十八引《释名》云，“鞾本胡服也，赵武灵王始服之”。在西北亚的塞人也用皮为靴，游牧民族兽皮多，故最先用皮为靴的可能是他们，以后才逐渐传到别的地方。

《史记·匈奴列传》说，“士力能毌弓，尽为甲骑”。“甲骑”是作战时着以御兵刃的外衣，用革或铁制成。塞种也多用革。至于武器，匈奴与塞种均用弓箭。《史记·匈奴列传》说，“短兵则刀铤”。韦昭注云“铤形似矛，铁柄”。塞种则用短剑。

游牧民族既以畜牧为业，故《史记·匈奴列传》说“咸食畜肉”。最普通的是羊、牛。在塞人中，马肉也是普通食品，且据说是佳肴。《吕氏春秋·爱士》篇说岐山的“野人”吃马肉，可见汉族西北的外族也吃马肉。

游牧民族又常吃兽奶。古代的印欧人和汉人是不吃或很少吃马牛羊的乳的。在匈奴人和塞人的食物中，兽乳尤其是马乳——酪浆是主要食品。《汉书·西域传》有“以肉为食兮酪为浆”的诗句。同传记载中行说的话：“匈奴之俗，食畜肉饮其汁。”他还力辩酪比汉人的食物好。故“得汉食物皆去之，以视不如重酪之便美也”。

酪是发酵的马乳。希腊语为俄克加拉（Oxygaea），土耳其语为库米斯（Kumis），古代塞人普遍食用，现在中亚诸民族仍食酪，酪浆可制成干酪。

他们盛食品的器皿多用木或皮制成，陶器很少，饮器多用兽角，也有用人头的。希罗多德在其《历史》的第四卷第六十四章中曾说塞人也以敌人的头为饮器，兹译述其大意如下：

> 塞人于其敌人的头颅的做法是先除去头皮，用牛肋骨剔除与头皮相连的肉，用两手摩擦头皮使其柔软成为手巾。割去眉下部分，把内部收拾净，用皮包在外面，穷人即用为饮杯，富人则用金饰其内部。制作时多当其首领面前。如有外人来看望，便把这些头颅挂起，并历述与敌人争斗及决胜经过以表示其勇敢。

匈奴人对于敌人的头颅是否如塞人这种做法，史无记载，然均以敌人的头为饮器。盟誓或为其他原因而饮人血则同为匈奴与塞人的风俗。

关于居住，《汉书·西域传》“乌孙”条云“穹庐为室兮旃为墙”。《汉书·匈奴传》说“匈奴父子同穹庐卧”。颜师古注云：“穹庐，旃帐也。其形穹隆，故曰穹庐。”徐松《〈汉书·西域传〉补注》云：“按《周礼》共其毳毛为毡，旃为毡之假借。”

这种住室与今日之蒙古包大致相同。关于塞人的住室少有记载，其篷帐是否与穹庐相同不得而知。然游牧民族逐水草而居，其住室比较简单，易于张开和收拾，不会用砖，木亦仅用为支持帐幕的柱而已。又因经常迁移，故无城市可言，《史记·匈奴列传》所谓“毋城郭常处耕田之业”，乡土观念亦极其薄弱。匈奴如此，塞种当亦如此。

在社会制度方面，可以从婚姻、政治组织方面来说。《史记》和《汉书》的《匈奴传》上都说匈奴的风俗是父死妻其后母，兄弟死皆取其妻妻之。西羌、乌孙也是这样。塞族中虽不多见，也并非完全没有。希罗多德在其《历史》第四卷第七十八章中说过下面一段故事：斯基列斯（Scylas）是亚里亚佩铁斯（Ariapithes）的儿子……亚里亚佩铁斯是塞国的皇帝。他有好几个儿子，斯基列斯是其中之一。斯基列斯的母亲是哀思特利亚（Istria）族人，斯基列斯由她养大，所以懂得希腊语。后来亚里亚佩铁斯被业加底尔斯（Agathyrsi）的皇帝斯巴尔加比底斯（Spargapithes）阴谋杀害，斯基列斯遂继承王位，并娶了他父亲的妻子中之一——欧波伊亚（Opoea）。欧波伊亚是塞种人，曾为亚里亚佩铁斯生过一个儿子——俄尔利库斯（Oricus）。虽然这样的例子不多，但是斯基列斯这样做而不为塞人所反对，可见这种风俗是有的。斯基列斯虽然后来受到族人的反对并被杀，其原因并不是因为娶后母，而是因为他过于希腊化遂为族人所不容。

《史记·匈奴列传》说：

> 其世传国官号乃可得而记云。置左右贤王，左右谷蠡王，左右大将，左右大都尉，左右大当户，左右骨都侯。匈奴谓贤曰“屠耆”，故常以太子为左屠耆王。自如左右贤王以下至当户，大者万骑，小

者数千；凡二十四长，立号曰“万骑”。诸大臣皆世官。呼衍氏、兰氏，其后有须卜氏，此三姓其贵种也。诸左方王将居东方，直上谷以往者，东接秽貉、朝鲜；右方王将居西方，直上郡以西，接月氏、氐、羌；而单于之庭直代、云中：各有分地，逐水草移徙。而左右贤王、左右谷蠡王最为大（国），右左骨都侯辅政。诸二十四长亦各自置千长、百长、什长、裨小王、相、封都尉、当户、且渠之属。

这是一个从上而下很有系统的政治组织。塞种的政治组织大致也是这样。塞种国家延续数世纪，除本族外，还统治其他种族，也是“分部而治”，每部又各分小单位，部的首领等于王，统治某一指定地区，官职亦为世袭。

关于法律，《史记·匈奴列传》说：“其法，拔刃尺者死，坐盗者没入其家；有罪小者轧，大者死。狱久者不过十日，一国之囚不过数人。”塞国法律是否如此，固不得而知，但是游牧民族随时移徙，既不会有能容纳很多人的监狱，则犯罪者必用很快速的时间及很简单的方法去处理。

关于宗教、节期方面，匈奴人除了拜日月外，也有偶像。早期的塞人没有偶像，后来也有了。塞人也崇拜很多神，最高、最为人们所敬信的是维斯塔（Vesta），集会拜神也是塞人极重视的事。

匈奴人死后有棺椁和殉葬风。希罗多德对于塞人的送死情况说得相当详细。皇帝死后，把生前所用的许多物品放在坟墓里，其亲近的人或奴隶陪葬的很多，这与匈奴很相同。塞国皇帝甚至死了一年之后，生前服侍过他的人还有陪死的。一般人死后，亲戚们把尸体放在车上，巡行至各亲友家中以便献祭。

关于语言文字方面，匈奴“毋文书，以言语为约束”。塞种也没有文书。匈奴语言，据《史记》《汉书》记载，流传下来一些，塞人也流传下来一些，特别是宗教上的一些神名或名词。至于匈奴和塞人的语言属于什么语系，近人多以为匈奴语属突厥语系，塞人语为突厥波斯混合语言。

匈奴与塞人二者所占之土地均较广，历史上的地位又均较重要。在地理位置上，一在东，一在西。距离虽远而相同处却很多，这说明二者足以代表游牧民族的文化。

二者于文化上相同处既如此之多，则究竟是由前者传播到后者，还是由后者传播到前者？许多欧洲学者是以为匈奴的文化是受了塞种文化影响的。理由是：一、在时间上，塞种文化历史比匈奴久，当然只有在前的影响在后的；二、有些文化特征，如骑兵，匈奴人采用骑兵在6世纪以后，并举出《左传·隐公九年》（公元前715年）及《左传·昭公元年》（公元前514年）曾记载狄人用步兵，从而证明匈奴人采用骑兵在此以后。而塞人则于公元前7至8世纪已采用骑兵。按这种看法未必正确。第一，虽然希罗多德早于司马迁三个世纪，写塞族历史在司马迁写《匈奴列传》之前，而所记塞族文化系公元前6至7世纪者，司马迁所叙述的匈奴文化则是公元前2至3世纪者，然而这并不等于匈奴种族的出现在历史舞台上后于塞种，历史学家的记载和写作历史的先后并不等于民族存在的先后。因此，也就不能认定匈奴的文化后于塞种。第二，《左传·隐公元年》与《昭公元年》记狄人使用步兵，但这些狄人未必就是匈奴的祖先。不能因为狄人不用骑兵而遂以为远在塞外的匈奴也不用骑兵。匈奴在塞外的历史已很久，因与汉人没有什么关系，故汉人对匈奴没有什么了解。至战国末年及秦、汉两代，汉人才逐渐与匈奴或胡人接触，然后才了解了匈奴的一些情况。

另外，即使《左传》所说的狄人与匈奴系同种族，也并不能证明匈奴之用骑兵是在昭公元年以后，因为这里所说的狄人已久与汉族杂居，受了汉族文化的影响而与塞外的匈奴人脱离关系，不一定要同匈奴人一样去用骑兵。

相反，若以妻后母一事为例，有理由说塞人的文化受过匈奴人的影响。妻后母是匈奴、乌孙、羌氏的风俗，而塞人较少。历史上往往是一个地方很普遍的现象传播到另一地方则成为特殊现象，很少有某个地方的一例外或特殊现象传到另一地方成为普遍现象。因此，与其说匈奴文化是受了塞种文化的影响，不如说后者受了前者的影响。

事实上，两者互有影响也极有可能，并且在差不多相同的环境下，各自独立发明某种事物也是完全可能的。

第十章　两汉对匈奴文化的影响

在中国古代历史上，汉族以外之最强大、与汉族的关系最密切、接触时间又最长久的种族是匈奴，而所受汉族文化的影响又较少者也是匈奴。

前汉时的著作均谓匈奴为“引弓之国”，汉朝是衣裳之邦。后汉时之著作亦同。光武帝时，北匈奴请求汉朝赐给音乐器具，班彪为光武帝复书云：“单于前言先帝时所赐呼韩邪竽、瑟、空侯皆败，愿复裁（赐）。念单于国尚未安，方厉武节，以战攻为务，竽瑟之用不如良弓利剑，故未以赍。”[1] 匈奴妻后母的风俗历两汉时代仍不变。武帝末年，狐鹿姑单于要求汉朝和亲送礼，汉朝曾派遣使臣到匈奴，指出匈奴冒顿单于杀父代立，常妻后母，乃是禽兽行为。然而汉人不但不能改变匈奴的这种风俗，而汉人之嫁匈奴如王昭君者，也必须从其俗。可见汉人之礼俗难及于匈奴了。匈奴虽与汉接壤，关系又至为密切，两汉即达四百余年之久，然而匈奴的文化，在整个体系上，并不见得受汉族文化的影响。但是若深一步去研究，则在长期的关系上，两种文化的交流、相互影响也还是有的。

匈奴文化受汉族文化的影响有下列几个主要原因。

第一，匈奴与汉朝连年战争，双方俘虏均很多。这些汉人对匈奴多少有些影响。《汉书·匈奴传》载卫律要筑城防汉，“与秦人守之”，

[1]　《后汉书·南匈奴列传》。

颜师古注云："秦时有人亡入匈奴者，今其子孙尚号秦人"，但是卫律所指的秦人除这些"子孙"外，可能有一部分是汉时入匈奴者，而其中有些是被俘者，故秦人亦即汉人。卫律不只是要这些人守城，而且建筑城郭也要用这些汉人。

第二，匈奴人投降汉朝的固然很多，汉朝人投降匈奴者亦不少，而且有很多是重要人物，如韩王信、陈豨、卢绾、卫律、赵信、李陵、李广利和后汉的卢芳等。又如中行说原为汉朝宦者，随公主到匈奴后即投降，单于十分信任他，受他的影响也很大。

这些人中，有的本来是匈奴人，如赵信、卫律，在汉朝已很多年，深染汉族文化，回到匈奴以后，又极得单于信任，不只在军事设施上听他们的话，其他许多方面也都听他们的。李陵、李广利投降后，也得到单于的信任，甚至把女儿嫁给他们。单于对李广利的尊宠还在卫律之上。据《汉书·李广苏建传》记载，李陵穿胡服，是胡化了，但在其他方面，并不见得胡化。他在汉族文化的传播上不能不说是有很大作用。

第三，汉朝与匈奴常常互派使者，汉朝有时扣留匈奴的使者，匈奴也往往扣留汉朝的使者。苏武曾在匈奴十九年，虽娶胡妇，有子女，但坚守汉节。汉之使者既多，又带了大量的贵重礼物送给单于及其臣下，使匈奴深慕汉族之文化，两汉著作中常常说匈奴"嗜汉财物"，匈奴也常常派使者到汉朝进贡，目的往往是要得到汉人的珍贵物品。

第四，匈奴与汉朝虽然常常有战争，但双方贸易不断。《史记·匈奴列传》说"然匈奴贪，尚乐关市，嗜汉财物，汉亦尚关市不绝以中之"。

第五，匈奴与汉之边境线很长，人民不只往来贸易，而且往来杂居，则文化之互相影响的可能性更大。

第六，匈奴自呼韩邪单于称臣以后，常常遣子入侍，与汉朝作对的北匈奴的郅支单于也曾遣子入侍，有的在汉朝住的时间很长，于是深染汉族的风俗习惯。这些人回匈奴后，多居重要官位，则当对汉族文化的传播起了很大的作用。

第七，匈奴单于曾遣子到汉求学，目的是学习汉族文化。学成以后，回到匈奴，也必起到传播作用。

第八，汉自高祖以后，常常与匈奴和亲，民间之通婚者，也不乏其人。次数既多，则在文化交流上亦必发生作用。匈奴单于的阏氏既有系汉族女子者，而其所生之子女也就不能不受其母亲的汉族传统文化的影响。

以上是匈奴与汉文化交流的原因分析。下面分述匈奴的汉化因素。

语言文字方面：两汉时匈奴没有文字。然西汉昭帝、宣帝时，桓宽《盐铁论·论功》“第五十二”有云：“（匈奴）略于文而敏于事。故虽无礼义之书，刻骨卷衣，百官有以相记，而君臣上下有以相使。”“刻骨卷衣”是匈奴人用以记事的方法。“卷衣”的方法如何，不易考证。“刻骨”以记事的骨当为兽骨，是否与中国古代的甲骨文类似，这就难说了。但既能记事，则所刻者应为一种雏形文字，是匈奴人的发明创造抑或仿效汉人则也难于解答。在时间上，是中行说未至匈奴以前已有“刻骨”，还是中行说教了“疏记”数目之后才刻骨已无从考证。又《史记·匈奴列传》云：“汉遗单于书，牍以尺一寸……中行说令单于遗汉书以尺二寸牍，及印封皆令广大长。”这是中行说要单于显示夸耀，然正足以证明匈奴仿效汉朝的书牍。至于答复汉朝的文字，可以肯定不是匈奴文字，因为据《史记》《汉书》《后汉书》所记，文字的内容是相当复杂的。故书牍上的文字当系汉字而出于汉人或匈奴人之识汉字者之手。“中行说令单于遗汉书”，表面观之，似单于所写者，然中行说系于文帝时入匈奴者，即老上单于时，这时的匈奴单于不大可能认识汉字，也许即出于中行说之手。总之，匈奴单于既靠汉字来表达，则汉字影响之大是很明显的。

汉族称皇帝为天子，匈奴人也称单于为天子，可能是受了汉族的影响。汉文帝时，单于给汉朝的信云：“天所立大单于敬问皇帝无恙。”狐鹿姑单于给汉朝的信上说：“南有大汉，北有强胡。胡者天之骄子也。”

《后汉书·南匈奴列传》注云："匈奴谓孝为若鞮，自呼韩邪单于降后，与汉亲密，见汉帝谥常为孝，慕之，至其子复株累单于以下皆称若鞮，南单于比以下直称鞮也。"汉朝皇帝的谥号均为孝，如孝惠帝、孝文帝、孝景帝、孝武帝等。匈奴自复株累称为复株累若鞮单于以后，皆用"若鞮"这个词，至单于比就称为醢落尸逐鞮单于，省去"若"。"若鞮"是汉语的孝，用以加于单于的称号之上，显然是从汉人学来的。

再从衣食住方面来看。《史记·匈奴列传》载匈奴人衣其畜之皮革。《汉书·晁错传》说胡人衣皮毛。汉朝自高祖以后，每年都赐给匈奴大量絮缯。文帝给冒顿单于的信中说："使者言单于自将并国有功，甚苦兵事。服绣袷绮衣、长襦、锦袍各一……绣二十匹，锦二十匹，赤绨、绿缯各四十匹。"[1]这个数不算大。武帝太始年间，狐鹿姑单于遗书于汉，要求"杂缯万匹"。宣帝时，呼韩邪单于来朝，汉朝给他"锦绣绮縠杂帛八千匹，絮六千斤"。过了一年（黄龙元年，公元前49年）呼韩邪单于又来朝，汉朝"礼赐如初，加衣百一十袭，锦帛九千匹，絮八千斤"。元帝竟宁元年，呼韩邪单于又来朝，汉朝不但"礼赐如初"，而且"加衣服锦帛絮，皆倍于黄龙时"。到了哀帝时，匈奴单于来朝，汉朝赐给的数目更大，"加赐衣三百七十袭，锦绣缯帛三万匹，絮三万斤"。只从赐给衣料方面看，说明一方面汉朝给的愈来愈多，一方面匈奴需要也愈来愈多。并且汉朝除赐给单于，也往往赐给单于的大臣。至于互市所交换，人民所需要的数目必当更大，视文帝时之绣十匹、锦二十匹，相差百倍以上。可以推想，所谓衣皮革，衣皮毛的匈奴人已逐渐地衣锦帛了。

匈奴人以游牧为生，不耕种，无米粟，故只能食肉。汉高祖曾答应匈奴，每年给一定数目的酒、食物。这些食物不会是肉食而当是米粟之类。武帝末年单于要求蘖酒万石、稷米五千斛。匈奴人从来饮酪，现在也饮酒了。匈奴传说匈奴人攻战，斩首虏赐一卮酒，可见酒很可贵。呼韩邪单于朝见宣帝后返国，汉朝"转边谷米糒前后三万四千斛，给赡其

[1] 《汉书·匈奴传》。

食”。元帝初即位，呼韩邪上书“言民众困乏”，汉“诏云中、五原郡转谷二万斛以给焉”。哀帝元寿二年（公元前1年）单于入朝，回去时，汉朝派韩况送单于，出塞后，“况等乏食，单于乃给其粮”。这里的“粮”，当为米粟，则匈奴不单时时向汉要粮食，也有粮食给汉人的时候。《汉书·匈奴传》和颜师古注说匈奴中亦种谷稼黍穄。也许他们原来是“咸食畜肉”，后来受了汉族的影响而食米粟，初由汉朝供给并逐渐增加输入，有些人又学会了耕种，或是利用汉族的俘虏从事耕种。

在住的方面：《史记·匈奴列传》说匈奴“毋城郭”，但匈奴有赵信城，传系赵信所建，汉朝的军队打败匈奴曾到过此处。卫律于昭帝始元三四年（公元前84—前83年）为匈奴穿井筑城，治楼藏谷。又《汉书·陈汤传》说郅支单于逃到康居之后，“发民作城，日作五百人，二岁乃已”。这就是后人所称的郅支城。在游牧民族中，不能不算作大工程。这件事晚于卫律欲建城四十多年。郅支城有两重，内为土城，外为木城。有城楼，完全受汉人影响。又如《后汉书·南匈奴列传》载师子先知曾守曼柏城抵抗安国，也是受汉人守城的影响。

《汉书·陈汤传》又说：“汤曰：‘夫胡兵五而当汉兵一，何者？兵刃朴钝，弓弩不利。今闻颇得汉巧，然犹三而当一。’”所谓“今颇得汉巧”，即学习汉族的技术。匈奴人不只在武器上学汉人，在乐器上也喜欢汉人的。

在社会风尚方面，《史记·匈奴列传》说匈奴“贵壮健，贱老弱”。但文帝初年，单于给文帝的信中说：“除前事，复故约，以安边民，以应始古，使少者得成其长，老者得安其处。”汉族是尊长敬老的，匈奴是否也受了汉族的影响，才说“老者得安其处”呢？

匈奴单于在汉初以前只用一个名，如头曼、冒顿。据史书所载，此外并无别名。至冒领的儿子稽粥继立，号为“老上单于”，《史记·匈奴列传》称为“老上稽粥单于”。稽粥的儿子军臣虽只有一个名，但其后之继立者则除自己的名以外又另有号，这与秦、汉皇帝的情形是相似的。如秦始皇名政，做皇帝后称为始皇帝。汉高祖刘邦，做皇帝后称为高皇帝。则匈奴单于之名以外又有称号，不知是否学自汉人。尤其《史记·匈奴列传》裴骃《集解》引徐广的话道："一云'稽粥节二单于'，自后皆以弟别之。"这几乎与秦始皇的二世以至五世的做法一样了。又《汉书·匈奴传下》："莽奏令中国不得有二名，因使使者以风单于，宜上书慕化，为一名，汉必加厚赏。单于从之，上书言：'幸得备藩臣，窃乐太平圣制，臣故名囊知牙斯，今谨更名曰知。'莽大说，白太后，遣使者答谕，厚赏赐焉。"

在呼韩邪单于称臣时，汉朝曾给他印绶，王莽当皇帝后，欲换单于故印而改为新匈奴单于章，便派人去收单于故印。但单于不喜新印，一再请求给还旧印，为了这件事，使臣多次往返。后来，为断绝单于对故章的留恋，便把故章打坏，然单于坚持要刻一个与旧章一样的章，王莽虽多赐财物以为笼络，单于仍继续坚持，直到王莽被杀。更始二年（公元 24 年）汉朝派使臣二人"授单于汉旧制玺绶"，同时，还给"王侯以下印绶"。可见匈奴单于及其臣僚对汉朝印绶之重视了。

匈奴官制，自单于以下分为左右，有左右贤王，左右谷蠡王，左右大将，左右大都尉，左右大当户，左右骨都侯。汉族的古代的官制是分左右的。《史记·齐世家》"景公立，以崔杼为右相，庆封为左相"可证。又如屈原曾"为怀王左徒"，《左传》也有"左右二师"之语，而周的乡师、六卿也分为左右。然则匈奴官制之分左右也可能是受汉族的影响。

汉族习惯，方位以东为左，而匈奴的左屠耆王或左贤王常居匈奴东方。汉族古代虽尚右，但后来又重左，所谓左右遂含有先左后右的意思。匈奴居东方的左贤王，往往是以单于的太子居之。虽则有时也不一定是这样，可是单于死了，左贤王往往继之而立。可能居东为左也是受了汉族的影响。

呼韩邪单于入朝后回国时，汉朝遣长乐卫尉高昌侯董忠与车骑都尉韩昌将万六千骑送单于出塞。并诏董忠、韩昌"留卫单于"，这等于是监视。

在这种情况下，单于在政治上的好多措施，受汉朝的影响是可想而知的。

在宗教意识方面，祭天地是汉族古代的大祭之礼，只有天子才能祭天祭地。《公羊传·僖公三十一年》："鲁郊何以非礼？天子祭天，诸侯祭土。"故匈奴五月的会祭天地鬼神也许是由汉族传播过去的。《史记·匈奴列传》又说："而单于朝出营，拜日之始生，夕拜月。"汉族的拜法是天子祭日，叫做朝日。《礼记·玉藻》："玄端而朝日于东门之外。"祭月叫做夕月。匈奴之拜日月也可能是受汉族的影响。至于南匈奴称臣之后，兼祠汉朝皇帝则是表示对汉朝的尊敬。

匈奴受汉族文化影响最明显的例子为汉明帝时单于遣子入学。《后汉书·儒林传上》：

> 中元元年（公元 56 年），初建三雍。明帝即位（公元 58 年），亲行其礼。天子始冠通天，衣日月，备法物之驾，盛清道之仪，坐明堂而朝群后，登灵台以望云物，袒割辟雍之上，尊养三老五更。飨射礼毕，帝正坐自讲，诸儒执经问难于前，冠带缙绅之人，圜桥门而观听者盖亿万计。其后复为功臣子孙，四姓末属制立校舍，搜选高能以受其业，自期门羽林之士，悉令通《孝经》章句。匈奴亦遣子入学，济济乎，洋洋乎，盛于永平矣！

司马光《资治通鉴》卷四十五"明帝九年"：

> 帝崇尚儒学，自皇太子诸王侯及大臣子弟、功臣子孙，莫不受经。又为外戚樊氏、郭氏、阴氏、马氏诸子立学校于南宫，号"四姓小侯"。……匈奴亦遣子入学。

自呼韩邪单于称臣以后，后汉时单于比又称臣，南匈奴的华化程度逐渐加深。外族子弟能入学授经，且与期门、羽林之士共通《孝经》章句，则匈奴单于的儿子似非初开蒙而一字不识者可比。

匈奴与汉朝的关系既很密切，又曾称臣于汉，故其社会风习、政治制度以及宗教学术，自然受汉族的影响。但从整个来看，这些影响仍可以说很多是表面的、个别的。如匈奴人承认汉是“礼仪国也”，然而单于却以为匈奴“不为小礼以自烦”。如妻后母，中行说且以为是“恶种姓之失也”，是好事情。尽管匈奴学汉人之皇帝死后加个“孝”字，而妻后母，在汉人看来，实在是不孝之至。

在政治方面，左右王或左右大将军之分，虽可能是受汉族的影响，但匈奴的许多左右王是单于的子弟，而且分地为东、西而治，单于居于中间，这与汉族的官制是根本不同的。在宗教方面，匈奴最初也可能有图腾制度，后来拜天地日月祖先鬼神也可能受汉族的影响，然而每年大会茏城三次则是匈奴原来的宗教信仰。遣子入学虽是华化的最好例证，而且是华化之最深者，但除此一次外则别无记载。虽然不能因史书没有记载而谓为唯一之事例，但这种事例必定很少，而且对匈奴的影响恐怕也不大。

近来有人根据匈奴与汉朝的往来书信，以为匈奴与汉族同文字。近人吕思勉《中国民族史》：

> 从古北族文字，命意措词，与中国近者，莫匈奴若，初未闻其出于译人之润饰也。然则匈奴与中国同文，虽史无明文，而理有可信矣。抑史、汉之不言，非疏也。《西域传》云：“自且末以往，有异乃记。”记其与中国异者，而略其与中国同者，作史之例则然。然则史、汉之不言，正足为匈奴与我同文之证矣。然则我国文字之流传于欧洲也旧矣。[1]

吕氏之言未免太过，汉语与匈奴语是根本不同的。匈奴的“刻骨记事”若作为文字也可能受汉族文字的影响，但这种影响并不深。因为汉语于

[1] 《中国民族史》，48 页，世界书局，1934。

甲骨文中已为一字一音的单音语，而自古流传下来的匈奴语及在新疆出土的与匈奴有关的文字，则匈奴语是复音，如匈奴谓天为撑犁，谓子为孤涂、谓贤为屠耆等。可以肯定汉语与匈奴语是根本不同的。即使因为匈奴与汉的关系密切，在语言文字上受了影响，也是有限度的，不会很深。

总而言之，从匈奴的整个文化来看，在两汉时代，汉族在衣、食两方面对匈奴的影响较大。至少在数量上，输入的衣料与食物相当多，对于匈奴的经济和生活有很大影响，然而匈奴是一个游牧的部族，在根本的生活方式上与汉族不同，虽然受汉族的一定影响，然而其根本的生活方式不变，故这些影响不能谓为深刻，即使有某种程度的变化，亦仅为表面的改变而已。

匈奴受汉族文化的影响虽然并不深刻，但在其过程中，曾发生多次论争。据史书记载，最先而又最剧烈的一次论争是在汉文帝即匈奴的稽粥单于时代。奇怪的是匈奴反对汉族文化影响最力的是一个投降匈奴的汉族叛徒，即文帝遣去陪嫁给匈奴单于的中行说。中行说是个宦者，文帝要他送宗室女到匈奴时，他不愿去，并声称如勉强去必为汉患。果然，他到匈奴后就投降了。先事稽粥单于，后来军臣单于继立，遂继事军臣。《史记·匈奴列传》记其为匈奴文化辩护事甚详。他极力反对匈奴人采用汉人的缯絮，反对输入汉族食物。他认为这不仅不适合匈奴的生活环境，而且对匈奴是有害的。汉人批评匈奴重壮贱老的风俗，他以为厚待壮者以保卫国家而老人能享其余年是匈奴风俗的好处。汉人批评匈奴人于父兄死后妻其妻是野蛮的行为，他却以为这是照顾后母及嫂嫂的办法以免无所依归。他以为匈奴人众本不当汉之一郡，匈奴之所以强即在于衣食与汉人不同而无仰于汉及其风俗有异于汉。若效法汉而改变风俗，就等于依赖汉而失去独立。所以他教单于不要重汉财物，不要学汉风俗。中行说之后约八十年，“单于遣使遗汉书云：‘南有大漠，北有强胡，胡者，天之骄子也，不为小礼以自烦。”可见匈奴单于不赞成汉族的一些礼节。后来，汉朝派使者到匈奴，单于使左右难汉使者说：“汉，礼仪国也。贰师道前太子发兵反何也？”汉使者答道：“然。乃丞相私与太子争斗，太子发兵欲诛丞相，丞相诬之，故诛丞相。此子弄父兵，罪当笞，小过耳。孰与冒顿单于身杀其父代立，常妻后母，禽兽行也！”又过了四十年，匈奴内部又发生了一次论争。当呼韩邪单于要向汉朝称臣时，曾征求其大臣们的意见，绝大部分不赞成，其实质牵连到匈奴与汉的风习与文化的不同。他们说“匈奴之俗，本上气力而下服役，以马上战斗为国”。正因为这样，匈奴才“有威名于百蛮”。他们又说：“汉虽强，犹不能兼并匈奴，奈何乱先古之制，臣事于汉，卑辱先单于，为诸国所笑！”这是说对匈奴文化中的优点不该放弃而臣服于汉。后来，呼韩邪单于没有听从，仍向汉朝称臣。后汉初年，匈奴单于比向汉朝称臣时，汉朝使者要他按照汉朝的礼仪伏拜受诏，他的大臣在旁边看了都流下泪来，可见他们不愿他们的君长放弃匈奴的习惯。

以上所说关于匈奴受汉族文化影响的史实与问题，只限于两汉时期。两汉以后，在两晋与南北朝时期，匈奴人之居于塞内而深受汉族文化熏陶者却是另一回事，因为这些匈奴人不但在文化方面完全受到汉族影响，并且种族也渐与汉族融合了。

第二编　匈奴与中国

第十一章　公元前3世纪匈奴与中国的关系

匈奴与中国开始发生关系的可考年代在公元前3世纪。司马迁说："自淳维至头曼，千有余岁。"淳维未必是匈奴的先祖，而且，即使我们相信司马迁所说匈奴是夏氏的苗裔，在《史记·匈奴列传》中所述头曼以至夏代的好多事情，也有不少疑点。比方司马迁说："夏道衰，而公刘失其稷官，变于西戎，邑于豳。其后三百有余岁，戎狄攻大王亶父，亶父亡走岐下。"清梁玉绳《史记志疑》卷三十三《匈奴列传》中说：

> 案《国语》祭公谓不窋失官，周纪取之，此言公刘误已，韦昭以不窋在太康时，本于人表，而考《竹书》于少康三年书复田稷，云，后稷之后不窋失官，至是而复，虽未知稷官之复为周何君？则固前乎公刘矣，岂传至公刘而再失官乎？又言公刘至亶父三百余岁，亦误。《史》《汉》《吴越春秋》皆谓公刘避桀迁邠，而《竹书》武乙元年邠迁于岐周，三年，命周公亶父赐以岐邑，从夏桀元年至武乙元年，依《竹书》凡四百三十一岁，若依《前编》则六百二十一岁，何但三百余岁哉？《困学纪闻》十一引王氏逨之说，以此为无据。

梁玉绳所说的也非完全没有问题，但是《史记》所说的头曼以前的匈奴历史，有很多的矛盾与错误，况且，司马迁自己也告诉我们："自淳维以至头曼千有余岁，时大时小，别散分离，尚矣，其世传不可得而次云。"（《史记·匈奴列传》）这说明头曼以前的匈奴历史是难于考察，所以我们以为叙述匈奴历史，最好是从头曼说起。

头曼在位与死的时间，《史记》《汉书》都没有涉及，唯裴骃《集解》引徐广说，冒顿之立为单于，是在秦二世元年（公元前209年），《史记》载冒顿杀父自立为单于，头曼是冒顿的父亲，而冒顿在秦二世元年就位，头曼应该是死在这一年。徐广是晋朝人。他说冒顿是在这一年自立为单于，有何根据，不得而知。

假使我们相信徐广而断定头曼是死于公元前209年，我们对于头曼在位多少年这个问题，还是不易解答。《史记·匈奴列传》说："头曼不胜秦，北徙。十余年而蒙恬死。……于是匈奴得宽，复稍度河南与中国界于故塞。"秦始皇死于始皇帝三十七年，这就是公元前210年。始皇死后，蒙恬也于这一年赐死。头曼是被蒙恬所攻击而北徙。头曼既不能胜秦，北徙十余年，那么头曼在秦始皇未统一之前已立为单于当无可疑。

《史记》卷八十一《李牧传》说，李牧大破匈奴，"单于奔走，其后十余岁，匈奴不敢近赵边城"。这里所说的单于，是不是头曼，很值得研究。我们知道李牧被杀于秦始皇十九年（公元前228年）。李牧是周赧王与秦始皇时代的人，假使头曼是像徐广所说，死在秦二世元年，那么头曼也是周赧王与秦始皇时代的人，因此，虽则李牧早头曼十二年被杀，李牧与头曼是同时代的人。他们既是同时代人，被李牧攻败而北徙的匈奴单于，可能就是头曼。

假如上面说的没有什么错误，大致上头曼是死于公元前209年，与秦始皇的死差一年，在位的时间，约为四十年，与秦始皇在位的时间差不多相同了。

关于头曼这个名字，外国学者也有很多讨论。夏德在《阿提拉族谱考》一文中，相信头曼这个名字与突厥语的Tumen有密切的关系，其意义是万。

假使头曼的意义是万，那么也许是因为匈奴到了头曼的时候，已经强大，而头曼这个单于所统治的人民数目比过去大大增加，而含有万人或更多人的首领的意义，所以头曼当为众多广大之貌。

头曼有好几位阏氏或妻子，大概孩子也很多，太子叫冒顿。后来又有一位为他所爱的阏氏，生了儿子，头曼欲废冒顿立少子为太子，因而遣冒顿到月氏为质。冒顿到月氏后，头曼突然攻去月氏，想借月氏之手杀死冒顿而达到废立的目的。但是冒顿在月氏要杀他的时候，偷乘月氏好马逃回匈奴。头曼虽觉得废立计划失败，但是却觉得儿子的举动很勇敢，乃放弃杀冒顿的企图，并且交给冒顿一万骑兵让其带领。

头曼放弃了废长立少的念头，但冒顿对于父亲的怀恨，却铭记不忘，《史记·匈奴列传》说：

> （冒顿）骑之亡归。头曼以为壮，令将万骑。冒顿乃作为鸣镝，习勒其骑射，令曰："鸣镝所射而不悉射者，斩之。"行猎鸟兽，有不射鸣镝所射者，辄斩之。已而冒顿以鸣镝自射其善马，左右或不敢射者，冒顿立斩不射善马者。居顷之，复以鸣镝自射其爱妻，左右或颇恐，不敢射，冒顿又复斩之。居顷之，冒顿出猎，以鸣镝射单于善马，左右皆射之，于是冒顿知其左右皆可用。从其父单于头曼猎，以鸣镝射头曼，其左右亦皆随鸣镝而射杀单于头曼，遂尽诛其后母与弟及大臣不听从者。冒顿自立为单于。

这是家庭悲剧，也是一种残忍的行为。西汉王朝派遣到匈奴的使者，往往指出冒顿这种行为是不知礼仪的野蛮作风。匈奴风俗习惯之异于华族者很多，然而我们也得指出，像冒顿这样的残忍杀父自立的行为，在匈奴的历史上，至少自冒顿以后的匈奴历史上，没有发现同样的事件。这也可以说明头曼因欲立少子为太子，假月氏的手杀冒顿，是造成这场悲剧的原因。

同时，从上面所抄录那段话里，也可以了解冒顿是用铁一般的纪律去训练左右，使匈奴民族在他统治时期，成为"百蛮大国"。

大体上，匈奴的逐渐强盛，是在头曼的时代或在他就位之前不久。

所以《资治通鉴》“始皇三年”说：“及战国末年而匈奴始大。”在这个时期中，匈奴东边的东胡，以及西边的月氏，都很强盛，《史记·匈奴列传》中说：“当是之时，东胡强而月氏盛。”同书又说，战国时燕贤将秦开质于胡，深得胡信任，他回到燕国后，便率兵击胡，迫使东胡郤地千余里。历史上与荆轲一起刺秦王的秦舞阳就是秦开的孙儿。

秦舞阳与荆轲刺秦始皇，是在始皇二十年（公元前227年），在这个时候，秦舞阳大概是二十岁左右，舞阳既是秦开的孙儿，按一般祖孙年龄的差别来说，孙儿若为二十岁左右，则祖父应为六七十岁左右。设想秦开质于胡之后袭击东胡时约为五十岁左右，那么秦开之破东胡的时间，约在秦始皇就位为秦王前十年，即公元前257年左右。

秦开为质于“胡”而为“胡”所信任，归燕后击“东胡”，这里所说的“胡”与“东胡”是一个种族，还是不同的种族，也是一个值得注意的问题。战国末年与秦汉时所说的“胡”，大致是指的匈奴而与东胡区别。假使我们这样的解释是对的，那么秦开是质于匈奴了。燕边于匈奴，燕与匈奴联络，使秦开为质以避免边患而集中力量去对付东胡以及战国时的其他各国，是有可能的。但这里所说的“胡”也可能是指的东胡，因为秦开可能为质于东胡，又深得信任，对于东胡的内部情况，比较了解，所以回燕之后，能够袭破东胡而占领大片土地。

我们也得指出，东胡虽为燕所击败，但是直到冒顿初年，东胡还是匈奴的劲敌。而且，照我们的推论，匈奴在头曼的时代，虽已逐渐强盛起来，但是好像还没有力量去征伐东胡，这一点在下面再加说明。

至于月氏，在头曼的时代，也很强盛，从《史记·匈奴列传》指出头曼遣太子冒顿质于月氏的记载中还可以推想到当时月氏与匈奴的关系。在我国古代以子或贵族为质，至少有二种情况：一为两个力量相当的国家，无论哪一方都怕对方侵伐，因而互派其子或贵族为质；一为弱国怕强国的攻击，遣子或贵族为质。我们难于判定匈奴头曼之遣冒顿质于月氏，是属于哪一种。据《史记·匈奴列传》说，月氏是强盛的，那么匈奴在这个时候假使不是弱于月氏，必与月氏同样强盛，成为敌对的国家。

匈奴在秦以至汉武帝的时代虽然遭受重大打击，但也没有遣子为质。在乌维单于的时候，匈奴经过卫青与霍去病的征伐逃避漠北，希望与汉媾和，汉使者杨信要求匈奴以单于太子为质，单于极力反对，说明虽在惨败之后，匈奴还不愿以太子为质。头曼虽欲废立而遣冒顿为质，如说他想杀死冒顿，杀死的方法很多，不一定要用这个方法，而采用这个方法，照我们的推想，大概是在头曼在位的初期，以至在他就位之前，匈奴是弱于月氏的，所以匈奴要遣太子为质。头曼就位以后，匈奴逐渐强起来，不过头曼还不愿意或不能去向月氏进攻。到了废立太子的计划成熟的时候，头曼相信他已有力量攻击月氏，他一面遣太子为质，一面准备攻击，这是一举两得的事情。

史书没有记载头曼攻击月氏的结果如何，但是月氏欲杀冒顿，冒顿却盗其善马而归。头曼欲借月氏杀冒顿的计划失败，可能也就罢兵。至于月氏被匈奴攻击，同时质子又逃跑，假使月氏比匈奴强盛，月氏不仅要追回质子，而且定要出兵进攻匈奴。事实是匈奴这一次未受到月氏反攻，说明匈奴在这个时候，已经强大起来了。

在战国时代，头曼未就位之前，匈奴与中原已有了直接的接触，是很可能的。可是这种接触的时间，究竟始于何时，不易考证。我们相信，当李牧为赵的北边将时，他所攻败的北方的民族主要是匈奴，是没有问题的。至于李牧之前，匈奴之于中原的关系，就不大清楚。然而据《史记》所载有数件事可以作为参考，今录之于下。

一为《秦本纪》载秦惠文公后七年说："韩、赵、魏、燕、齐率匈奴共攻秦。秦使庶长疾与战修鱼，虏其将申差，败赵公子渴、韩太子奂，斩首八万二千。"这件事是发生于周慎靓王三年（公元前 318 年），比赵武灵王变胡服还要早十一年。前在匈奴的起源一章中，曾经指出匈奴这个名词，究竟是司马迁重述当时的著作，还是他用当时所通用的名词去追记以往的民族，是一个难于解答的问题。但大致上可以相信这里所说的匈奴，应与秦汉时的匈奴在种族上有关系。韩、赵、魏、燕、齐五国攻秦，仍怕兵力不够，而要利用匈奴的军队，还终归失败，被杀的兵士又那么多，可见秦之强大。需要加以特别注意的，是战国时代，各诸侯国互相争伐，利用匈奴，恐不止这一次。

二为《史记·匈奴列传》载："秦昭王时，义渠戎王与宣太后乱，有二子。宣太后诈而杀义渠戎王于甘泉，遂起兵伐残义渠。于是秦有陇西、北地、上郡，筑长城以拒胡。"这里所说的"胡"应该是后来所说的匈奴，义渠戎不见得是与匈奴或胡同种族。义渠在此之前是西戎的强大部族。秦用很长时间与很大力量征服义渠，到了昭王时，又灭其残余。（汉文帝时，晁错上书中还有降胡义渠之语）这段话里既区别"义渠戎"与"胡"，所以"义渠戎"应该与"胡"有别。在义渠强盛时以至尚未为秦所破灭之前，义渠似乎只是界于秦、胡或匈奴之间，到了义渠被灭之后，秦才与胡发生直接的接触，所以秦乃筑长城以拒"胡"。

三为赵武灵王变胡服与击胡，并筑长城。《史记·匈奴列传》说："赵武灵王亦变俗胡服，习骑射，北破林胡、楼烦。筑长城，自代并阴山下，至高阙为塞。而置云中、雁门、代郡。"赵武灵王变胡服在公元前307年。这里说的胡服与骑射，应该也是匈奴的服装与骑射。不过林胡、楼烦也不一定是与匈奴同种族，他们是界在赵与胡之间，正如义渠界于秦与胡之间，秦灭义渠筑长城以拒胡，赵破了林胡与楼烦之后，也因直接与胡或匈奴发生接触，所以也筑长城以拒胡。

四为燕将秦开质于胡，与后来大破东胡与燕筑长城的事情。《史记·匈奴列传》说："其后燕有贤将秦开，为质于胡，胡甚信之。归而袭破走东胡，东胡却千余里。与荆轲刺秦王秦舞阳者，开之孙也。燕亦筑长城，自造阳至襄平。置上谷、渔阳、右北平、辽西、辽东郡以拒胡。"

上面曾经指出秦开袭破东胡，约在公元前257年间，这段话里所说的胡与东胡至少在字面上是区别的。假如这个胡与东胡在事实上是两个部族的话，那么胡应该是匈奴，而与东胡不同。然而所要特别注意的，是东胡被袭破而放弃很大的地方之后，燕也筑长城以拒胡，这个胡至少是包括匈奴在内。东胡在未放弃这块地方之前，可能这块地方也是在燕与胡或匈奴之间。现在这块地方既为燕所占有，燕仍可能与东胡接壤，同时也可能与匈奴毗连，因而筑长城以拒东胡与匈奴，这与秦之攻破义渠戎王，赵之攻破林胡、楼烦，而与匈奴发生直接接触是一样的。所以司马迁在《史记·匈奴列传》中说："当是之时，冠带战国七，而三国边于匈奴。"三国就是秦、赵、燕，这三国之所以边于匈奴，是在秦灭义渠，赵破林胡、楼烦，与燕破东胡之后。介在匈奴与秦、赵、燕三国之间的各族既被征服，三国就与匈奴为邻。要想避免外患而集中力量对付所谓冠带诸国，这三个边于匈奴的国，就不得不筑长城以拒胡。

我们推想，匈奴这个部族，经过长期的斗争之后，到了这个时候，逐渐统一了蒙古高原。在义渠、林胡、楼烦、东胡未被秦、赵、燕攻破之前，匈奴的西南边与义渠为邻，南部与林胡、楼烦为界，东与南又与东胡接壤。义渠、林胡、楼烦、东胡被破之后，匈奴直接与秦、赵、燕毗连。此后义渠被消灭，林胡、楼烦的残部好像存在相当长的时间。东胡虽然被燕攻败，但直到冒顿初年，还是很强盛而成为匈奴的劲敌。

匈奴逐渐强大，统治了很大的地方，成为北方"大国"。虽然匈奴与华族之间有其他部族如义渠、林胡、楼烦、东胡的间隔，然而也并不是说匈奴与华族完全没有直接的关系。此外，靠近匈奴的北边诸国与匈奴的关系，也不一定只在战争的时候，可能在平时，在贸易上，或其他方面，也有来往。

上面所举出的诸件事情，在时间上除秦开袭破东胡可能是在头曼在位的时候之外，其他数件，应该在头曼未就位之前。头曼被杀于公元前209年，而秦开之袭破东胡约在公元前255年至前260年左右。假使这种推算不错，那么秦开之攻击东胡，若在头曼就位之后，则头曼在位的时间约有五十年。无论如何，我们可以说秦开之袭破东胡，是在头曼出世之后，这似乎是没有什么问题的。

至于李牧之防备匈奴与击败匈奴，如司马迁所说，是在秦开击破东胡之后，李牧的对手是头曼。

由于介在华、匈之间的其他各族有的也为匈奴所攻破或消灭，匈奴与中原的交涉更加直接、更加频繁。位于北边的秦、赵、燕虽然筑长城以拒胡，但是这时候各国的长城既非连接，恐怕也比较简陋，所以虽有长城，还要有相当的兵力去防守。因为匈奴经常南下侵扰，如果没有相当的兵力去防守，匈奴随时可以越长城而扰乱长城以南的地方。

在赵国，李牧担任了这种防御工作。战国末年，李牧是一位名将，在他将兵的时候，北击匈奴，东攻燕，西破秦，南拒韩魏，可是后来为赵王宠臣郭开设反间计捕杀。李牧死后三个月，秦将王翦大破赵军，虏赵王迁及其将颜聚，并杀了赵葱，赵国也就灭亡，这是公元前228年的事情。

这里要注意的是李牧与匈奴的关系。关于这一点《史记》卷八十一《李牧传》中附有一段记载录之于下："李牧者，赵之北边良将也。常居代雁门，备匈奴。以便宜置吏，市租皆输入莫府，为士卒费。……边士日得赏赐而不用，皆愿一战。于是乃具选车得千三百乘，选骑得万三千匹，百金之士五万人，彀者十万人，悉勒习战。大纵畜牧，人民满野。匈奴小入，佯北不胜，以数千人委之。单于闻之，大率众来入。李牧多为奇陈，张左右翼击之，大破杀匈奴十余万骑。灭襜褴，破东胡，降林胡，单于奔走。其后十余岁，匈奴不敢近赵边城。"匈奴在冒顿的时代是为强大，"控弦之士三十万"。李牧这一次破杀匈奴十余万骑，可见匈奴损失惨重。

匈奴本居于长城以北一带，经过李牧这次攻败之后，十余年中赵的边塞没有匈奴的踪迹。然而却并不一定是说在秦的边塞或燕的边塞，也都没有匈奴。我们推想，自李牧攻败匈奴之后，其残众可能逃到漠北，也可能移居于秦与燕的北边。

李牧对付匈奴的办法，是长期准备，不轻易出战，不战则已，战则必胜。同时，他很明白，征伐匈奴非用骑兵不可，所以练习骑射。《李牧传》与《冯唐传》都指出以市租皆输入莫府，为士卒费。这里所说的市租，可能与匈奴同中原间的贸易有关系，因为在北方边塞，中原与其他各族的关市，历史很久，所以就是在战争时期，贸易也并不因之而全断。

战国时有三位武安君，一为苏秦，一为白起，一为李牧。据说汉高祖曾问过群臣，哪一位最贤，有人说白起为贤，季将军说：“武安君牧贤也。夫武安君当衰季之赵，厉残伤之卒，北摧虏，西遏强嬴，若拉朽然。反弱而见强，反负以要胜，牧存赵存，牧亡赵亡。臣故曰武安君牧贤。”（《史记短长说》卷下，“海山仙馆丛书”本）汉高祖很同意季将军的说法，李牧之所以最贤，不只西遏强秦，更重要的是北击匈奴，使匈奴不能为患。

前引《战国策》卷三十一《燕三》的一段记载，不只可以找出匈奴与单于这两个名词的最早出处，而且可以从这里了解在战国末年，各国的一些政治犯可以避难于匈奴。太傅鞠武提议遣樊於期到匈奴，虽不为太子丹所采纳，但鞠武的提议，不一定是他的创见。在他之前或同时，可能已有不少先例，鞠武不过是把已经有人做过的事情，建议太子丹去做罢了。

此外，他又提议北与单于讲和。这说明在燕的北边有匈奴人，而且时时可能入侵燕边，所以要抵抗强秦，除了西约三晋，南连齐楚之外，还要北与匈奴讲和，使西南有友国而北无外患，然后可以拒秦。以此也可看出，匈奴不一定是时时与燕赵秦作对，有时也可以讲和，甚至如上面所指出，韩、魏、赵、燕、齐五国，利用匈奴的军队去攻秦。

李牧死，秦忙于并吞六国；其他各国，也忙于征伐或应付强秦。匈奴经过十多年的休养生息，到了这个时候，匈奴又必南下到农耕地区进行掠夺。因为这个时候，月氏与东胡仍然强盛，在匈奴之北，又是森林地带，不适宜于游牧，头曼掠夺最好的对象是农耕地区，这个地区既有丰饶的财富，又正忙于内战。

秦始皇统一天下之后，内战终止，最担心的是北边的匈奴。因此，他一方面派蒙恬率师出征，另一方面修筑长城防御。秦始皇遣蒙恬去筑长城，大体上是在战国时边于匈奴的三国所建筑的长城的基础上加以修缮与增建，使首尾连贯起来，成为自东到西的一条防线。长城的作用，主要是防守，是为了阻止胡人南下。秦始皇统一天下之后，南方与东方、西南已没有劲敌，唯一外患是匈奴。他虽消灭了六国，但并没有意图去消灭匈奴，所以他派蒙恬率重兵在长城一带，其目的与其说是要扬威于漠北以消灭匈奴，不如说是防守边界，阻止胡人南下，使他与他的子孙能够万世不绝地做长城以南的最高统治者。《蒙恬列传》与《匈奴列传》都说蒙恬所修建的长城，长万余里，这个说法不仅笼统，而且与事实很不相符，这条长城只长五千四百多里，其所以号为万里长城者，言其长也。

此外，《史记·匈奴列传》说蒙恬将兵十万，而《蒙恬列传》则说蒙恬将兵三十万，《汉书·匈奴传》载扬雄上书云蒙恬将兵四十余万。十万与四十余万相差四倍之多，究竟哪一个数字是对的，不易断定。但《史记》说十万的只有一处，而说三十万的则不止一处，可能三十万是对的。至于扬雄说四十余万，就不知有何根据了。

关于蒙恬被派去征伐匈奴与修建长城的时间问题，史书所载也不明确。《史记·蒙恬列传》说蒙恬暴师在外十余年，但是《史记·六国年表》载此事是在始皇三十三年。《资治通鉴》也说这件事在始皇三十三年。始皇死于三十七年（公元前210年），始皇死后，蒙恬也被赐死。假如蒙恬是在始皇三十三年被遣去征伐匈奴与修建长城，那么蒙恬在外只有四年的时间，不能谓暴师在外十余年。若说暴师在外十余年是对的，那么蒙恬被遣征伐匈奴与修建长城应在始皇二十六年或二十七年，否则暴师在外十余年这句话就错了。我们以为征伐匈奴可能不止一次，而修建长城也非三四年间所能完成，所以暴师在外十余年这句话较为可靠，而蒙恬之被遣到边境备胡筑城似应以始皇二十六年或二十七年为合理。

《史记·匈奴列传》指出蒙恬北逐匈奴，头曼抵抗不住，北徙了十余年，这个十余年与蒙恬暴师十余年正相符合："头曼不胜秦，北徙。十余年而蒙恬死，诸侯畔秦，中国扰乱，诸秦所徙适戍边者皆复去，于是匈奴得宽，复稍度河南与中国界于故塞。"

自战国后期以至秦，边于匈奴的国家，一方面要用兵去防胡，一方面又要建筑长城以拒胡。秦始皇统一天下之后，也不过是继续去执行这种政策，不过在秦时，所做的规模比以前较大，劳动人民被征兵以防胡的很多，被抓去修筑长城的更多。此外，秦还迁徙了大量的劳动人民去充实边境，开辟荒地，从事耕种，这都是巩固边塞的措施。

欧洲有些学者曾经指出，中国的建筑长城是罗马帝国衰亡的一个主要原因。他们以为中国建筑长城，使匈奴不能向南方发展，后来乃向西方发展。在公元四五世纪的时候，匈奴有一部分人到了欧洲，攻击哥特人，攻击罗马帝国，使罗马帝国趋于衰亡。我们已经指出，长城的作用，主要用于防御匈奴入侵。匈奴之西徙欧洲是匈奴经不起汉武帝与汉和帝的猛烈攻击，但是中国劳动人民所建筑的长城，象征了秦王朝的强盛和阻止匈奴南下掠夺的决心。长城的主要作用是防守，当然，做好了防守同时也为进攻做好准备。长城不一定是罗马帝国衰亡的一个主因，然长城之于罗马帝国的衰亡，也不能说是完全没有关系的。

头曼是匈奴一位很重要的单于，他在位的数十年中，虽经二次失败，然而再仆再起，说明了他所统治的部族，已是一个有基础的强有力的部族。不只秦始皇没有能消灭它，就是汉武帝也消灭不了它。数百年后，这个部族在蒙古高原站不住了的时候，汉王朝的命运不久也宣告终止。

第十二章　冒顿时代匈奴的扩张

在头曼的时代，匈奴已经强大。然而匈奴最强大的时期，是在冒顿就位之后，所以《史记·匈奴列传》里说："至冒顿而匈奴最强大。"

东胡与月氏在头曼的时代与冒顿初年，都很强盛。冒顿攻灭东胡，西击月氏，并且南下中原，收复蒙恬所占的地方。不久又北服浑庾、屈射、丁灵、鬲昆、薪犁，到了汉文帝初年又遣右贤王去袭击月氏，同时还征服了西域许多国。"定楼兰、乌孙、呼揭及其旁二十六国，皆以为匈奴。诸引弓之民，并为一家。"（《史记·匈奴列传》）最后与汉王朝决战。

冒顿杀父自立，是公元前 209 年，也就是刘邦称汉王前三年。冒顿死于汉文帝六年（公元前 174 年），在位三十五年。在这个时期，汉朝换了四位君主，这就是汉高祖、惠帝、吕后、文帝，若把秦二世胡亥也算进去，则冒顿与秦、汉五位君主办过交涉，在他统治时期，匈奴之强，空前绝后。

冒顿这个名字，其语源及意义如何，历来好多学者费了不少工夫去考证。德格罗特在《纪元前的匈奴》一书中把这个名字译为 Mortur。在巴克的《鞑靼千年史》与夏德的《阿提拉族谱考》均作 Baghdur，此外有些人像佛朗克以为应译为 Bordan，又有人直译为 Maodun。

白鸟库吉在《蒙古民族起源考》一文里，曾以为冒顿的意义为圣，但他又说了下面一段话：

> 匈奴谓建国家之王曰冒顿，冒顿现读若 Mou—tun，《〈史记·匈

> 奴列传〉索隐》载冒音墨，又作如字，《汉书》注云：“宋祁曰：‘冒音墨，顿音毒，无别训。’”故冒顿之古音似若Mok—duk或Bok—du（Mok—dok，Bok—dok），若根据现音之Mantun而求其语源，则可与满洲语威势权力之义之Muden，及荣盛之义之Mukden，互为比较，但如有正确之古音，则可据而探求之，此至当之办法也。因此，余视Bokdok为冒顿（古音墨毒）之古音，以为蒙古语译义曰Bogda（Bogdo）之译，Kowalewski氏《蒙古字典》（1212）释Bogda为Saint，Divin，Vénérable，Révérend，Seigneur，Miatre，title de grands personages。故解为帝王之称号，至为适当。成吉思汗之尊号又称Sotto，bagdo cingiz故冒顿单于正同Bogdo ciniz一语。夏德于其所著《阿提拉族谱考》（*Die Ahnentafel Attilas nach Johannes von Thurocz*）中大部分之工作，均费于解释冒顿之二字，而谓系蒙古语释义，曰猛勇之Boghatur之音译。

冒顿是一个勇敢的人，所以“冒顿”象征猛勇的意义，是很可能的。然而我们也曾指出，在匈奴的许多单于之中，只有头曼、冒顿、屠耆三个名字能释其意义，其他单于的名字意义如何，不大清楚，究竟是因为其他单于的名字也有意义，我们无法解释，抑或所有的单于名字，本来就没有什么意义，而上面举出的三位，除屠耆的意义是贤之外，头曼、冒顿不过凑巧与后来的他种语言相近，而有释义，这是一个需要继续研究的问题。

冒顿杀父之后，据《史记·匈奴列传》说“遂尽诛其后母与弟及大臣不听从者，冒顿自立为单于”。《史记·刘敬传》又说：“冒顿杀父代立，妻群母。”假如《史记·匈奴列传》所说尽诛其后母是真的，那么冒顿就不会再妻其群母，所以《史记·匈奴列传》那段话，应当一连读下去，就是“（冒顿）遂尽诛其后母与弟及大臣之不听从者”。并不是像有的人那样所释，尽杀后母及弟。换句话说，凡是后母及弟和大臣中听从者，并没有诛，而后母之听从者为冒顿所妻，《史记·刘敬传》

所说妻群母，也没有错。

冒顿既立，东边的东胡与西边的月氏，仍然强盛。南边自陈胜起兵至刘邦灭了项羽，七年之间，无人注意北边的匈奴。就是刘邦统一天下之后，在一个长时期中，汉对于匈奴的入侵，也无力抵抗。至于匈奴的北边，则有浑庾，屈射、丁灵、鬲昆、薪犁诸国存在。

冒顿因战国诸侯的内战而南下时，他的王庭大概是在阴山一带。阴山东西千余里，草木禽兽很多，冒顿依阻其中作为苑囿，并且是用在这里的材料以为弓矢。这个地方靠近汉的边境，所以冒顿很容易南下为寇。

西汉人对于冒顿的力量曾做过估计。贾谊在《新书》卷四《匈奴》里说："窃料匈奴控弦大率六万骑，五口而出介卒一人，五六三十，此即户口三十万耳，未及汉千石大县也。"贾谊这种估计，实在太低。李牧击败匈奴破杀已十余万骑，北逃者尚不在内。冒顿的兵力，比之李牧时的匈奴为大，所以不会只有六万骑。《史记·刘敬传》说冒顿控弦三十万，《匈奴列传》有一个地方说，控弦之士三十余万，而另一个地方说冒顿纵精兵四十万骑围高帝于白登。假使以三十余万来计算，那么比之贾谊所说要多六倍。骑兵三十余万，若以五口出介卒一人，则匈奴人口当在一百五十万至二百万之间。

不过贾谊以五口出介卒一人的估计，也未必可靠，可能五口之中不止一人去当兵。匈奴人从小到大，没有不习骑射的，"士力能毌弓，尽为甲骑"。则一家五口假如有两个男子以上的，可能一家不只出一介卒，所谓急则"人习战攻以侵伐"，这里所说的人，恐怕除很老与很小的男人之外，其余都要参战。《汉书·陈汤传》指出：郅支单于西逃到康居筑城以守，当汉兵攻城时，郅支的阏氏及夫人数十人，也上城楼引弓助战，说明匈奴的女子，也有参战的。匈奴妇女也善于骑术，守城妇女也能引弓助战，在战争激烈的时候，匈奴骑兵之中也可能有妇女参加。匈奴北边的丁零，本是一个小国，据《魏略》所载尚有胜兵六万。乌孙远不如匈奴强大，据《汉书·西域传》载尚有兵十八万八千八百人，以"百蛮大国"见称的匈奴，只有六万人，是不可信的。

又《汉书》载乌孙有口六十三万，《汉书》所谓口，应该指的是总的人口。在六十三万人口中，拥有十八万八千八百兵，这等于说大约三个半人中有一个人当兵。又《汉书·西域传》说，大月氏人口四十万，胜兵十万人，这是说每四口之中有介卒一人。虽然有些国家如康居口人六十万，胜兵十二万，这是如贾谊所说的五与一之比；有的像于阗国，人口万九千三百而胜兵只二千四百，则是八与一之比。但是匈奴不只是一个行国，而且从儿童至成人，都引弓习骑，那么在其人口中兵士的数目较大，也是一件很合理的事情。假使照乌孙与康居的人口与介卒的比例来计算，就是三个半至四个人中有一个人当兵，以匈奴三十五万骑来计算，那么匈奴人口至少也有一百二十余万以至一百四十万。假使以《史记·匈奴列传》所说冒顿有精兵四十万的话，那么以四口之中有一兵士来计算，匈奴人口就有一百六十万。我们以为像匈奴这个“百蛮大国”，有三十余万至四十万士卒似乎没有问题。所以照我们的估计，在冒顿在位后的前半期，匈奴人口大致上可以说是在一百五十万左右，到了后来，因为自然的繁殖与战争俘获他国的人民，又增加不少。当时匈奴若没有三四十万的骑兵，冒顿不会轻易去对抗汉高祖的三十余万士卒。而且《史记·匈奴列传》说：“冒顿纵精兵四十万骑围高帝于白登。”那么所谓“精兵”是别于一般普通的士卒，可能匈奴整个兵士的数目，还不止这个数目，兵士已有这么多，那么一百五十万的人口不会太多。而况冒顿之围刘邦是在他击败东胡、月氏及匈奴北边诸国之后，这些被破灭或被征服诸国的人民又多为匈奴所俘获，故其人口总数可能在一百五十万以上。

冒顿就位之后，他的政策，可以说是先安内而后攘外。他杀了父亲，又杀后母、诸弟及大臣之不服从者，使他的地位巩固起来。他在头曼未死之前，已作鸣镝，习骑射，其目的有二：一为树立纪律，一为整军经武。

冒顿初立，地位不稳，所以冒顿除了对于混乱的中原时而入寇之外，对于东胡与月氏并没有采取进攻的政策。相反，他对于东胡却一再让步。但《史记短长说》卷下述叔孙生的话说：“冒顿饵人者也，非为人饵者也，不观其初得志而以其所爱阏氏予东胡，而兵随其后，彼岂其遽耄昏哉。”

这与《史记》《汉书》所载不同。假使冒顿觉得他的兵力已够征服东胡，他似乎不需要把阏氏给东胡，而兵随其后，冒顿虽是勇敢的人物，但也是很谨慎的。他后来包围汉高祖，还自动解围，所以若非东胡迫他太甚，他在初立的时候，似乎不至于用阏氏与东胡，兵随其后之策。《史记短长说》述叔孙生之言，恐不可靠。

东胡在战国时，曾为燕国秦开所败，却地千余里，其士卒之损失，恐怕也很多，力量大为削弱。东胡王既没有估计到冒顿的势力的增强，又没有防备，所以冒顿一击就被攻灭。经过冒顿这一次打击之后，东胡一蹶不振。《史记》虽没有东胡列传，《汉书》也没有传，《后汉书·乌桓传》说："乌桓者，本东胡也。汉初，匈奴冒顿灭其国，馀类保乌桓山，因以为号焉。"同书《鲜卑传》又说："鲜卑者，亦东胡之支也，别依鲜卑山，故因号焉。"

假使这个记载没有错误，那么东胡经过冒顿攻破之后，其种族的一部分虽保留于乌桓山及鲜卑山，成为后来的乌桓与鲜卑，但其国却为冒顿所灭。冒顿破灭东胡，虏其人民、畜产的数目也必很多，这样使匈奴的人口、物资，大大地增加起来。

冒顿后来又征服了在匈奴北边的诸国。《史记·匈奴列传》说冒顿"尽服从北夷，而南与中国为敌国"。这个北夷似乎指东胡、月氏以及匈奴以北的各国。《史记·匈奴列传》又说："后北服浑庾、屈射、丁零、鬲昆、薪犁之国。"关于这几个国家的名字与方位，历史学者意见颇不一致。丁灵亦作丁令、丁零；鬲昆亦作隔昆、坚昆；浑庾《汉书》作浑窳，贾谊《新书》作灌窳；薪犁《汉书》作龙新犁，王念孙指出《史记》与荀悦《汉纪》均无龙字。沈钦韩指出《魏略》也没有龙字，所以他们以为龙字是衍字。（参看王先谦：《汉书补注·匈奴传六十四上》）屈射没有别名，后来匈奴浑邪王或昆邪王居右地，或系被匈奴破灭，遣人去治理其地，因而得名，犹如丁令为匈奴所征服遣卫律为丁令王。

关于这几个国家的位置，也很有问题，《三国志·魏书》卷三十述鱼豢《魏略·西戎传》说：

> 呼得国在葱岭北，乌孙西北，康居东北，胜兵万余人，随畜牧，出好马，有貂。坚昆国在康居西北，胜兵三万人，随畜牧，亦多貂，有好马。丁令国在康居北，胜兵六万人，随畜牧，出名鼠皮、白昆子、青昆子皮。此上三国，坚昆中央，俱去匈奴单于庭安习水七千里，南去车师六国五千里。西南去康居界三千里，西去康居王治八千里。或以为此丁令即匈奴北丁令也，而北丁令在乌孙西，似其种别也。又匈奴北有浑窳国，有屈射国，有丁令国，有隔昆国，有新黎国，明北海之南自复有丁令，非此乌孙之西丁令也。乌孙长老言北丁令有马胫国，其人音声似雁鹜，从膝以上身头，人也，膝以下生毛，马胫马蹄，不骑马而走疾马，其为人勇健敢战也。

照《史记·匈奴列传》所说的浑庾、屈射、丁令、鬲昆、薪犂五国都应该在匈奴之北，丁令应该是在贝加尔湖或北海左近，就是苏武牧羊于北海而被丁令盗其羊的地方，也就是卫律为丁令王的那个丁令。《三国志·魏书》则以为除了这个丁令，在西边还有一个丁令，这个丁令就不清楚了。坚昆在丁令之西，这也没有问题。薪犂无从考证。屈射若为后来昆邪王所居地，那么定偏于匈奴之西，而不能谓为北边。

至于灌窳，《魏略》谓匈奴北有浑窳国。贾谊《新书》卷四《匈奴》说："将必以匈奴之众为汉臣民制之，令千家而为一国，列处之塞外自陇西延至辽东，各有分地以卫边，使备月氏灌窳之变。"贾谊献议于文帝时，月氏还在甘肃的河西，灌窳与月氏相提并论，可能灌窳与月氏接近。假使这种看法不错，灌窳也偏在匈奴之西，而非在匈奴之北。（参看沙畹译《魏略·西戎传》[*Les pays d'occident d'après le Wei Lio*, *Toang Pao*，1905] 关于浑窳的注解。）

这五国中，丁令有六万胜兵，若用贾谊的五口出介卒一个的算法，丁令应有人口三十万。坚昆胜兵三万，应有人口十五万。其他三国的胜兵多少，没有记载，但若以坚昆的数字来计算，三国应共有人口四十余万。五国合计约为九十万人口，约当匈奴人口之一半了。

冒顿虽然征服了这些国家，但不见得完全消灭了他们。丁令、坚昆后来在匈奴衰弱的时候，还攻击匈奴，可是在冒顿在位的时候，这些国家都服从匈奴，是没有问题的。

头曼曾经攻击月氏，但结果如何，无从知道。冒顿破灭东胡之后回来不久，就发兵去侵略月氏。冒顿曾为质于月氏，对于月氏的虚实情况，想必有所了解，他估计自己力量能胜月氏，所以才决定用兵。《史记·匈奴列传》说冒顿西击走月氏，这说明月氏是被冒顿打败了。但所谓击走月氏，也并不是说月氏经过冒顿的攻击之后，就离开故居而跑到伊犁河谷与准噶尔盆地，那是后来的事。所谓冒顿击走月氏，可能只是在月氏与匈奴接壤的地方月氏退却了。

冒顿攻破东胡与攻击月氏，都是在刘邦尚未统一天下之前，亦即公元前203年以前。大概二十至三十年后，冒顿又遣右贤王去攻击月氏。《史记·匈奴列传》述冒顿给汉文帝书云："今以小吏之败约故，罚右贤王，使之西求月氏击之。以天之福，吏卒良，马强力，以夷灭月氏，尽斩杀降下之。"匈奴这一次攻击月氏，也并没有消灭月氏，月氏仍然居于敦煌祁连间。月氏之被攻破，向西北迁徙，是在冒顿儿子稽粥单于时。不过这一次月氏被匈奴击败的损失，比冒顿攻破东胡后被攻伐的那一次的损失要大得多。

乌孙在冒顿时，也在敦煌祁连间与月氏为邻。楼兰即后来的鄯善，在月氏之西。呼揭应在匈奴之西，丁令之西北，坚昆之东南，月氏乌孙之西北。匈奴除了征服这类国家之外，还征服了其旁二十六国，这等于说西域大部分的国家，都役属于匈奴了。《汉书》卷九十六上《西域传》上说：西域本三十六国。若把月氏、乌孙、楼兰、呼揭加上其旁二十六国已经有三十国。《汉书》卷七十《傅常郑甘陈段传》说："西域诸国本属匈奴也"，就是这个意思。在所谓西域三十六国中，大部分在葱岭以东，有几国在葱岭以西，我们推想，匈奴所征服的西域诸国，主要是在葱岭以东，但是坚昆、呼揭已与康居、大宛接近，康居、大宛是否也为冒顿所征服，那就不得而知。然而冒顿的声威必远及葱岭以西，是没有问题的。

匈奴与汉王朝决战之前，匈奴所统治的地域，大体上东至兴安岭，西达北海，南近燕代而至肤施，有些已越过长城。虽则蒙古高原有一大块沙漠或大戈壁，但就整个面积来看，比秦和西汉王朝初年的版图要大，司马迁说至冒顿而匈奴最强大，这是一点儿都不错的。正因为这样，冒顿在匈奴族内的统治权，更加巩固。所以《史记·匈奴列传》说：“于是匈奴贵人大臣皆服，以冒顿单于为贤。”

刘邦统一天下之后，开始注意到冒顿的威胁。汉高祖六年（公元前201年）韩王信被遣到代，以防备匈奴。匈奴大攻马邑，韩王信抵抗不住，投降匈奴。匈奴得韩王信后，遣兵南逾句注，攻太原，至晋阳下。汉高祖觉得事态严重，亲自带领了三十多万兵去攻击匈奴，他希望能给匈奴一个大的打击，结果适得其反。

汉高祖七年（公元前200年）冬率师亲征匈奴。当两军接触的时候，冒顿佯败，汉高祖以为冒顿真的败走，挥师直追。冒顿把精兵藏匿起来，将羸弱的士卒和牲畜暴露在外。汉高祖遣人去打听匈奴的虚实，他们所看见的就是这些羸弱的士卒与牲畜，于是回来报告汉高祖，以为匈奴可击。汉高祖听了之后，还不放心，又遣刘敬去探视，刘敬回来告诉汉高祖说：“两国相击，此宜夸矜见所长。今臣往，徒见羸瘠老弱，此必欲见短，伏奇兵以争利。愚以为匈奴不可击也。”（《史记》卷九十九《刘敬叔孙通列传》）可是这个时候，汉兵已逾句注，二十多万兵已经出发，汉高祖不但不听刘敬的话，还把刘敬训斥一顿：“齐虏！以口舌得官，今乃妄言沮吾军。”并命令把刘敬械系起来送往广武，下令军队继续前进。

匈奴多骑兵，而汉大部分为步兵，步兵行走缓慢，汉高祖自己带领了一小部分士卒先行。他走到平城东南十余里的一个地方，叫做白登，但是大部分的步兵还在后面，冒顿乃以三四十万精兵包围汉高祖于白登。据《史记·匈奴列传》，匈奴围汉高祖的骑兵分四种，“其西方尽白马，东方尽青駹马，北方尽乌骊马，南方尽骍马”。汉高祖被围七日之久，与外面消息断绝，粮食将尽。汉高祖乃用陈平计，派人去见冒顿的阏氏，馈赠厚礼，于是阏氏乃对冒顿说："两主不相困，今得汉地，而单于终非能居之也。且汉王亦有神，单于察之。"（《史记·匈奴列传》）

游牧民族是不惯居农耕地区的，此外冒顿必是一位酷信鬼神的人，加以冒顿在未围汉高祖之前，曾与韩王信的将领王黄与赵利相约，到斯会合，围攻汉兵。围了七天，王、赵的军队没有如约到达，冒顿怀疑可能王、赵二将与汉有夹击匈奴之谋。冒顿于是采纳阏氏的话，解围一角，使汉兵从这一角突围。突围后不久，汉步兵赶到，冒顿也就引兵而去。汉高祖在平城被围，觉察到冒顿兵力雄厚，很难击败，于是也引兵去。

汉高祖平城白登之困，汉王朝认为是一件很大的耻辱，直到后来汉武帝打败匈奴后的诏书中还有"高皇帝遗朕平城之忧"。而且《史记》《汉书》说高祖的脱险，由于厚赂冒顿单于阏氏。但这是一个谜，引起了后人的猜测。《资治通鉴》卷十一《汉纪三》引应劭注："陈平使画工图美女，间遣人遗阏氏曰：'汉有美女如此；今皇帝困厄，欲献之。'阏氏畏其夺己宠，言于冒顿，令解围。余谓秘计者，以其失中国之体，故秘而不传。"应劭所说的话是不是事实，无从考证。但汉高祖脱围，的确是一件很奇怪的事情。汉哀帝时扬雄在其书里说："会汉初兴，以高帝之威灵，三十万众困于平城，士或七日不食，时奇谲之士石画之臣甚众，卒其所以脱者，世莫得而言也。"（《汉书·匈奴传下》）颜师古注云："莫得而言，谓自免之计，其事丑恶，故不传。"这是一件不可告人的事，是无疑的。假使冒顿把汉高祖杀死，然后挥师南下，则汉王朝就有可能灭亡，历史的发展将出现另一面貌，所以汉高祖平城脱险，是中国历史上的一件大事。

汉高祖回到广武后，下令释放刘敬，并对刘敬说："吾不用公言，以困平城，吾皆以斩前使十辈言可击者矣。"（《史记》卷九十九《刘敬叔孙通列传》）又封刘敬二千户，为关内侯，号建信侯。汉高祖罢兵回京，匈奴又不断侵犯边境，汉高祖深感这是他最头痛的边患。他没有办法，于是又问计于刘敬，同传载刘敬说："天下初定，士卒罢于兵，未可以武服也。冒顿杀父代立，妻群母，以力为威，未可以仁义说也。独可以计久远子孙为臣耳，然恐陛下不能为。”汉高祖怪而问之：“诚可，何为不能！顾为奈何？”刘敬答曰：“陛下诚能以适长公主妻之，原奉遗之，彼知汉适女送厚，蛮夷必慕以为阏氏，生子必为太子，代单于。何者？贪汉重币，陛下以岁时汉所余彼所鲜数问遗，因使辩士风谕以礼节。冒顿在，固为子婿；死，则外孙为单于。岂尝闻外孙敢与大父抗礼者哉？兵可无战以渐臣也。若陛下不能遣长公主，而令宗室及后宫诈称公主，彼亦知，不肯贵近，无益也。”这是汉朝著名的和亲加送礼政策，刘敬是这个政策的倡议者，汉高祖很赞成这个办法。

可是，大臣之中，也有人反对和亲政策。《史记短长说》卷下载叔孙生下面一段话：“大汉方一宇宙，超三五，乃无故而饰爱女以为匈奴御，得无贻笑后世哉！夫匈奴豺狼也，其父之不恤而手摘之以死，何有于妇父，冒顿之有子也，而见其大父之死于冒顿也，则曰吾父且不武，何以独忍吾大父而弗忍外大父也？不然，而以十万骑入塞牧，曰：‘均而孙也，吾何以无汉分地，请得九州之偏若幽冀者寓牧焉。’奚辞捍之。”汉高祖以为匈奴贪而好色，故以饵之，叔孙生又以为冒顿是饵人的，而不是为人饵的。《史记短长说》所载这一场争辩不见于正史。汉高祖没有听叔孙生的话，但是吕后知道之后，日夜啼哭，她说她只有一位太子和一位公主，为什么要把她唯一的女儿嫁到匈奴。大臣们的话，汉高祖可以不听，但是吕后的话，他不得不听。于是另择宗室之女来代替，并派刘敬赴匈奴去结和亲之约。“是时匈奴以汉将众往降，故冒顿常往来侵盗代地。于是汉患之，高帝乃使刘敬奉宗室女公主为单于阏氏，岁奉匈奴絮缯酒米食物各有数，约为昆弟以和亲，冒顿乃少止。”（《史记·匈奴列传》）

究竟这位阏氏有没有生男孩，不得而知，但是应该指出，不只冒顿自己，就是冒顿以后的单于之妻，以汉女为阏氏的都不见得将所生之子为太子，所以刘敬的想法，不见得是对的，但是他倡议的和亲与送礼政策，成为西汉王朝对付匈奴的主要政策，高帝如此，吕后、文帝都遵守这个政策。到了武帝，虽然汉兵深入漠北大破匈奴，但武帝就位之初，仍采用这个政策。“今帝（武帝）即位，明和亲约束，厚遇，通关市，饶给之。匈奴自单于以下皆亲汉，往来长城下。”（《史记·匈奴列传》）后来因为武帝伏兵马邑，被匈奴发觉，拒绝和亲。但到了匈奴屡遭失败逃到漠北的时候，重新提议和亲时，武帝并不反对。

刘敬除了倡议和亲送礼的政策之外，又主张徙民实边的政策。徙民实边的政策是刘敬从匈奴结和亲约回来后向汉高祖提出的。

> 刘敬从匈奴来，因言“匈奴河南白羊、楼烦王，去长安近者七百里，轻骑一日一夜可以至秦中。秦中新破，少民，地肥饶，可益实。夫诸侯初起时，非齐诸田，楚昭、屈、景莫能兴。今陛下虽都关中，实少人。北近胡寇，东有六国之族，宗强，一日有变，陛下亦未得高枕而卧也。臣愿陛下徙齐诸田，楚昭、屈、景、燕、赵、韩、魏后，及豪杰名家居关中。无事，可以备胡；诸侯有变，亦足率以东伐。此强本弱末之术也”。上曰：“善。”乃使刘敬徙所言关中十余万口。（《史记·刘敬叔孙通列传》）

刘敬徙民实边的主张，是秦始皇统一天下之后所曾采用过的办法。《史记·秦本纪》载秦始皇二十六年（公元前221年）里说：“徙天下富豪于咸阳十二万户。”又《匈奴列传》说：“始皇帝使蒙恬将十万之众北击胡，悉收河南。因河为塞，筑四十四县城临河，徙适戍以充之。”不过在秦始皇的时候，这两件事是分开来办，而刘敬是把两件事合起来做，这是一举两得的事情，汉高祖很赞同。

西汉初年，汉王朝的重要人物和将领投降匈奴的很多，这与匈奴经常入寇有密切关系。所以《史记·匈奴列传》说：“是时匈奴以汉将众往降，故冒顿常往来侵盗代地。”又如汉高祖五年（公元前202年）燕王臧荼反，攻下代地，汉高祖自己将兵去攻击，虏了臧荼之后，臧荼的儿子臧衍出亡匈奴。后来卢绾投降匈奴，即与臧荼有关。将领之降匈奴的，有韩王信、陈豨等。《史记》卷九十三《韩信卢绾列传》叙韩王信投降匈奴始末如下：

> 明年春，上以韩信材武，所王北近巩、洛，南迫宛、叶，东有淮阳，皆天下劲兵处，乃诏徙韩王信王太原以北，备御胡，都晋阳。信上书曰："国被边，匈奴数入，晋阳去塞远，请治马邑。"上许之，信乃徙治马邑。秋，匈奴冒顿大围信，信数使使胡求和解。汉发兵救之，疑信数间使，有二心，使人责让信。信恐诛，因与匈奴约共攻汉，反，以马邑降胡，击太原。

韩王信既降匈奴，还经常将匈奴兵入寇汉边，汉高祖派人去劝他回汉，他不愿意，最后为汉高祖击败斩首。

> 韩信为匈奴将兵往来击边。汉十年（公元前 197 年）信令王黄等说误陈豨。十一年春，故韩王信复与胡骑入居参合，距汉。汉使柴将军击之，遗信书曰："陛下宽仁，诸侯虽有畔亡，而复归，辄复故位号，不诛也。大王所知。今王以败亡走胡，非有大罪，急自归！"（《史记·韩信卢绾列传》）

韩王信拒绝了柴将军的劝告，乃与汉军战，战败被杀。韩王信死了，陈豨与卢绾又与匈奴谋而反汉，陈豨与卢绾在《史记》里均有传。卢绾之反，与陈豨有关，而陈豨之反又与韩王信及其将王黄等有关。《史记·韩信卢绾列传》说："陈豨者，宛朐人也，不知始所以得从。及高祖七年冬，韩王信反，入匈奴，上至平城还，乃封豨为列侯。"卢绾是丰人，与汉高祖同里，两家父辈很为友爱。与高祖同日生，从小长大，形影不离，汉高祖起兵，卢绾随从有功。汉高祖五年立卢绾为燕王，非刘氏而王是少见的事情。卢绾与陈豨反汉，《史记·韩信卢绾列传》说得比较清楚。

汉十一年秋，陈豨反代地，高祖如邯郸击豨兵，燕王绾亦击其东北。当是时，陈豨使王黄求救匈奴。燕王绾亦使其臣张胜于匈奴，言豨等军破。张胜至胡，故燕王臧荼子衍出亡在胡，见张胜曰："公所以重于燕者，以习胡事也。燕所以久存者，以诸侯数反，兵连不决也。今公为燕欲急灭豨等，豨等已尽，次亦至燕，公等亦且为虏矣。公何不令燕且缓陈豨而与胡和？事宽，得长王燕；即有汉急，可以安国。"张胜以为然，乃私令匈奴助豨等击燕，燕王绾疑张胜与胡反，上书请族张胜。胜还，具道所以为者。燕王寤，乃诈论它人，脱胜家属，使得为匈奴间，而阴使范齐之陈豨所，欲令久亡，连兵勿决。

汉十二年，东击黥布，豨常将兵居代，汉使樊哙击斩豨。其裨将降，言燕王绾使范齐通计谋于豨所。高祖使使召卢绾，绾称病。上又使辟阳侯审食其、御史大夫赵尧往迎燕王，因验问左右。绾愈恐，闭匿，谓其幸臣曰："非刘氏而王，独我与长沙耳。往年春，汉族淮阴，夏，诛彭越，皆吕后计。今上病，属任吕后。吕后妇人，专欲以事诛异姓王者及大功臣。"乃遂称病不行。其左右皆亡匿。语颇泄，辟阳侯闻之，归具报上，上益怒。又得匈奴降者，降者言张胜亡在匈奴，为燕使。于是上曰："卢绾果反矣！"使樊哙击燕。燕王绾悉将其宫人家属骑数千居长城下，侯伺，幸上病愈，自入谢。四月，高祖崩，卢绾遂将其众亡入匈奴，匈奴以为东胡卢王。绾为蛮夷所侵夺。常思复归。居岁余，死胡中。

卢绾之反，与陈豨有关系；至于陈豨之反，不只与韩王信及其部将王黄有关，就是与淮阴侯韩信，也有关系。《史记》卷九十二《淮阴侯列传》说：

陈豨拜为钜鹿守，辞于淮阴侯。淮阴侯挈其手，辟左右与之步于庭，仰天叹曰："子可与言乎？欲与子有言也。"豨曰："唯将军令之。"淮阴侯曰："公之所居，天下精兵处也；而公，陛下之

> 信幸臣也。人言公之畔，陛下必不信；再至，陛下乃疑矣；三至，必怒而自将。吾为公从中起，天下可图也。”陈豨素知其能也，信之，曰：“谨奉教！”汉十年，陈豨果反。

这里虽没有指出淮阴侯韩信与匈奴谋反汉，但他鼓动陈豨反，陈豨反而求救于匈奴，这与淮阴侯韩信也未尝没有间接的关系。《史记》指出因为有人告发韩信与陈豨谋，故吕后乃诱韩信杀之。淮阴侯韩信与韩王信死后，陈豨于高祖十二年（公元前195年）冬也被樊哙所斩。

冒顿在白登围汉高祖，自动解围让汉高祖脱险，但他又利用汉降将来侵扰汉边，如果说汉族统治者有所谓以夷制夷的话，则匈奴采取的是以汉制汉。

汉高祖死，吕后当权，冒顿除了继续南下侵扰外，还写了一封极其狂妄无理的信给吕后，《史记·匈奴列传》仅说：“冒顿乃为书遗高后，妄言。”没有说这封信的内容，班固写《汉书》时始披露此信。据《汉书》卷九十四上《匈奴传》：“孤偾之君，生于沮泽之中，长于平野牛马之域，数至边境，愿游中国。陛下独立，孤偾独居。两主不乐，无以自虞，愿以所有，易其所无。”这是对吕后至为侮辱的言词。《通鉴》指出“辞极亵嫚”，吕后阅毕大怒，欲发兵去攻击冒顿，樊哙支持吕后攻击匈奴：“臣愿得十万众，横行匈奴中。”吕后征求季布的意见，季布告诉吕后说：“哙可斩也！前陈豨反于代，汉兵三十二万，哙为上将军，时匈奴围高帝于平城，哙不能解围。天下歌之曰：‘平城之下亦诚苦！七日不食，不能彀弩。’今歌吟之声未绝，伤痍者甫起，而哙欲摇动天下，妄言以十万众横行，是面谩也。”吕后觉得季布所说的话有理，放弃了攻击匈奴的意图，回冒顿信：“单于不忘弊邑，赐之以书，弊邑恐惧。退日自图，年老气衰，发齿堕落，行步失度，单于过听，不足以自污。弊邑无罪，宜在见赦。窃有御车二乘，马二驷，以奉常驾。”（均见《汉书》卷九十四上《匈奴传》）这可以说是很忍气吞声了。冒顿得信之后遣使到汉谢罪：“未尝闻中国礼义，陛下幸而赦之。”同时，他送马给吕后并修和亲之约。

高祖平城脱围，是用计去使阏氏劝冒顿解围而脱，汉人觉得是一件不可告人的失体面的事。吕后与冒顿这一段交涉，司马迁又在《史记·匈奴列传》中轻轻描写过去。大概在那个时候，去吕后的时间还很近，不愿把这种受侮辱的事笔之于书。后来武帝的诏书中除了“高皇帝遗朕平城之忧”外，还有“高后时，单于书绝悖逆”。司马光《资治通鉴》载冒顿致书于吕后，是在惠帝三年（公元前192年）。冒顿虽然在表面上遣使请赦，另一面仍不断南侵。吕后六年（公元前182年）匈奴入侵狄道攻阿阳。过了一年，匈奴再次入侵上述地方，并且掠走两千余人。

吕后死，文帝即位，汉与匈奴复修和亲，但匈奴仍不断南下侵掠。文帝三年（公元前177年）匈奴右贤王入侵，占据河南地，侵盗上郡保塞蛮夷和杀掠人民。《汉书》卷九十四上《匈奴传》述文帝下诏说：

> 汉与匈奴约为昆弟，无侵害边境，所以输遗匈奴甚厚。今右贤王离其国，将众居河南地，非常故。往来入塞，捕杀吏卒，驱侵上郡保塞蛮夷，令不得居其故。陵轹边吏，入盗，甚骜无道，非约也。

于是文帝乃遣边吏车骑八万到上郡高奴，遣丞相灌婴带领军队去攻击右贤王。右贤王见汉兵来攻，逃到塞外。文帝自己也从甘泉经高奴到太原，但是这个时候，济北王反，文帝乃回到长安，罢丞相击匈奴的军队，平济北王之乱。

文帝四年（公元前176年），冒顿为了右贤王入侵事，曾遗书于文帝：“天所立匈奴大单于敬问皇帝无恙。前时皇帝言和亲事，称书意合驩。汉边吏侵侮右贤王，右贤王不请，听后义卢侯难支等计，与汉吏相恨，绝二主之约，离昆弟之亲。”（《汉书》卷九十四上《匈奴传》）

冒顿自称为天所立匈奴大单于，其自命之尊，气魄之大，已可概见。而且他在这里并不承认入侵的原因是起自右贤王。反之，他以为祸端是由于汉边吏侵侮右贤王，不过他承认右贤王听了后义卢侯难支等的话，没有请示于他，即侵汉。为了这个缘故，他惩罚了右贤王，惩罚的方式，是遣右贤王去出征西域。此外，他在这封信里又继续说，他派右贤王攻略西域后，“北州以定。原寝兵休士养马，除前事，复故约，以安边民，以应古始，使少者得成其长，老者得安其处，世世平乐。未得皇帝之志，故使郎中系虖浅奉书请，献橐佗一，骑马二，驾二驷，皇帝即不欲匈奴近塞，则且诏吏民远舍。使者至，即遣之”。（《汉书》卷九十四上《匈奴传》）

冒顿既矜右贤王之功，又宣扬匈奴之强大，又表示他愿意与汉言好复故约，这可以说是又软、又硬的政策。文帝得书后，召集公卿们会议，讨论和亲好，还是攻击好？公卿们皆说：“单于新破月氏，乘胜，不可击也。且得匈奴地，泽卤非可居也，和亲甚便。”文帝见公卿们都主张和亲，他只好照办。在文帝前六年（公元前 174 年）他写信给冒顿：

> 皇帝敬问匈奴大单于无恙。使系虖浅遗朕书，云“愿寝兵休[士]，除前事，复故约，以安边民，世世平乐”，朕甚嘉之。此古圣王之志也。汉与匈奴约为兄弟，所以遗单于甚厚。背约离兄弟之亲者，常在匈奴。然右贤王事已在赦前，勿深诛。单于若称书意，明告诸吏，使无负约，有信，敬如单于书。使者言单于自将并国有功，甚苦兵事。服绣袷绮衣、长襦、锦袍各一，比疏一，黄金饬具带一，黄金犀毗一，绣十匹，锦二十匹，赤绨、绿缯各四十匹，使中大夫意、谒者令肩遗单于。（《汉书》卷九十四上《匈奴传》）

文帝的书中，虽然仍以为背约离兄弟之亲者常在匈奴，但也仍为右贤王缓颊，说右贤王事已在赦前，勿深诛。同时还认为单于征伐各国有功，因而赐给礼物。这是文帝为了边塞安宁而作的妥协。

文帝六年，即公元前 174 年，冒顿死。

第十三章　匈汉相争及其基本对策

冒顿死，由其子稽粥继立为单于，奠定与汉王朝和亲相持的斗争格局。

稽粥的意义究竟为何，过去的学者尚未考证出来。外国学者有的译为Giyu，有的译为Kiyuk，德格罗特在《纪元前的匈奴》一书写为Kior，巴克在《鞑靼千年史》中却写为Kuyuk，然而大家都只从发音方面来考虑，没有探究意义。稽粥号为老上单于，不知是不是受了汉朝皇帝有号的影响。老上这个名词，当为汉字译义，可能稽粥继立时，年岁已高，所以他自称老上单于。《〈史记·匈奴列传〉集解》引徐广注"一云'稽粥第二单于'，自后皆以弟别之"。

假如这种说法不错，那么稽粥单于不只有号，而且好像是受了秦之始皇之后而有二世、三世的影响。匈奴单于若从头曼算起，稽粥为第三位，但是匈奴之最为强大是在冒顿的时候，可能是为了这个缘故，所以匈奴单于乃从冒顿算起，稽粥称第二。不过徐广所谓"一云稽粥第二"的"一云"语气，既不肯定，而史书对于这一点又没有记载，徐广以后的注解家，也没有注意这一件事。

老上稽粥单于就位的时候，匈奴仍甚强大。据史书的记载，稽粥就位之后，他所做的事情，最值得注意的有好几件：第一，杀月氏王而以其头为饮器，并强迫大部分的月氏人离开敦煌与祁连间的故居；第二，帮助乌孙再度迫走迁到伊犁河谷与准噶尔的月氏，使乌孙占据这些地方；第三，继续南下侵扰汉边。《史记·匈奴列传》所记稽粥在位的事情，基本是匈奴与汉的关系。

《史记·大宛列传》叙述了稽粥杀月氏王的事：

> 大月氏在大宛西可二三千里，居妫水北。其南则大夏，西则安息，北则康居。行国也，随畜移徙，与匈奴同俗。控弦者可一二十万。故时强，轻匈奴，及冒顿立，攻破月氏，至匈奴老上单于，杀月氏王，以其头为饮器。始月氏居敦煌、祁连间，及为匈奴所败，乃远去，过宛，西击大夏而臣之，遂都妫水北，为王庭。其余小众不能去者，保南山羌，号小月氏。

稽粥攻击月氏，是匈奴第四次攻击月氏。月氏王为匈奴所杀，大部分的月氏人，大概都是些强壮的月氏人，向西逃迁到准噶尔盆地与伊犁河谷。这些地方，在那个时候是塞种所占领的地方。大月氏到了这些地方，遂与塞种冲突起来，塞种抵不住月氏，乃经过大宛到葱岭以西，也有小部分的塞种人留在故地，月氏遂占据塞种的故地，并统治留在这个地方的塞人。

匈奴人很重视稽粥单于杀月氏王取其头以为饮器这件事。这个月氏王头，曾为以后的单于保存起来，在某种重要的集会或盟约的时候，匈奴单于就用这个头为饮器。到了一百年后，呼韩邪单于称臣于汉，这个头又曾在单于与汉使者的一次盟约中，用以为饮器。春秋时，赵襄子曾以智伯之头为饮器，可能是受西北其他民族的影响。

至于匈奴之于乌孙，以及乌孙之于月氏的关系，《汉书》卷六十一《张骞李广利传》中有一段记载：

> 闻乌孙王号昆莫。昆莫父难兜靡本与大月氏俱在祁连、敦煌间，小国也。大月氏攻杀难兜靡，夺其地，人民亡走匈奴。子昆莫新生，傅父布就翕侯抱亡置草中，为求食，还，见狼乳之，又乌衔肉翔其旁，以为神，遂持归匈奴，单于爱养之。及壮，以其父民众与昆莫，使将兵，数有功。时，月氏已为匈奴所破，西击塞王。塞王南走远

徙，月氏居其地。昆莫既健，自请单于报父怨，遂西攻破大月氏。大月氏复西走，徙大夏地。昆莫略其众，因留居。

从这段话看来，在稽粥单于未迫走月氏之前，月氏曾杀乌孙王难兜靡，子昆莫及人民乃亡走匈奴，匈奴单于收养了昆莫。后来匈奴杀了月氏王，月氏人中的一部分仍留居原地，依附祁连、敦煌南边的羌族，其中一部分为羌族同化，另一部分月氏人逃到塞人所住的地方，迫使塞人离开故地而据之。不久，昆莫长大成人，得匈奴帮助，西击大月氏占有其地，也就是以前塞族所居住的地方。大月氏迫走塞族时，有一部分塞人留在故地，受月氏统治。大月氏为乌孙昆莫迫走时，一部分的大月氏人又为乌孙所掠夺。此外，留在故地的塞人，仍留在这个地方。因此乌孙除了自己的人民之外，又有了一部分塞人和大月氏人。所以《汉书·西域传》中说“乌孙氏有塞种、大月氏种云”。

匈奴再度迫走大月氏，这种由匈奴征伐而引起的民族迁徙，在后来西域乃至印度的历史上，有极重大的影响。因为塞族西南逃之后，在葱岭以西，不只征服了大夏而逐渐占有其地，后来还扩充疆域至于印度。

在时间上，冒顿末年，匈奴打败乌孙，也打败了月氏，然两者仍居敦煌、祁连间。大概到了稽粥继立之后，乌孙王难兜靡始为月氏所杀，这时的昆莫还是婴儿。昆莫长大成人，为父报仇攻破月氏，又是稽粥死后军臣继位以后的事了。

敦煌与祁连间的地方，就是我们所说的河西走廊。这里有祁连山，也有焉支山，祁连山有皑皑白雪，河西走廊的许多河流即是由山上的雪融化而来。这里有不少好牧场。焉支山大概还出很多胭脂，这块地方对于匈奴很重要。匈奴占领这块地方之后，匈奴在西边的边境，遂与汉接近，成为侵汉的根据地。

稽粥继立为匈奴单于之后，汉文帝遣宗室女为单于阏氏，并赠送礼物，派中行说伴行。中行说很不愿意去，并扬言如果一定要他去，他将做不利于汉的事情，而为汉患。可是文帝仍派他去。结果中行说投降了匈奴，将汉的情况告诉了单于，鼓励单于发扬匈奴之所长与汉对抗。

《史记·匈奴列传》载中行说与汉使者辩论汉与匈奴文化的优劣。中行说极力为匈奴风俗习惯辩护，反驳汉使者的意见。比方汉使或言曰："匈奴俗贱老。"中行说对曰："而汉俗屯戍从军当发者，其老亲岂有不自脱温厚肥美以赍送饮食行戍乎？"汉使曰："然。"中行说曰："匈奴明以战攻为事，其老弱不能斗，故以其肥美饮食壮健者，盖以自为守卫，如此父子各得久相保，何以言匈奴轻老也？"汉使曰："匈奴父子乃同穹庐而卧。父死，妻其后母；兄弟死，尽取其妻妻之。无冠带之饰，阙廷之礼。"中行说曰："匈奴之俗，人食畜肉，饮其汁，衣其皮；畜食草饮水，随时转移。故其急则人习骑射，宽则人乐无事，其约束轻，易行也。君臣简易，一国之政犹一身也。父子兄弟死，取其妻妻之，恶种姓之失也。故匈奴虽乱，必立宗种。今中国虽详不取其父兄之妻，亲属益疏则相杀，至乃易姓，皆从此类。且礼义之敝，上下交怨望，而室屋之极，生力必屈。夫力耕桑以求衣食，筑城郭以自备，故其民急则不习战功，缓则罢于作业。嗟土室之人，顾无多辞，令喋喋而占佔，冠固何当？"从此以后，汉使者凡有要辩论的，中行说常常告诉他们："汉使无多言，顾汉所输匈奴缯絮米糵，令其量中，必善美而已矣，何以为言乎？且所给备善则已；不备，苦恶，则候秋孰，以骑驰蹂而稼穑耳。"

他对匈奴的风俗习惯，辩护无微不至，对于汉的礼义，竭力加以蔑视；对匈奴单于则力劝其抛弃汉文化影响，而保存匈奴固有的东西。对于汉使者，必要求给予足够数量的财物。否则，以入寇相威胁。稽粥单于得了这位背叛本民族的人当然格外信任，匈奴对汉边的掠夺更加频繁。

《汉书·文帝纪》文帝十一年（公元前169年），匈奴入寇狄道。过了三年（公元前166年）匈奴又大举入寇，而且烧回中宫[1]，候骑至雍甘泉。《史记·匈奴列传》说：

[1] 《<史记·匈奴列传>正义》引《括地志》云："秦回中宫在岐州雍县西四十里，即匈奴所烧者也。"

> 匈奴单于十四万骑入朝䣕、萧关，杀北地都尉印，虏人民畜产甚多，遂至彭阳。使奇兵[1]入烧回中宫，候骑至雍甘泉。

这恐怕是冒顿围高祖于白登以后最大的一次入侵，而且深入塞内。据《<史记·匈奴列传>正义》引《括地志》云："雍甘泉云阳也。秦之林光宫，汉之甘泉，在雍州云阳西北八十里。秦始皇作甘泉宫，去长安三百里，望见长安。"形势严重，"于是文帝以中尉周舍、郎中令张武为将军，发车千乘，骑十万，军长安旁以备胡寇。而拜昌侯卢卿为上郡将军，宁侯魏遬为北地将军，隆虑侯周灶为陇西将军，东阳侯张相如为大将军，成侯董赤[2]为前将军，大发车骑往击胡"（《史记·匈奴列传》）。《<史记·匈奴列传>集解》引徐广曰："内史栾布亦为将军。"《史》《汉》"栾布传"皆说栾布文帝时为燕相，至将军，没有说参与这次征伐，但是《史》《汉》"文帝纪"皆云栾布为将军参与了这次征伐。

汉文帝对这次征伐十分重视，并欲自将亲征，《史记·孝文本纪》："帝亲自劳军，勒兵申教令，赐军吏卒。帝欲自将击匈奴，群臣谏，皆不听。皇太后固要帝，帝乃止。"此后，匈奴以为汉力量薄弱，不断入侵。"匈奴日已骄，岁入边，杀略人民畜产甚多，云中、辽东最甚，至代郡万余人。汉患之。"《史记·匈奴列传》说"汉患之"。而《汉书·匈奴传》说："汉甚患之。"照《汉书》的语气来看，可以看出文帝时，汉对匈奴的侵扰束手无策。于是《史记·匈奴列传》说，文帝"乃使使遗匈奴书。单于亦使当户报谢，复言和亲事"。文帝后二年（公元前162年），文帝给稽粥单于写了一封长信。

稽粥单于得书，给文帝写了回信。据《史记·匈奴列传》说："单于既约和亲，于是制诏御史曰：'匈奴大单于遗朕书，言和亲已定，亡

[1]　《汉书》卷九十四上《匈奴传》奇作骑。

[2]　《汉书·文帝纪》作董赫。《<史记·匈奴列传>正义》："（赤）音赫。"

人不足以益众广地，匈奴无入塞，汉无出塞，犯［今］约者杀之，可以久亲，后无咎，俱便。朕已许之。其布告天下，使明知之。’”文帝下诏的详细内容，据《史记·孝文本纪》后二年云：

朕既不明，不能远德，是以使方外之国或不宁息。夫四荒之外不安其生，封畿之内勤劳不处，二者之咎，皆自于朕之德薄而不能远达也。间者累年，匈奴并暴边境，多杀吏民，边臣兵吏又不能谕吾内志，以重吾不德也。夫久结难连兵，中外之国将何以自宁？今朕夙兴夜寐，勤劳天下，忧苦万民，为之怛惕不安，未尝一日忘于心，故遣使者冠盖相望，结轶于道，以谕朕意于单于。今单于反古之道，计社稷之安，便万民之利，亲与朕俱弃细过，偕之大道，结兄弟之义，以全天下元元之民。和亲已定，始于今年。

文帝后三年（公元前161年），稽粥老上单于死。[1]

匈奴稽粥死后四年，文帝也死了。汉文帝在位二十三年，曾与匈奴三位单于办过交涉，即冒顿、稽粥和军臣，而与稽粥打交道的时间最长。稽粥对汉的政策，一方面和亲，一方面入寇。这是匈奴的一贯政策，不过稽粥的政策比之冒顿要强化得多。军臣继立之后，不到三年，又大举入寇，这可能也是受了中行说的影响。匈奴虽是屡次答应在和亲送礼之后不再侵犯汉边境，然而这种许诺为时极短，没有多久，又不断入寇，有时还大举入寇。

匈奴既成为汉王朝的大患，汉臣僚与士大夫为消除这种大患纷纷提出意见。班固在《汉书·匈奴传》“赞”中写道：“久矣夷狄之为患也。

[1] 司马光《资治通鉴》卷十五《汉纪七》“是岁（文帝后三年，公元前161年）匈奴老上单于死，子军臣单于立”；《汉书》卷九十四上《匈奴传》“后四年（公元前160年）老上单于死，子军臣单于立”；《史记·匈奴列传》“后四岁，老上稽粥单于死，子军臣单于立；《<史记·匈奴列传>集解》引徐广注，“徐广曰：‘后元三年（公元前161年）立。’”徐广注与《资治通鉴》一致。

故自汉兴，忠言嘉谋之臣曷尝不运筹策相与争于庙堂之上乎？高祖时则刘敬，吕后时樊哙、季布，孝文时贾谊、晁错……”

但在当时几乎没有主战派。贾谊、晁错眼看稽粥侵扰，痛哭流涕，然而他们也没有主张发兵北逐匈奴深入漠北。《汉书》卷四十八《贾谊传》载他在给文帝的奏疏中自荐愿为属国之官以主匈奴，然而他怎么样去主匈奴呢？主要的是他的三表五饵的政策，这个政策见于《新书·匈奴》：[1]

> 臣又且以事势谕，陛下之爱令，匈奴之自视也。苟胡面而戎状者，其自以为见爱于天子也，犹弱子之遌慈母也。若此则爱谕矣，一表；臣又且谕，陛下之好令，胡人之自视也。苟其技之所长，与其所工，一可以当天子之意，若此则好谕矣。一表；爱人之状，好人之技，人道信为大操帝义也，爱好有实，已诺可期，十死一生，彼必将至，此谓三表。

这是三表，什么是五饵？贾谊说：

> 陛下幸听臣之计，则臣有余财，匈奴之来者，家长已上固必衣绣，家少者必衣文锦，将为银车五乘，大雕画之，驾四马，载绿盖从数骑，御参乘，且虽单于之出入也，不轻都此矣，令匈奴降者时时得此而赐之耳，一国闻之者、见之者、希心而相告，人人冀幸以为吾至亦可以得此，将以坏其目，一饵；匈奴之使至者，苦大降者也，大众之所聚也，上必有所召，赐食焉，饭物故四五，盛美胾膹炙肉，具醯醢方数尺于前，令一人坐此，胡人欲观者固百数在旁，得赐者之喜也，且笑且饭，味皆所嗜而所未尝得也，令来者时时得此而飨之耳，一国闻之者、见之者、垂涎而相告，人悇憛其所自，以吾至亦将得此，将以此坏其口，一饵；降者之杰也，若使者至也，上必使人有所召，

[1] 清光绪元年浙江书局据抱经堂重校刻本。

> 客焉，令得召其知识胡人之欲观者，勿禁，令妇人傅白墨黑，绣衣而侍其堂者二三十人，或薄或掩为其胡戏以相饭，上使乐府幸假之，但乐吹箫鼓鞀倒挈面者。更进舞者蹈者，时作少间，击鼓舞其偶人，昔时及为戎乐，携手胥强上客之后，妇人先后扶侍之者固十余人，使降者时或得此而乐之耳。一国闻之者见之者，希盱相告，人人忣忣，唯恐其后来至也。将以此坏其耳，一饵；凡降者陛下之所召幸，若所以约致也，陛下必时有所富，必令此有高堂邃宇，善厨处，大囷京，厩有编马，库有阵车，奴婢诸婴儿畜生具令此时大具，召胡客飨胡使，上幸令官助之，具假之乐，令此其居处乐虞，囷京之畜皆过其故王虑出其单于或时时赐此而为家耳，匈奴一国倾心而冀，人人忣忣，唯恐其后来至也，将以此坏其腹，一饵；于来降者，上必时时而有所召幸，拊循而后得入官，夫胡大人唯亲也，若上于胡婴儿及贵人子好可爱者，上必召幸，大数十人，为此绣衣好闲，且出则从，居则更侍。上即飨胡人也，大觳抵也，客胡使也，力士武士固近侍旁，胡婴儿得近侍侧，胡贵人更进得佐酒前，上及幸，自御此薄使，付酒钱时人偶之，为间则出绣衣具带服宾馀时以赐之，上即幸拊胡婴儿梼乃之，戏弄之，乃授炙幸自啖之，出好衣闲且自为赣之，上起胡婴儿或前或后，胡贵人既得奉酒，出则服衣佩绶，贵人而立于前，令数人得此而居耳，一国闻者见者希盱而欲，人人忣忣，唯恐其后来至也，将以此坏其心，一饵；胡牵期耳，牵其目，牵其口，牵其腹，四者已牵，又引其心，安得不来，下胡抑抎也。此谓五饵。

贾谊认为采取三表、五饵的政策后，“匈奴之中，乖而相疑矣，使单于寝不聊寐，食不甘口，挥剑挟弓而蹲穹庐之隅，左视右视以为尽仇也”。于是群臣“虽欲毋走，若虎在后，众欲无来，恐或轩之，此谓势然。……其南面而归汉也，犹弱子之慕慈母也”。贾谊幻想对匈奴不战而使匈奴降汉。

中行说告诫稽粥单于不要改变匈奴的风俗习惯，贾谊劝文帝用汉贵族的生活方式和各种优待引诱匈奴贵族降汉，贾谊的三表五饵也可以说是针对着中行说的。其实贾谊提出的三表、五饵的政策，基本上没有离开汉一贯的政策——和亲加送礼——的轨道，只不过更加具体罢了。

在如何对付匈奴入侵的策略上，除贾谊外，晁错是很值得注意的。晁错提出的办法，可以说是以夷制夷，奖励屯边。晁错的办法与贾谊不同，较为实际与具体。晁错的建议见于《汉书·爰盎晁错传》：

> 今匈奴地形、技艺与中国异。上下山阪，出入溪涧，中国之马弗与也；险道倾仄，且驰且射，中国之骑弗与也；风雨罢劳，饥渴不困，中国之人弗与也：此匈奴之长技也。若夫平原易地，轻车突骑，则匈奴之众易挠乱也；劲弩长戟，射疏及远，则匈奴之弓弗能格也；坚甲利刃，长短相杂，游弩往来，什伍俱前，则匈奴之兵弗能当也；材官驺发，矢道同的，则匈奴之革笥木荐弗能支也；下马地斗，剑戟相接，去就相薄，则匈奴之足弗能给也：此中国之长技也。以此观之，匈奴之长技三，中国之长技五。陛下又兴数十万之众，以诛数万之匈奴，众寡之计，以一击十之术也。

汉之长技多于匈奴，而人数也多于匈奴，按理，汉匈战争，汉应取胜，但事情不一定如此，究其原因，晁错认为：

> 胡人食肉饮酪，衣皮毛，非有城郭田宅之归居，如飞鸟走兽于广野，美草甘水则止，草尽水竭则移。以是观之，往来转徙，时至时去，此胡人之生业，而中国之所以离南晦也。今使胡人数处转牧行猎于塞下，或当燕代，或当上郡、北地、陇西，以候备塞之卒，卒少则入。陛下不救，则边民绝望而有降敌之心；救之，少发则不足，多发，远县才至，则胡又已去，聚而不罢，为费甚大；罢之，则胡复入。如此连年，则中国贫苦而民不安矣。（《汉书·爰盎晁错传》）

用什么办法才能战胜匈奴呢？晁错提出了自己的主张，《汉书·爰盎晁错传》：

> 今降胡义渠蛮夷之属来归谊者，其众数千，饮食长技与匈奴同，可赐之坚甲絮衣，劲弓利矢，益以边郡之良骑。令明将能知其习俗和辑其心者，以陛下之明约将之。即有险阻，以此当之；平地通道，则以轻车材官制之。两军相为表里，各用其长技，衡加之以众，此万全之术也。

这里指出除了用汉的长技对付匈奴外，同时利用投降汉的义渠和其他蛮夷来对付匈奴，这就是晁错提出的以夷制夷的办法。为了防御匈奴南下侵扰，晁错竭力主张屯边，他说：

> 陛下幸忧边境，遣将吏发卒以治塞，甚大惠也。然令远方之卒守塞，一岁而更，不知胡人之能，不如选常居者，家室田作，且已备之。以便为之高城深堑，具蔺石，布渠答，复为一城其内，城间百五十步。要害之处，通川之道，调立城邑，毋下千家，为中周虎落。先为室屋，具田器，乃募罪人及免徙复作令居之；不足，募以丁奴婢赎罪及输奴婢欲以拜爵者；不足，乃募民之欲往者。皆赐高爵，复其家。予冬夏衣，廪食，能自给而止。郡县之民得买其爵，以自增至卿。其亡夫若妻者，县官买与之。人情非有匹敌，不能久安其处。塞下之民，禄利不厚，不可使久居危难之地。胡人入驱而能止其所驱者，以其半予之，县官为赎其民。如是，则邑里相救助，赴胡不避死。非以德上也，欲全亲戚而利其财也。此与东方之戍卒不习地势而心畏胡者，功相万也。以陛下之时，徙民实边，使远方无屯戍之事，塞下之民父子相保，亡系虏之患，利施后世，名称圣明，其与秦之行怨民，相去远矣。（《汉书·爰盎晁错传》）

文帝对于晁错的奖励屯边的办法，是很赞成的，但是始终没有好好地实行。晁错明白徙民实边的办法在秦实行过，但效果不大，为了使人乐于到边地，晁错提出了优待办法，使其安居乐业，巩固边防，以备匈奴。

文帝十四年，冯唐提出守边必须有良将，《史记·张释之冯唐列传》：

> 冯唐者，其大父赵人。父徙代。汉兴徙安陵。唐以孝著，为中郎署长，事文帝。文帝辇过，问唐曰："父老何自为郎？家安在？"唐具以实对。文帝曰："吾居代时，吾尚食监高祛数为我言赵将李齐之贤，战于钜鹿下。今吾每饭，意未尝不在钜鹿也。父知之乎？"唐对曰："尚不如廉颇、李牧之为将也。"上曰："何以？"唐曰："臣大父在赵时，为官〔率〕将，善李牧。臣父故为代相，善赵将李齐，知其为人也。"上既闻廉颇、李牧为人，良说，而搏髀曰："嗟乎！吾独不得廉颇、李牧时为吾将，吾岂忧匈奴哉！"唐曰："主臣！陛下虽得廉颇、李牧，弗能用也。"上怒，起入禁中。良久，召唐让曰："公奈何众辱我，独无间处乎？"唐谢曰："鄙人不知忌讳。"当是之时，匈奴新大入朝㜫，杀北地都尉卬。上以胡寇为意，乃卒复问唐曰："公何以知吾不能用廉颇、李牧也？"唐对曰："臣闻上古王者之遣将也，跪而推毂，曰阃以内者，寡人制之；阃以外者，将军制之。军功爵赏皆决于外，归而奏之。此非虚言也。臣大父言，李牧为赵将居边，军市之租皆自用飨士，赏赐决于外，不从中扰也。委任而责成功，故李牧乃得尽其智能，遣选车千三百乘，彀骑万三千，百金之士十万，是以北逐单于，破东胡，灭澹林，西抑强秦，南支韩、魏。当是之时，赵几霸。其后会赵王迁立，其母倡也。王迁立，乃用郭开谗，卒诛李牧，令颜聚代之。是以兵破士北，为秦所禽灭。今臣窃闻魏尚为云中守，其军市租尽以飨士卒，〔出〕私养钱，五日一椎牛，飨宾客军吏舍人，是以匈奴远避，不近云中之塞。虏曾一入，尚率车骑击之，所杀甚众。夫士卒尽家人子，起田中从军，安知尺籍伍符。终日力战，斩首捕虏，上功莫府，一言不相应，文吏以法

纯之。其赏不行而吏奉法必用。臣愚，以为陛下法大明，赏太轻，罚太重。且云中守魏尚坐上功首虏差六级，陛下下之吏，削其爵，罚作之。由此言之，陛下虽得廉颇、李牧，弗能用也。臣诚愚，触忌讳，死罪死罪！”文帝说。是日令冯唐持节赦魏尚，复以为云中守，而拜唐为车骑都尉，主中尉及郡国车士。

贾谊的三表五饵，不见得为文帝所采用。晁错的奖励实边，虽得文帝的赞同，但不见得彻底实行。冯唐向文帝推荐魏尚，比之李牧，可是魏尚才能不见得比得上李牧。李牧、蒙恬大败匈奴，而魏尚却没有击败匈奴，解除西汉王朝最大的边患。

军臣单于继立于汉文帝后三年（公元前 161 年），死于汉武帝元朔三年（公元前 126 年），在位三十五年，他与汉王朝的三个皇帝（文、景、武）办过交涉。军臣就位的时候，中行说还活着，军臣单于和他父亲一样，对中行说很信任。中行说死于何年？苦无记载。军臣单于就位以后的唯一劲敌，仍是南边的西汉王朝。

军臣一就位，汉文帝又与匈奴和亲。但“军臣单于立四岁，匈奴复绝和亲，大入上郡、云中各三万骑，所杀略甚众而去”（《史记·匈奴列传》）。而《汉书·匈奴传》则说是“军臣单于立岁余，匈奴复绝和亲，大入上郡、云中各三万骑，所杀略甚众”。

这里值得注意的是《史记》与《汉书》记载此事说法不一，《史记》说此事发生于军臣立后四年，而《汉书》却说此事发生于军臣立后年余，究竟哪种说法对？《〈史记·匈奴列传〉集解》引徐广注：“孝文后元七年崩，而二年答单于书，其间五年。而此云‘后四年’又‘立四岁’，数不容尔也。孝文后六年冬，匈奴入上郡、云中也。”看徐广的语气所谓“此云后四年，又立四岁”，好像是八年，假使这样说，那是错的。《史记》所说军臣单于立四岁，是指军臣就位后四年。军臣立于文帝后三年，所谓立四岁，连头带尾算上，可以说为四年；如果以四年满数而说，那就错了，因为匈奴入侵上郡、云中是文帝后六年，如按满数计算，当在文帝后七年。《汉书·文帝纪》也说匈奴入侵上郡、云中是在文帝后六年，这样看起来，《史记》所说军臣立四岁而大入上郡、云中，固有商量的余地，而《汉书·匈奴传》认为军臣立岁余而大入上郡、云中也是不对的。

匈奴在文帝后六年的入侵，深入塞内，故《史记》《汉书》的匈奴传皆云："胡骑入代句注边，烽火通于甘泉、长安。"汉文帝以为军臣初立，可以用和亲送礼的政策去笼络匈奴，但是军臣和他的祖先一样并不因此而停止侵扰。这次入侵是文帝时期匈奴第三次大举入侵。冒顿、稽粥、军臣在文帝时除小规模的侵扰经常发生外，都对汉作过一次大规模的入侵。军臣既对汉大举入侵，文帝被迫不得不发兵迎击。《史记·孝文本纪》说：

> 以中大夫令勉为车骑将军，军飞狐；胡楚相苏意为将军，军句注；将军张武屯北地；河内守周亚夫为将军，居细柳；宗正刘礼为将军，居霸上；祝兹侯军棘门：以备胡。数月，胡人去，亦罢。

文帝为了鼓励士气，又亲自劳军，据《资治通鉴·汉纪七》云：

> 上自劳军，至霸上及棘门军，直驰入，将以下骑送迎。已而之细柳军，军士吏被甲，锐兵刃，彀弓弩持满，天子先驱至，不得入。先驱曰："天子且至！"军门都尉曰："将军令曰：'军中闻将军令，不闻天子之诏。'"居无何，上至，又不得入。于是上乃使使持节诏将军："吾欲入营劳军。"亚夫乃传言"开壁门"。壁门士请车骑曰："将军约：军中不得驰驱。"于是天子乃按辔徐行。至营，将军亚夫持兵揖曰："介胄之士不拜，请以军礼见。"天子为动，改容，式车，使人称谢："皇帝敬劳将军。"成礼而去。既出军门，群臣皆惊。上曰："嗟乎，此真将军矣！曩者霸上、棘门军若儿戏耳，其将固可袭而虏也。至于亚夫，可得而犯耶！"称善者久之。

后来，文帝在死前嘱太子“即有缓急，周亚夫真可任将兵”。吴楚七国之乱，周亚夫任太尉统兵平定了这次叛乱，这不能说文帝不会用人。

匈奴入侵达数月之久，汉兵到边地时匈奴远离边塞而去，汉也就此罢兵，不出塞追击。《史记·孝文本纪》说：“与匈奴和亲，匈奴背约入盗，然令边备守，不发兵深入，恶烦苦百姓。”“恶烦苦百姓”，是不是唯一的原因，不得而知，但是这是重要原因之一，是无可怀疑的。原来在那个时候，被征去当兵的衣食皆要自己准备，如劳师的时间过久，则不只农田缺人耕种，而士卒衣食，也成了问题。所谓“恶烦苦百姓”，就是这个意思。

军臣大入上郡、云中之次年，即公元前157年，文帝死了。在文帝时期，西汉王朝内部比较安定，人口增加，文帝提倡农业，节省开支。景帝元年丞相吕嘉等，在奏疏里说：“世功莫大于高皇帝，德莫盛于孝文皇帝。”（《史记·孝文本纪》）然而无论功大的高帝还是德盛的文帝，既没有能用武力去击败匈奴，也没有办法去感化匈奴。

文帝死，景帝继位为皇帝，复修和亲。《汉书·景帝纪》说景帝元年（公元前156年）“遣御史大夫青翟至代下与匈奴和亲”。御史大夫在西汉初期，地位仅次于丞相，景帝遣御史大夫去修和亲之约，可见景帝求和之切。《史记·孝景本纪》说：“匈奴入代，与约和亲。”

这里所说匈奴入代实际又是入侵，所以不得不遣派大臣去修和亲之约。《汉书·景帝纪》注青翟云：“文颖曰：‘姓严，讳青翟。’臣瓒曰：‘此陶青也。壮青翟乃自武帝时人，此纪误。’师古曰：‘后人传习不晓，妄增翟字耳，非本作纪之误。’”司马光《资治通鉴》已改为“遣御史大夫青至代下与匈奴和亲”。注云：陶青为“高祖功臣陶舍之子”。《通鉴》景帝二年又说：“以御史大夫开封侯陶青为丞相。”所以《汉书·景帝纪》所说的青翟，当为陶青。

《汉书·景帝纪》又说：景帝二年“秋，与匈奴和亲”。景帝五年“遣公主嫁匈奴单于”。这样看来，景帝是更积极执行高祖以来的和亲送礼政策。

应该指出，在景帝三年那一年，赵王遂反，曾与匈奴联络。《汉书》卷三十八《高五王传》说：

> 孝景时晁错以过削赵常山郡，诸侯怨，吴、楚反，遂与合谋起兵。其相建德、内史王悍谏，不听。遂烧杀德、悍，发兵住其西界，欲待吴楚俱进，北使匈奴与连和。汉使曲周侯郦寄击之，赵王城守邯郸，相距七月。吴、楚败，匈奴闻之，亦不肯入边。

这与汉高祖初年有些大臣谋反与匈奴相勾结有相似之处。但这一次的内乱中，匈奴闻吴楚败即不肯入边去帮助赵王遂，不久赵王遂兵败自杀。匈奴不愿出兵帮助赵王遂，虽与吴楚之败有关，但也可能是受景帝和亲之约的约束。“自是之后，孝景帝复与匈奴和亲，通关市，给遗匈奴，遣公主，如故约。终孝景时，时小入盗边，无大寇。”（《史记·匈奴列传》）

景帝在位的十几年中，匈奴小规模入寇见于史书的，有景帝中二年（公元前 148 年）“匈奴入燕，遂不和亲”（《史记·孝景本纪》）。又中六年（公元前 144 年）六月“匈奴入雁门，至武泉，入上郡，取苑马。吏卒战死者二千人”（《汉书·景帝纪》）。吏卒死亡达两千人之多，人民畜物之被杀掠的恐怕还要多，这不是小入寇了。这里所说的苑马，据《汉书·景帝纪》如淳注：“《汉仪注》太仆牧师诸苑三十六所，分布北边、西边。以郎为苑监，官奴婢三万人，养马三十万匹。”又景帝后二年春，“匈奴入雁门，太守冯敬与战死。发车骑材官屯”（《汉书·景帝纪》）。《史记·孝景本纪》云“郅将军击匈奴”。

《〈史记·孝景本纪〉正义》以为郅将军即郅都。《资治通鉴》注则认为郅将军乃另一人[1]，非郅都。郅将军确系何人？我们不打算在这里讨论，但是《汉书》卷九十《酷吏传》中曾论及郅都与匈奴的关系，“景帝乃使使即拜都为雁门太守，便道之官，得以便宜从事。匈奴素闻郅都节，举边为引兵去，竟都死不近雁门。匈奴至为偶人象都，命骑驰射，莫能中，其见惮如此，匈奴患之”。

景帝时，还有一位将领为匈奴所惧，这便是李广。关于李广，以后再述。

[1] 《资治通鉴》卷十六《汉纪八》“景帝中二年”注《考异》曰:《史记》《本纪》“后二年正月，郅将军击匈奴”。《酷吏传》:“郅都死后，宗室犯法，上乃召宁城为中尉。”成为中尉在中六年，则后二年所谓郅将军者，非都也，疑别一人。

第十四章 匈奴开始为汉所败

军臣单于在位的三十五年中，匈奴内部好像出了问题。汉文帝末年，以及景帝的时候，不只高祖时投降匈奴的将领如韩王信、卢绾的子孙都反水归汉，匈奴王中反叛军臣单于降于汉的也不少。韩王信之子韩颓当，曾为匈奴相国，于文帝十四年与侄韩婴率众降汉，汉封颓当为弓高侯，婴为襄城侯。《史记·孝景本纪》说："匈奴王二人率其徒来降，皆封为列侯。"《资治通鉴·汉纪八》："匈奴王徐卢等六人降，帝欲侯之以劝后。丞相亚夫曰：'彼背主降陛下，陛下侯之，则何以责人臣不守节者乎？'帝曰：'丞相议不可用。'乃悉封徐卢等为列侯。"《史记》说二人，而《资治通鉴》作六人。《汉书·景武昭宣元成功臣表第五》则以为匈奴王降汉的共七人，他们是安陵侯于军、桓侯赐、遒侯陆强、容城携侯徐卢、易侯仆黚、范阳靖侯范代、翕侯邯郸。这样多的匈奴王率众来降，可以推测匈奴内部出了问题。

匈奴内部出了什么问题？其严重性如何？今天无从考察，但至少可说明匈奴内部上层贵族中有一部分人对军臣单于不满。匈奴贵族之间，以至他们与单于之间互相猜忌，互相倾轧和征伐，导致一部分贵族离开匈奴南下降汉。

另外军臣就位之后不久，大入上郡、云中之役，人数不过六万，比之稽粥十四万骑入寇和冒顿以三十万骑围汉高祖，则其入寇人数之少，可以概见。而且从入侵上郡、云中之后一直到武帝初年，入寇较少。而且规模也小，因此，我们推想匈奴在这个时候，可能有天灾人祸使匈奴对于西汉王朝无力大举入侵。

在西汉王朝，除天灾外有时也有或大或小的内乱，高祖时诸侯王的反叛，吕后死后诸吕之乱，文帝时济北王兴居的反叛，景帝时吴楚七国之乱等，有的与匈奴联合反汉，有的投降匈奴。然而西汉地肥物博，人口众多，物质条件比匈奴要优越得多，且自汉高祖平定天下以后，尽管有内乱、天灾和外患，但比之战国以至春秋时代，总算和平的日子多于战乱的日子。匈奴大规模的入侵为数不多，小规模的扰乱又只限于边塞，守边的士卒就可迎战，不必调动大兵，所以从汉高祖至武帝即位的六十年间，西汉王朝统治下的人民，尚有休养生息的时间。《史记·吕太后本纪》：“孝惠皇帝、高后之时，黎民得离战国之苦，君臣俱欲休息乎无为，故惠帝垂拱，高后女主称制，政不出房户，天下晏然。刑罚罕用，罪人是希。民务稼穑，衣食滋殖。”班固在《汉书·文帝纪》“赞”中说:“孝文皇帝即位二十三年，宫室苑囿车骑服御无所增益。有不便，辄弛以利民。尝欲作露台，召匠计之，直百金。上曰：‘百金，中人十家之产也。吾奉先帝宫室，常恐羞之，何以台为！’身衣弋绨，所幸慎夫人衣不曳地，帷帐无文绣，以示敦朴，为天下先。治霸陵，皆瓦器，不得以金银铜锡为饰。”《汉书·景帝纪》“赞”中说：“汉兴，扫除烦苛，与民休息。至于孝文，加之以恭俭，孝景遵业，五六十载之间，至于移风易俗，黎民醇厚。”

汉王朝经过几十年的休养生息，国家日愈富足，人口逐年增加。可以肯定，到武帝即位时，西汉王朝的物力盛过以前几个皇帝，为武帝征伐匈奴提供了物质基础。

武帝就位后十五年，即武帝元朔三年（公元前 126 年），匈奴军臣单于死。武帝初年，即军臣单于死去之前虽然有了征伐匈奴的物质基础与决心，但是在他刚刚就位的时候，至少在表面上仍遵循汉高祖以来的和亲送礼政策。《史记·匈奴列传》说：“今帝（武帝）即位，明和亲约束，厚遇，通关市，饶给之。匈奴自单于以下皆亲汉，往来长城下。”这是以前所少见的现象。这时武帝对匈奴仍然采取防守的政策，在防边诸将中，李广与程不识最知名。

李广自文帝十四年（公元前166年）匈奴大入萧关时，已从军击匈奴，直至武帝元狩四年（公元前119年）自杀为止，差不多有五十年之久，“与匈奴大小七十余战”（《史记·李将军列传》）。可以说在这个时期中，西汉王朝与匈奴的战争他差不多都参加了。李广声誉最隆的时期，也是军臣在位时期。军臣死前三年，卫青击败匈奴，西汉攻击匈奴的胜利，已经开端。后来霍去病与卫青大败匈奴，李广虽然与卫青、霍去病带兵出征，但在开始击败匈奴各次战役中，李广失败多而成功少。李广防匈奴之享有盛名，主要是在尚与匈奴相持的军臣单于时代。《汉书·李广苏建传》所记李广事迹，也是对这一时代匈汉战争细节的描述。《传》曰：

> 李广，陇西成纪人也。其先曰李信，秦时为将，逐得燕太子丹者也。广世世受射。孝文十四年，匈奴大入萧关，而广以良家子从军击胡，用善射，杀首虏多，为郎，骑常侍。数从射猎，格杀猛兽，文帝曰：“惜广不逢时，令当高祖世，万户侯岂足道哉！”景帝即位，为骑郎将。吴楚反时，为骁骑都尉，从太尉亚夫战昌邑下，显名。以梁王授广将军印，故还，赏不行。为上谷太守，数与匈奴战。典属国公孙昆邪为上泣曰：“李广材气，天下亡双，自负其能，数与虏确，恐亡之。”上乃徙广为上郡太守。匈奴侵上郡，上使中贵人从广勒习兵击匈奴。中贵人者将数十骑从，见匈奴三人，与战。射伤中贵人，杀其骑且尽。中贵人走广，广曰：“是必射雕者也。”广乃从百骑往驰三人。三人亡马步行，行数十里。广令其骑张左右翼，而广身自射彼三人者，杀其二人，生得一人，果匈奴射雕者也。已缚之上山，望匈奴数千骑，见广，以为诱骑，惊，上山陈。广之百骑皆大恐，欲驰还走。广曰：“我去大军数十里，今如此走，匈奴追射，我立尽。今我留，匈奴必以我为大军之诱，不我击。”广令曰：“前！”未到匈奴陈二里所，止，令曰：“皆下马解鞍！”骑曰：“虏多如是，解鞍，即急，奈何？”广曰：“彼虏以我为走，令解鞍以

示不去，用坚其意。”有白马将出护兵，广上马，与十余骑奔射杀白马将，而复还至其百骑中，解鞍。纵马卧。时会暮，胡兵终怪之，弗敢击。夜半，胡兵以为汉有伏军于傍欲夜取之，即引去。平旦，广乃归其大军。

武帝元光元年（公元前134年），武帝以卫尉李广为骁骑将军屯云中，中尉程不识为车骑将军屯雁门，目的是防备匈奴入侵。李广与程不识俱是汉边名将，但两人作风殊异，《汉书·李广苏建传》说：

武帝即位，左右言广名将也，由是入为未央卫尉，而程不识时亦为长乐卫尉。程不识故与广俱以边太守将屯。及出击胡。而广行无部曲行陈，就善水草顿舍，人人自便，不击刁斗自卫，莫府省文书，然亦远斥候，未尝遇害。程不识正部曲行伍营陈，击刁斗，吏治军簿至明，军不得自便。不识曰：“李将军极简易，然虏卒犯之，无以禁；而其士亦佚乐，为之死。我军虽烦扰，虏亦不得犯我。”是时汉边郡李广、程不识为名将，然匈奴畏广，士卒多乐从，而苦程不识。

时汉对匈奴是继续采取和亲还是采取进攻的政策展开了辩论。据《汉书》卷五十二《窦田灌韩传》说：

其年，田蚡为丞相，安国为御史大夫。匈奴来请和亲，上下其议。大行王恢，燕人，数为边吏，习胡事，议曰：“汉与匈奴和亲，率不过数岁即背约。不知勿许，举兵击之。”安国曰：“千里而战，即兵不获利。今匈奴负戎马足，怀鸟兽心，迁徙鸟集，难得而制。得其地不足为广，有其众不足为强，自上古弗属。汉数千里争利，则人马罢，虏以全制其敝，势必危殆。臣故以为不如和亲。”

韩安国的意见，为当时多数公卿所赞成，武帝采纳了韩安国与匈奴继续和亲的意见，而许其和亲。到了武帝元光二年（公元前133年）再次引起争论。这次大辩论是武帝亲自发动的。武帝诏问公卿曰："朕饰子女以配单于，金币文绣赂之甚厚，单于待命加嫚，侵盗亡已。边境被害，朕甚闵之。今欲举兵攻之，何如？"（《汉书·武帝纪》）于是王恢与韩安国再次发生激烈的争论，由于汉武帝是倾向于出击的，所以这次争论王恢获胜，并决定在马邑伏兵以诱匈奴。《史记·匈奴列传》说："汉使马邑下人聂翁壹奸兰出物与匈奴交，佯为卖马邑城以诱单于。单于信之，而贪马邑财物，乃以十万骑人武州塞。"《汉书·窦田灌韩传》对这次战役叙述得比较详细：

阴使聂壹为间，亡入匈奴，谓单于曰："吾能斩马邑令丞，以城降，财物可尽得。"单于爱信，以为然而许之。聂壹乃诈斩死罪囚，悬其头马邑城下，视单于使者为信，曰："马邑长吏已死，可急来。"于是单于穿塞，将十万骑入武州塞。

当是时，汉伏兵车骑材官三十余万，匿马邑旁谷中。卫尉李广为骁骑将军，太仆公孙贺为轻车将军，大行王恢为将屯将军，太中大夫李息为材官将军。御史大夫安国为护军将军，诸将皆属。约单于入马邑纵兵。王恢、李息别从代主击辎重。于是单于入塞，未至马邑百余里，觉之，还去。

军臣单于怎么未到马邑百余里觉之而去呢？《史记·匈奴列传》说：

单于既入汉塞，未至马邑百余里，见畜布野而无人牧者，怪之，乃攻亭。是时雁门尉史行徼，见寇，葆此亭，知汉兵谋，单于得，欲杀之，尉史乃告单于汉兵所居。单于大惊曰："吾固疑之。"乃引兵还。出曰："吾得尉史，天也，天使若言。"以尉史为"天王"。

军臣带兵回去，汉兵追到边塞而回，主战派王恢也没有穷追。

这次西汉王朝调动了三十余万大军，其数目与汉高祖之攻击冒顿的人数一样，这是西汉王朝自高祖以后发兵最多的一次。然而结果一无所得，主战最力的王恢也未深追，武帝大怒，责备他不出击单于辎重。他说："始约为入马邑城，兵与单于接，而臣击其辎重，可得利。今单于不至而还，臣以三万人众不敌，只取辱。固知还而斩，然完陛下士三万人。"（《汉书·窦田灌韩传》）武帝下恢于廷尉欲斩之，恢自杀。此后，汉匈和亲之约遂绝，匈奴入侵更甚，西汉王朝也积极准备进击匈奴。

到了武帝元光六年（公元前 129 年），"匈奴入上谷，杀略吏民"，武帝乃发兵攻击。《汉书·武帝纪》"遣车骑将军卫青出上谷，骑将军公孙敖出代，轻车将军公孙贺出云中，骁骑将军李广出雁门。青至龙城，获首虏七百级。广、敖失师而还"。《汉书·李广苏建传》说："广以卫尉为将军，出雁门击匈奴。匈奴兵多，破广军，生得广。单于素闻广贤，令曰：'得李广必生致之。'胡骑得广，广时伤，置两马间，络而盛卧。行十余里，广阳死，睨其傍有一儿骑善马，暂腾而上胡儿马，因抱儿鞭马南驰数十里，得其余军。匈奴骑数百追之，广行取儿弓射杀追骑，以故得脱。于是至汉，汉下广吏。吏当广亡失多，为虏所生得，当斩，赎为庶人。"为了鼓舞士气，以利再战，武帝将公孙敖、李广治罪外，却下诏赦免公孙敖、李广部的军士：

> 夷狄无义，所从来久。间者匈奴数寇边境，故遣将抚师。古者治兵振旅，因遭虏之方入，将吏新会，上下未辑，代郡将军敖、雁门将军广所任不肖，校尉又背义妄行，弃军而北，少吏犯禁。用兵之法，不勤不教，将率之过也；教令宣明，不能尽力，士卒之罪也。将军已下廷尉，使理正之，而又加法于士卒，二者并行，非仁圣之心。朕闵众庶陷害，欲刷耻改行，复奉正义，厥路亡繇。其赦雁门、代郡军士不循法者。（《汉书·武帝纪》）

在这一年的冬天[1]匈奴大入寇，渔阳受害尤甚。武帝又遣韩安国屯渔阳，次年（即武帝元朔元年，公元前128年）匈奴以二万骑入寇，《史记·匈奴列传》云："匈奴二万骑入汉，杀辽西太守，略二千余人。胡又入败渔阳太守千余人，围汉将军安国，安国时千余骑亦且尽，会燕救至，匈奴乃去。匈奴又入雁门，杀略千余人。于是汉使将军卫青将三万骑出雁门，李息出代郡，击胡。得首虏数千人。"元朔二年（公元前127年）匈奴入侵上谷、渔阳，杀略吏民千余人。武帝"遣将军卫青、李息出云中，至高阙，遂西至符离，获首虏数千级。收河南地，置朔方、五原郡"。（《汉书·武帝纪》）《史记·匈奴列传》记述得较为详细：

> 卫青复出云中以西至陇西，击胡之楼烦、白羊王于河南，得胡首虏数千，牛羊百余万。于是汉遂取河南地，筑朔方，复缮故秦时蒙恬所为塞，因河为固。汉亦弃上谷之什辟县造阳地以予胡。是岁，汉之元朔二年也。

蒙恬所取匈奴地在高祖初年为冒顿夺回，差不多经过八十年后，又为西汉王朝收复。虽然汉放弃了上谷之什辟县造阳地以予匈奴，可是卫青也占有了蒙恬所取的匈奴地，在武帝看来这是一个大胜利。于是武帝对这次出征有功之人大加封赏。"以三千八百户封青为长平侯。青校尉苏建为平陵侯，张次公为岸头侯。使建筑朔方城。"（《汉书·卫青霍去病传》）军臣单于于为卫青所败之次年，即武帝元朔三年（公元前126年）死去。

军臣单于时期，匈奴内部逐渐发生问题，到了他的晚年，西汉王朝又转守为攻，战场移到匈奴境内，匈奴渐趋衰弱，最后不得不向西汉王朝称臣。所以在武帝与军臣的时代，是匈奴历史的关键性时代，这是研

[1]　《汉书·武帝纪》和《资治通鉴》卷十八《汉纪十》皆作秋；《史记·匈奴列传》、《汉书·匈奴传》作冬。

究匈奴历史以及与汉族关系的人应特别注意的。

军臣单于曾立其子於单为太子，但是军臣死后其弟左谷蠡王伊稚斜[1]自立为单于，起兵攻太子於单，於单败而降汉。《史》《汉》两书的“匈奴传”对于这件事，只平平淡淡地描写：“匈奴军臣单于死，军臣单于弟左谷蠡王伊稚斜自立为单于，攻破军臣单于太子於单。於单亡降汉，汉封於单为涉安侯，数月而死。”（《史记·匈奴列传》）《汉书·匈奴传》记载与此同，只文字稍有出入。此事也见于《汉书》卷十七《景武昭宣元成功臣表》载涉安侯於单以匈奴单于太子降汉。元朔三年四月封，五月薨。

这在匈奴历史上是一件很重要的事情，因为自头曼至军臣的百多年中，匈奴单于的位置，都是父子相传，没有兄终弟及现象。军臣之子於单已立为太子，是军臣的当然继承人，但是军臣之弟伊稚斜，却自立为单于，并攻败太子於单，这是一种反叛行为。双方因争立而引起的内战情形，苦无记载，我们推想必定很严重。《史记·大宛列传》说：“骞（张骞）从月氏至大夏，竟不能得月氏要领。留岁余，还，并南山，欲从羌中归，复为匈奴所得。留岁余，单于死，左谷蠡王攻其太子自立，国内乱，骞与胡妻及堂邑父俱亡归汉。”这说明当时匈奴内部情况很混乱，张骞才有机会逃回。而且，於单失败后投降了汉，说明他失败惨重，不能在匈奴立足，被迫降汉，这些都说明了匈奴内乱的严重性。

自头曼至军臣的百余年中，匈奴王侯贵人，虽有南下降汉的，然而这次争夺单于地位而引起的内乱，却是最严重的。军臣在位的末期，西汉王朝对付匈奴的政策已转守为攻，使匈奴又增加了外患，而且，这种外患在军臣死后日趋严重。

伊稚斜自立为单于，在位共十三年（汉武帝元朔三年至元鼎三年，即公元前 126—前 114 年）。

汉武帝就位之后，西汉王朝既有征伐匈奴的物力，又有征伐匈奴的

---

[1] 《史记·匈奴列传》作伊稚斜，《汉书·匈奴传》作伊穉斜。

决心，他战略眼光宏远，军事攻势与外交攻势并重。为此，武帝提拔并重用征伐匈奴的将才和出使异域的使者，赵翼《廿二史劄记》卷二《汉武用将》做了下面一段叙述：

> 武帝长驾远驭，所用皆跅弛之士，不计流品也。《张骞传》自骞开外国道至尊贵，吏士争上书言外国利害。天子为其绝远，辄予节，募吏民无问所从来，为备人众遣之。……大者予节，小者为付。……至其操纵赏罚，亦实有足以激劝者，如卫青、霍去病等，屡经出塞，为国宣力，固贵之宠之，封侯增邑不少靳。……李广利伐大宛，斩其王毋寡，而私罪恶甚多，则以其万里征伐，不录其过，甚至失机败事，而其罪可谅，其才尚可用者，亦终不刑戮，使得再自效，如张骞与李广，俱出右北平击匈奴，广失亡多，骞后期，皆当斩。皆许赎为庶人。广又全军覆没，身为匈奴所得，佯死夺其马奔归，当斩，亦赎为庶人。……

马邑伏兵欲击匈奴后，武帝在以后的三十余年中，遣将调兵，攻击匈奴，并遣使者沟通西域，断匈奴右臂。试看武帝时的功臣表，因攻伐匈奴而侯者不少。在军臣和伊稚斜时代，西汉攻击匈奴最著名的将领要算卫青与霍去病，出使西域最著名的使者是张骞。

《汉书·卫青霍去病传》：“卫青字仲卿。……河东平阳人也……青壮，为侯家骑，从平阳主。……元光六年，拜为车骑将军，击匈奴，出上谷。”卫青卒于武帝元封五年（公元前106年）。征伐匈奴的另一名将霍去病，其《传》云：“霍去病，大将军青姊少儿子也。……去病以皇后姊子，年十八为侍中。善骑射，再从大将军。大将军受诏，予壮士，为票姚校尉，与轻勇骑八百直弃大军数百里赴利，斩捕首虏过当。……去病为人少言不泄，有气敢往。上尝欲教之吴孙兵法，对曰：‘顾方略何如耳，不至学古兵法。’上为治第，令视之，对曰：‘匈奴不灭，无以家为也。’”霍去病（公元前140—前117年）死的时候不过二十四岁。

去病自公元前119年击匈奴封狼居胥山而还，从此以后直到他死，没有再出击匈奴。卫青虽死于去病之后，也没有再出击匈奴。

卫青、霍去病大规模地出击匈奴是在伊稚斜单于在位时期。《史记·卫将军骠骑列传》：

> 最大将军青，凡七出击匈奴，斩捕首虏五万余级。一与单于战，收河南地，遂置朔方郡，再益封，凡万一千八百户。封三子为侯，侯千三百户。并之，万五千七百户。其校尉裨将以从大将军侯者九人。其裨将及校尉已为将者十四人。
>
> …………
>
> 最骠骑将军去病，凡六出击匈奴，其四出以将军，斩捕首虏十一万余级。及浑邪王以众降数万，遂开河西酒泉之地，西方益少胡寇。四益封，凡万五千一百户。其校吏有功为侯者凡六人，而后为将军二人。

卫青与霍去病出身微贱，从中国的传统礼教来说，是不可能受到重用的，但武帝用人并不问身世，不只对于武将如此，文臣也是如此。卫青与霍去病是最明显的例子。卫青在军臣单于末年，两次出击匈奴，皆凯旋而归。他与霍去病对匈奴最大的打击是在伊稚斜单于时代，时间是在武帝元朔五年至元狩四年，即公元前124—前119年间。

伊稚斜自立为单于之后，就遣兵入侵汉边，《史记·匈奴列传》说：

> 伊稚斜单于既立，其夏，匈奴数万骑入杀代郡太守恭友，略千余人。其秋，匈奴又入雁门，杀略千余人。其明年（武帝元朔四年，公元前125年）匈奴又复入代郡、定襄、上郡，各三万骑，杀略数千人。

代郡、定襄与上郡各三万骑，则共为九万骑，比军臣初年入上郡与云中各三万骑多了三万骑，自稽粥单于以十四万骑入萧关以后，到这时为止，这次入侵是规模最大的一次。《史记·匈奴列传》又说：“匈奴右贤王怨汉夺之河南地而筑朔方，数为寇，盗边，及入河南，侵扰朔方，杀略吏民甚众。”

由于匈奴不断入侵，武帝只好调兵征伐，《史记·匈奴列传》：

> 其明年(武帝元朔五年，公元前124年)春，汉以卫青为大将军，将六将军，十余万人，出朔方、高阙击胡。右贤王以为汉兵不能至，饮酒醉，汉兵出塞六七百里，夜围右贤王。右贤王大惊，脱身逃走，诸精骑往往随后去，汉得右贤王众男女万五千人，裨小王十余人。

关于这一次战役，《史》《汉》“卫青传”说得比较详细，现将《史记·卫将军骠骑列传》录之于下：

> 元朔之五年春，汉令车骑将军青将三万骑，出高阙；卫尉苏建为游击将军，左内史李沮为强弩将军，太仆公孙贺为骑将军，代相李蔡为轻车将军，皆领属车骑将军，俱出朔方；大行李息、岸头侯张次公为将军，出右北平：咸击匈奴。匈奴右贤王当卫青等兵，以为汉兵不能至此，饮醉。汉兵夜至，围右贤王，右贤王惊，夜逃，独与其爱妾一人壮骑数百驰，溃围北去，汉轻骑校尉郭成等逐数百里，不及，得右贤裨王十余人，众男女万五千余人，畜数千百万，于是引兵而还。

这是一个大胜仗，武帝当然很高兴，他不但拜卫青为大将军，又益封他六千户，连卫青的三个儿子也都封侯，此外，随卫青出征的将领都得到了封赏。《史记·卫将军骠骑列传》说：“至塞，天子使使者持大将军印，即军中拜车骑将军青为大将军，诸将皆以兵属大将军，大将军立号而归。天子曰：‘大将军青躬率戎士，师大捷，获匈奴王十有余人，益封青六千户。’而封青子伉为宜春侯，青子不疑为阴安侯，青子登为发干侯。”武帝又诏御史曰：

> 获军都尉公孙敖三从大将军击匈奴，常护军，傅校获王，以千五百户封敖为合骑侯。都尉韩说从大将军出窳浑，至匈奴右贤王廷，为麾下搏战获王，以千三百户封说为龙𩊚侯。骑将军公孙贺从大将军获王，以千三百户封贺为南窌侯。轻车将军李蔡再从大将军获王，以千六百户封蔡为乐安侯。校尉李朔，校尉赵不虞，校尉公孙戎奴，各三从大将军获王，以千三百户封朔为涉轵侯，以千三百户封不虞为随成侯，以千三百户封戎奴为从平侯。将军李沮、李息及校尉豆如意有功，赐爵关内侯，食邑各三百户。

伊稚斜经过这次失败之后，很不甘心。同年秋，匈奴又遣骑兵万余人入寇代郡，杀都尉朱英，并略千余人。武帝于第二年，即元朔六年（公元前 123 年）春遣大将军卫青等出击匈奴。《史记·卫将军骠骑列传》说：“春，大将军青出定襄……斩首数千级而还。”过了一个多月，“悉复出定襄击匈奴，斩首虏万余人”。这次战役中，十八岁的霍去病首次参加了作战，勇冠全军。武帝非常赞赏，“剽姚校尉去病斩首虏二千二十八级，及相国、当户，斩单于大父行籍若侯产，生捕季父罗姑比，再冠军，以千六百户封去病为冠军侯”。

在这一次的战役中，西汉王朝方面有两位将军为匈奴击败而全军覆没，一为右将军苏建，一为前将军翕侯赵信，前者仅以身免逃回，后者则降于匈奴。

> 右将军建、前将军信并军三千余骑，独逢单于兵，与战一日余，汉兵且尽。……右将军苏建尽亡其军，独以身得亡去，自归大将军。大将军问其罪正闳、长史安、议郎周霸等：“建当云何？”霸曰：“自大将军出，未尝斩裨将。今建弃军，可斩以明将军之威。”闳、安曰：

“不然。兵法‘小敌之坚，大敌之禽也’。今建以数千当单于数万，力战一日余，士尽，不敢有二心，自归。自归而斩之，是示后无反意也。不当斩。”大将军曰：“青幸得以肺腑待罪行间，不患无威，而霸说我以明威，甚失臣意。且使臣职虽当斩将，以臣之尊宠而不敢自擅专诛于境外，而具归天子，天子自裁之，于是以见为人臣不敢专权，不亦可乎？”军吏皆曰“善”。遂囚建诣行在所。（《史记·卫将军骠骑列传》）

苏建押回长安后，武帝赦苏建罪赎为庶人。至于赵信，在匈奴的引诱下率残部投降了匈奴。《史记·匈奴列传》：“而前将军翕侯赵信兵不利，降匈奴。赵信者，故胡小王，降汉，汉封为翕侯，以前将军与右将军并军分行，独遇单于兵，故尽没。单于既得翕侯，以为自次王，用其姊妻之，与谋汉。信教单于益北绝幕，以诱罢汉兵，徼极而取之，无近塞。”

《汉书·景武昭宣元成功臣表》载，赵信前以匈奴相国降汉，降汉后也曾立过战功，益封子六百八十户，从降汉到这次降匈奴，在汉王朝共约九年之久。对汉的虚实尤其是汉的军事情况，必定很了解，所以伊稚斜单于诱其降匈奴，投降之后，受到特别尊宠，位自次王。《〈史记·匈奴列传〉正义》解释自次说：“自次者，尊重次于单于。”其地位之尊，可以想见。

赵信劝单于到漠北建立王庭，避免西汉王朝的攻击，如果汉军深入漠北攻击匈奴，则匈奴可以以逸待劳击败汉军。

赵信久住汉域，受到汉族文化的影响，他在阗颜山建筑汉族式的城郭，盖房蓄谷以防西汉王朝的攻击，这就是历史上所称的赵信城。几年后卫青远征漠北时曾到过此城。据史书所载，这是匈奴人第一次学习汉族筑城防守，可见赵信降匈奴后对匈奴影响之大。

自军臣末年至伊稚斜就位为单于后的几次西汉王朝与匈奴之间的战争，西汉王朝都得到了胜利，其中最大的两次是汉武帝元狩二年（公元前121年）和元狩四年（公元前119年）的战争。

元狩二年的战争，即破得休屠王祭天金人那一次。《史记·卫将军骠骑列传》说："冠军侯去病既侯三岁，元狩二年春，以冠军侯去病为骠骑将军，将万骑出陇西，有功。天子曰：'骠骑将军率戎士逾乌盭，讨遬濮，涉狐奴，历五王国，辎重人众慑慴者弗取，冀获单于子。转战六日，过焉支山千有余里，合短兵，杀折兰王，斩卢胡王，诛全甲，执浑邪王子及相国、都尉，首虏八千余级，收休屠祭天金人，益封去病二千户[1]。"

这年夏天，武帝又遣霍去病等诸将攻击匈奴。《汉书·卫青霍去病传》说："其夏，去病与合骑侯敖俱出北地，异道。博望侯张骞、郎中令李广俱出右北平，异道。广将四千骑先至，骞将万骑后。匈奴左贤王将数万骑围广，广与战二日，死者过半，所杀亦过当。骞至，匈奴引兵去。骞坐行留，当斩，赎为庶人。"李广在这次战争中，表现得很勇敢，《汉书·李广苏建传》说：

> 匈奴左贤王将四万骑围广，广军士皆恐，广乃使其子敢往驰之。敢从数十骑直贯胡骑，出其左右而还，报广曰："胡虏易与耳。"军士乃安。为圜陈外乡，胡急击，矢下如雨。汉兵死者过半，汉矢且尽。广乃令持满毋发，而广身自以大黄射其裨将，杀数人，胡虏益解。会暮，吏士无人色，而广意气自如，益治军。军中服其勇也。明日，复力战，而博望侯军亦至，匈奴乃解去。汉军罢，弗能追。是时广军几没，罢归。汉法，博望侯后期，当死，赎为庶人。广军自当，亡赏。

张骞之所以参加对匈奴的战争，是因为他出使大月氏时，经过匈奴曾为匈奴所扣留。他在匈奴十余年，武帝以为他对匈奴的地理和内部情

[1] 《汉书》卷五十五《卫青霍去病传》作二千二百户。

况必有所了解，所以在卫青出击时他随军前往。在他向导下取得了胜利，凯旋后武帝封他为博望侯，这是武帝元朔六年（公元前123年）的事情。可是这次他与李广俱出右北平，因为他所率的军队，不能如期与李广会师而遭损失，论律当斩，赎为庶人。

《汉书·卫青霍去病传》又记这次战役：

> 而去病出北地，遂深入，合骑侯失道，不相得。去病至祁连山，捕首虏甚多。上曰："票骑将军涉钧耆，济居延，遂臻小月氏，攻祁连山，扬武乎觻得，得单于单桓、酋涂王，及相国、都尉以众降下者二千五百人，可谓能舍服知成而止矣。捷首虏三万二百，获五王，王母、单于阏氏、王子五十九人，相国、将军、当户、都尉六十三人，师大率减什三，益封去病五千四百户。赐校尉从至小月氏者爵左庶长。鹰击司马破奴再从票骑将军斩遬濮王，捕稽且王，右千骑将〔得〕王、王母各一人，王子以下四十一人，捕虏三千三百三十人，前行捕虏千四百人，封破奴为从票侯。校尉高不识从票骑将军捕呼于耆王王子以下十一人，捕虏千七百六十八人，封不识为宜冠侯。校尉仆多有功，封为恽渠侯。"合骑侯敖坐行留不与票骑将军会，当斩，赎为庶人。诸宿将所将士马兵亦不如去病，去病所得常选，然亦敢深入，常与壮骑先其大军，军亦有天幸，未尝困绝也。然而诸宿将常留落不耦，由此去病日以亲贵，比大将军。

霍去病无疑是一位天才将领，他之所以在每次战役中都能取得大胜利，一方面是他作战很勇敢，另一面是得力于骑兵。

伊稚斜单于因为对西汉的数次战争受了很大损失，乃迁怒于浑邪王，想杀掉浑邪王，于是浑邪王降汉。《汉书·卫青霍去病传》说："其后，单于怒浑邪王居西方数为汉所破，亡数万人，以票骑之兵也，欲召诛浑邪王。浑邪王与休屠王等谋欲降汉，使人先要道边。是时大行李息将城河上，得浑邪王使，即驰传以闻，上恐其以诈降而袭边，乃令去病将兵往迎之。去病既度河，与浑邪众相望。浑邪裨王将见汉军而多欲不降者，颇遁去。去病乃驰入，得与浑邪王相见，斩其欲亡者八千人，遂独遣浑邪王乘传先诣行在所，尽将其众度河，降者数万人，号称十万。”应该指出，当霍去病将兵去迎浑邪王的时候，大概是因为休屠王后悔与浑邪王叛匈降汉，想与其众逃回匈奴，因而浑邪王乃杀休屠王，并将其部降汉。休屠的家属也在降汉之列，后来的金日磾，就是休屠的儿子。《汉书·卫青霍去病传》接着说：

> 既至长安，天子所以赏赐数十巨万。封浑邪王万户，为漯阴侯。封其裨王呼毒尼为下摩侯，雁疵为辉渠侯，禽黎为河綦侯，大当户调虽为常乐侯。于是上嘉去病之功，曰：“票骑将军去病率师征匈奴，西域王浑邪王及厥众萌咸犇于率，以军粮接食，并将控弦万有余人，诛獟悍，捷首虏八千余级，降异国之王三十二。战士不离伤，十万之众毕怀集服。乃兴之劳，爰及河塞，庶几亡患，以千七百户益封票骑将军。减陇西、北地、上郡戍卒之半，以宽天下繇役。”乃分处降者于边五郡故塞外，而皆在河南，因其故俗为属国。

在浑邪王降汉前，霍去病曾率师过焉支山祁连山击败匈奴。浑邪王降汉，这一带地方遂为汉王朝所据。“于是汉已得浑邪王，则陇西、北地、河西益少胡寇，徙关东贫民处所夺匈奴河南、新秦中以实之，而减北地以西戍卒半。”（《史记·匈奴列传》）汉得河西之后，以其地为武威、酒泉郡。《汉书》卷二十八下《地理志》：

> 自武威以西，本匈奴昆邪王、休屠王地，武帝时攘之，初置四郡，以通西域，鬲绝南羌、匈奴。其民或以关东下贫，或以报怨过当，或以诗逆亡道，家属徙焉。习俗颇殊，地广民稀。水草宜畜牧，故凉州之畜为天下饶。保边塞，二千石治之，咸以兵马为务；酒礼之会，上下通焉，吏民相亲。是以其俗风雨时节，谷籴常贱，少盗

贼，有和气之应，贤于内郡。此政宽厚，吏不苛刻之所致也。

所谓四郡，就是武威、张掖、酒泉和敦煌。这些地方现代称为河西走廊。汉得了这块沃土，既打开了通向西域的门户，又分割了匈奴，其意义之重大可想而知。

浑邪降汉，他和他的部下备受汉的优待，甚至长安令和长安有的商人也因对于匈奴人之所需不能供应，被处以重罪，引起了长安人民的反感。《史记·汲郑列传》说：

> 匈奴浑邪王率众来降，汉发车二万乘。县官无钱，从民贳马。民或匿马，马不具。上怒，欲斩长安令。黯曰："长安令无罪，独斩黯，民乃肯出马。且匈奴叛其主而降汉，汉徐以县次传之，何至令天下骚动，罢敝中国而以事夷狄之人乎！"上默然。及浑邪至，贾人与市者，坐当死者五百余人。黯请间，见高门，曰："夫匈奴攻当路塞，绝和亲，中国兴兵诛之，死伤者不可胜计，而费以巨万百数。臣愚以为陛下得胡人，皆以为奴婢以赐从军死事者家；所卤获，因予之，以谢天下之苦，塞百姓之心。今纵不能，浑邪率数万之众来降，虚府库赏赐，发良民侍养，譬若奉骄子。愚民安知市买长安中物而文吏绳以为阑出财物于边关乎？陛下纵不能得匈奴之资以谢天下，又以微文杀无知者五百余人，是所谓'庇其叶而伤其枝'者也，臣窃为陛下不取也。"上默然，不许，曰："吾久不闻汲黯之言，今又复妄发矣。"

汲黯本来主张与匈奴和亲，而不主张起兵大事征伐的。武帝不采取他的意见，而这一次又以为他复妄言。其实汲黯的意见不是没有道理的。武帝所以这样做，大概也不外是像景帝一样欲用这种办法，鼓励后降者，这就是说让更多的匈奴贵族像浑邪王一样降汉。景帝不听周亚夫的意见封徐卢等人为侯，武帝不听汲黯意见而厚待降者，其目的就在于此。

浑邪王降汉后一年，匈奴入侵右北平、定襄，杀略千余人。过了一年，即武帝元狩四年（公元前 119 年），武帝与诸将商议，武帝说：“翕侯赵信为单于画计，常以为汉兵不能度幕轻留，今大发卒，其势必得所欲。”（《汉书·卫青霍去病传》）“乃粟马发十万骑，私负从马凡十四万匹，粮重不与焉。”（《史记·匈奴列传》）元狩四年春，武帝派大将军卫青、票骑将军霍去病出击匈奴，《汉书·卫青霍去病传》说：

> 春，上令大将军青、票骑将军去病各五万骑，步兵转者踵军数十万，而敢力战深入之士皆属去病。去病始为出定襄，当单于。捕虏，虏言单于东，乃更令去病出代郡，令青出定襄。郎中令李广为前将军，太仆公孙贺为左将军，主爵赵食其为右将军，平阳侯襄为后将军，皆属大将军。赵信为单于谋曰：“汉兵即度幕，人马罢，匈奴可坐收虏耳。”乃悉远北其辎重，皆以精兵待幕北。

卫青率师出塞千余里，见单于陈兵以待，一场激战就此开始：

> 于是青令武刚车自环这营，而纵五千骑往当匈奴，匈奴亦纵万骑。会日且入，而大风起，沙砾击面，两军不相见，汉益纵左右翼绕单于。单于视汉兵多，而士马尚强，战而匈奴不利，薄莫，单于遂乘六骡，壮骑可数百，直冒汉围西北驰去。昏，汉匈奴相纷拏，杀伤大当。汉军左校捕虏，言单于未昏而去，汉军因发轻骑夜追之，青因随其后。匈奴兵亦散走。会明，行二百余里，不得单于，颇捕斩首虏万余级，遂至寘颜山赵信城，得匈奴积粟食军，军留一日而还，悉烧其城余粟以归。

在这次战争中，伊稚斜单于带了很少的人突围逃走，大军与单于失去联络长达十余日之久。匈奴贵族以为伊稚斜死了，于是右谷蠡王自立为单于。直到后来伊稚斜与众相会，右谷蠡王才去单于之号。

西汉方面，前将军李广及右将军食其别从东道以至失道，食其后来赎为庶人，而李广则自杀而死。《汉书·李广苏建传》详述了他参加这次战争的经过：

元狩四年，大将军票骑将军大击匈奴，广数自请行。上以为老，不许；良久乃许之，以为前将军。大将军青出塞，捕虏知单于所居，乃自以精兵走之，而令广并于右将军军，出东道。东道少回远，大军行，水草少，其势不屯行。广辞曰："臣部为前将军，今大将军乃徙臣出东道，且臣结发而与匈奴战，乃今一得当单于，臣愿居前，先死单于。"大将军阴受上指，以为李广数奇，勿令当单于，恐不得所欲。是时公孙敖新失侯，为中将军，大将军亦欲使敖与俱当单于，故徙广。广知之，固辞。大将军弗听，令长史封书与广之莫府，曰："急诣部，如书。"广不谢大将军而起行，意象愠怒而就部，引兵与右将军食其合军出东道。惑失道，后大将军。大将军与单于接战，单于遁走，弗能得而还。南绝幕，乃遇两将军。广已见大将军，还入军。大将军使长史持糒醪遗广，因问广、食其失道状，曰："青欲上书报天子失军曲折。"广未对。大将军长史急责广之莫府上簿。广曰："诸校尉亡罪，乃我自失道。吾今自上簿。"至莫府，谓其麾下曰："广结发与匈奴大小七十余战，今幸从大将军出接单于兵，而大将军徙广部行回远，又迷失道，岂非天哉！且广年六十余，终不能复对刀笔之吏矣！"遂引刀自刭，百姓闻之，知与不知，老壮皆为垂泣。而右将军独下吏，当死，赎为庶人。

以上是卫青与匈奴战的情况，至于霍去病攻击匈奴的概略，《汉书·卫青霍去病传》云：

去病骑兵车重与大将军军等，而亡裨将。悉以李敢等为大校，当裨将，出代、右北平二千余里，直左方兵，所斩捕功已多于青。

> 既皆还，上曰：“票骑将军去病率师躬将所获荤允之士，约轻赍，绝大幕，涉获单于章渠，以诛北车耆，转击左大将双，获旗鼓，历度难侯，济弓卢，获屯头王、韩王等三人，将军、相国、当户、都尉八十三人，封狼居胥山，禅于姑衍，登临翰海，执讯获丑七万有四百四十三级，师率减什二，取食于敌，卓行殊远而粮不绝。……”

这是一次巨大的胜利，西汉军队得获匈奴七万多人，左贤王等皆遁走，霍去病用兵之神速为我国历史上所罕见。而且大军深入漠北二千余里，“取食于敌”“而粮不绝”，这也是不易做到的事情。这一次胜利之后，武帝又大封功臣。

经过卫青之击伊稚斜与霍去病之攻破左贤王，匈奴的损失很大。《史记·匈奴列传》指出匈奴诸左方王将居东方，右方王将居西方，而单于之廷直代云中。这就是说匈奴原统治区域，大致可以分为三部，左贤王将居东，右贤王将居西，而单于则居中部，指挥东西二方面的各王将。霍去病出陇西，攻祁连，使浑邪王率众投降，匈奴西方的力量等于完全消灭。这一次霍去病攻击东方的左贤王，又俘获七万余，匈奴在东方的力量大大削弱。卫青在这次战争中，直趋单于军队大本营，这就是匈奴的中部，捕斩万余级。单于突围逃走，与部众失去联络长达十余日之久，单于自将的军队，虽没有全部覆没，也遭到惨败。

卫青凡七次出击匈奴斩捕五万余人，霍去病六次出击匈奴，斩捕十一万余人，加上浑邪王率来投降的部队应在二十万以上。至于伊稚斜因争立为单于而攻破太子於单所引起内乱，杀死与逃亡人数究竟多少，虽不得而知，但损失也不会太少。假使以控弦之士三十万来计算，那么自军臣死后至武帝元狩四年的七年间，匈奴士卒损失约在三分之二以上。至于一般平民以至畜类及其他物资之因连年大败而遭受的损失，是无法计算的。匈奴从此大为削弱，是无可怀疑了。

匈奴的损失固然很大，西汉王朝的损失也不小。《史记·匈奴列传》说：“初，汉两将军大出围单于，所杀虏八九万，而汉士卒物故亦数万，汉马死者十余万。匈奴虽病，远去，而汉亦马少，无以复往。”

元封五年（公元前 106 年）卫青死。自卫青围单于后至卫青死，约十四年，西汉王朝没有再大规模地攻击匈奴，因为西汉王朝人力、物力尤其是马的损失也是很大的，《史记·卫将军骠骑列传》：“自大将军围单于之后，十四年而卒，竟不复击匈奴者，以汉马少。”

武帝元狩四年以后基本上停止了对匈奴的用兵，除西汉王朝因人力、物力的损失外，更重要的是武帝把军队用于征伐朝鲜、西羌和西南夷等处了。

匈奴既远遁漠北，除河西走廊这个浑邪王与休屠王所居的故地为汉所取外，其他许多地方，也为西汉王朝所据。西汉王朝将先进的农业技术与水利经验，通过徙民实边，带到了这里，使一些荒野或牧场变成农田。“是后匈奴远遁，而幕南无王廷。汉度河自朔方以西至令居，往往通渠置田，官吏卒五六万人，稍蚕食，地接匈奴以北。”（《史记·匈奴列传》）

匈奴失去了河西走廊之后，不只“妇女无颜色”，更重要的是“六畜不蕃息”。又《汉书·匈奴传》述侯应的话说：

应曰：“周秦以来，匈奴暴桀，寇侵边境，汉兴，尤被其害。臣闻北边塞至辽东，外有阴山，东西千余里，草木茂盛，多禽兽，本冒顿单于依阻其中，治作弓矢，来出为寇，是其苑囿也。至孝武世，出师征伐，斥夺此地，攘之于幕北。建塞徼，起亭隧，筑外城，设屯戍，以守之，然后边境得用少安。幕北地平，少草少，多大沙，匈奴来寇，少所蔽隐，从塞以南，径深山谷，往来差难。边长老言匈奴失阴山之后，过之未尝不哭也。……”

赵信劝伊稚斜单于徙王庭于漠北，以为汉军不可能越过沙漠北击匈奴。结果失败，于是赵信又劝伊稚斜与汉讲和。《史记·匈奴列传》：

匈奴用赵信之计，遣使于汉，好辞请和亲。天子下其议。或言和亲，或言遂臣之。丞相长史任敞曰："匈奴新破，困，宜可使为外臣，朝请于边。"汉使任敞于单于。单于闻敞计，大怒，留之不遣。先是汉亦有所降匈奴使者，单于亦辄留汉使相当。汉方复收士马，会骠骑将军去病死，于是汉久不北击胡。数岁，伊稚斜单于立十三年死，子乌维立为单于。

从这段史料看出，匈奴遭受大的打击后希望与汉王朝讲和，然而并不愿因此而称臣，态度仍然很强硬。如果霍去病未死，武帝有可能再度出击匈奴。

伊稚斜在位的十三年中，尤其是最后八年内，遭受到西汉王朝猛烈的攻击，匈奴损失惨重。直到武帝死（公元前87年）的三十年中，匈奴虽然也曾几次打败过西汉王朝的军队，以至迫使西汉王朝的几位将军投降匈奴，如李陵和李广利便是，但是匈奴的力量已大为削弱，永远不可能恢复到冒顿时代的盛况，甚至连稽粥和军臣时代的局面也难以维持了。

伊稚斜的时代，是匈奴从强盛走向衰落的起点。

第十五章　匈奴退居漠北，西汉用兵西域

伊稚斜死后，他的儿子乌维于武帝元鼎三年（公元前 114 年）继立。乌维在位十年死，其子乌（一作詹）师庐继立，因为乌师庐就位时年轻，故号为儿单于。稽粥单于号为老上单于以后，军臣与伊稚斜都没有号，到了乌师庐始又有号。儿单于立于武帝元封六年（公元前 105 年）。儿单于在位不过三年就死了，因其子年岁太小，只好由季父继位，以乌维单于之弟右贤王呴黎湖[1]为单于，这是武帝太初三年（公元前 102 年）的事情。

自头曼至军臣，匈奴单于都为父子相传，到了伊稚斜攻败其侄於单自立为单于，是以弟代兄。儿单于死，因子幼小又立其叔。呴黎湖就位时大概年纪已老，立一年便死了，又由其弟左大都尉且鞮侯立为单于，这一年是武帝太初四年（公元前 101 年）。从乌维立到呴黎湖死为止，短短的十四年中，换了三个单于。

在这十几年中，匈奴力量受到削弱，不得不远遁漠北休养生息。《资治通鉴·汉纪十三》“匈奴自卫、霍度幕以来，希复为寇，徙远北方，休养士马，习射猎”。然而这不是说匈奴已有屈服于汉朝之意。相反，匈奴在与汉王朝交往中，依然坚持对等地位。同时也并不是说在十几年中，匈奴与西汉王朝完全没有动过干戈。《汉书·武帝纪》叙述元鼎五年（公元前 112 年）匈奴入五原，杀太守。由于匈奴入侵，武帝于元

[1] 《史记·匈奴列传》作呴黎湖。《汉书·匈奴传》作句黎湖。

鼎六年调兵征伐，同书说“发陇西、天水、安定骑士及中尉，河南、河内卒十万人，遣将军李息、郎中令徐自为征西羌，平之”。《汉书·公孙贺传》说：“复以浮沮将军出五原二千余里，无功”。《汉书·匈奴传》：“遣故太仆公孙贺将万五千骑出九原二千余里，至浮苴井，从票侯赵破奴万余骑出令居数千里，至匈奴河水，皆不见匈奴一人而还。”

过了一年，武帝元封元年（公元前 110 年），武帝自将率师至朔方向乌维单于挑战。“诏曰：‘南越、东瓯咸服其辜，西蛮北夷颇未辑睦，朕将巡边陲，择兵振旅，躬秉武节，置十二部将军，亲帅师焉。’行自云阳，北历上郡、西河、五原，出长城，北登单于台，至朔方，临北河。勒兵十八万骑，旌旗径千余里，威震匈奴。”（《汉书·武帝纪》）同时，他又遣郭吉到匈奴去向乌维单于示威。按照匈奴的习惯，凡外族使者之欲见单于，必先将来意告诉主客，由主客禀报给单于，单于再决定见或者不见。郭吉既到匈奴，主客问其来意，郭吉表示只能对单于说。后来他见到单于时向单于说：“南越王头已县于汉北阙下。今单于即能前与汉战，天子自将兵待边；即不能，亟南面而臣于汉。何但远走，亡匿于幕北寒苦无水草之地为？”（《汉书·匈奴传》）乌维单于大怒，将接待郭吉的主客斩首并扣留了郭吉，但是乌维对于武帝的挑战始终不敢应战，仍避居漠北不敢接近汉边，武帝也只好引兵而去。

武帝元封四年（公元前 107 年），匈奴又数次出兵侵犯汉边，于是武帝拜郭昌为拔胡将军，使浞野侯赵破奴屯朔方以东，以备匈奴。这时，单于廷原来所在的地方，已为左贤王所居的地方；而右贤王就更往西走，单于廷当然也向西迁徙。匈奴后来的西移至于葱岭以西而至于欧洲，是世界史上一件重大的事情。但从整体趋势来看，端倪始于此时。

武帝太初元年（公元前 104 年）西汉王朝再次出征匈奴，经过情形是：

其冬，匈奴大雨雪，畜多饥寒死，而单于年少，好杀伐，国中多不安。左大都尉欲杀单于，使人间告汉曰：“我欲杀单于降汉，汉远，汉即来兵近我，我即发。”初汉闻此言，故筑受降城，犹以为远。

其明年春，汉使浞野侯破奴将二万骑出朔方北二千余里，期至浚稽山而还。浞野侯既至期，左大都尉欲发而觉，单于诛之，发兵击浞野侯。浞野侯行捕首虏数千人。还，未至受降城四百里，匈奴八万骑围之。浞野侯夜出自求水，匈奴生得浞野侯，因急击其军。军吏畏亡将而诛，莫相劝而归，军遂没于匈奴。单于大喜，遂遣兵攻受降城，不能下，乃侵入边而去。明年，单于欲自攻受降城，未到，病死。（《汉书》卷九十四上《匈奴传》）

西汉王朝为了加强对边境的防备，在匈奴呴黎湖单于时期（公元前102—前101年）派人出塞筑城屯田。《汉书·匈奴传》说：“汉使光禄徐自为出五原塞数百里，远者千里，筑城障列亭至卢朐，而使游击将军韩说、长平侯卫伉屯其旁，使强弩都尉路博德筑居延泽上。”

匈奴单于避居漠北，公孙贺等深入二千余里不见匈奴一人而还，说明匈奴避免与西汉王朝打仗。汉为巩固边境，遣徐自为等出塞筑城屯田，西汉王朝的边界更接近漠北。匈奴在这一年（武帝太初三年·公元前102年）又大举入寇。《汉书》卷九十四上《匈奴传》说：

匈奴大入云中、定襄、五原、朔方，杀略数千人，败数二千石而去，行坏光禄所筑亭障。又使右贤王入酒泉、张掖，略数千人。会任文击救，尽复失其所得而去。

《汉书·西域传》“鄯善”条说：“汉军正任文将兵屯玉门关，为贰师后距。”所以武帝命他就近去救酒泉、张掖。《资治通鉴·汉纪十三》说：“（匈奴）又使右贤王入酒泉、张掖，略数千人。会军臣任文击救，尽复失所得而去。”

匈奴自乌维单于至呴黎湖单于的十几年中，从整的来看，特别是乌维单于时期，匈奴与西汉的关系，重点不是战争而是匈奴贵族与西汉王朝的交涉。

伊稚斜单于末年，匈奴经卫青与霍去病的沉重打击，伊稚斜采纳了赵信的计谋与汉和亲，因西汉王朝要匈奴称臣，伊稚斜不愿意，结果是谈判破裂。乌维就位初年，赵信还活着，大概又是受赵信的影响，乌维多次遣使到汉要求和亲，而西汉王朝经过几次激烈的战争，也受到很大的损失，欢迎匈奴和亲的建议。同时西汉王朝想知道匈奴的虚实，派了一位对于匈奴风俗习惯比较了解的使者到匈奴。《汉书•匈奴传》说:“汉使王乌等窥匈奴。匈奴法，汉使不去节，不以墨黥其面，不得入穹庐。王乌，北地人，习胡俗，去其节，黥面入庐，单于爱之。”乃阳许王乌说:“吾为遣其太子入质于汉，以求和亲。”这时“汉东拔涉豹、朝鲜以为郡，而西置酒泉郡以隔绝胡与羌通之路。又西通月氏、大夏，以翁主妻乌孙王，以分匈奴西方之援国。又北益广田至眩雷[1]为塞，而匈奴终不敢以为言”。

汉以为匈奴已经衰弱，可以使其称臣，于是又遣杨信入使匈奴。“杨信为人刚直倔强，素非贵臣也，单于不亲。欲召入，不肯去节，乃坐穹庐外见杨信。杨信说单于曰：‘即欲和亲，以单于太子为质于汉。’单于曰：‘非故约。故约，汉常遣翁主，给缯絮食物有品，以和亲，而匈奴亦不复扰边。今乃欲反古，令吾太子为质，无几矣。’”（《汉书卷九十四上《匈奴传》）

这说明乌维对王乌说可以遣太子入质于汉的话是欺骗王乌的。匈奴虽然已经衰弱，但仍不愿向汉王朝称臣。匈奴对西汉王朝的态度是要求对等地位。

匈奴态度强硬，杨信无法完成使命，只好离匈归汉。西汉王朝再次

---

[1] 《汉书·匈奴传》服虔注“眩雷，地在乌孙北也”。王先谦《汉书补注》述齐召南以为《地理志》西河郡增山县有道西出眩雷，眩雷应在西河郡之西北边，不应该远在乌孙之北。

派王乌出使匈奴，匈奴贪汉财物，很客气地应付王乌。《汉书·匈奴传》说："匈奴复谄以甘言，欲多得汉财物，绐王乌曰：'吾欲入汉见天子，面相结为兄弟。'"这又是乌维骗王乌的话，王乌深信不疑。他回汉后报告给武帝，武帝很高兴，在长安特别为单于建筑了宫邸，准备单于来时住宿。可是事实上，乌维始终没有到长安，几十年后，汉宣帝时呼韩邪单于始到长安。

乌维单于扬言要求西汉王朝派贵人或大臣到匈奴为使，才能告以实话。恰巧这个时候，匈奴派往汉的贵人病了，汉派医就诊，结果病逝。西汉王朝对此事很惋惜，于是派一位佩二千石印绶的大员路充国为其送丧，并馈赠匈奴数千金。相反，乌维却怀疑西汉王朝用药杀死了贵人，路充国到了匈奴后被乌维扣留，并发兵扰乱汉边。前面所说西汉王朝派赵破奴等攻击匈奴，就是在交涉失败之后，匈奴入侵，不得不用兵出击。

匈奴对汉采取欺骗手段，因而汉也采取"分化"的方式"以乖其国"。比方乌维单于死的时候，西汉王朝派两位使者到匈奴，一吊单于，一吊右贤王，结果被匈奴识破，两使被扣留。

这一时期匈奴力量的削弱，还表现在对西域影响的逐步丧失。西汉王朝特别注意沟通西域诸国，这项政策始于武帝初年。然而严格地说，西汉直接沟通西域应当是武帝元鼎二年（公元前115年）张骞出使乌孙，乌孙也遣使随张骞至汉之时。从此以后，西汉王朝与西域诸国方不断来往。为什么西汉王朝要沟通西域呢？据西汉史书记载，都说是汉之所以要沟通西域，目的是要断匈奴的右臂。汉武帝要攻破匈奴，除了准备用武力去正面征伐外，还要联络西域诸国使匈奴失去援助，孤立匈奴，便于击败。匈奴曾置僮仆都尉去统治西域诸国，收赋税与利用西域诸国的人力物力与汉对抗，西汉王朝要击败匈奴，必须争取西域诸国，断匈奴右臂，这是一个很好的办法。因此之故，早在军臣在位的时候，武帝就遣张骞使大月氏。当时西域的概况，据《汉书·西域传》说：

西域以孝武时始通，本三十六国，其后稍分至五十余，皆在匈

> 奴之西，乌孙之南。南北有大山，中央有河，东西六千余里，南北千余里。东则接汉，阸以玉门、阳关，西则限以葱岭。其南山，东出金城，与汉南山属焉。其河有两原：一出葱岭出，一出于阗。于阗在南山下，其河北流，与葱岭河合，东注蒲昌海。蒲昌海，一名盐泽者也，去玉门、阳关三百余里，广袤三百里。其水亭居，冬夏不增减，皆以为潜行地下，南出于积石，为中国河云。自玉门、阳关出西域有两道。以鄯善傍南山北，渡河西行至莎车，为南道；南道西逾葱岭则出大月氏、安息。自车师前王廷随北山，渡河西行至疏勒，为北道；北道西逾葱岭则出大宛、康居、奄蔡焉。西域诸国大率土著，有城郭田畜，与匈奴、乌孙异俗，故皆役属匈奴。匈奴西边日逐王置僮仆都尉，使领西域，常居焉耆、危须、尉黎间，赋税诸国，取富给焉。

《汉书·西域传》这里所说的西域是狭义的西域。广义的西域，不只天山以北的乌孙包括在内，葱岭以西的大宛、康居、大夏、大月氏、安息也包括在内。其实《汉书·西域传》对于这些少数民族建立的政权也为立传，而所谓西域三十六国，或后来的五十余国也包括这些国家在内。又《西域传》以为盐泽去玉门、阳关三百余里也有错误，应该说为千余里。而所谓其水出潜行地下南出于积石为中国河，也是错误的。

至于武帝时西汉与西域的始通，《汉书·西域传》说：

> 汉兴至于孝武，事征四夷，广威德，而张骞始开西域之迹。其后骠骑将军击破匈奴右地，降浑邪、休屠王，遂空其地，始筑令居以西，初置酒泉郡，后稍发徙民充实之，分置武威、张掖、敦煌，列四郡，据两关焉。自贰师将军伐大宛之后，西域震惧，多遣使来贡献，汉使西域者益得职。于是自敦煌西至盐泽，往往起亭，而轮台、渠犁皆有田卒数百人，置使者校尉领护，以给使外国者。

上面数段话，是对初通西域的一个简单描述。自张骞初次出使大月氏，至贰师将军李广利降匈奴，虽有三十多年时间，但是在张骞未到乌孙之前，西汉与西域的交通，既为匈奴所阻断，张骞一往一返，也都为匈奴所扣留。而且，除了张骞以外，西汉无别人到西域，西域也无使者到长安。

要想明了西汉之所以要通西域，断匈奴右臂，得从张骞初次出使大月氏说起：

> 大宛之迹，见自张骞。张骞，汉中人。建元中为郎。是时天子问匈奴降者，皆言匈奴破月氏王，以其头为饮器，月氏遁逃而常怨仇匈奴，无与共击之。汉方欲事灭胡，闻此言，因欲通使。道必更匈奴中，乃募能使者。骞以郎应募，使月氏，与堂邑氏胡奴甘父俱出陇西。经匈奴，匈奴得之，传旨单于。单于留之，曰："月氏在吾北，汉何以得往使？吾欲使越，汉肯听我乎？"留骞十余岁，与妻，有子，然骞持汉节不失。居匈奴中，益宽，骞因与其属亡乡月氏，西走数十日至大宛。大宛闻汉之饶财，欲通不得，见骞，喜，问曰："若欲何之？"骞曰："为汉使月氏，而为匈奴所闭道。今亡，唯王使人导送我。诚得至，反汉，汉之赂遗王财物不可胜言。"大宛以为然，遣骞，为发导绎，抵康居。康居传至大月氏。大月氏王已为胡所杀，立其太子为王。既臣大夏而居，地肥饶，少寇，志安乐，又自以远汉，殊无报胡之心。骞从月氏至大夏，竟不能得月氏要领。留岁余，还，并南山，欲从羌中归，复为匈奴所得。留岁余，单于死，左谷蠡王攻其太子自立，国内乱，骞与胡妻及堂邑父俱亡归汉。汉拜骞为太中大夫，堂邑父为奉使君。骞为人强力，宽大信人，蛮夷爱之。堂邑父故胡人，善射，穷急射禽兽给食。初，骞行时百余人，去十三岁，唯二人得还。骞身所至者大宛、大月氏、大夏、康居，而传闻其旁大国五六，具为天子言之。（《史记·大宛列传》）

张骞出使大月氏的目的，是想联络大月氏去攻击匈奴。从这个使命来说，张骞是失败了。但是因为出使大月氏，西汉王朝与西域交通，使西汉王朝对西域有所了解。张骞到了西域，知道大夏与印度接近，后来沟通西南，以至滇国，主要是从这个认识开始沟通的。此外，张骞在匈奴十余年之久，对于匈奴的情形有所了解，对于西域诸国如乌孙的情况也知道不少。

张骞是武帝建元二年（公元前 139 年）离开汉，经过十三年，到武帝元朔三年（公元前 126 年）才回到长安。

张骞这一次到大月氏，往返都被匈奴扣留，于是他想从西南经印度到大夏、大月氏等国。他向武帝提出他欲从这条路到西域，武帝同意了，于是在武帝元狩元年（公元前 122 年）张骞第二次出使西域。《史记·大宛列传》云：

> （张）骞曰："臣在大夏时，见邛竹杖、蜀布。问曰：'安得此？'大夏国人曰：'吾贾人往市之身毒。身毒在大夏东南可数千里。其俗土著，大与大夏同，而卑湿暑热云。其人民乘象以战。其国临大水焉。'以骞度之，大夏去汉万二千里，居汉西南。……今使大夏，从羌中，险，羌人恶之；少北，则为匈奴所得；从蜀宜径，又无寇。"天子既闻大宛及大夏、安息之属皆大国，多奇物，土著，颇与中国同业，而兵弱，贵汉财物；其北有大月氏、康居之属，兵强，可以赂遗设利朝也。且诚得而义属之，则广地万里，重九译，致殊俗，威德遍于四海。无子欣然，以骞言为然，乃令骞因蜀犍为发间使，四道并出，出駹，出厓，出徙，出邛、僰，皆各行一二千里。其北方闭氐、筰，南方闭嶲、昆明。昆明之属无君长，善寇盗。辄杀略汉使，终莫得通。然闻其西可千余里，有乘象国，名曰滇越，而蜀贾奸出物者或至焉，于是汉以求大夏道始通滇为滇国。初，汉欲通西南夷，费多，道不通，罢之。及张骞言可以通大夏，乃复事西南夷。

张骞这一次要从西南经印度到大夏及其他各国，结果又失败，但是汉却又因此而沟通西南的滇国。张骞第一次出使大月氏是想与大月氏联络，攻伐匈奴，这可以说是远近夹攻的战略。张骞第二次想从西南到西域，除了军事政治的作用之外，还有经济的作用。武帝希望联络或臣服葱岭以西的各国，以包围匈奴。原来后人所说的西域诸国而役属于匈奴的，主要在葱岭以东与敦煌以西，迄至后来之经营西域，主要也是葱岭以东的西域。但是西汉王朝尽力设法去沟通的西域，都是在葱岭以西，主要原因恐怕是由于葱岭以东的西域诸国，已为匈奴所征服，若不打垮匈奴的势力，就不容易与这些国接触。相反，葱岭以西的西域诸国，在这个时候，虽可能与匈奴有关系，然并不受匈奴的控制，所以西汉要想越过葱岭以东的西域诸国，而与葱岭以西的西域诸国相联络。又因为葱岭以东的西域诸国的道路既为匈奴所垄断，而其南边的羌氐的道路，又很险恶，难于通过，所以不得不另找新的道路。这个计划虽未成功，又想从西南经印度到大夏、大月氏、安息、康居、大宛各国。从很远的地方对匈奴作一大包围的计划，是一个宏伟的计划，说明武帝想利用西域诸国牵制匈奴。

从出使西域的目的来看，张骞在武帝元鼎二年（公元前 115 年）的第三次出使，也可以说没有达到使命。他出使到乌孙，希望乌孙能迁回故居敦煌、祁连间。一方面做匈奴与汉的缓冲地带，一方面可以隔绝与羌氐的结盟。从这方面来说，他失败了，但从出使乌孙的后果来说，这一次的出使，却起了很大的作用。

张骞第二次出使时，霍去病已将兵出陇西攻占祁连，汉的西边遂伸延到葱岭以东的西域诸国，与楼兰、车师等接近。匈奴失去了祁连、敦煌一带，可以说右臂已断。但西汉王朝必须派重兵去防守祁连、敦煌这个地方。如乌孙迁回故地与汉联盟，汉就可以不派重兵，而这里也不会被匈奴夺回。《汉书·张骞李广利传》说：

（骞曰）：“臣居匈奴中，闻乌孙王号昆莫。昆莫父难兜靡本与大月氏俱在祁连、敦煌间，小国也。大月氏攻杀难兜靡，夺其地，人民亡走匈奴。子昆莫新生，傅父布就翕侯抱亡置草中，……还，见狼乳之，……以为神，遂持归匈奴，单于爱养之。及壮……自请单于报父怨，遂西攻破大月氏，大月氏复西走，徒大夏地。昆莫略其众，因留居，兵稍强，会单于死，不肯复事匈奴。匈奴遣兵击之，不胜，益以为神而远之。今单于新困于汉，而昆莫地空。蛮夷恋故地，又贪汉物，诚以此时厚赂乌孙，招以东居故地，汉遣公主为夫人，结昆弟，其势宜听，则是断匈奴右臂也。既连乌孙，自其西大夏之属皆可招来而为外臣。”

又据《汉书·西域传》：“骞既致赐，谕指曰：‘乌孙能东居故地，则汉遣公主为夫人，结为昆弟，共距匈奴，不足破也。’乌孙远汉，未知其大小，又近匈奴，服属日久，其大臣皆不欲徙。昆莫年老国分，不能专制，乃发使送骞，因献马数十匹报谢。”

因乌孙大臣等反对回故地而使张骞计划落空。但乌孙献几十匹好马和派使者至汉，同时张骞分遣副使到大宛、康居、月氏、大夏等国。这说明西汉王朝占领了祁连、敦煌之后，不只可以直接与葱岭以东西域诸国交通了，而且也可以与葱岭以西西域诸国交通了。

张骞派到葱岭以西的西域诸国副使，都先后回到了长安，使西汉王朝对于西域有更深了解，从此西汉王朝与西域诸国互派使臣来往。乌孙使臣来到汉后，见到西汉王朝统治地区之广大，人口众多，物产丰富，很为羡慕。

匈奴听到乌孙与汉来往，很不满意，要出兵攻击乌孙。乌孙十分恐惧，进一步要求与汉和亲，并要求汉帮助抵抗匈奴。《汉书·西域传》说：

匈奴闻其与汉通，怒欲击之。又汉使乌孙，乃出其南，抵大宛、月氏，相属不绝。乌孙于是恐，使使献马，愿得尚汉公主，为昆弟。

天子问群臣，议许，曰："必先内聘，然后遣女。"乌孙以马千匹聘。汉元封中，遣江都王建女细君为公主，以妻焉。赐乘舆服御物，为备官属宦官侍御数百人，赠送甚盛。乌孙昆莫以为右夫人。

匈奴见汉与乌孙和亲，于是也采用和亲政策。《汉书·西域传》"匈奴亦遣女妻昆莫，昆莫以为左夫人"。乌孙以汉公主为右夫人，而以匈奴单于女儿为左夫人。匈奴尚左，乌孙以匈奴单于女为左夫人，说明乌孙尊重匈奴甚于汉。

乌孙与汉和亲的数十年中，汉乌之间的关系一直很好。公主细君在乌孙不过几年便死了，但是公主解忧嫁给乌孙王。她依乌孙风俗，先后嫁给了三个乌孙王，生了几个儿女。儿子中一个继昆莫为王，一个做莎车王，一个做左大将。女儿中有一个嫁给龟兹王，一个为乌孙贵人妻。解忧的侍女冯嫽也嫁给乌孙贵人为妻。解忧与冯嫽在促进汉乌的交往上都起到了积极作用，使乌孙成为汉的盟友，而成为匈奴向西域发展的阻力。

乌孙不肯迁回故地，汉乃在这块地方设置四郡，这就是酒泉、张掖、武威和敦煌，徙民充实，慢慢经营，使大片荒野变成良田，使汉防守西陲所需要的人力、物力以至战马都可就地取给。同时，又使这块地方，成为交通西域的门户，成为防备西羌与攻击匈奴的阵地。假使乌孙同意徙回故地，其历史的发展，不一定是这样了。

西汉王朝沟通西域，主要是派遣使臣，用和平的方式，但有时也采用武力去征服。武帝元封三年（公元前 108 年）之遣兵击楼兰、车师就是这种例子。而这样的用兵，其目的就是与匈奴争夺西域：

初，武帝感张骞之言，甘心欲通大宛诸国，使者相望于道，一岁中多至十余辈。楼兰、姑师当道，苦之，攻劫汉使王恢等，又数为匈奴耳目，令其兵遮汉使，汉使多言其国有城邑，兵弱易击。于是武帝遣从票侯赵破奴将属国骑及郡兵数万击姑师。王恢数为楼兰所苦，上令恢佐破奴将兵。破奴与轻骑七百人先至，虏楼兰王，遂破姑师，因暴兵威以动乌孙、大宛之属。还，封破奴为浞野侯，恢为浩侯。于是汉列亭障至玉门矣。楼兰既降服贡献，匈奴闻，发兵击之。于是楼兰遣一子质匈奴，一子质汉。后贰师军击大宛，匈奴欲遮之。贰师兵盛不敢当，即遣骑因楼兰候汉使后过者，欲绝勿通。时汉军正任文将兵屯玉门关，为贰师后距，捕得生口，知状以闻。上诏文便道引兵捕楼兰王，将诣阙，簿责王，对曰："小国在大国间，不两属无以自安。愿徙国入居汉地。"上直其言，遣归国，亦因使候司匈奴。匈奴自是不甚亲信楼兰。（《汉书·西域传》）

楼兰在武帝末年改称鄯善，这是汉匈在西域争夺最激烈的一个国家。《汉书·西域传》接着说：

征和元年（公元前 92 年）楼兰王死。国人来请质子在汉者，欲立之。质子常坐汉法，下蚕室宫刑，故不遣。……楼兰更立王，……后王又死，匈奴先闻之，遣质子归，得立为王。汉遣使诏新王，令入朝，天子将加厚赏。楼兰王后妻，故继母也，谓王曰："先王遣两子质汉皆不还，奈何欲往朝乎？"王用其计，谢使曰："新立，国未定，愿待后年入见天子。"然楼兰国最在东垂，近汉，……负水儋粮，送迎汉使，又数为吏卒所寇，惩艾不便与汉通。后复为匈奴反间，数遮杀汉使。其弟尉屠耆降汉，具言状。

元凤四年（公元前 77 年）大将军霍光白遣平乐监付介子往刺其王。介子轻将勇敢士，赍金印，扬言以赐外国为名。既至楼兰，诈其王欲赐之，王喜，与介子饮，……壮士二人从后刺杀之，贵人左右皆散走。……介子遂斩王尝归首，……乃立尉屠耆为王，更名其国为鄯善。……王自请天子曰："身在汉久，今归，单弱，而前王有子在，恐为所杀。国中有伊循城，其地肥美，愿汉遣一将屯田积谷，令臣得依其威重。"于是汉遣司马一人，吏士四十人，四伊循以镇抚之。其后更置都尉。伊循官置始此矣。

汉王朝对西域的用兵，时间较长规模较大的是征伐大宛。《史记·大宛列传》说：

> 汉使者往（大宛）既多，其少从率多进熟于天子，言曰：“宛有善马在贰师城，匿不肯与汉使。”天子既好宛马，闻之甘心，使壮士车令等持千金及金马以请宛王贰师城善马。……遂不肯予汉使。……遣汉使去，令其东边郁成遮攻杀汉使，取其财物。于是天子大怒。……拜李广利为贰师将军，发属国六千骑，及郡国恶少年数万人，以往伐宛。期至贰师城取善马，故号“贰师将军”。赵始成为军正，故浩侯王恢使导军，而李哆为校尉，制军事，是岁太初元年也。

太初元年，即公元前 104 年，是匈奴乌维单于死，其子乌师庐继立为单于的第二年。西汉这次出征大宛，在征途中士卒死者十之八九。《汉书·张骞李广利传》说：

> 故浩侯王恢使道军。既西过盐水，当道小国各坚城守，不肯给食，攻之不能下。下者得食，不下者数日则去。比至郁成，士财有数千，皆饥罢。攻郁成城，郁成距之，所杀伤甚众。贰师将军与左右计：“至郁成尚不能举，况至其王都乎？”引而还。往来二岁，至敦煌，士不过什一、二。

李广利回到敦煌，是公元前 102 年。在这一年中，汉遣浞野侯赵破奴去迎接匈奴左大都尉降汉，事败而全军覆没。群臣劝武帝集中力量去征伐匈奴，不必远攻大宛，但武帝仍坚持对大宛用兵：

天子业出兵诛宛，宛小国而不能下，则大夏之属渐轻汉，而宛善马绝不来，乌孙、轮台易苦汉使，为外国笑。乃案言伐宛尤不便者邓光等。赦囚徒捍寇盗，发恶少年及边骑，岁余而出敦煌六万人，负私从者不与，牛十万，马三万匹，驴、橐佗以万数赍粮，兵弩甚设。天下骚动，转相奉伐宛，五十余校尉。……益发戍甲卒十八万酒泉、张掖北，置居延、休屠以卫酒泉。而发天下七科适，及载糒给贰师，转车人徒相连属至敦煌。而拜习马者二人为执驱马校尉，备破宛择取其善马云。

初，贰师起敦煌西，为人多，道上国不能食，分为数军，从南北道。校尉王申生、故鸿胪壶充国等千余人别至郁成，城守不肯给食。申生去大军二百里，负而轻之，攻郁成急。郁成窥知申生军少，晨用三千人攻杀申生等，数人脱亡，走贰师。贰师令搜粟都尉上官桀往攻破郁成，郁成降。其王亡走康居，桀追至康居。康居闻汉已破宛，出郁成王与桀。桀令四骑士缚守诣大将军。四人相谓："郁成，汉所毒，今生将，卒失大事。"欲杀，莫适先击，上邽骑士赵弟拔剑击斩郁成王。桀等遂追及大将军。（《汉书·张骞李广利传》）

此外，汉王朝又约乌孙去帮助攻伐大宛。《汉书·张骞李广利传》说："初，贰师后行，天子使使告乌孙大发兵击宛。乌孙发二千骑往，持两端，不肯前。"而李广利所率的主力，直会大宛都城。同书又说：

兵多，所至小国莫不迎，出食给军。至轮台，轮台不下，攻数日，屠之。自此而西。平行至宛城，兵到者三万。宛兵迎击汉兵，汉兵射败之，宛兵走入保其城。……决其水原，移之，则宛固已忧困。围其城，攻之四十余日。其外城坏，……宛贵人谋曰："王毋寡匿善马，杀汉使。今杀王而出善马，汉兵宜解；即不，乃力战而死，未晚也。"宛贵人皆以为然，共杀王。持其头，遣人使贰师，约曰："汉无攻我，我尽出善马，恣所取，而给汉军食。即不听我，我尽杀善马。康居之救又且至。至，我居内，康居居外，与汉军战。孰计之，何从？”是时，康居候视汉兵尚盛，不敢进。贰师闻宛城中新得汉人知穿井，而其内食尚多。计以为来诛首恶者毋寡，毋寡头已至，如此不许，则坚守，而康居候汉兵罢来救宛，破汉军必矣。军吏皆以为然，许宛之约。宛乃出其马，令汉自择之，而多食食汉军。汉军取其善马数十匹，中马以下牝牡三千余匹，而立宛贵人之故时遇汉善者名昧蔡为宛王，与盟而罢兵。终不得入中城，罢而引归。

这次出征，损失很大，《汉书·张骞李广利传》说：“军还，入玉门者万余人，马千余匹。后行，非乏食，战死不甚多，而将吏贪，不爱卒，侵牟之，以此物故者众。”六万人征伐大宛而回者不过万余，三万匹马随军而入玉门关只千余匹，其损失之大，可以概见。而且损失并非由于战死，而是因为将吏贪不知爱护兵卒饥饿而死。可是就是这样，武帝以为得了大宛王头和善马，对将吏不知爱惜士卒，使不少士卒饿死不加追究，还大加封赏。武帝在诏中说：

匈奴为害久矣，今虽徙幕北，与旁国谋共要绝大月氏使，遮杀中郎将江、故雁门守攘。危须以西及大宛皆合约杀期门车令、中郎将朝及身毒国使，隔东西道。贰师将军广利征讨厥罪，伐胜大宛。赖天之灵，从溯河山，涉流沙，通西海，山雪不积，士大夫径度，获王首虏，珍怪之物毕陈于阙。其封广利为海西侯，食邑八千户。又封斩郁成王者赵弟为新畤侯；军正赵始成功最多，为光禄大夫；上官桀敢深入，为少府；李哆有计谋，为上党太守。军官吏为九卿者三人，诸侯相、郡守、二千石百余人，千石以下千余人。（《汉书·张骞李广利传》）

武帝在诏书中一开始便说：“匈奴为害久矣。”现在虽迁到漠北，但是仍与西域诸国相谋，阻止汉与西域的交通，所以汉征大宛与其他诸国和匈奴有密切的关系。《史记·匈奴列传》说："汉既诛大宛，威震外国。天子意欲遂困胡，乃下诏曰：'高皇帝遗朕平城之忧，高后时单于书绝悖逆。昔齐襄公复九世之仇，春秋大之。'"

总之，征伐大宛、楼兰、姑师都是为了削弱匈奴的势力。《史记·匈奴列传》说："贰师将军破大宛，斩其王而还，匈奴欲遮之，不能至。"《史记》用"不能至"，而《汉书》卷九十四上《匈奴传》用"不敢"二字，《汉书·西域传》用"贰师兵盛不敢当"，我们认为班固所说较为恰当。匈奴是当时所谓的"百蛮大国"，对于汉在西域的兵威，尚不敢当，西域诸国自然为之惧服，所以西域许多国家在李广利回汉时，都遣使跟他到长安贡献，或遣子为质。西域诸国亲汉的结果，匈奴更加孤立，匈奴的力量日益削弱。武帝交通西域和征伐大宛等国，则是武帝决心击败匈奴的战略组成部分。

第十六章　匈汉互用叛臣与降将

呴黎湖单于在位一年而死，他的弟弟左大都尉且鞮侯立为单于。这是武帝太初四年（公元前 101 年）的事情。且鞮侯在位五年。且鞮侯有两个儿子：长子为左贤王，次子为左大将。且鞮侯单于病死前，说要左贤王继立为单于。但是当且鞮侯已病死的时候，左贤王不在匈奴王庭，而且又迟迟不来，匈奴的贵族们以为他也有病，急不可待，于是乃立其弟左大将为单于。左贤王听得他的弟弟已立为单于，更不敢到王庭来。可是他的弟弟左大将却使人去请他，并且声明要把单于的位置让给哥哥。左贤王借口有病以辞。但左大将坚持要让位，而且告诉左贤王说，假使左贤王因病去世，可以传位给他。因此，左贤王遂答应就单于之位，称为狐鹿姑单于。狐鹿姑单于即位于武帝太始元年（公元前 96 年），死于昭帝始元二年（公元前 85 年），在位共十二年。

匈奴经过乌维时代的休养生息，人力与物力可能恢复了一些。在儿单于与呴黎湖单于的时候，匈奴与西汉又逐渐恢复战争状态。到且鞮侯与狐鹿姑时候，这种状态更为严重，互相策动与收容对方的叛臣与降将，是这一时期匈汉军事斗争与外交斗争的突出事件。

汉武帝动员了全国的力量破灭匈奴，但是匈奴每次遣使求和，却很少拒绝。武帝在且鞮侯即位那一年，就遣苏武厚币结好单于。匈汉外交斗争过程中，互相扣留所派使节是常事。“时汉连伐胡，数通使相窥观，匈奴留汉使郭吉、路充国等，前后十余辈。匈奴使来，汉亦留之以相当。天汉元年（公元前 100 年），且鞮侯单于初立，恐汉袭之，乃曰：‘汉天子我丈人行也。’尽归汉使路充国等。武帝嘉其义，乃遣武以中郎将使持节送匈奴使留在汉者，因厚赂单于，答其善意。”苏武被扣，则是因为苏武的副使张胜与谋匈奴朝中的叛乱。“（单于）方欲发使送武等，会缑王与长水虞常等谋反匈奴中。缑王者，昆邪王姊子也，与昆邪王俱降汉，后随浞野侯没胡中。及卫律所将降者，阴相与谋劫单于母阏氏归汉。会武等至匈奴，虞常在汉时素与副（随苏武副使）张胜相知，私候胜曰：‘闻汉天子甚怨卫律，常能为汉伏弩射杀之。吾母与弟在汉，幸蒙其赏赐。’张胜许之，以货物与常。后月余，单于出猎，独阏氏子弟在。虞常等七十余人欲发，其一人夜亡，告之。单于子弟发兵与战。缑王等皆死，虞常生得。单于使卫律治其事。张胜闻之，恐前语发，以状语武，武曰：‘事如此，此必乃我。见犯乃死，重负国。’欲自杀，胜、惠共止之。虞常果引张胜。单于怒，召诸贵人议，欲杀汉使者。左伊秩訾曰：‘即谋单于，何以复加？宜皆降之。’单于使卫律召武受辞，武谓惠等：‘屈节辱命，虽生，何面目以归汉！’引佩刀自刺。卫律惊，自抱持武，驰召医，凿地为坎，置煴火，覆武其上，蹈其背出血。武气绝，半日复息。惠等哭，舆归营。单于壮其节，朝夕遣人候问武，而收系张胜。武益愈，单于使使晓武，会论虞常，欲因此时降武。剑斩虞常已，律曰：‘汉使张胜谋杀单于近臣，当死，单于募降者赦罪。’举剑欲击之，胜请降。律谓武曰：‘副有罪，当相坐。’武曰：‘本无谋，又非亲属，何谓相坐？复举剑拟之，武不动。”卫律强迫苏武投降没有成功，于是用温和的方式去策反。卫律说曰：“苏君，律前负汉归匈奴，幸蒙大恩，赐号称王，拥众数万，马畜弥山，富贵如此。苏君今日降，明日复然。空以身膏草野，谁复知之！”武不应。律曰：“君因我降，与君为兄弟，今不听吾计，后虽欲复见我，尚可得乎？”武骂律曰：“女为人臣子，不顾恩义，畔主背亲，为降虏于蛮夷，何以女为见？且单于信女，使决人死生，不平心持正，反欲斗两主，观祸败。南越杀汉使者，屠为九郡；宛王杀汉使者，头县北阙；朝鲜杀汉使者，即时诛灭。独匈奴未耳。若知我不降明，欲令两国相攻，匈奴之祸从我始矣。”（见《汉书·李广苏建传》）同传又记：

律知武终不可胁，白单于。单于愈益欲降之，乃幽武置大窖中，绝不饮食。天雨雪，武卧啮雪与旃毛并咽之，数日不死，匈奴以为神，乃徙武北海上无人处，使牧羝，羝乳乃得归。别其官属常惠等，各置他所。武既至海上，廪食不至，掘野鼠、去草实而食之。杖汉节牧羊，卧起操持，节旄尽落。积五六年，单于弟於靬王弋射海上。武能网纺缴，檠弓弩，於靬王爱之，给其衣食。三岁余，王病，赐武马畜、服匿、穹庐。王死后，人众徙去，其冬，丁令盗武牛羊，武复穷厄。

苏武出使匈奴之次年，李陵投降匈奴。后来单于使李陵去劝苏武投降，结果也为苏武所拒绝。《汉书·李广苏建传》载：

初，武与李陵俱为侍中，武使匈奴明年，陵降，不敢求武。久之，单于使陵至海上，为武置酒设乐，因谓武曰："单于闻陵与子卿素厚，故使陵来说足下，虚心欲相待。终不得归汉，空自苦亡人之地，信义安所见乎？前长君为奉车，从至雍棫阳宫，扶辇下除，触柱折辕，劾大不敬，伏剑自刎，赐钱二百万以葬。孺卿从祠河东后土，宦骑与黄门驸马争船，推堕驸马河中溺死，宦骑亡，诏使孺卿逐捕不得，惶恐饮药而死。来时，大夫人已不幸，陵送葬至阳陵。子卿妇年少，闻已更嫁矣。独有女弟二人，两女一男，今复十余年，存亡不可知。人生如朝露，何久自苦如此！陵始降时，忽忽如狂，自痛负汉，加以老母系保宫，子卿不欲降，何以过陵？且陛下春秋高，法令亡常，大臣亡罪夷灭者数十家，安危不可知，子卿尚复认真为乎？愿听陵计，勿复有云。"武曰："武父子亡功德，皆为陛下所成就，位列将，爵通侯，兄弟亲近，常愿肝脑涂地。今得杀身自效，虽蒙斧钺汤镬，诚甘乐之。臣事君，犹子事父也，子为父死亡所恨。愿勿复再言。"

> 陵与武饮数日，复曰：“子卿壹听陵言。”武曰：“自分已死久矣！王必欲降武，请毕今日之欢，效死于前！”陵见其至诚，喟然叹曰：“嗟乎，义士！陵与卫律之罪上通于天。”因泣下沾衿，与武决去。陵恶自赐武，使其妻赐武牛羊数十头。

卫律的威吓，李陵的苦劝，都未能使苏武动心。后人都把苏武视为孔子所谓“使于四方，不辱君命”的典型人物，但对他的随员为什么要策反匈奴廷臣，却很少评论。他在匈奴被扣十九年之久，到了昭帝始元六年（公元前81年），即武帝死后六年，狐鹿姑单于死后三年，始得归汉。

自苏武被匈奴扣留之后，匈奴与西汉又不断发生战争。西汉方面率领军队去征伐匈奴的主要人物是李广利。从武帝天汉二年（公元前99年）至武帝征和三年（公元前90年）的十年间，数次出征匈奴，都是由李广利带领军队。特别值得一提的是，天汉二年的征伐与李陵的投降，以及征和三年的深入漠北与李广利的投降。从整个军事来说，匈奴的胜利多失败少，西汉的胜利少损失大。这次战争的直接起因，是赵破奴征伐匈奴，全军覆没，自己也被俘。《史记》卷一百十一《卫将军骠骑列传》说：“（赵破奴）为浚稽将军，将二万骑击匈奴左贤王，左贤王与战，兵八万骑围破奴，破奴生为虏所得，遂没其军，居匈奴十岁，复与其太子安国亡入汉。”

《史记》说赵破奴留匈奴十岁，《汉书》也说是十岁，是错误的。《史记集解》引“徐广曰：以太初二年（公元前103年）入匈奴，天汉元年（公元前100年）亡归，涉四年”。武帝对于赵破奴的失败是不会甘心的。赵破奴自匈奴亡归，可能告武帝说匈奴已趋于衰弱，容易击破。天汉二年（公元前99年）武帝乃派李广利击匈奴。《汉书·匈奴传》载：“汉使贰师将军将三万骑出酒泉，击右贤王于天山，得首虏万余级而还。匈奴大围贰师，几不得脱。汉兵物故什六七。汉又使因杅将军（公孙敖）出西河，与强弩都尉（路博德）会涿邪山，亡所得。使骑都尉李陵将步兵五千人出居延北千余里，与单于会，合战，陵所杀伤万余人，兵食尽，欲归，单于围陵，陵降匈奴，其兵得脱归汉者四百人。单于乃贵陵，以其女妻之。”

李陵是李广之孙，李当户之子。他与匈奴单于且鞮侯的会战经过，以至他背叛西汉投降匈奴的过程，《汉书》卷五十四《李陵传》说得很清楚。我们且分段录之于后：

> 陵字少卿，少为侍中建章监。善骑射，爱人，谦让下士，甚得名誉。武帝以为有广之风，便将八百骑，深入匈奴二千余里，过居延视地形，不见虏，还。拜为骑都尉，将勇敢五千人，教射酒泉、张掖以备胡。数年，汉遣贰师将军伐大宛，使陵将五校兵随后。行至塞，会贰师还。上赐陵书，陵留吏士，与轻骑五百出敦煌，至盐水，迎贰师还，复留屯张掖。
>
> 大汉二年，贰师将三万骑出酒泉，击右贤王于天山。召陵，欲使为贰师将辎重。陵召见武台，叩头自请曰：“臣所将屯边者，皆荆楚勇士奇材剑客也，力扼虎，射命中，愿得自当一队，到兰干山南以分单于兵，毋令专乡贰师军。”上曰：“将恶相属邪！吾发军多，毋骑予女。”陵对：“无所事骑，臣愿以少击众，步兵五千人涉单于庭。”上壮而许之，因诏强弩都尉路博德将兵半道迎陵军。博德故伏波将军，亦羞为陵后距，奏言：“方秋匈奴马肥，未可与战，臣愿留陵至春，俱将酒泉、张掖骑各五千人并击东西浚稽，可必禽也。”书奏，上怒，疑陵悔不欲出而教博德上书，乃诏博德：“吾欲予李陵骑，云‘欲以少击众’。今虏入西河，其引兵走西河，遮钩营之道。”诏陵：“以九月发，出遮虏鄣，至东浚稽山南龙勒水上，徘徊观虏，即亡所见，从浞野侯赵破奴故道抵受降城休士。因骑置以闻。所与博德言者云何？具以书对。”

又记：

陵于是将其步卒五千人出居延，北行三十日，至浚稽山止营，举图所过山川地形，使麾下骑陈步乐还以闻。步乐召见，道陵将率得士死力，上甚说，拜步乐为郎。陵至浚稽山，与单于相直，骑可三万围陵军。军居两山间，以大车为营。陵引士出营外为陈，前行持戟盾，后行持弓弩，令曰："闻鼓声而纵，闻金声而止。"虏见汉军少，直前就营。陵博战攻之，千弩俱发，应弦而倒。虏还走上山，汉军追击，杀数千人。单于大惊，召左右地兵八万余骑攻陵。陵且战且引，南行数日，抵山谷中。连战，士卒中矢伤，三创者载辇，两创者将车，一创者持兵战。陵曰："吾士气少衰而鼓不起者，何也？军中岂有女子乎？"始军出时，关东群盗妻子徙边者随国为卒妻妇，大匿车中。陵搜得，皆剑斩之。明日复战，斩首三千余级。引兵东南，循故龙城道行，四五日，抵大泽葭苇中，虏从上风纵火，陵亦令军中纵火以自救。南行至山下，单于在南山上，使其子将骑击陵。陵军步斗树木间，复杀数千人，因发连弩射单于，单于下走。是日捕得虏，言"单于曰：'此汉精兵，击之不能下，日夜引吾南近塞，得毋有伏兵乎？'诸当户君长皆言'单于自将数万骑击汉数千人不能灭，后无以复使边臣，令汉益轻匈奴。复力战山谷间，尚四五十里得平地，不能破，乃还'"。是时陵军益急，匈奴骑多，战一日数十合，复伤杀虏二千余人。

又记：

虏不利，欲去，会陵军候管敢为校尉所辱，亡降匈奴，具言"陵军无后救，射矢且尽，独将军麾下及成安侯校各八百人为前行，以黄与白为帜，当使精骑射之即破矣"。成安侯者，颍川人，父韩千秋，故济南相，奋击南越战死，武帝封子延年为侯，以校尉随陵。单于得敢大喜，使骑并攻汉军，疾呼曰："李陵、韩延年趣降！"遂遮道急攻陵，陵居谷中，虏在山上，四面射，矢如雨下。汉军南行，未至鞮汗山，一日五十万矢皆尽，即弃车去。士尚三千余人，徒斩车辐而持之，军吏将尺刀，抵山入狭谷。单于遮其后，乘隅下垒石，士卒多死，不得行。昏后，陵便衣独步出营，止左右："毋随我，丈夫一取单于耳！"良久，陵还，太息曰："兵败，死矣！"军吏或曰："将军威震匈奴，天命不遂，后求道径还归，如浞野侯为虏所得，后亡还，天子客遇之，况于将军乎！"陵曰："公止！吾不死，非壮士也。"于是尽斩旌旗，及珍宝埋地中，陵叹曰："复得数十矢，足以脱矣。今无兵复战，天明坐受缚矣！各鸟兽散，犹有得脱归报天子者。"令军士人持二升粮，一半冰，期至遮虏鄣者相待。夜半时，击鼓起士，鼓不鸣。陵与韩延年俱上马，壮士从者十余人。虏骑数千追之，韩延年战死。陵曰："无面目报陛下！"遂降。军人分散，脱至塞者四百余人。陵败处去塞百余里，边塞以闻。上欲陵战死，召陵母及妇，使相者视之，无死丧色。后闻陵降，上怒甚，责问陈步乐，步乐自杀，群臣皆罪陵……

关于李陵投降匈奴后的情况，《汉书·李陵传》说：

陵在匈奴岁余，上遣因杅将军公孙敖将兵深入匈奴迎陵。敖军无功还，曰："捕得生口，言李陵教单于为兵以备汉军，故臣无所得。"上闻，于是族陵家，母弟妻子皆伏诛。陇西士大夫以李氏为愧。其后，汉遣使使匈奴，陵谓使者曰："吾为汉将步卒五千人横行匈奴，以亡救而败，何负于汉而诛吾家？"使者曰："汉闻李少卿教匈奴为兵。"陵曰："乃李绪，非我也。"李绪本汉塞外都尉，居奚侯城，匈奴攻之，绪降，而单于客遇绪，常坐陵上。陵痛其家以李绪而诛，使人刺杀绪。大阏氏欲杀陵，单于匿之北方，大阏氏死乃还。单于壮陵，以女妻之，立为右校王……

这是武帝未死以前的事情。昭帝立与狐鹿姑单于未死前，霍光与上官桀又曾遣人到匈奴，希望说服李陵归汉，可是他始终不肯，终死在匈奴。《汉书·李陵传》说：

> 昭帝立，大将军霍光、左将军上官桀辅政，素与陵善，遣陵故人陇西任立政等三人俱至匈奴招陵。立政等至，单于置酒赐汉使者，李陵、卫律皆侍坐。立政等见陵，未得私语，即目视陵，而数数自循其刀环，握其足，阴谕之，言可还归汉也。后陵，律持牛酒劳汉使，博饮，两人皆胡服椎结，立政大言曰："汉已大赦，中国安乐，主上富于春秋，霍子孟、上官少叔用事。"以此言微动之。陵墨不应，孰视而自循其发，答曰："吾已胡服矣！"有顷，律起更衣，立政曰："咄，少卿良苦！霍子孟、上官少叔谢女。"陵曰："霍与上官无恙乎？"立政曰："请少卿来归故乡，毋忧富贵。"陵字立政曰："少公，归易耳，恐再辱，奈何！"语未卒，卫律还，颇闻余语，曰："李少卿贤者，不独居一国。范蠡遍游天下，由余去戎入秦，今何语之亲也！"因罢去。立政随谓陵曰："亦有意乎？"陵曰："丈夫不能再辱。"陵在匈奴二十余年，元平元年病死。

李陵投降匈奴，当然是对西汉王朝的背叛。

李陵投降匈奴不到一年（武帝天汉三年，公元前98年），匈奴进攻雁门，雁门太守畏愞没有迎击，因被弃市。武帝在次年又调动军队，由李广利挂帅去攻伐匈奴。《汉书·武帝纪》天汉四年中说：

> 发天下七科谪及勇敢士，遣贰师将军李广利将六万骑、步兵七万人出朔方，因杅将军公孙敖万骑、步兵三万人出雁门，游击将军韩说步兵三万人出五原，强弩都尉路博德步兵万余人与贰师会。

所谓"七科"，《＜汉书＞注》引张晏说："吏有罪一，亡命二，赘婿三，贾人四，故有市籍五，父母有市籍六，大父母有市籍七，凡七科也。”照上面所说的军队人数来计算，约有二十万之多。《汉书·匈奴传》述匈奴迎战经过：“匈奴闻，悉远其累重于余吾水北，而单于以十万待水南，与贰师接战。贰师解而引归，与单于连斗十余日。游击亡所得，因杅敖与左贤王战，不利，引归。”这次交战，在匈奴方面除了且鞮侯单于以十万骑得余吾水南外，再加上余吾水北及左贤王的军队，其数目也有十余万，可见匈奴的兵卒还是很多的。西汉王朝用了那么多的士卒，却不能击败匈奴，又可见匈奴当时的兵力还是很强的。李广利不敢深入，公孙敖也因不利而还，所以从整个战局来说，西汉的这次征伐是失败了。

一年后，且鞮侯单于死。狐鹿姑单于继立的初年，匈奴既少入寇，西汉也未发兵攻击匈奴。到了狐鹿姑立后五年（武帝征和二年，公元前91年），匈奴寇上谷、五原，杀掠吏民。过一年再入五原、酒泉，杀两位都尉。于是武帝又不得不遣兵去征伐匈奴。《汉书·匈奴传》说：

> 于是汉遣贰师将军七万人出五原，御史大夫商丘成将三万余人出西河，重合侯莽通将四万骑出酒泉千余里。单于闻汉兵大出，悉遣其辎重，徙赵信城北邸郅居水。左贤王驱其人民度余吾水六七百里，居兜衔山。单于自将精兵左安侯度姑且水。御史大夫军至追邪径，无所见，还。匈奴使大将与李陵将三万余骑追汉军，至浚稽山合，转战九日，汉兵陷陈却敌，杀伤虏甚众。至蒲奴水，虏不利，还去。重合侯军至天山，匈奴使大将偃渠与左右呼知王将二万余骑要汉兵，见汉兵强，引去。重合侯无所得失。是时，汉恐车师兵遮重合侯，乃遣闿陵侯将兵别围车师，尽得其王民众而还。

《汉书·匈奴传》与《功臣表第五》均说重合侯为莽通，而《汉书·西域传》“车师后城长国”条作马通，恐怕后者是错误的。至于李广利所领的军队，据《汉书·匈奴传》说：“贰师将军将出塞，匈奴使右大都尉与卫律将五千骑要击汉军于夫羊句山狭。贰师遣属国胡骑二千与战，虏兵坏散，死伤者数百人。汉军乘胜追北，至范夫人城，匈奴奔走，莫敢距敌。”李广利战胜右大都尉与卫律后，《汉书·匈奴传》又说：

> 会贰师妻子坐巫蛊收，闻之忧惧。其掾胡亚夫亦避罪从军，说贰师曰：“夫人室家皆在吏，若还不称意，适与狱会，郅居以北可复得见乎？”贰师由是狐疑，欲深入要功，遂北至郅居水上。虏已去，贰师遣护军将二万骑度郅居之水。一日，逢左贤王左大将，将二万骑与汉军合战一日，汉军杀左大将，虏死伤甚众。军长史与决眭都尉辉渠侯谋曰：“将军怀异心，欲危众求功，恐必败。”谋共执贰师。贰师闻之，斩长史，引兵还至速邪乌燕然山。单于知汉军劳倦，自将五万骑遮击贰师，相杀伤甚众。夜堑汉军前，深数尺，从后急击之，军大乱败，贰师降。单于素知其汉大将贵臣，以女妻之，尊宠在卫律上。

李广利投降，在武帝征和三年（公元前90年）。狐鹿姑单于尊宠他在卫律之上，引起卫律的妒嫉，卫律设法杀死他。事已见前引《汉书·匈奴传》。

李广利累次出师，败多胜少。对于李广利的评价，司马光在《资治通鉴》有云：“武帝欲侯宠姬李氏，而使广利将兵伐宛，其意以为非有功不侯，不欲负高帝之约也。夫军旅大事，国之安危，民之死生系焉。苟为不择贤愚而授之，欲徼幸咫尺之功，藉以为名而私其所爱，不若无功而侯之为愈也。然则武帝有见于封国，无见于置将。”（卷二十一）武帝并非不会用兵将，不过对于李广利却是一个例外。

《汉书·匈奴传》载：“自贰师没后，汉新失大将军士卒数万人，不复出兵。”武帝亦在李广利投降三年后死，在位共五十四年。这是西汉皇帝中在位最久，也是立意要与匈奴决战的一位君主。

匈奴之大臣贵族，在武帝时期投降西汉者，也是很多的。在武帝时期的功臣表中，匈奴人降汉封侯者，就有二十位以上。直到且鞮侯与狐鹿姑时代仍在汉朝廷中占重要地位的金日磾，便是匈奴的后裔。事见于《汉书》卷六十八《金日磾传》：

金日磾字翁叔，本匈奴休屠王太子也。武帝元狩中，票骑将军霍去病将兵击匈奴右地，多斩首，虏获休屠王祭天金人。其夏，票骑复西过居延，攻祁连山，大克获。于是单于怨昆邪、休屠居西方多为汉所破，召其王欲诛之。昆邪、休屠恐，谋降汉。休屠王后悔，昆邪王杀之，并将其众降汉。封昆邪王为列侯。日磾以父不降见杀，与母阏氏、弟伦俱没入官，输黄门养马，时年十四矣。久之，武帝游宴见马，后宫满侧。日磾等数十人牵马过殿下，莫不窃视，至日磾独不敢。日磾长八尺二寸，容貌甚严，马又肥好，上异而问之，具以本状对。上奇焉，即日赐汤沐衣冠，拜为马监，迁侍中驸马都尉光禄大夫。日磾既亲近，未尝有过失，上甚信爱之，赏赐累千金，出则骖乘，入侍左右。贵戚多窃怨，曰："陛下妄得一胡儿，反贵重之!"上闻，愈厚焉。日磾母都诲两子，甚有法度，上闻而嘉之。病死，诏图画于甘泉宫，署曰"休屠王阏氏"。日磾每见画常拜，乡之涕泣，然后乃去。日磾子二人皆爱，为帝弄儿，常在旁侧。弄儿或自后拥上项，日磾在前，见而目之。弄儿走且啼曰："翁怒。"上谓日磾："何怒吾儿为？"其后弄儿壮大，不谨，自殿下与宫人戏，日磾适见之，恶其淫乱，遂杀弄儿。弄儿即日磾长子也。上闻之大怒，日磾顿首谢，具言所以杀弄儿状。上甚哀，为之泣，已而心敬日磾。初，莽何罗与江充相善，及充败卫太子，何罗弟通用诛太子时力战得封。后上知太子冤，乃夷灭充宗族党与。何罗兄弟惧及，遂谋为逆。日磾视其志意有非常，心疑之，阴独察其动静，与俱上下。何罗亦觉日磾意，以故久不得发。是时上行幸林光宫，日磾小疾卧庐。何罗与通及小弟安成矫制夜出，共杀使者，发兵。明旦，上未起，何罗亡何从外入。日磾奏厕心动，立入坐内户下。须臾，何罗褏白刃从东箱上，见日磾，色变，走趋卧内欲入，行触宝瑟，僵。

日磾得抱何罗，因传曰：“莽何罗反！”上惊起，左右拔刃欲格之，上恐并中日磾，止勿格。日磾捽胡投何罗殿下，得禽缚之，穷治皆伏辜。繇是著忠孝节。日磾自在左右，目不忤视者数十年。赐出宫女，不敢近。上欲内其女后宫，不肯。其笃慎如此，上尤奇异之。

又载：

及上病，属霍先光辅少主，光让日磾。日磾曰：“臣外国人，且使匈奴轻汉。”于是遂为光副。光以女妻日磾嗣子赏。初，武帝遗诏以讨莽何罗功封日磾为秺侯，日磾以帝少不受封。辅政岁余，病困，大将军光白封日磾，卧授印绶。一日，薨，赐葬具冢地，送以轻车介士，军陈至茂陵，谥曰敬侯。

日磾死后，他的子孙七世内侍。班固在《金日磾传》“赞”中说：

金日磾夷狄亡国，羁虏汉庭，而以笃敬寤主，忠信自著，勒功上将，传国后嗣，世名忠孝，七世内侍，何其盛也！本以休屠作金人为祭天主，故因赐姓金氏焉。

汉匈双方互用降人，是军事以外政治斗争的一种方式。

第十七章　匈奴内乱之始与四面受敌

狐鹿姑单于死后，子左谷蠡王在汉昭帝始元二年（公元前85年）立为壶衍鞮单于，在位十七年，死于宣帝地节二年（公元前68年）。

狐鹿姑单于死后，内部的分裂日益严重。《汉书·匈奴传》论其事如下：“初，单于（狐鹿姑）有异母弟为左大都尉，贤，国人乡之，母阏氏恐单于不立子而立左大都尉也，乃私使杀之。左大都尉同母兄怨，遂不肯复会单于庭。”此外，狐鹿姑单于的儿子，也因争立而离叛。同传又说：“又单于病且死，谓诸贵人：‘我子少，不能治国，立弟右谷蠡王。’及单于死，卫律等与颛渠阏氏谋，匿单于死，诈矫单于令，与贵人饮盟，更立子左谷蠡王为壶衍鞮单于。是岁，始元二年（公元前85年）也。”又说：“壶衍鞮单于既立……左贤王、右谷蠡王以不得立怨望，率其众欲南归汉。恐不能自致，即胁卢屠王，欲与西降乌孙，谋击匈奴。卢屠王告之，单于使人验问，右谷蠡王不服，反以其罪罪卢屠王，国人皆冤之。于是二王去居其所，未尝肯会龙城。”又说：“单于年少初立，母阏氏不正，国内乖离，常恐汉兵袭之。”按匈奴习惯，每年各王侯贵人，会龙城三次，有些像西汉的大臣朝见一样，不肯会龙城，是对单于的不尊敬，是一种反抗的态度与行为。左大都尉的同母兄既不会单于庭，左贤王与右谷蠡王又不肯会龙城，这些人都是匈奴最重要的人物，从中可见匈奴内部分裂情况之严重。

照匈奴习惯，狐鹿姑死后，应当由左贤王继立为单于。不知何故，狐鹿姑单于死前对贵人说，其子年少，不能治国，而希望其弟右谷蠡王继立为单于。这位年少之子，就是左谷蠡王。左谷蠡王在匈奴的官位上低左贤王一级。狐鹿姑在左大将死后曾以其子为左贤王，则这位左贤王与左谷蠡王显然为二人，而且此子当比左谷蠡王年长。这二人都为狐鹿姑之子。同时，狐鹿姑单于立其子为左贤王时，是在他死前好几年。此子在立为左贤王时，若已不算太小，则在狐鹿姑单于死时，应该大了，为什么狐鹿姑单于在遗嘱中，不以合法的左贤王继立单于，而希望其弟右谷蠡王继立为单于？这是一个疑问。

这次内部分裂，还没有像数十年后的五单于争立那样引起互相残杀。然而，这次的争立，好像是后来争立的前奏，而且比之以往的伊稚斜攻败於单更为复杂。这是匈奴更趋于衰弱的征兆。从此以后，争立问题成为匈奴内部分裂的一个主要原因。

然而在壶衍鞮时代，匈奴最大的问题恐怕还是外患。自然，外患之来，是与内部分裂有关系的。比方不满意单于而投降外人，或者甚至利用外人的力量去恢复或维持自己的地位。所以说是内部分裂引起外患。

匈奴的劲敌，自冒顿至狐鹿姑的一百多年中，主要是西汉王朝。稽粥单于迫走月氏之后，匈奴的东方、西方以及北边都没有足以威胁他的敌人了。这三方面的部落都已为匈奴所征服。大概是在军臣单于时代，只有西边一个受匈奴帮助复国的乌孙，后来强盛起来，不肯朝会单于。匈奴发兵去征伐，结果失败而归。然而这个时期中，却找不到乌孙攻伐匈奴的记载。在壶衍鞮时代的情形就不同了。除南方的劲敌以外，东方的乌桓也逐渐复兴。北边的丁令与西边的乌孙，都乘机对匈奴进行攻击，使匈奴陷入四面受敌的境地。

壶衍鞮就位后，匈奴示意西汉使者，希望和亲。但他就位后二年，又南下侵略代郡，仍是匈奴一面办交涉一面扰乱的传统作风。但是匈奴三十多年来，受到西汉的严重打击，加上争立而引起国内不安，匈奴很怕西汉王朝的征伐。自卫青、霍去病以后，匈汉战争的战场多在匈奴的领土以内，匈奴人少物稀，遭到很大的损失，所以卫律与匈奴的贵人们，“常恐汉兵袭之”。

卫律既与阏氏谋立年少的单于，这说明他的作用更为重要。卫律本是胡人，但生长于西汉，对于汉朝的文化及优点知之甚详。汉人筑城藏谷的防守战略，是他所熟知的。因此他向匈奴单于献计，也想用这种守卫的方法去抵抗西汉的进攻。《汉书·匈奴传》说："于是卫律为单于谋'穿井筑城，治楼以藏谷，与秦人守之……'"匈奴人本来不会穿井，他们是逐水草而居的游牧部落，没有城郭，所住的是穹庐，不是楼室。他们穿井筑城治楼要用汉人，就是守城也要用汉人。这里所说的秦人就是汉人。因为秦朝威震匈奴，所以匈奴叫汉人为秦人。这些汉人，有的是投降的，有的是战争俘虏。卫律利用这些人去守城，相信这样做，则"汉兵至，无奈我何"。于是"即穿井数百，伐材数千"。但是，有些人反对他的这种做法，认为匈奴人不善于在城中守城，治楼、藏谷，这样做等于积粮送给汉朝。这种看法可能是从赵信城的经验而来。赵信曾筑城藏谷，后来卫青率兵攻破此城，西汉的兵士就用城里所藏的谷物为食，吃不了或不能带走便用火烧尽。卫律听到胡人不能守城的意见后，也可能是回忆到赵信城的教训，所以井虽是穿了数百，木材伐了数千，便放弃这个计划。

穿井筑城治楼的计划既已放弃，匈奴乃用其他方法去讨好西汉，决定遣回被匈奴扣留而不肯投降的西汉使者，这就是苏武以及另一位叫做马宏者。关于马宏，《汉书·匈奴传》说："马宏者，前副光禄大夫王忠使西国，为匈奴所遮，忠战死，马宏生得，亦不肯降。故匈奴归此二人，欲以通善意。"

马宏归汉后的情形如何，史书没有记载。苏武在未离匈奴前及归国后的情况，《汉书·李广苏建传》说得很清楚。

苏武离开匈奴之次年，也就是昭帝始元七年（公元前80年），匈奴发左右部二万骑分为四队，入边为寇。《汉书·匈奴传》云："汉兵追之，斩首获虏九千人，生得瓯脱王，汉无所失亡。匈奴见瓯脱王在汉，恐以为道击之，即西北远去，不敢南逐水草，发人民屯瓯脱。明年，复遣九千骑屯受降城以备汉，北桥余吾，令可度，以备奔走。"这说明匈奴的兵力愈来愈衰。它虽然调动二万骑来入寇，但是经过西汉的追击，损失差不多一半，而且熟悉匈奴道途的瓯脱王也被西汉俘虏。匈奴既怕瓯脱王引道攻击，又不得不再向西北迁徙。这与后来的乌桓以至鲜卑的勃兴，很有关系。经过武帝的打击之后，匈奴的左贤王原来所居的东部，已迁移到原来单于所居的地方。其后又向西跑，现在再向西北走，因而愈与乌孙接近，此后匈奴与乌孙的接触也更多起来。东边的乌桓、鲜卑却得以摆脱匈奴的羁绊。

此时，卫律已死。卫律在狐鹿姑的时代，明白用武力去对付西汉是很为吃亏后，极力主张与西汉和亲。在他生前，这种主张并不见得被匈奴一般的大臣贵人所赞成，但是在他死后，匈奴“兵数困，国益贫”，壶衍鞮的弟弟左谷蠡王，觉得卫律生前的主张是有道理的，所以也主张和亲。可是又怕西汉方面未必答应，于是，匈奴常常使其左右将这个意思暗示给西汉使者。同时，对西汉的侵扰也更为稀少，对西汉使者也愈为厚待，目的是希望能与西汉修和亲之约。西汉对于匈奴这种表示是欢迎的。但是，不久左谷蠡王死了，这种和平局面又不大能够维持下去，战争发生了。《汉书·匈奴传》说：

> 明年（昭帝元凤三年，公元前78年），单于使犁污王窥边，言酒泉、张掖兵益弱，出兵试击，冀可复得其地。时汉先得降者，闻其计，天子诏边警备。后无几，右贤王、犁污王四千骑分三队，入日勒、屋兰、番和。张掖太守、属国都尉发兵击，大破之，得脱者数百人。属国千长义渠王骑士射杀犁污王，赐黄金二百斤，马二百匹，因封为犁污王。属国都尉郭忠封成安侯。自是后，匈奴不敢入张掖。

数十年来，匈奴愈往西迁，愈觉得酒泉、张掖的重要。他们想取回这些地方是无可怀疑的。但是，自此以后再“不敢入张掖”了。张掖一名，据说是由于断匈奴右臂，张西汉之掖而来，现在可以说是名副其实了。

匈奴虽然遭受这次大败，但并不甘心。昭帝元凤三年（公元前78年），匈奴又遣三千余骑入五原，杀略数千人。后来还有数万骑兵南下，在西汉塞边行猎，攻击塞外的亭障，掠取吏民。但此时西汉边郡的防备工作很好，烽火候望制度很精密，匈奴要想侵入，很为困难。匈奴入侵的目的本在掠取人民粮畜，西汉既有防备，匈奴无机可乘，入寇也就稀少了。

壶衍鞮单于未死前，西汉还曾出三千余骑，分三路并入匈奴，捕得俘虏三千余人，匈奴远逃不敢抵抗。这也可以说明到了壶衍鞮的末年，匈奴衰弱的现象。

此外，昭帝元凤三年，西汉曾遣范明友击匈奴，不过这次征伐，与乌桓有关。

除了南边的西汉给予匈奴的沉重打击之外，东方的乌桓或乌丸，对匈奴也时时骚扰。关于乌桓及其与匈奴的关系，《汉书·匈奴传》与《汉书》其他各处略为记载，但是说得最详细的是《后汉书》卷九十《乌桓列传》：

> 乌桓者，本东胡也。汉初，匈奴冒顿灭其国，余类保乌桓山，因以为号焉。俗善骑射，弋猎禽兽为事。随水草放牧，居无常处。以穹庐为舍，东开向日。食肉饮酪，以毛毳为衣。贵少而贱老，其性悍塞。怒则杀父兄，而终不害其母，以母有族类，父兄无相仇报故也。有勇健能理决斗讼者，推为大人，无世业相继。邑落各有小帅，数百千落自为一部。大人所召呼，则刻木为信，虽无文字，而部众不敢违犯。氏姓无常，以大人健者名字为姓。大人以下，各自畜牧营产，不相徭役。……其约法：违大人言者，罪至死；若相贼杀者，令部落自相报，不止，诣大人告之，听出马牛羊以赎死；其自杀父兄则无罪；若亡畔为大人所捕者，邑落不得受之，皆徙逐于雍狂之地，沙漠之中。其土多蝮蛇，在丁令西南，乌孙东北焉。

乌桓位置应在匈奴之东，在丁令东南而非西南。乌孙则远在匈奴之西，与乌桓并不接近。《后汉书·乌桓列传》又说：

> 乌桓自为冒顿所破，众遂孤弱，常臣伏匈奴，岁输牛马羊皮，过时不具，辄没其妻子。及武帝遣骠骑将军霍去病击破匈奴左地，因徙乌桓于上谷、渔阳、右北平、辽西、辽东五郡塞外，为汉侦察匈奴动静。其大人岁一朝见，于是始置护乌桓校尉，秩二千石，拥节监领之，使不得与匈奴交通。

西汉迁徙乌桓到匈奴左地与塞外五郡，目的还是防备匈奴。这与武帝遣张骞到乌孙，希望乌孙回敦煌、祁连故地以防备匈奴的政策是一致的。通西域是断匈奴的右臂，连乌桓是断匈奴的左臂。乌桓的迁徙，对于西汉防备匈奴固有其作用，但后来乌桓本身有时也成为西汉的边患，有时还勾结匈奴入寇。《汉书·匈奴传》说：

> 汉复得匈奴降者，言乌桓尝发先单于冢，匈奴怨之，方发二万骑击乌桓。大将军霍光欲发兵邀击之，以问护军都尉赵充国。充国以为“乌桓间数犯塞，今匈奴击之，于汉便。又匈奴希寇盗，北边幸无事。蛮夷自相攻击，而发兵要亡，招寇生事，非计也”。光更问中郎将范明友，明友言可击。于是拜明友为度辽将军，将二万骑出辽东。匈奴闻汉兵至，引去。初，光诫明友：“兵不空出，即后匈奴，遂击乌桓。”乌桓时新中匈奴兵，明友既后匈奴，因乘乌桓敝，击之，斩首六千余级，获三王首，还，封为平陵侯。匈奴由是恐，不能出兵。

从这段话看起来，西汉可以说是一举两得。匈奴既不复出兵，乌桓也为西汉大败。然而这样一来，乌桓不久即入寇幽州，所以西汉又不得不遣范明友去专击乌桓，而且还不止这一次，这正是赵充国所说“招寇生事”。

此外，北边的丁令也慢慢地叛离匈奴。《汉书》没有“丁令传”，《三国志·魏书》卷三十《乌丸鲜卑东夷传》注说：

丁令国在康居北，胜兵六万人，随畜牧，出名鼠皮，白昆子、青昆子皮。

在冒顿时，丁令曾被匈奴征服。宣帝初年，乌孙击败匈奴，丁令乘机从北边攻伐匈奴，大概这时又脱离匈奴独立。

壶衍鞮在位的时候，除了南边的西汉、东边的乌桓、北边的丁令之外，西边的乌孙也给予匈奴很大的打击。《汉书·西域传》“乌孙”条说：

乌孙国，大昆弥治赤谷城，去长安八千九百里。户十二万，口六十三万，胜兵十八万八千八百人。相，大禄，左右大将二人，侯三人，大将、都尉各一人，大监二人，大吏一人，舍中大吏二人，骑君一人。……地莽平。多雨，寒。山多松樠。不田作种树，随畜逐水草，与匈奴同俗。……故服匈奴，后盛大，取羁属，不肯往朝会。东与匈奴、西北与康居、西与大宛、南与城郭诸国相接。

匈奴受西汉攻击逐渐向西北迁徙，匈奴与乌孙的接触更多，争端也时起。西汉虽不能说服乌孙迁回敦煌、祁连故地，但自张骞出使乌孙之后，乌孙逐渐亲汉。到了武帝元封六年（公元前105年），西汉与乌孙和亲之后，乌孙与西汉的关系更加密切。这使匈奴对乌孙更加不满。匈奴单于虽然也遣女嫁给乌孙昆莫，但是，乌孙与匈奴的关系仍不断恶化。西汉笼络乌孙，主要是为了牵制匈奴。西汉第一位宗室女嫁给乌孙的是江都王建之女细君。细君嫁给乌孙昆莫时，昆莫已很老，而且语言又不通，使细君很为悲愁。她悲愁之状，表现在她所作的著名的歌中。《汉书·西域传》指出，西汉皇帝听了她的歌后，对她很怜悯，“间岁遣使者持帷帐锦绣给遗焉。昆莫年老，欲使其孙岑陬尚公主，公主不听，上书言状，天子报曰：‘从其国俗，欲与乌孙共灭胡。’岑陬遂妻公主。昆莫死，岑陬代立。岑陬者，官号也，名军须靡。昆莫，王号也，名猎骄靡。后书‘昆弥’云。岑陬尚江都公主，生一女少夫。”细君公主嫁给岑陬不过数年就死了。西汉为了继续维持这种友好关系，又遣另一位宗室女嫁给岑陬。这位宗室女在乌孙好几十年，除了嫁给岑陬外，还嫁给其季父子肥王。《汉书·西域传》乌孙条说：“公主（细君）死，汉复以楚王戊之孙解忧为公主，妻岑陬。岑陬胡妇子泥靡尚小，岑陬且死，以国与季父大禄子翁归靡，曰：‘泥靡大，以国归之。’翁归靡既立，号肥王，复尚楚主解忧，生三男二女：长男曰元贵靡；次曰万年，为莎车王；次曰大乐，为左大将；长女弟史为龟兹王绛宾妻；小女素光为若呼翕侯妻。”

这位解忧公主在肥王死后，还嫁给继立为昆弥的狂王。很值得注意的是，这位狂王就是岑陬所妻匈女生的儿子泥靡。他在肥王刚立的时候，年纪很小，肥王死时他已长大，继立为昆弥。这时解忧已六十岁左右，嫁给泥靡后，据说还生了一个儿子。《汉书·西域传》“乌孙”条载此事说：

> 元康二年（公元前64年），乌孙昆弥（指肥王）因惠（指常惠）上书：“愿以汉外孙元贵靡为嗣，得令复尚汉公主，结婚重亲，畔绝匈奴，愿聘马骡各千匹。”诏下公卿议，大鸿胪萧望之以为“乌孙绝域，变故难保，不可许”。上美乌孙新立大功，又重绝故业，遣使者至乌孙，先迎取聘。昆弥及太子、左右大将、都尉皆遣使，凡三百余人，入汉迎取少主。上乃以乌孙主解忧弟子相夫为公主，置官属侍御百余人，舍上林中，学乌孙言。天子自临平乐观，会匈奴使者、外国君长大角抵，设乐而遣之。使长罗侯光禄大夫惠为副，凡持节者四人，送少主至敦煌。未出塞，闻乌孙昆弥归靡死，乌孙贵人共从本约，立岑陬子泥靡代为昆弥，号狂王。惠上书：“愿留少主敦煌，惠驰至乌孙责让不立元贵靡为昆弥，还迎少主。”事下公卿，望之复以为“乌孙持两端，难约结。前公主在乌孙四十余年，

恩爱不亲密，边竟未得安，此已事之验也。今少主以元贵靡不立而还，信无负于夷狄，中国之福也。……”天子从之，征还少主。狂王复尚楚主解忧，生一男鸱靡，不与主和，又暴恶失众。

我们要指出的是，匈奴也是为了想得解忧而攻击乌孙的，因而引起西汉发重兵去帮助。乌孙击匈奴这件事，发生于昭帝末年与宣帝初年的时候，也就是在范明友追击匈奴并大败乌桓之后。《汉书·匈奴传》说：

（匈奴）即使使之乌孙，求欲得汉公主。击乌孙，取车延、恶师地。乌孙公主上书，下公卿议救，未决。昭帝崩……

《汉书·西域传》“乌孙”条说：

昭帝时，公主上书，言“匈奴发骑田车师，车师与匈奴为一’共侵乌孙，唯天子幸救之”！汉养士马，议欲击匈奴。会昭帝崩，宣帝初即位，公主及昆弥皆遣使上书，言“匈奴复连发大兵侵击乌孙，取车延、恶师地，收人民去，使使谓乌孙趣持公主来，欲隔绝汉。昆弥愿发国半精兵，自给人马五万骑，尽力击匈奴。唯天子出兵以救公主、昆弥”。

《匈奴传》说昆弥上书云“唯天子出兵，哀救公主”！《西域传》置公主上书在先，昆弥求救在后，都说明乌孙主要是以解忧公主去感动西汉皇帝，要他出兵攻击匈奴。《汉书·匈奴传》说：

本始二年（公元前72年），汉大发关东轻锐士，选郡国吏三百石伉健习骑射者，皆从军。遣御史大夫田广明为祁连将军，四万余骑，出西河；度辽将军范明友三万余骑，出张掖；前将军韩增三万余骑，出云中；后将军赵充国为蒲类将军，三万余骑，出酒

> 泉；云中太守田顺为虎牙将军，三万余骑，出五原；凡五将军，兵十余万骑，出塞各二千余里。及校尉常惠使护出兵乌孙西域，昆弥自将翕侯以下五万余骑从西方入，与五将军兵凡二十余万众。匈奴闻汉兵大出，老弱奔走，驱畜产远遁逃，是以五将少所得。……

又说：

> 度辽将军出塞千二百余里，至蒲离候水，斩首捕虏七百余级，卤获马牛羊万余。前将军出塞千二百余里，至乌员，斩首捕虏，至候山百余级，卤马牛羊二千余。蒲类将军兵当与乌孙合击匈奴蒲类泽，乌孙先期至而去，汉兵不与相及。蒲类将军出塞千八百余里，西去候山，斩首捕虏，得单于使者蒲阴王以下三百余级，卤马牛羊七千余。闻虏已引去，皆不至期还。天子薄其过，宽而不罪。祁连将军出塞千六百里，至鸡秩山，斩首捕虏十九级，获牛马羊百余。逢汉使匈奴还者冉弘等，言鸡秩山西有虏众，祁连即戒弘，使言无虏，欲还兵。御史属公孙益寿谏，以为不可，祁连不听，遂引兵还。虎牙将军出塞八百余里，至丹余吾水上，即止兵不进，斩首捕虏千九百余级，卤马牛羊七万余，引兵还。上以虎牙将军不至期，诈增卤获，而祁连知虏在前，逗遛不进，皆下吏自杀。擢公孙益寿为侍御史。

同传又说："校尉常惠与乌孙兵至右谷蠡庭，获单于父行及嫂、居次、名王、犁污都尉、千长、将以下三万九千余级，虏马牛羊驴骡橐驰七十余万。……然匈奴民众死伤而去者，及畜产远移死亡不可胜数。于是匈奴遂衰耗，怨乌孙。"

常惠与乌孙兵到右谷蠡王庭，所捕获的大量人民畜产，通通为乌孙专有，一点也不给西汉，甚至连常惠的印绶也被乌孙人盗走。《汉书》卷七十《常惠传》说："……乌孙皆自取卤获。惠从吏卒十余人随昆弥还，未至乌孙，乌孙人盗惠印绶节。惠还，自以当诛。”

出乎常惠意料之外，宣帝却以为五将军出兵皆不得胜利，只有常惠奉出克获，还封他为长罗侯，食邑二千八百五十户。同时，宣帝不但不责备乌孙自取卤获，相反的，还遣常惠持金币再次出使乌孙，赏赐乌孙贵人有功者。这也是乌孙贵人所意料不到的。西汉这次调动重兵，是武帝以来攻伐匈奴出兵最多的一次。这主要是因为解忧公主的请求，使她免为匈奴所夺与使乌孙免为匈奴所败。乌孙独吞战利品，并盗汉使印绶，西汉不但不责备，而且还赏赐他，这对乌孙来说，也是一举两得。但从中也可以看出，西汉对于攻灭匈奴是多么迫切。

从此，匈奴对乌孙更加怨恨。宣帝本始三年（公元前 71 年）冬，壶衍鞮单于亲自出马，将万骑去攻击乌孙。在初攻乌孙时，匈奴颇获乌孙的老弱民众，但当他要引兵回匈奴时，大雪降下来，一日之间，雪深丈余，人民畜产冻死不可胜数，能回国者不过十分之一。这又是一次大失败。《汉书·匈奴传》说：

> 于是丁令乘弱攻其北，乌桓入其东，乌孙击其西。凡三国所杀数万级，马数万匹，牛羊甚众。又重以饿死，人民死者什三，畜产什五，匈奴大虚弱，诸国羁属者皆瓦解，攻盗不能理。

没有多久，西汉又遣兵分三道攻匈奴，捕虏数千人而还，使匈奴陷入四面楚歌的境地，内乱外患与天灾相迫偕来，愈为衰弱。

壶衍鞮在位的十七年中，匈奴衰弱之甚，是匈奴历史上所没有过的。西汉的边塞在这个时候也很少有事。此时，匈奴又欲与西汉和亲，但这种意图还没有实现，壶衍鞮即于宣帝地节二年（公元前 68 年）死去。

第十八章　匈奴五单于争立的动乱时代

壶衍鞮以后的虚闾权渠单于以至五单于争立的时代（汉宣帝地节二年至甘露元年，公元前 68—前 53 年），匈奴的天灾也很严重，外患也不见减轻，而内乱则发展到不可收拾的地步。结果是匈奴不得不称臣于西汉，成为西汉的藩属。

自武帝时卫青、霍去病大败匈奴之后，匈奴的天灾不断地见于史书。儿单于在位时（公元前 105—前 102 年），匈奴曾有过一次大雪，畜产多冻死。十余年后，在狐鹿姑的末年（公元前 89 年），雨雪连降数月，畜产死，人民疫病，谷稼不熟。壶衍鞮的末年（公元前 71 年），又因大雪，人民死者什三，畜产什五。不出四年，虚闾权渠就位的初年（公元前 68 年），匈奴又闹饥荒，人民畜产死亡十之六七。《汉书·五行志》指出，西汉在武帝时代的战争消耗，“师出三十余年，天下户口减半”。匈奴自军臣单于死后以至壶衍鞮单于的六十年中，因战争与天灾所消耗的人口恐怕不止匈奴人口之半数。至于畜物的损失以及领土的缩小，也是很为明显的。而且，游牧部族主要是肉食，肉食的主要畜物是牛羊马。一次天灾使这些畜物大量损失，是不能在很短时间内恢复过来的。不像耕种的人们，今年因天灾使五谷受影响，明年还可得到丰收。所以匈奴因天灾而损失畜物，对于民食上的影响尤为严重。

内乱最甚的时期是五单于的争立。争立历史的演变有一个漫长的过程。在壶衍鞮死后，弟左贤王立为虚闾权渠单于，引起内部一连串的不和与动乱。《汉书·匈奴传》说：“虚闾权渠单于立，以右大将女为大阏氏，而黜前单于所幸颛渠阏氏。颛渠阏氏父左大且渠怨望。”以后，“虚闾权渠单于立九年死（宣帝神爵二年，公元前60年）。自始立而黜颛渠阏氏，颛渠阏氏即与右贤王私通。右贤王会龙城而去，颛渠阏氏语以单于病甚，且勿远。后数日，单于死。郝宿王刑未央使人召诸王，未至，颛渠阏氏与其弟左大且渠都隆奇谋，立右贤王屠耆堂为握衍朐鞮单于。握衍朐鞮单于者，代父为右贤王，乌维单于耳孙也”。“单于初立，凶恶，尽杀虚闾权渠时用事贵人刑未央等，而任用颛渠阏氏弟都隆奇，又尽免虚闾权渠子弟近亲，而自以其子弟代之。”“虚闾权渠单于子稽侯狦既不得立，亡归妻父乌禅幕。乌禅幕者，本乌孙、康居间小国，数见侵暴，率其众数千人降匈奴，狐鹿姑单于以其弟子日逐王姊妻之，使长其众，居右地。”“日逐王先贤掸，其父左贤王当为单于，让狐鹿姑单于，狐鹿姑单于许立之。国人以故颇言日逐王当为单于。日逐王素与握衍朐鞮单于有隙，即率其众数万骑归汉。汉封日逐王为归德侯。”

日逐王既投降于汉，握衍朐鞮单于更立其从兄薄胥堂为日逐王。过了一年，他又杀了日逐王先贤掸两个弟弟。乌禅幕劝他不要这样做，他不听。乌禅幕之女婚虚闾权渠之子稽侯狦。如上面所指出，稽侯狦不得继虚闾权渠为单于，而为握衍朐鞮代立，乌禅幕对于握朐鞮已生怨恨，现在单于又不听他的话，杀先贤掸之弟，乌禅幕对单于更加不满。

握衍朐鞮的暴虐杀伐，排斥异己，使好多贵人对他都不敬服，而生反叛之心，形成另立单于的后果。《汉书·匈奴传》说：

> 其后左奥鞬王死，单于自立其小子为奥鞬王，留庭。奥鞬贵人共立故奥鞬王子为王，与俱东徙。单于遣右丞相将万骑往击之，失亡数千人，不胜。时单于已立二岁，暴虐杀伐，国中不附。及太子、左贤王数谗左地贵人，左地贵人皆怨。其明年，乌桓击匈奴东边姑夕王，颇得人民，单于怒。姑夕王恐，即与乌禅幕及左地贵人共立稽侯狦为呼韩邪单于。

这也是五单于争立的序幕。稽侯狦既立为呼韩邪单于，握衍朐鞮当然不能容忍。可是握衍朐鞮单于尚未调兵征伐之前，呼韩邪已发左地兵四五万人，向西去攻击握衍朐鞮单于。呼韩邪的军队至姑且水北，还没有正式与握衍朐鞮单于会战，握衍朐鞮单于的兵已经败走。握衍朐鞮于是使人去向其弟右贤王求救说:“匈奴共攻我，若肯发兵助我乎？”从“匈奴共攻我”这句话可以看出，怨恨和攻击他的人之多。他的弟弟右贤王见国人对握衍朐鞮都已反叛，大概是觉得大势已去，就是帮助也无济于事，而且他对哥哥的行为也不满意。所以他对哥哥的使者说：“若不爱人，杀昆弟诸贵人。各自死若处，无来污我。”握衍朐鞮觉得众叛亲离，大势无可挽回，结果是自杀而死。从他继立至自杀（宣帝神爵四年，公元前 58 年），只有三年。

握衍朐鞮单于自杀后，他的民众完全投降于呼韩邪单于。曾与其姐颛渠阏氏谋立握衍朐鞮单于的左大且渠都隆奇，便跑到了右贤王的地方。右贤王虽然不满其兄的行为而任其失败自杀，但也不见得赞成呼韩邪为单于。他收容了都隆奇，可能也收容了颛渠阏氏，这些人都是呼韩邪的敌人。这一行动，使呼韩邪单于对他很猜忌。呼韩邪认为，虽然他是目前唯一的单于，但是右贤王与其他一些贵人还不服他。

握衍朐鞮自杀之后，呼韩邪就来到单于庭，但并没有乘胜去攻击右贤干。此时，他一方面在民间找到其兄呼屠吾斯，立之为左谷蠡王，这就是后来的郅支单于；一方面在数月之后，又把他统率的大量军队遣回故地。同时，他又遣人去说服右贤王的贵人，希望他们把右贤王杀死。这当然就引起了右贤王的反抗。在宣帝神爵四年（公元前 58 年）冬，都隆奇与右贤王谋立握衍朐鞮的从兄日逐王薄胥堂为屠耆单于，并且发兵数万去攻击呼韩邪单于。这次战争的结果是呼韩邪失败，于是他不得不逃跑。

屠耆单于胜利归来，即以其长子都涂吾西为左谷蠡王，而以其少子姑瞀楼头为右谷蠡王。他们都留在单于王庭。呼韩邪虽然战败逃跑，但仍然设法召集部众，准备再攻屠耆。过了一年，匈奴的内乱更趋严重。

除了呼韩邪单于与屠耆单于之外，又有数人自称为单于，互相征伐，成为一个大混战的时代。《汉书·匈奴传》简述其情况如下："明年秋（宣帝五凤元年，公元前57年），屠耆单于使日逐王先贤掸兄右奥鞬王为乌藉都尉各二万骑，屯东方以备呼韩邪单于。是时，西方呼揭王来与唯犁当户谋，共谗右贤王，言欲自立为乌藉单于。屠耆单于杀右贤王父子，后知其冤，复杀唯犁当户。于是呼揭王恐，遂畔去，自立为呼揭单于。"

呼韩邪单于、屠耆单于，又加上一个呼揭单于，是三个单于。呼揭王立为单于之后，"右奥鞬王闻之，即自立为车犁单于"。这是第四位单于了。之后，"乌藉都尉亦自立为乌藉单于"，这又是一位单于。至此，共有了五位单于。呼揭、车犁、乌藉三位单于，本来都是屠耆单于的部下，他们自立为单于，使屠耆单于的势力削弱，这是屠耆单于不能容忍的。于是，他亲自率兵东击车犁单于，并使都隆奇攻乌藉单于。车犁单于与乌藉单于皆失败，乃跑到西北与呼揭单于联合起来，共有四万兵。呼揭单于与乌藉单于均除去单于称号，而拥护车犁单于。结果是从五个单于减为三位单于。这就是呼韩邪单于、屠耆单于与车犁单于。

这个时候，在地域上呼韩邪在东边，车犁在西边，而屠耆居于中间。屠耆得知呼揭与乌藉去了单于称号，拥护车犁为单于，他于是遣左大将、都尉带领四万骑屯驻在东边以防呼韩邪，自己带领四万骑向西南去攻击车犁单于。结果是车犁单于又败，向西北逃去。屠耆攻败车犁之后，遂引兵向西南，居留在阘敦地。

呼韩邪乘屠耆忙于征伐之际，有充分时间去准备部队。第二年（公元前56年），他乃遣其弟右谷蠡王等西击屠耆单于的屯兵。这次攻击，右谷蠡王胜利了，屠耆的部下损失了万余人。屠耆得到这个消息之后，亲自率六万骑去攻击呼韩邪。他行了一千里的路程，还没有到嗕姑地，就遇上呼韩邪的军队（约四万人）。两者会战，结果是屠耆大败自杀。都隆奇与屠耆的幼子右谷蠡王姑瞀楼头，向南逃跑，投降西汉。同时，跑到西北的车犁单于，也率众投降呼韩邪单于。

这么一来，呼韩邪这时成了唯一的单于。然而，此时匈奴的形势还是十分混乱。呼韩邪自己的左大将乌厉屈与父呼遫累乌厉温敦，见匈奴这样混乱，也率其众数万人向西汉投降。西汉封乌厉屈为新城侯，乌厉温敦为义阳侯。

由五个单于只剩下一个后，呼韩邪似乎可以太平无事了。然而正在这个时候，李陵之子又立乌藉都尉为单于，但是不久被呼韩邪杀死。

呼韩邪杀了乌藉单于之后，重都于单于庭，不过众才数万人。这时又有另二人自称为单于。一为屠耆单于从弟休旬王，在西边自立为闰振单于；一为呼韩邪的哥哥呼屠吾斯在东边自立为郅支骨都侯单于。这样匈奴又有了三位单于——呼韩邪单于、闰振单于与郅支单于。

过了两年，即宣帝五凤四年（公元前 54 年），闰振单于率其众东击郅支单于，郅支单于与之会战，结果是闰振单于被杀死，败兵降于郅支单于。郅支乘胜进攻他的弟弟呼韩邪单于，呼韩邪被攻败，郅支单于都于单于庭。

《汉书》记载匈奴这段历史，谓为五单于之乱，其实也可以说七单于之乱。最后是剩了二位单于，一为呼韩邪单于，一为郅支单于。这是公元前 54 年的事情。呼韩邪失败后，逃到南边，后来降汉称臣。郅支单于虽然占领了单于庭，但见呼韩邪单于受西汉保护，难于攻破，于是逐渐向西北迁徙，最后到达康居。在元帝建昭三年（公元前 36 年），也就是他攻败呼韩邪后的十八年，被西汉甘延寿与陈汤杀死。呼韩邪单于降汉以前，本来是居近西汉边塞，与郅支的单于庭分别称为南北匈奴，及至郅支西迁之后，呼韩邪又回到单于庭。所谓的南、北匈奴，在郅支单于还在西边未被杀死之前实际成为东、西匈奴。

匈奴的外患，在虚闾权渠以至五单于争立的时期，表面上看起来，好像没有内乱那么厉害，其实也很严重。尤其是在这个时期里，匈奴在西域的势力从根本上被打垮。这种外患，当然与内乱有关系，可以说两者是互为因果的。

除东方的乌桓外，北边的丁令尤为猖獗。匈奴攻乌孙失败后，丁令便乘机攻击匈奴的北边。到了虚闾权渠的时期，《汉书·匈奴传》指出，

“比三岁入盗匈奴”。一个久为匈奴所臣服的部族，现在却常常侵略匈奴。这说明匈奴北边防备的薄弱。

虚闾权渠就位后，西汉见匈奴已十分虚弱，不能为害，曾罢边塞的军队以休养人民。虚闾权渠本来也欲与西汉和亲，可是他中了他的政敌的计谋又入寇西汉，结果是失败。《汉书·匈奴传》说：

> 虚闾权渠单于立……是时匈奴不能为边寇，于是汉罢外城，以休百姓。单于闻之喜，召贵人谋，欲与汉和亲。左大且渠心害其事，曰：“前汉使来，兵随其后，今亦效汉发兵，先使使者入。”乃自请与呼卢訾王各将万骑南旁塞猎，相逢俱入。行未到，会三骑亡降汉，言匈奴欲为寇。于是天子诏发边骑屯要害处，使大将军军监治众等四人将五千骑，分三队，出塞各数百里，捕得虏各数十人而还。时匈奴亡其三骑，不敢入，即引去。

就在这一年，匈奴怕西汉攻击，曾发两万骑兵分住两个地方，以防备西汉。可是《汉书·匈奴传》又说：

> 其秋，匈奴前所得西嗕居左地者，其君长以下数千人皆驱畜产行，与瓯脱战，所战杀伤甚众，遂南降汉。

此外，如上面所指出，日逐王与乌厉屈及其父投降西汉，人数达十余万，所以宣帝五凤三年（公元前55年）要置西河、北地属国，以安处匈奴降者。

虚闾权渠在宣帝神爵二年（公元前60年），曾将十余万骑“旁塞猎”，其民题除渠堂亡降汉，把这个消息告诉西汉。西汉遣赵充国将两万余骑去迎击，但不久单于呕血死，因而罢兵。

匈奴西边的西域地方，自霍去病攻祁连山与浑邪王降汉之后，西汉已可以直接与西域诸国交通，联络乌孙，征伐楼兰与车师，使匈奴在西域的势力差不多完全丧失了。

虚闾权渠单于就位时，匈奴开始衰弱，被迫向西方迁徙，因而重新与汉争夺西域诸国。对交通要道车师的争夺尤为剧烈。《汉书·西域传·下》“车师后城长国”条说：“宣帝即位，遣五将将兵击匈奴，车师田者惊去，车师复通于汉。匈奴怒，召其太子军宿，欲以为质。军宿，焉耆外孙，不欲质匈奴，亡走焉耆。车师王更立子乌贵为太子。及乌贵立为王，与匈奴结婚姻，教匈奴遮汉道通乌孙者。”这是宣帝本始二年(公元前72年）的事情。同条又说：“地节二年（公元前68年，即虚闾权渠就位的那一年），汉遣侍郎郑吉、校尉司马憙将免刑罪人田渠犁，积谷，欲以攻车师。至秋收谷，吉、憙发城郭诸国兵万余人，自与所将田士千五百人共击车师，攻交河城，破之。王尚在其北石城中，未得，会军食尽，吉等且罢兵，归渠犁田。收秋毕，复发兵攻车师王于石城。王闻汉兵且至，北走匈奴求救，匈奴未为发兵。王来还，与贵人苏犹议欲降汉，恐不见信。苏犹教王击匈奴边国小蒲类，斩首，略其人民，以降吉。车师旁小金附国随汉军后盗车师，车师王复自请击破金附。匈奴闻车师降汉，发兵攻车师，吉、憙引兵北逢之，匈奴不敢前。吉、憙即留一候与卒二十人留守王，吉等引兵归渠犁。车师王恐匈奴兵复至而见杀也，乃轻骑奔乌孙，吉即迎其妻子置渠犁。东奏事，至酒泉，有诏还田渠犁及车师，益积谷以安西国，侵匈奴。吉还，传送车师王妻子诣长安，赏赐甚厚，每朝会四夷，常尊显以示之。于是吉始使吏卒三百人别田车师。得降者言，单于大臣皆曰‘车师地肥美，近匈奴，使汉得之，多田积谷，必害人国，不可不争也’。果遣骑来击田者，吉乃与校尉尽将渠犁田士千五百人往田，匈奴复益遣骑来，汉田卒少不能当，保车师城中。匈奴将即其城下谓吉曰：‘单于必争此地，不可田也。’围城数日乃解。后常数千骑往来害车师，吉上书言：‘车师去渠犁千余里，间以河山，北近匈奴，汉兵在渠犁者势不能相救，愿益田卒。’”

宣帝得了郑吉的奏书后，曾与后将军赵充国等商议，以为匈奴已经很为衰弱，欲出兵击其右地，使匈奴不能再去扰乱西域。可是魏相却反对这种做法。《汉书·魏相传》载他上书谏曰：

> 臣闻之，救乱诛暴，谓之义兵，兵义者王；敌加于己，不得已而起者，谓之应兵，兵应者胜；争恨小故，不忍愤怒者，谓之忿兵，兵忿者败；利人土地货宝者，谓之贪兵，兵贪者破；恃国家之大，矜民人之众，欲见威于敌者，谓之骄兵，兵骄者灭：此五者，非但人事，乃天道也。间者匈奴尝有善意，所得汉民辄奉归之，未有犯于边境，虽争屯田车师，不足致意中。今闻诸将军欲兴兵入其地，臣愚不知此兵何名者也。今边郡困乏，父子共犬羊之裘，食草菜之实，常恐不能自存，难以动兵。“军旅之后，必有凶年”，言民以其愁苦之气，伤阴阳之和也。出兵虽胜，犹有后忧，恐灾害之变因此以生。今郡国守相多不实选，风俗尤薄，水旱不时。案今年计，子弟杀父兄、妻杀夫者，凡二百二十二人，臣愚以为此非小变也。今左右不忧此，乃欲发兵报纤介之忿于远夷，殆孔子谓“吾恐季孙之忧不在颛臾而在萧墙之内”也。愿陛下与平昌侯、乐昌侯、平恩侯及有识者详议乃可。

宣帝听了魏相的话，不再遣兵去攻击匈奴右地。但因郑吉还被困在车师，于是诏遣长罗侯常惠将张掖、酒泉的骑兵出车师北千余里，目的并非攻击匈奴，而是要扬威耀武。果然匈奴以为汉兵来攻，引兵而去，郑吉之围乃解，归渠犁。

《汉书·西域传》又说：

> 车师王之走乌孙也，乌孙留不遣，遣使上书，愿留车师王，备国有急，可从西道以击匈奴。汉许之。于是汉召故车师太子军宿在焉耆者，立以为王，尽徙车师国民令居渠犁，遂以车师故地与匈奴。车师王得近汉田官，与匈奴绝，亦安乐亲汉。后汉使侍郎殷广德责乌孙，求车师王乌贵，将诣阙，赐第与其妻子居。是岁，元康四年

也（公元前62年）。

西汉要乌孙送车师王到汉，这里所说乌贵将诣阙，似应是遣车师王乌贵诣阙，以与其已在汉之妻子同居。

到了宣帝神爵二年（公元前60年），西汉又遣兵攻伐车师。攻破其残余部众后，分车师为车师前国与车师后国及山北六国。这就是东且弥、西且弥、前卑陆、后卑陆，以及前蒲类、后蒲类，共六国。合前、后车师成为八国。这就分散了车师的力量，免得它亲善匈奴对抗西汉。同时，又置戊己校尉屯田，居车师故地。

以上是在虚闾权渠时代，西汉与匈奴争取车师的经过。为什么西汉要这样争取车师？主要原因，就是因为车师居西域北道的交通要冲。假使西汉不能控制车师，则西汉使者或军队之往西域者，往往要绕南道而行，能通北道，则方便得多。

然而，西域北道所以能通，是与上面所说的匈奴日逐王先贤掸率数万众降汉有关。先贤掸不满握衍朐鞮，因而率众降汉。西汉派郑吉去迎接日逐王，封为归德侯。郑吉为安远侯。日逐王既降，在他管辖下的僮仆都尉也因之而罢。匈奴在西域的势力，可以说根本消灭。匈奴愈弱愈不敢近西域。

西汉在日逐王投降之后，“徙屯田，田于北胥鞬”，同时以郑吉为西域都护，并护南北两道。都护的职责，就是“督察乌孙、康居诸外国动静，有变以闻，可安辑，安辑之；可击，击之”。（均见《汉书·西域传上》）这就是说都护所控制的西域地域，不限于葱岭以东的西域诸国，而且伸展到葱岭以西的康居等一些国家。至此，匈奴的右臂完全切断了。这也是呼韩邪不能不向西汉投降，郅支也不得不再向西北迁徙到葱岭以西的康居的重要原因。

在虚闾权渠单于至五单于争立的时期中，冯奉世之平莎车，与赵充国之定西羌，虽与匈奴没有直接的军事接触，然在间接上对于匈奴并非没有关系，也可以说是一种断匈奴右臂的行动，是匈汉战争的组成部分。

所以这里也略为叙述，作为附录。《汉书》卷七十九《冯奉世传》说：

> 先是时，汉数出使西域，多辱命不称，或贪污，为外国所苦。是时乌孙大有击匈奴之功（按，宣帝本始二年，公元前72年），而西域诸国新辑，汉方善遇，欲以安之，选可使外国者。前将军增（按，指韩增）举奉世以卫候持节送大宛诸国客。至伊修城，都尉宋将言莎车与旁国共攻杀汉所置莎车王万年，并杀汉使者奚充国。时匈奴又发兵攻车师城，不能下而去。莎车遣使扬言北道诸国已属匈奴矣，于是攻劫南道，与歃盟畔汉，从鄯善以西皆绝不通。

莎车王扬言北道诸国已属匈奴，这不只说明他用匈奴以威吓诸国，而且表明他可能要与匈奴亲善。假使冯奉世没有攻灭莎车，可能莎车与南道诸国还要投降匈奴。匈奴虽已衰弱，但还有余威在西域，所以沙车王乃用匈奴来号召诸国。《冯奉世传》又说：

> 都护郑吉、校尉司马意皆在北道诸国间。奉世与其副昌计，以为不亟击之则莎车日强，其势难制，必危域。遂以节谕告诸国王，因发其兵，南北道合万五千人进去莎车，攻拔其城。莎车王自杀，传其首诣长安。诸国悉平，威震西域。奉世乃罢兵以闻。宣帝召见韩增，曰："贺将军所举得其人。"奉世遂西至大宛。大宛闻其斩莎车王，敬之异于它使。得其名马象龙而还。

宣帝因为奉世平定莎车，使西汉威震西域，下议封奉世。为了这件事，大臣们意见有所不同，结果没有封他。《冯奉世传》说：

> 丞相、将军皆曰："《春秋》之义，大夫出疆，有可以安国家，则颛之可也。奉世功效尤著，宜加爵土之赏。"少府萧望之独以奉世奉使有指，而擅矫制违命，发诸国兵，虽有功效，不可以为后法。

> 即封奉世，开后奉使者利，以奉世为比，争逐发兵，要功万里之外，为国家生事于夷狄。渐不可长，奉世不宜受封。

宣帝采纳了萧望之的提议，没有封冯奉世，而以他为光禄大夫、水衡都尉。冯奉世死后二年（公元前 36 年），陈汤、甘延寿矫制发兵攻杀郅支单于时，又有人提议要封甘延寿与陈汤，匡衡则以萧望之的理由反对，但是这次却封他们为侯。于是杜钦上疏追讼冯奉世的前功，可是元帝以为这是先帝时的事，不复录，故没有追封。

班固在《汉书·西域传》“赞”说：“孝武之世，图制匈奴，患其兼从西国，结党南羌。”那么，羌与匈奴的关系，可以概见。严格地说，西羌是不列入西域诸国，而自成一个部族的。《后汉书》于《西域传》之外，另为西羌立传，大概就是这个意思。在虚闾权渠单于与宣帝的时候，先零羌反叛，西汉遣赵充国去攻击。《汉书·赵充国传》说：

> 元康三年（公元前 63 年），先零遂与诸羌种豪二百余人解仇交质盟诅。上闻之，以问充国，对曰：“羌人所以易制者，以其种自有豪，数相攻击，势不壹也。往三十余岁，西羌反时，亦先解仇合约攻令居，与汉相距，五六年乃定。至征和五年（公元前 88 年），先零豪封煎等通使匈奴，匈奴使人至小月氏，传告诸羌曰：‘汉贰师军众十余万人降匈奴。羌人为汉事苦。张掖、酒泉本我地，地肥美，可共击居之。’以此观匈奴欲与羌合，非一世也。间者匈奴困于西方，闻乌桓来保塞，恐兵复从东方起，数使使尉黎、危须诸国，设以子女貂裘，欲沮解之。其计不合。疑匈奴更遣使至羌中，道从沙阴地，出盐泽，过长阬，入穷水塞，南抵属国，与先零相直。臣恐羌变未止此，且复结联他种，宜及未然为之备。”后月余，羌侯狼何果遣使至匈奴借兵，欲击鄯善、敦煌以绝汉道。

又说：

> 充国以为："狼何，小月氏种，在阳关西南，势不能独造此计，疑匈奴使已至羌中，先零、罕、开乃解仇作约。到秋马肥，变必起矣。宜遣使者行边兵豫为备，敕视诸羌，毋令解仇，以发觉其谋"。

这样看起来，西羌的叛变，往往与匈奴有关系。西汉征伐西羌，不只是削减西羌的势力，也是阻止匈奴势力的伸张。平定西羌，虽非直接与匈奴打仗，也是间接地削弱匈奴的势力。关于元康三年至神爵元年，西汉平定西羌的经过，《汉书·赵充国传》说得很详细，不再抄录。《后汉书》卷八十七《西羌传》说：

> 至元康三年，先零乃与诸羌大共盟誓，将欲寇边。帝闻，复使安国将兵观之。安国至，召先零豪四十余人斩之，因放兵击其种，斩首千余级。于是诸羌怨怒，遂寇金城。乃遣赵充国与诸将兵六万人击破平之。

赵充国领兵击西羌时，年已七十。宣帝以为他年老不能领兵，他却坚持出击。赵充国在过去曾经领兵攻击过匈奴好多次，对于匈奴与西羌的结党，有清楚的了解。

第十九章　匈奴初分两部，呼韩邪单于降汉称臣

呼韩邪单于为郅支单于攻败，郅支单于都于单于庭后，就向南边跑。正在这个时候，呼韩邪的贵人左伊秩訾王为他计谋，以为最好是向西汉称臣，求西汉的帮助，以安定匈奴。呼韩邪将左伊秩訾王的意见交大臣们讨论，大臣们都反对这样做。《汉书·匈奴传》载他们的理由说："匈奴之俗，本上气力而下服役，以马上战斗为国，故有威名于百蛮。战死，壮士所有也。今兄弟争国，不在兄则在弟，虽死犹有威名，子孙常长诸国。汉虽强，犹不能兼并匈奴，奈何乱先古之制，臣事于汉，卑辱先单于，为诸国所笑！虽如是而安，何以复长百蛮！"左伊秩訾说："不然。强弱有时，今汉方盛，乌孙城郭诸国皆为臣妾。自且鞮侯单于以来，匈奴日削，不能取复，虽屈强于此，未尝一日安也。今事汉则安存，不事则危亡，计何以过此！"为了这件事，诸大臣经过很久的反复讨论，互相问难，结果呼韩邪采纳了左伊秩訾王的提议，决定向西汉称臣。

在乌维单于时代，也就是卫青与霍去病大败匈奴之后，乌维曾佯言要到西汉朝见，武帝信以为真，还在长安筑官邸，预备乌维来时居住，结果是并无其事。到了狐鹿姑时代，还以很骄慢的言词致书于武帝，武帝还得遣使报送其使者。以百蛮大国的匈奴，要其来朝称臣，不是一件容易的事情。然而，到了呼韩邪时代，匈奴的确已是今非昔比。呼韩邪自称单于之后，经历过两次失败，连由他从民间提拔起来的哥哥，都自称单于，并攻败他。他对于郅支单于的痛恨必定很深。虽说降汉是乱先古之制，但是为了他与其部众的安全，就不得不向汉称臣。为此目的，

他先率众靠拢西汉的边塞。同时，又遣其子右贤王铢娄渠堂入侍。郅支单于见得呼韩邪遣子入侍，也遣其子右大将驹于利受入侍。这说明他们都希望得到西汉支援。武帝时，曾希望匈奴遣子入侍，现在则成为现实。呼韩邪固然是因被郅支攻败而要西汉庇护，自然没有力量去再攻伐郅支；郅支也因呼韩邪有了西汉的庇护，不敢再去攻伐呼韩邪。结果是在这个时候，匈奴有了南北之分，两相对峙。

匈奴单于的争立，以及单于及其臣下向汉投降，从西汉方面看起来，是对匈战争的一次决定性胜利，因此郊告天地，天下欢庆。《汉书》卷八《宣帝纪》五凤三年："三月，行幸河东，祠后土。诏曰：'往者匈奴数为边寇，百姓被其害。朕承至尊，未能绥定匈奴。虚闾权渠单于请求和亲病死。右贤王屠耆堂代立。骨肉大臣立虚闾权渠单于子为呼韩邪单于，击杀屠耆堂。诸王并自立，分为五单于，更相攻击，死者以万数，畜产大耗什八九，人民饥饿，相燔烧以求食，因大乖乱。单于阏氏子孙昆弟及呼遬累单于、名王、左伊秩訾、且渠、当户以下将众五万余人来降归义。单于称臣，使弟奉珍朝贺正月，北边晏然，靡有兵革之事。'"

呼韩邪单于于宣帝甘露二年（公元前52年）到五原塞，表示愿意投降，并于次年（甘露三年）正月到长安朝见。为了呼韩邪朝见的礼仪问题，西汉的公卿们作过一场热闹的讨论。《汉书》卷七十八《萧望之传》说："丞相霸（按，指黄霸）、御史大夫定国议曰：'圣王之制，施德行礼，先京师而后诸夏，先诸夏而后夷狄。《诗》云：'率礼不越，遂视既发；相士烈烈，海外有截。'陛下圣德充塞天地，光被四表，匈奴单于乡风慕化，奉珍朝贺，自古未之有也。其礼仪宜如诸侯王，位次在下。'"《汉书·宣帝纪》"甘露二年"条也载黄霸、于定国的议论："单于非正朔所加，王者所客也，礼仪宜如诸侯王，称臣昧死再拜，位次诸侯王下。"但是，萧望之却不同意这种说法。《汉书·萧望之传》说："望之以为'单于非正朔所加，故称敌国，宜待以不臣之礼，位在诸侯王上，外夷稽首称藩，中国让而不臣，此则羁縻之谊，谦亨之福也。《书》曰：'戎狄荒服'，言其未服，荒忽亡常。如使匈奴后嗣卒有鸟窜鼠伏，阙于朝享，不为畔臣。信让行乎蛮貉，福祚流于亡穷，万世之长策也。’”

自战国末年以至武帝时期，匈奴常常侵略中原，中原政府要以美女珍品去笼络，而它还照样地常常入寇。现在能称臣入朝，这真是所谓“自古未之有也”。所谓雄才大略的武帝所希望而不能实现的事情，在宣帝时却实现了。宣帝是不愿使呼韩邪因朝见礼仪的问题产生反感，所以采纳了萧望之的提议。下诏说：“盖闻五帝三王教化所不施，不及以政。今匈奴单于称北藩，朝正朔，朕之不逮，德不能弘覆。其以客礼待之，令单于位在诸侯王上，赞谒称臣而不名。”（《汉书·萧望之传》）

呼韩邪来朝见的途中，西汉遣车骑都尉韩昌去迎接。单于在来长安的道途中，经过七郡，每郡都发二千骑，为陈道上，表示欢迎。甘露三年正月，单于在甘泉宫朝见天子。《汉书·匈奴传》说：“单于正月朝天子于甘泉宫，汉宠以殊礼，位在诸侯王上，赞谒称臣而不名。赐以冠带衣裳，黄金玺戾绶，玉具剑，佩刀，弓一张，矢四发，棨戟十，安车一乘，鞍勒一具，马十五匹，黄金二十斤，钱二十万，衣被七十七袭，锦绣绮縠杂帛八千匹，絮六千斤。礼毕，使使者道单于先行，宿长平。”“上自甘泉宿池阳宫。上登长平阪，诏单于毋谒。其左右当户之群皆列观，蛮夷君长王侯迎者数万人，夹道陈。上登渭桥，咸称万岁。单于就邸。置酒建章宫，飨赐单于，观以珍宝。”（《汉书·宣帝纪》“甘露三年”）

呼韩邪这次到西汉入朝称臣，在长安住了一个多月。他未回去之前，请求西汉准他居留在光禄塞下，以便有急事时，可以防守受降城。西汉答应了他的要求，同时遣长乐卫尉高昌侯董忠与车骑都尉韩昌带领一万六千骑兵，并发边郡士马一千，送单于出朔方鸡鹿塞。

董忠等本来是送呼韩邪单于回国，但是宣帝又命他们留在呼韩邪所住的地方，说是保卫他，并帮助他诛伐不服从他的人们，然而事实上等于派人去监视他，免得他反叛作乱。

呼韩邪单于自被郅支单于击败之后，当然是很窘困，所以在他回去之后，西汉曾先后转边谷米糒三万四千斛，作为他与其臣民的粮食。在呼韩邪朝见那一年，郅支单于为表示亲善之意，也遣使到西汉奉献，西汉对他也厚给礼物。过了一年，郅支单于与呼韩邪单于又遣使朝献，西汉也照样地给予他们好多礼物，但是对于呼韩邪单于，就特别加以优待。这当然是因他肯称臣的缘故。

呼韩邪这次称臣入朝，在长安受到隆重的欢迎，并得到厚遇，必定给他以很深的印象。所以再过一年，即宣帝黄龙元年（公元前49年），为了表示忠诚，同时也可以说是为想多得一些西汉礼物，又作第二次的朝见。这一次的朝见礼仪，同上次一样，可是所给的礼物却比前次为多。《汉书·匈奴传》说："礼赐如初，加衣百一十袭，锦帛九千匹，絮八千斤。"

宣帝因为前次护送他回去的军队，还屯在单于所住的地方，这一次就没有再发骑兵去护送。宣帝也就在这一年死了，子元帝就位（公元前48年）。呼韩邪上书说他的民众困乏，粮食不够，元帝乃诏云中、五原郡再转谷二万斛供给他们。

元帝初年，郅支单于要求其侍子回去，西汉派谷吉相送。郅支杀了谷吉，西汉设法去调查谷吉音信，却无法知道。后有匈奴降者，说谷吉是在瓯脱被杀，而瓯脱则属于呼韩邪管辖。后来呼韩邪派使者到西汉时，西汉对谷吉事问得很急，同时对于呼韩邪也有所责备。呼韩邪以为西汉可能因此事讨伐他，心里十分不安。于是，西汉为使他解除疑虑，遣车骑都尉韩昌与光禄大夫张猛送呼韩邪的儿子入侍，问明谷吉被杀之事，因赦其罪，令勿自疑。

这个时候，郅支单于已经离开漠北单于庭，向西迁徙。呼韩邪的大臣多劝他北归。韩昌与张猛到呼韩邪所住的地方后，"见单于民众益盛，塞下禽兽尽，单于足以自卫，不畏郅支。闻其大臣多劝单于北归者，恐北去后难约束，昌、猛即与为盟约曰：'自今以来，汉与匈奴合为一家，世世毋得相诈相攻。有窃盗者，相报，行其诛，偿其物；有寇，发兵相助。汉与匈奴敢先背约者，受天不祥。令其世世子孙尽如盟。'"盟约的仪式是："昌、猛与单于及大臣俱登匈奴诺水东山，刑白马，单于以径路刀金留犁挠酒，以老上单于所破月氏王头为饮器者共饮血盟。"（《汉

书·匈奴传》）

韩昌、张猛必定以为他们这样做，是西汉外交上的一个胜利，可是回国之后，却受到一般公卿责备。《汉书·匈奴传》说："昌、猛还奏事，公卿议者以为'单于保塞为藩，虽欲北去，犹不能为危害。昌、猛擅以汉国世世子孙与夷狄诅盟，令单于得以恶言上告于天，羞国家，伤威重，不可得行。宜遣使往告祠天，与解盟。昌、猛奉使无状，罪至不道。'"元帝觉得韩昌与张猛已同匈奴结了盟约，再去解约，必引起匈奴的误会与反感，所以决定不解盟约。对韩昌、张猛，也不深为追究，仅薄责其过，准其赎罪。

此后，呼韩邪单于遂率众回到漠北的单于庭。匈奴其他各处的人民也慢慢地归附他。匈奴在他的统治下，慢慢地安定下来。

呼韩邪单于的北归，在元帝就位后数年内。北归之后，得到休养生息，史书也没有记载有天灾。他既向西汉称臣，西汉也认为他不会再南下侵略。另外，他既在西汉的庇护之下，不只西汉不会征伐他，可能东边的乌桓、北边的丁令也因此不会扰乱。西边的西域既在西汉的控制之下，也不会有敌人来攻伐他。因此，慢慢地兴盛起来。郅支见他慢慢兴盛，又有西汉的庇护，觉得要征服他是不容易的，因而放弃了东归的企图，更向西迁徙。

元帝建昭三年（公元前 36 年），郅支单于被甘延寿与陈汤攻杀。呼韩邪单于闻得这个消息，产生了一种很矛盾的感觉。一方面很欢喜，另一方面又很畏惧。欢喜的是，政敌被消灭，他成为匈奴唯一的单于。郅支虽然远跑到康居，但郅支存在一天，东归攻伐呼韩邪的可能性总是有的，现在这种可能性没有了，他可以高枕而卧了。畏惧的是，跑到康居的郅支，因为不向西汉称臣并且杀死使者谷吉，西汉还可以攻杀他，那么呼韩邪对于西汉怎能不畏惧。何况，有人说谷吉是死在呼韩邪所管制的瓯脱，西汉还为此事责备过他。

为这种心理所驱使，呼韩邪单于曾向西汉提议三件事。第一他愿意替西汉防卫从上谷以西至敦煌的边塞，请求西汉边塞撤防"以休天子人民”。（语见《汉书·匈奴传下》）第二是到西汉来朝见元帝。第三请求西汉女子为阏氏以自亲。元帝把这些交给公卿们讨论，讨论的结果是，答应后二者，而不答应前者。现在把这三件事分开来说明。

本来公卿们讨论这几个问题时，一般都赞成呼韩邪第一个提议，但有一人反对，这就是侯应。侯应当时是郎中，对于边事很熟悉，反对这种做法。《汉书·匈奴传》载他对元帝说：

> 周、秦以来，匈奴暴桀，寇侵边境，汉兴，尤被其害，臣闻北边塞至辽东，外有阴山，东西千余里，草木茂盛，多禽兽，本冒顿单于依阻其中，治作弓矢，来出为寇，是其苑囿也。至孝武世，出师征伐，斥夺此地，攘之于幕北。建塞徼，起亭隧，筑外城，设屯戍，以守之，然后边境得用少安。幕北地平，少草木，多大沙，匈奴来寇，少所蔽隐，从塞以南，径深山谷，往来差难。边长老言匈奴失阴山之后，过之未尝不哭也。如罢备塞戍卒，示夷狄之大利，不可一也。今圣德广被，天覆匈奴，匈奴得蒙全活之恩，稽首来臣。夫夷狄之情，困则卑顺，强则骄逆，天性然也。前以罢外城，省亭隧，今裁足以候望通烽火而已。古者安不忘危，不可复罢，二也。中国有礼义之教，刑罚之诛，愚民犹尚犯禁，又况单于，能必其众不犯约哉！三也。自中国尚建关梁以制诸侯，所以绝臣下之觊欲也。设塞徼，置屯戍，非独为匈奴而已，亦为诸属国降民，本故匈奴之人，恐其思旧逃亡，四也。近西羌保塞，与汉人交通，吏民贪利，侵盗其畜产妻子，以此怨恨，起而背畔，世世不绝。今罢乘塞，则生嫚易分争之渐，五也。往者从军多没不还者，子孙贫困，一旦亡出，从其亲戚，六也。又边人奴婢愁苦，欲亡者多，曰：‘闻匈奴中乐，无奈候望急何！’然时有亡出塞者，七也。盗贼桀黠，群辈犯法，如其窘急，亡走北出，则不可制，八也。起塞以来百有余年，非皆以土垣也，或因山岩石，木柴僵落，谿谷水门，稍稍平之，卒徒筑治，功费久远，不可胜计。臣恐议者不深虑其终始，欲以壹切省繇戍，十年之外，百岁之内，

> 卒有它变，障塞破坏，亭隧灭绝，当更发屯缮治，累世之功不可卒复，九也。如罢戍卒，省候望，单于自以保塞守御，必深德汉，请求无已。小失其意，则不可测。开夷狄之隙，亏中国之固，十也。非所以永持至安，威制百蛮之长策也。

这是侯应反对罢边的十个理由。后来人作同样的主张时，往往提起侯应的理由。元帝对于侯应的说法，加以赞同，所以有诏勿议罢边塞。

但同时西汉又怕呼韩邪单于产生误会，于是乃遣车骑将军许嘉亲去告诉单于说：

> 单于上书愿罢北边吏士屯戍，子孙世世保塞。单于乡慕礼义，所以为民计者甚厚，此长久之策也，朕甚嘉之。中国四方皆有关梁障塞，非独以备塞外也，亦以防中国奸邪放纵，出为寇害，故明法度以专众心也。敬谕单于之意，朕无疑焉。为单于怪其不罢，故使大司马车骑将军嘉晓单于。

大致上，呼韩邪这一次请求罢边也许没有恶意，而是因为郅支被杀之后，心里畏惧而要讨好西汉，正像他请求入朝与愿婿汉女一样。但是，西汉为了防患于未然，故不准其所请。西汉既用很温和的言辞去告诉呼韩邪，呼韩邪的回答也很谦虚。他谢曰："愚不知大计，天子幸使大臣告语，甚厚！"

呼韩邪的第二请求是入朝皇帝，西汉答应了他的请求。呼韩邪的请求书中是这样说："常愿谒见天子，诚以郅支在西方，恐其与乌孙俱来击臣，以故未得至汉。今郅支已伏诛，愿入朝见。"西汉答应朝见后，他在竟宁元年（公元前 33 年）又作第三次朝见。元帝接见他的礼仪与宣帝时一样。但是，这次所给他的礼物，要比宣帝时的第二次朝见所赐礼物多了一倍。这就是说比起他第一次朝见时所给的就更多了。

在他这次朝见时，除娶汉女为阏氏外，还有一件事是值得我们叙述的，就是当初劝他向汉称臣的左伊秩訾王，曾因受呼韩邪所疑而降汉，这次两人在长安会了面。《汉书·匈奴传》说：“初，左伊秩訾为呼韩邪画计归汉，竟以安定。其后或谗伊秩訾自伐其功，常鞅鞅，呼韩邪疑之。左伊秩訾惧诛，将其众千余人降汉，汉以为关内侯，食邑三百户，令佩其王印绶。”

若照韩昌、张猛与呼韩邪所定的盟约来说，左伊秩訾率众降汉，呼韩邪可以要求西汉将他遣归匈奴。大概是由于呼韩邪不便提出，所以西汉就留下他了。呼韩邪与左伊秩訾会面时，曾对他说：“王为我计甚厚，令匈奴至今安宁，王之力也，德岂可忘！我失王意，使王去不复顾留，皆我过也。今欲白天子，请王归庭。”左伊秩訾王说：“单于赖天命，自归于汉，得以安宁，单于神灵，天子之祐也，我安得力！既已降汉，又复归匈奴，是两心也。愿为单于侍史使于汉，不敢听命。”呼韩邪虽然极力劝他回去，他始终没有回去。

呼韩邪单于请求的第三件事，是“愿婿汉氏以自亲”。关于这件事，《汉书·匈奴传》说：“元帝以后宫良家子王嫱字昭君赐单于。单于欢喜……”《汉书·元帝纪》也说：“赐单于待诏掖庭王嫱为阏氏。”《后汉书·南匈奴列传》记此事较详，云：“初，元帝时，以良家子选入掖庭。时呼韩邪来朝，帝敕以宫女五人赐之。昭君入宫数岁，不得见御，积悲怨，乃请掖庭令求行。呼韩邪临辞大会，帝召五女以示之。昭君丰容靓饰，光明汉宫，顾景裴回，竦动左右。帝见大惊，意欲留之，而难于失信，遂与匈奴。”

除了以上记载之外，《琴操》也有一段记载：

> 昭君，齐国王穰女。端正闲丽，未尝窥门户。穰以其有异于人，求之者皆不与。年十七，献之元帝。元帝以地远不之幸，以备后宫。积五六年，帝每游后宫，常怨不出。后单于遣使朝贡，帝宴之，尽召后宫。昭君盛饰而至，帝问欲以一女赐单于，能者往。昭君乃越席请行。时单于使在旁，惊恨不及。昭君至匈奴，单于大悦，以为

汉与我厚，纵酒作乐。遣使报汉，白璧一双，骒马十匹，胡地珍宝之物。昭君恨帝始不见遇，乃作怨思之歌。

这与《后汉书·南匈奴列传》所载有了很多不同之处，而且有些地方很有疑问。《后汉书》只说昭君为良家子，《琴操》说她是齐国王穰女；《后汉书》说是匈奴单于来朝见时，请求汉女为阏氏，《琴操》却说是匈奴使者朝贡时，西汉皇帝把昭君赐给单于的；《后汉书》说她请掖庭令求行，《琴操》说她在元帝宴匈奴使者时，她请求愿为匈奴单于阏氏。应该指出，从前汉皇帝选择女子入掖庭，是带有强迫性的。齐国王穰把爱女献给元帝，不见得是可靠的记载。又说昭君在宴会匈奴使者时越席请往，也不像是那个时代汉族女子的举动。

自汉高祖与匈奴和亲以来，西汉女子嫁给单于的已有好几个，可是两千余年来，只有昭君成为文辞诗歌中常见的名字，甚至有与事实不相符的昭君和番的小说流行坊间，有其戏剧性原因。《西京杂记》说：

元帝后宫既多，不得常见，乃使画工图其形，案图召幸之。诸宫人皆赂画工，多者十万，少者亦不减五万。独王嫱自恃容貌，不肯与。工人乃丑图之，遂不得见。后匈奴入朝，求美人为阏氏，于是上案图以昭君行。及去召见，貌为后宫第一，善应对，举止闲雅。帝悔之，而名籍已定，方重信于外国，故不复更人。乃穷案其事，画工皆弃市。

关于王昭君到匈奴以后的情况，《汉书·匈奴传》说："王昭君号宁胡阏氏，生一男伊屠智牙师，为右日逐王。"昭君嫁给呼韩邪的第三年，即成帝建始二年（公元前31年），呼韩邪死了。《后汉书·南匈奴列传》说："及呼韩邪死，其前阏氏子代立，欲妻之，昭君上书求归，成帝敕令从胡俗，遂复为后单于阏氏焉。"呼韩邪死后，复株絫若鞮单于继立。他娶了昭君后，昭君又生了二个女儿。《汉书·匈奴传》说："复株絫单于复妻王昭君，生二女，长女云为须卜居次，小女为当于居次。”

王昭君究竟有几个儿子？若照上面所引《汉书·匈奴传》来看，她与呼韩邪所生的是一个儿子，而与复株絫若鞮单于所生的是两个女儿。但是《后汉书·南匈奴列传》却说她生过两个儿子。《后汉书·南匈奴列传》指出一个儿子名知牙师，这大概就是《汉书·匈奴传》所说的伊屠智牙师，后为右谷蠡王者。而《汉书·匈奴传》则说这位儿子后为日逐王。《后汉书·南匈奴列传》又指出，这位儿子后来因为继立事而被杀，唯对另一位儿子却没有说及。由此推测，可能《后汉书》的二子说是错误的，《汉书》的一子说是对的。至于她的两个女儿，其中一位嫁给匈奴后来的用事大臣右骨都侯须卜当。《汉书·匈奴传》说，这位女儿为伊墨居次云，应当就是上面所说的“长女云为须卜居次”。次女当于居次的丈夫如何，没有记载。

据说昭君死后葬在左丰州西六十里，就是现在的归化附近。后世写王昭君的诗歌中所说的青冢，就是昭君墓。《太平环宇记》卷三十八“金河县”条说：“青冢在县西北，汉王昭君葬于此，其上草色常青，故曰青冢。”

第二十章　国内稳定，四境相安时期

呼韩邪单于死后，子雕陶莫皋继立，号为复株絫若鞮单于，在位十一年，死于成帝鸿嘉元年（公元前20年）。弟且麋胥继立为搜谐若鞮单于，在位八年，死于成帝元延元年（公元前12年）。他死后，弟且莫车继立为车牙若鞮单于。且莫车在位四年，死于成帝绥和元年（公元前8年），弟囊知牙斯继立，号乌珠留若鞮单于。后者在位二十一年，死于王莽始建国五年（公元13年）。

呼韩邪死后，其子之间出现互相让位的特殊现象。《汉书·匈奴传》载此事说：

> 呼韩邪立二十八年，建始二年死。始呼韩邪嬖左伊秩訾兄呼衍王女二人。长女颛渠阏氏，生二子，长曰且莫车，次曰囊知牙斯。少女为大阏氏，生四子，长曰雕陶莫皋，次曰且麋胥，皆长于且莫车，少子咸、乐二人，皆小于囊知牙斯。又它阏氏子十余人。颛渠阏氏贵，且莫车爱。呼韩邪病且死，欲立且莫车，其母颛渠阏氏曰："匈奴乱十余年，不绝如发，赖蒙汉力，故得复安。今平定未久，人民创艾战斗，且莫车年少，百姓未附，恐复危国。我与大阏氏一家共子，不如立雕陶莫皋。"大阏氏曰："且莫车虽少，大臣共持国事，今舍贵立贱，后世必乱。"单于卒从颛渠阏氏计，立雕陶莫皋，约令传国与弟。呼韩邪死，雕陶莫皋立，为复株絫若鞮单于。

这与以往的阏氏为其子或为其所喜欢的人争立是不同的，是匈奴历史上关于互让继立权的不可多得的例子。而且，最难得的是，雕陶莫皋死后，继立的数位单于都是他的弟弟，按年龄大小继立。雕陶莫皋死后，传之同母弟且麋胥，且麋胥死后传之且莫车，且莫车死后，传之其同母弟囊知牙斯。囊知牙斯死后，又传之异母弟咸。不像过去狐鹿姑答应了其弟左大将继立单于位，而左大将死后，他又不以左大将之子为左贤王，而以自己的儿子为左贤王。

这数位单于就位之后，多遣自己的儿子入侍西汉，等于入西汉为质。立为单于的权利让之于弟，入侍的义务却给之于子。这个传弟不传子的制度，到了乌珠留单于在位后期才改变，这就是囊知牙斯才以其子为左贤王，欲使继立单于的地位，从而又发生了争立的问题。不过，此是后话。当乌珠留初立之际，左贤王仍是由他的异母弟担任。

《汉书·匈奴传》说：

> 复株絫若鞮单于立，遣子右致卢儿王醯谐屠奴侯入侍，以且麋胥为左贤王，且莫车为左谷蠡王，囊知牙斯为右贤王。复株絫单于复妻王昭君，生二女，长女云为须卜居次，小女为当于居次。……复株絫单于立十岁，鸿嘉元年（公元前20年）死。弟且麋胥立，为搜谐若鞮单于。搜谐单于立，遣子左祝都韩王朐留斯侯入侍，以且莫车为左贤王。搜谐单于立八岁，元延元年，为朝二年发行，未入塞，病死。弟且莫车立，为车牙若鞮单于。车牙单于立，遣子右於涂仇掸王乌夷当入侍，以囊知牙斯为左贤王。车牙单于立四岁，绥和元年（公元前8年）死。弟囊知牙斯立，为乌珠留若鞮单于。乌珠留单于立，以第二阏氏子乐为左贤王，以第五阏氏子舆为右贤王，遣子右股奴王乌鞮牙斯入侍。

这里所说的第二阏氏子乐，就是前面所说的大阏氏之子乐。这就是说，乌珠留仍以他的异母弟为左贤王，又以第五阏氏子舆为右贤王。至于呼韩邪妻王昭君所生的儿子，则后来为左谷蠡王。

自雕陶莫皋至乌珠留单于死的四十四年间，除了乌珠留末年外，匈奴的局势更加安定，力量逐渐恢复，是它复兴的时期。《汉书·匈奴传》说："初，北边自宣帝以来，数世不见烟火之警，人民炽盛，牛马布野。"西汉固是如此，匈奴也可以说是这样。

此外，东边的乌桓，这时基本上也受西汉控制。匈奴既称臣于西汉，假使乌桓进攻匈奴，西汉必去帮助。所以在这种情形下，乌桓对于匈奴的威胁，也可以说是没有了。至于西边的西域诸国，也受西汉控制，同样也不会进攻匈奴。北边的丁令，本来不是一个强大的国家，只能在匈奴很虚弱的时候，才敢乘虚而入，趁火打劫。现在匈奴有了西汉的庇护，力量逐渐恢复，即使丁令侵犯，匈奴靠自己的力量也能对付。

在这个时期中，史书对匈奴的天灾，也没有或少有记载。这说明没有大的天灾。

匈奴在这个时期中，可叙述的事情，据《汉书·匈奴传》的记载，有下列几件事：一为匈奴贵人伊邪莫演入降，为西汉所拒；二为匈奴单于的入朝；三为王根提议取匈奴伸入西汉的斗地；四为乌孙庶子卑援疐侵掠匈奴的人民与畜产；五为车师后王句姑与去胡来王唐兜之逃入匈奴。乌珠留单于死前数年，匈奴因王莽对匈奴的要求太多，从而引起双方战争，也是在这一时期发生的事情。

复株絫单于就位后三年，即成帝河平元年（公元前28年），派右皋林王伊邪莫演等到西汉"朝正月"。朝见完后，西汉遣使送他们到蒲反。到了蒲反后，伊邪莫演要求投降西汉。他还说："即不受我，我自杀……。"他留在蒲反，终不敢回匈奴，西汉使者只好把这件事上奏成帝。成帝将此事交给公卿们讨论。有些人以为可照过去的惯例接受其投降，但是光禄大夫谷永与议郎杜钦，却不赞成这种做法。他们的理由是：

> 汉兴，匈奴数为边害，故设金爵之赏以待降者。今单于诎体称臣，列为北藩，遣使朝贺，无有二心，汉家接之，宜异于往时。今

> 既享单于聘贡之质，而更受其逋逃之臣，是贪一夫之得而失一国之心，拥有罪之臣而绝慕义之君也。假令单于初立，欲委身中国，未知利害，私使伊邪莫演诈降以卜吉凶，受之亏德沮善，令单于自疏，不亲边吏；或者设为反间，欲因而生隙，受之适合其策，使得归曲而直责。此诚边竟安危之原，师旅动静之首，不可不详也。不如勿受，以昭日月之信，抑诈谖之谋，怀附亲之心，便。

成帝觉得谷永与杜钦这种看法是对的，因遣中郎将王舜至蒲反去查问伊邪莫演为什么投降。伊邪莫演告诉王舜说："我病狂妄言耳。"（语见《汉书·匈奴传》）西汉乃遣他回匈奴。他回去之后，没有被复株絫责备，照旧居官，但此后亦不再令他会见西汉使者。

这样看起来，伊邪莫演要投降西汉，很可能是复株絫单于的计谋，使其诈降以试探西汉对匈奴的态度。应该指出，在呼韩邪时，劝他入朝称臣的左伊秩訾王，曾在呼韩邪称臣之后投降西汉，可是西汉却接受了他。西汉这样做，是与韩昌、张猛与呼韩邪所结的盟约不相符的。

还要指出，在这个时期中，既没有西汉人降匈奴，也没有匈奴人降汉的例子，并且也没有扣留使者的事。匈奴既称臣于西汉，当然时时奉献，可是西汉对于匈奴，还是用送礼物的方式以为羁縻。从这一点来看，匈奴之降于西汉，并不像西域诸国之降匈奴一样。匈奴对于西域诸国征收赋税，在必要的时候，还利用其人力。相反，西汉对于匈奴，不只无所勒索，反而赐给甚厚，在匈奴缺乏粮食时，还给予大量的食物。

伊邪莫演请降被拒后一年，复株絫单于上书，愿于河平四年（公元前 25 年）正月到西汉朝见。复株絫是否想用伊邪莫演的事件试探西汉的态度后才决定入朝，不得而知。他届时到西汉，礼仪正如其父在元帝竟宁元年入朝时一样，但得的礼物比其父还要多。据《汉书·匈奴传》说："加赐锦绣缯帛二万匹，絮二万斤，它如竟宁时。"

复株絫死后，他的弟弟搜谐若鞮单于在位时，曾上书要在成帝元延二年（公元前 11 年）入朝，西汉也答应了。可是届时他未及入塞即病死。

到了哀帝建平四年（公元前 3 年），即乌珠留就位后六年，他上书要于次年入朝。此时，正值哀帝染病。《汉书・匈奴传》说："或言匈奴从上游来厌人，自黄龙、竟宁时，单于朝中国辄有大故。上由是难之，以问公卿，亦以为虚费府帑，可且勿许。"颜师古注曰："大故谓国之大丧。"原来，黄龙年间，单于入朝不久，宣帝就死了。竟宁年间，单于入朝不久，元帝又死了。职此之故，有些人以为单于来朝，是汉皇帝死的预兆。再加以匈奴单于入朝，随从的人很多，西汉赐给他们的礼物及招待费用，是一个很大的数目。因此，这些人主张不必答应乌珠留来朝的要求。

哀帝决定不许来朝，匈奴请求入朝的使者也已辞行准备回去。但在匈奴使者尚未离开西汉之前，黄门郎扬雄却主张准其入朝。他给哀帝的谏书历数秦以来至今的北方安定局面得来不易。并指出："今单于上书求朝，国家不许而辞之，臣愚以为汉与匈奴从此隙矣。……北狄不服，中国未得高枕安寝也。"又说："匈奴不同于东西之敌，可以震之以兵，置为郡县。""唯北狄为不然，真中国之坚敌也，三垂比之悬矣，前世重之兹甚，未易可轻也。""今单于归义，怀款诚之心，欲离其庭，陈见于前，此乃上世之遗策，神灵之所想望，国家虽费，不得已者也。奈何距以来厌之辞，疏以无日之期，消往昔之恩，开将来之隙"！"夫百年劳之，一日失之，费十而受一，臣窃为国不安也。唯陛下少留意于未乱未战，以遏边萌之祸。"（《汉书・匈奴传》）

哀帝觉得扬雄说的很对，于是召还匈奴使者，改换了答复单于的信，准其入朝。同时还赐扬雄帛五十匹，黄金十斤。

单于得哀帝书之后，恰巧也得病，不能按预定时间来，要求改期入朝。此外，以前的单于来朝时，从名王以下及从者有二百多人，这一次乌珠留上书说："蒙天子神灵，人民盛壮，愿从五百人入朝，以明天盛德。"（《汉书・匈奴传》）比以前来朝的人数多了一倍，这意味着西汉所赐给的珍品物件必定更多，虚费府帑数更大。可是西汉既已答应他来，又不能因其随从人多而反对。

单于来朝，是在哀帝元寿二年（公元前 1 年）。《汉书・匈奴传》说：

“上以太岁厌胜所在，舍之上林苑蒲陶宫。告之以加敬于单于，单于知之。”这次朝见，除了其他都与成帝河平间复株絫来朝时一样外，“加赐衣三百七十袭，锦绣缯帛三万匹，絮三万斤”。这真是一个巨大的数目，何况随从人数又多于以往一倍呢？

西汉开国以来尤其是武帝以后，以富饶见称于外国，而且不断炫示。外国使者到西汉时，就让他们看看自己的仓廪及珍宝物产，并加以厚遇。西汉以外国使者的朝贡为荣幸之事，匈奴单于来朝则更感荣幸。匈奴乌珠留入朝那年，乌孙大昆弥伊秩靡也来朝，朝野更觉高兴。司马光在《资治通鉴》“汉哀帝元寿二年”条说：“正月，匈奴单于及乌孙大昆弥伊秩靡皆来朝，汉以为荣。是时西域凡五十国，自译长至将、相、侯、王皆佩汉印绶，凡三百七十六人；而康居、大月氏、安息、罽宾、乌弋之属，皆以绝远，不在数中，其来贡献，则相与极，不督录总领也。”靡费也在所不计了。

这是西汉声威最盛的时期。西汉既乐于迎接外国的使者，尤其是外国君主，他们也乐于来汉。有的名为朝贡，实则希望得到丰厚的赏物。有的外国商人还假借国使名义，以少数较贱的物品贡献，换取大量贵重的东西，实现一本万利的欲望。这种做法，直到明清之时，还是屡见不鲜的。

就以这一次乌珠留入朝来说，他回去不久，又有好多匈奴贵人以至妇女也来朝。《汉书·匈奴传》说：“初，上遣稽留昆（按，单于之子入侍于汉者）随单于去，到国，复遣稽留昆同母兄右大且方与妇入侍。还归，复遣且方同母兄左日逐王都与妇入侍。”

后来王莽当权，还请太皇太后转告单于，令遣王昭君女须卜居次到西汉来。《汉书·匈奴传》说：“是时，汉平帝幼，太皇太后称制，新都侯王莽秉政，欲说太后以威德至盛异于前，乃风单于令遣王昭君女须卜居次云入侍太后，所以赏赐之甚厚。”须卜居次是王昭君的大女儿，是西汉的外孙女。这说明，太后赏赐甚厚是有其原因的。《汉书·西域传》“乌孙”条说：“公主（指楚主解忧）上书言年老思土，愿得归骸骨，葬汉地。天子闵而迎之，公主与乌孙男女三人俱来至京师。是岁，甘露三年也。时年且七十，赐以公主田宅奴婢，奉养甚厚，朝见仪比公主。”这虽然是优待西汉王室自己的女儿与外孙，但也是招徕外族的一种政策。

凑巧得很，元寿二年（公元前1年）单于入朝之后，哀帝又在这一年死了。

汉宣帝、汉元帝曾与呼韩邪约定，长城以北地属匈奴。成帝绥和元年（公元前8年），王根提议取匈奴伸入西汉的斗地，始末见《汉书·匈奴传》：

> 汉遣中郎将夏侯藩、副校尉韩容使匈奴。时帝舅大司马票骑将军王根领尚书事，或说根曰：“匈奴有斗入汉地，直张掖郡，生奇材木，箭竿就羽，如得之，于边甚饶，国家有广地之实，将军显功，垂于无穷。”根为上言其利，上直欲从单于求之，为有不得，伤命损威。根即但以上指晓藩，令从藩所说而求之。藩至匈奴，以语次说单于曰：“窃见匈奴斗入汉地，直张掖郡。汉三都尉居塞上，士卒数百人寒苦，候望久劳。单于宜上书献此地，直断阏之，省两都尉士卒数百人，以复天子厚恩，其报必大。”单于曰：“此天子诏语邪，将从使者所求也？”藩曰：“诏指也，然藩亦为单于画善计耳。”单于曰：“孝宣、孝元皇帝哀怜父呼韩邪单于，从长城以北匈奴有之。此温偶骍王所居地也，未晓其形状所生，请遣使问之。”

夏侯藩与韩容不久回到京师，但是后来又被遣使匈奴。他们第二次到匈奴，就正式提出要这块地方，单于乃告诉他们道：“父兄传五世，汉不求此地，至知（按，指囊知牙斯）独求，何也？已问温偶骍王，匈奴西边诸侯作穹庐及车，皆仰此山材木，且先父地，不敢失也。”这一年正是乌珠留单于就位的那一年。夏侯藩既不能说服乌珠留献出这块地方，只好与韩容回汉。他虽然没有完成索地的使命，但却被迁为太原太守。

有趣的是，乌珠留单于在夏侯藩回去之后，上书给成帝，报告了夏侯藩到匈奴求地的经过。成帝诏报乌珠留，以为夏侯藩“擅称诏从单于求地，法当死，更大赦二，今徙藩为济南太守，不令当匈奴”。（《汉书·匈奴传》）成帝明知这件事，却说是夏侯藩擅称诏求地，以法论，他当死，可是大赦而又大赦，徙为济南太守，不令当匈奴，这就有点滑稽了。这是在匈奴称臣以后一个比较特殊的例子。因为大致上在这个时期中，西汉对于匈奴的要求，匈奴是很少有不答应的。这件事仅是一个例外。这一点，我们可以从下面两个例子看出来。《汉书·匈奴传》说：

至哀帝建平二年，乌孙庶子卑援疐翕侯人众入匈奴西界，寇盗牛畜，颇杀其民。单于闻之，遣左大当户乌夷冷将五千骑击乌孙，杀数百人，略千余人，驱牛畜去。卑援疐恐，遣子趋逯为质匈奴。单于受，以状闻。汉遣中郎将丁野林、副校尉公乘音使匈奴，责让单于，告令还归卑援疐质子。单于受诏，遣归。

这就是说，称臣之国或属国，只能遣子为质于西汉，而不能接受他国的质子。这似乎说明称臣之国或属国的对外关系，是受宗主国的控制或监督的。

此外，又如车师后王句姑以及去胡来王唐兜因怨恨都护校尉而将妻子人民亡入匈奴，匈奴接受了他们一事。西汉坚持将他们遣回。遣回后，单于又哀求保存他们的性命，但是西汉仍不答应，终于杀死他们。《汉书·西域传》“车师后城长国”条记车师后王句姑逃入匈奴的经过：

元始中（按，平帝年号，公元1—5年），车师后王国有新道，出五船北，通玉门关，往来差近，戊己校尉徐普欲开以省道里半，避白龙堆之厄。车师后王姑句（按，《汉书·匈奴传》作句姑）以道当为拄置，心不便也。地又颇与匈奴南将军地接，普欲分明其界然后奏之，召姑句使证之，不肯，系之。姑句数以牛羊赇吏，求出不得。姑句家矛端生灭，其妻股紫陬谓姑句曰：“矛端生火，此兵气也，利以用兵。前车师前王为都护司马所杀，今久系必死，不如降匈奴。”即驰突出高昌壁，入匈奴。

至于去胡来唐兜之逃入匈奴，同处记载云：

又去胡来王唐兜，国比大种赤水羌，数相寇，不胜，告急都护。都护但钦不以时救助，唐兜困急，怨钦，东守玉门关。玉门关不内，即将妻子人民千余人亡降匈奴。

乌珠留单于接受了他们，安置他们在左谷蠡王所管辖的地方，同时将此事报告西汉。这个时候，正是王莽秉政。他遣中郎将韩隆、王昌、副校尉甄阜、侍中谒者帛敞、长水校尉王歙出使匈奴，告诉匈奴单于说："西域内属，不当得受，今遣之。"单于说："孝宣、孝元皇帝哀怜，为作约束，自长城以南天子有之，长城以北单于有之。有犯塞，辄以状闻；有降者，不得受。臣知父呼韩邪单于蒙无量之恩，死遗言曰：'有从中国来降者，勿受，辄送至塞，以报天子厚恩。'此外国也，得受之。"西汉使者们却告诉他说："匈奴骨肉相攻，国几绝，蒙中国大恩，危亡复续，妻子完安，累世相继，宜有以报厚恩。"（以上均见《汉书·匈奴传》）乌珠留单于没有办法，只好答应西汉的要求，把两位国王交给西汉。西汉诏使中郎将王萌待在西域恶都奴界上，接受了他们。于是乌珠留单于又遣使到西汉，请求赦他们的罪。王莽结果是诏西域诸国国王集会在一个地方，陈军杀了这两位国王，以向其他的西域诸国的国王示威。

王莽杀了车师后王句姑、去胡来王唐兜之后，又立刻颁布下面四项条款：一、凡是西汉人亡入匈奴者；二、乌孙亡降匈奴者；三、西域诸国佩西汉印绶降匈奴者；四、乌桓降匈奴者；匈奴皆不得接受。《汉书·匈奴传》说："（莽）遣中郎将王骏、王昌、副校尉甄阜、王寻使匈奴，班四条与单于，杂函封，付单于，令奉行，因收故宣帝所为约束封函还。"

乌珠留单于没有办法，只好把故约束封函交给使者，接受王莽所给予的新四条。但王莽的这种做法，当然会引起乌珠留单于的不满，因而引起匈奴侵入乌桓的战争。《汉书·匈奴传》说：

> 汉既班四条，后护乌桓使者告乌桓民，毋得复与匈奴皮布税。匈奴以故事遣使者责乌桓税，匈奴人民妇女欲贾贩者皆随往焉。乌桓距曰："奉天子诏条，不当予匈奴税。"匈奴使怒，收乌桓酋豪，缚到悬之。酋豪昆弟怒，共杀匈奴使及其官属，收略妇女马牛。单于闻之，遣使发左贤王兵入乌桓责杀使者，因攻击之。乌桓分散，或走上山，或东保塞。匈奴颇杀人民，驱妇女弱小且千人去，置左地，告乌桓曰："持马畜皮布来赎之。"乌桓见略者亲属二千余人持财畜往赎，匈奴受，留不遣。

王莽干涉匈奴的做法越来越厉害。比方连单于的名字，他也要改换。《汉书·匈奴传》说："时，莽奏令中国不得有二名，因使使者以风单于，宜上书慕化，为一名，汉必加厚赏。单于从之，上书言：'幸得备藩臣，窃乐太平圣制，臣故名囊知牙斯，今谨更名曰知。'莽大说，白太后，遣使者答谕，厚赏赐焉。"乌珠留单于为想得到西汉的珍品物件，对于这些小节，当然不愿加以反对。但是王莽这种作风则会使单于不满意。到了王莽篡位做皇帝之后，对匈奴的干涉变本加厉，于是匈奴与新莽政权的关系恶化起来，使匈汉两族数十年的和平关系转入战争状态。

第二十一章　两汉之间，匈奴复盛

乌珠留单于在位二十一年，死于王莽篡汉的建国五年。这时，匈奴安定有年，势力渐盛。汉朝却当动乱年代。迄于东汉光武初年，未能恢复对匈奴的力量优势。王莽未能审时度势，弃汉宣以来对等之策，企图威临匈奴，引来匈奴反击。和平边境，重现战争。

王莽篡汉后，改国号为“新”，发了好多包括对属国关系的改革制度的命令。司马光《资治通鉴》卷三十七《汉纪二十九》“王莽”中说：“莽因汉承平之业，府库百官之富，百蛮宾服，天下晏然，莽一朝有之，其心意未满，狭小汉家制度，欲更为疏阔。”“遣五威将王奇等十二人班符命四十二篇于天下：德祥五事，符命二十五，福应十二。五威将奉符命，赍印绶，王侯以下及吏官名更者，外及匈奴、西域、徼外蛮夷，皆即授新室印绶，因收故汉印绶。大赦天下。五威将乘乾文库，驾坤六马，背负鹫鸟之毛，服饰甚伟。每一将各置五帅，将持节，帅持幢。其东出者至玄菟、乐浪、高句骊、夫馀；南出都隃徼外，历益州，改句町王为侯；西出至西域，尽改其王为侯；北出至匈奴庭，授单于印，改汉印文，去玺言章。”《汉书·匈奴传》说：“建国元年，遣五威将王骏率甄阜、王飒、陈饶、帛敞、丁业六人，多赍金帛，重遗单于，谕晓以受命代汉状，因易单于故印。故印文曰‘匈奴单于玺’，莽更曰‘新匈奴单于章’。将率既至，授单于印绂，诏令上故印绂。单于再拜受诏。译前，欲解取故印绂，单于举掖授之。”

乌珠留单于对于更换印绶，最初没有什么意见，因为他不知新旧印绶有所不同。旧印称为玺，匈奴与汉地位等；新印不但称章，且冠以“新”字，则匈奴显为新莽臣下矣。但是，他的臣下很怀疑这一点，结果等到乌珠留发觉新旧印绶的区别时，已经太迟，因为旧印绶已被新莽使者破碎。明日，单于果然遣右骨都侯当对将率说：“汉赐单于印，言‘玺’不言‘章’，又无‘汉’字，诸王以下乃有‘汉’言‘章’。今印即去‘玺’加‘新’。与臣下无别。愿得故印。”将率们把已经破碎的故印给右骨都侯当看后说：“新室顺天制作，故印随将率所自为破坏。单于宜承天命，奉新室之制。”

这么一来，乌珠留单于已无可奈何，不过他得了王莽的很多赐给，也只好遣其弟右贤王舆奉马牛随将率们同到新莽王朝去表示谢意。同时，他再上书请求发给故印。

匈奴单于不断地要求发给故印章，直到王莽死后的更始二年（公元24年），汉遣中郎将归德侯刘飒、大司马护军陈遵使匈奴，始将刻同故印一样的印绶授与单于，并给王侯以下印绶，这个问题才算解决。

在王莽秉政还未篡位之前，对匈奴坚持宗主国地位，视匈奴为藩属。乌珠留为避免与王莽冲突，极力迁就，但对王莽的怨恨越来越深。王莽称帝之后，改换印绶，在他看起来，不啻使他的地位与臣下无别，于是乃相机反抗，结果是遣兵入寇。《汉书·匈奴传》说：“乃遣右大且渠蒲呼卢訾等十余人将兵众万骑，以护送乌桓为名，勒兵朔方塞下。朔方太守以闻。”这是战争的开始。接着，匈奴庇护了谋降匈奴的车师后王的哥哥狐兰支以及逃降匈奴的新朝西域戊己校尉史陈良、终带等，从而违背了王莽颁布的四条款。同时，王莽得到西域都护但钦上书说，匈奴南将军右伊秩訾将兵攻击西域诸国，大怒起来，乃遣兵攻击匈奴，割裂匈奴国土，分化匈奴王室。与此同时，又改匈奴这个名字为“降奴”，改单于这个称号为“服于”。《资治通鉴》卷三十七《汉纪二十九》“王莽始建国二年”记述了这次冲突的过程：

莽恃府库之富，欲立威匈奴，乃更名匈奴单于曰“降奴服于”，

> 下诏遣立国将军孙建等率十二将分道并出：五威将军苗诉、虎贲将军王况出五原；厌难将军陈钦、震狄将军王巡出云中；振武将军王嘉、平狄将军王萌出代郡；相威将军李棽、镇远将军李翁出西河；诛貉将军杨俊、讨涉将军严尤出渔阳；奋武将军王骏、定胡将军王晏出张掖；及偏裨以下百八十人，募天下囚徒、丁男、甲卒三十万人，转输衣裘、兵器、粮食自负海江、淮至北边，使者驰传督趣，以军兴法从事。先至者屯边郡，须毕具乃同时出；穷追匈奴，内之丁令。分其国土人民以为十五，立呼韩邪子孙十五人皆为单于。

王莽除了想用兵力去威服匈奴外，还用财物去分化单于的弟侄们。《汉书·匈奴传》说：“遣中郎将蔺苞、副校尉戴级将兵万骑，多赍珍宝至云中塞下，招诱呼韩邪单于诸子，欲以次拜之。使译出塞诱呼右犁汗王咸、咸子登、助三人，至则胁拜咸为孝单于，赐安车鼓车各一，黄金千斤，杂缯千匹，戏戟十；拜助为顺单于，赐黄金五百斤；传送助、登长安。莽封苞为宣威公，拜为虎牙将军；封级为扬威公，拜为虎贲将军。”

乌珠留单于听到这些消息后，也宣布不再承认新莽承汉地位为合法：“先单于受汉宣帝恩，不可负也。今天子非宣帝子孙，何以得立？”于是正式对王莽宣战。《汉书·匈奴传》说：“遣左骨都侯、右伊秩訾王呼卢訾及左贤王乐将兵入云中益寿塞，大杀吏民。是岁，建国三年也。是后，单于历告左右部都尉、诸边王，入塞寇盗，大辈万余，中辈数千，少者数百，杀雁门、朔方太守、都尉，略吏民畜产不可胜数，缘边虚耗。”

王莽虽然命令好多将军分十道并出，但是诸将军在边塞久等，兵粮却不易集结，因此先到者，只能在边塞再等下去，并未敢出击匈奴。讨涉将军严尤乃上书谏王莽之失策说：

> 臣闻匈奴为害，所从来久矣，未闻上世有必征之者也。后世三家周、秦、汉征之，然皆未有得上策者也。周得中策，汉得下策，

秦无策焉。当周宣王时，猃允内侵，至于泾阳，命将征之，尽境而还。其视戎狄之侵，譬犹蟁蝱之螫，驱之而已。故天下称明，是为中策。汉武帝选将练兵，约赍轻粮，深入远戍，虽有克获之功，胡辄报之，兵连祸结三十余年，中国罢耗，匈奴亦创艾，而天下称武，是为下策。秦始皇不忍小耻而轻民力，筑长城之固，延袤万里，转输之行，起于负海，疆境既完，中国内竭，以丧社稷，是为无策。

又言以兵胜匈奴之难：

今天下遭阳九之阸，比年饥馑，西北边尤甚。发兵三十万众，具三百日粮，东援海代，南取江淮，然后乃备。计其道里，一年尚未集合，兵先至者聚居暴露，师老械弊，势不可用，此一难也。边既空虚，不能奉军粮，内调郡国，不相及属，此二难也。计一人三百日食，用糒十八斛，非牛力不能胜；牛又当自赍食，加二十斛，重矣。胡地沙卤，多乏水草，以往事揆之，军出未满百日，牛必物故且尽，余粮尚多，人不能负，此三难也。胡地秋冬甚寒，春夏甚风，多赍鬴鍑薪炭，重不可胜，食糒饮水，以历四时，师有疾疫之忧，是故前世伐胡，不过百日，非不欲久，势力不能，此四难也。辎重自随，则轻锐者少，不得疾行，虏徐遁逃，势不能及，幸而逢虏，又累辎重，如遇险阻，衔尾相随，虏要遮前后，危殆不测，此五难也。大用民力，功不可必立，臣伏忧之。今既发兵，宜纵先至者，令臣尤等深入霆击，且以创艾胡虏。（《汉书·匈奴传》）

王莽没有采纳严尤的意见，照样调兵运谷，结果天下骚动，师老无功，使这次进攻匈奴的计划没有实现。《汉书·匈奴传》说："及莽挠乱匈奴，与之构难，边民死亡系获，又十二部兵久屯而不出，吏士罢弊，数年之间，北边虚空，野有暴骨矣。"这次冲突的实际胜利者是匈奴。

正在这个时候（王莽始建国五年，公元13年），乌珠留单于死了。

他是呼韩邪单于以后在位最久的单于。乌珠留单于死后，继立单于似又成为问题。其实在他未死之前，这个问题已经发生，并且与新莽干预匈奴内政紧密相关。《汉书·匈奴传》说：

> 乌珠留单于立二十一岁，建国五年死。匈奴用事大臣右骨都侯须卜当，即王昭君女伊墨居次云之婿也。云常欲与中国和亲，又素与咸厚善，见咸前后为莽所拜，故遂越舆而立咸为乌累若鞮单于。乌累单于咸立，以弟舆为左谷蠡王。乌珠留单于子苏屠胡本为左贤王，以弟屠耆阏氏子卢浑为右贤王。乌珠留单于在时，左贤王数死，以为其号不详，更易命左贤王曰“护于”。护于之尊最贵，次当为单于，故乌珠留单于授其长子以为护于，欲传以国。咸怨乌珠留单于贬贱己号，不欲传国，及立，贬护于为左屠耆王。

咸是呼韩邪单于的大阏氏所生的儿子中较小的一个，还有一位叫做乐。这两位均比颛渠阏氏的少子囊知牙斯（即乌珠留单于）小。《汉书·匈奴传》说“少子咸、乐”，咸排在前，应比乐为大。大阏氏的大儿子是雕陶莫皋，也就是复株絫若鞮单于。次子为且麋胥，就是搜谐若鞮单于。且莫车为颛渠阏氏的大儿子，继且麋胥为车牙单于。囊知牙斯又继且莫车为乌珠留单于。若照次序来排，乌珠留死后，咸本应继立为单于。但是乌珠留就位后，以第二阏氏子乐为左贤王，乐若是大阏氏之第四子，这个第二阏氏应当就是大阏氏。乐既为左贤王，那就是准备继乌珠留为单于的。咸为大阏氏之第三子，则咸本应为左贤王。乌珠留以乐为左贤王，而以咸为左犁汗王，这已使咸不满意，而况，后来又贬咸为於粟置支侯，这更使他不满意了。

王莽发兵攻击匈奴，又引诱咸做孝单于时，乌珠留还遣左贤王乐去侵扰新莽边境，那么乐从乌珠留立时就是左贤王了，至王莽建国三年，应有十九年之久。这里说左贤王数死，不知是何所指？又乌珠留改左贤王号为护于，以其长子为护于，应该在左贤王乐死后，否则不会有两位左贤王，也不会把乐的左贤王改为护于。

咸因位置被贬，不能继立为单于，是无可怀疑的。但是，假使乐死在乌珠留之前，那么乌珠留长子既为护于，似应该继立为单于。上面那段话里说，须卜当越舆而立咸，似又不对，因为舆既非左贤王或护于，而且咸立之后始以他为左谷蠡王。左谷蠡王的地位，是低于左贤王或护于的。舆在咸就位后才为左谷蠡王，则在咸未就位之前，其地位不见得是高于左谷蠡王的。因为左贤王本为乐，而护于乃乌珠留的长子。又上面所抄录的那段话说，咸立后贬护于为左屠耆王。但乌珠留之所以改左贤王为护于，是因为左贤王这个称号不祥，并非因地位不高，因为左贤王与护于均只次于单于，是准备立为单于的。

这样看起来，上面那段话里虽有好多不清楚的地方，可是从这段话里可以看出争立单于的问题又发生了。不久之后，匈奴为这个问题引起内乱，再度分为南北。

须卜当与昭君的女儿欲与汉亲善，以为咸前后为王莽拜为孝单于，故立咸为单于。可是，他们好像不知道，王莽因听说扰乱汉边境的是咸子角，因而把咸子登杀死了。这就是说，王莽对于咸已失去了信任。须卜当与云立咸为单于，王莽听说之后，必定觉得不舒服。《汉书•匈奴传》说："云、当遣人之西河虎猛制虏塞下，告塞吏曰欲见和亲侯。和亲侯王歙者，王昭君兄子也。中部都尉以闻。莽遣歙、歙弟骑都尉展德侯飒使匈奴，贺单于初立，赐黄金衣被缯帛，给言侍子登在，因购求陈良、终带等。"明明已经将登杀死，却给言仍在，说明王莽难堪的情况。

咸听说他的儿子登已被杀死，对王莽甚为怨恨，因此常常遣兵入寇新莽。王莽遣使者去问他为什么入寇，他说："乌桓与匈奴无状黠民共为寇入塞，譬如中国有盗贼耳！"虽然他因儿子被杀时时入寇，但是自己初立，威信尚浅，还不敢与新莽绝交。新莽方面也尽力去笼络他。《汉书•匈奴传》说：

天凤二年（公元 15 年）五月，莽复遣歙与五威将王咸率伏黯、

> 丁业等六人，使送右厨唯姑夕王，因奉归前所斩侍子登及诸贵人从者丧，皆载以常车。至塞下，单于遣云、当子男大且渠奢等至塞迎。咸等至，多遗单于金珍，因谕说改其号，号匈奴曰“恭奴”，单于曰“善于”，赐印绶。封骨都侯当为后安公，当子男奢为后安侯。单于贪莽金币，故曲听之，然寇盗如故。

王莽以为这是外交上的一大成功，大为欢喜。所以，王歙、王咸等回去之后，他大加赏赐，赐歙钱二百万，悉封黯等。

乌累单于咸继立五年后死，时在天凤五年（公元 18 年）。他死后，弟左贤王舆立为呼都而尸道皋若鞮单于。呼都而尸道皋单于对于新莽的财物更为贪求，即位之后，即遣云、当之子大且渠奢与云的妹妹当于居次子醯椟王，至长安奉献。他利用王昭君这两位外孙，表示对新莽王朝亲善，多得了财物。

王莽却又利用这个机会去另立一位单于。他遣派王昭君哥哥之子王歙与奢等俱到制虏塞下，设法与王昭君的女儿云及其丈夫当会面，再以兵力胁迫云、当二人到长安。这次偕云、当到制虏塞下的，还有他们的小男，奢的弟弟。他见得新莽用兵力胁迫他的父母到长安，自己便设法逃回匈奴。奢与醯椟王、云、当都被留在长安。

须卜当到长安后，王莽拜他为须卜单于。这与他以前诱胁咸为孝单于及其子助为须单于，而留顺单于在长安的做法是相同的。他既拜当为须卜单于，又想用兵力去辅立他，使其回去代替呼都而尸单于。

王莽计划诱胁当到长安立为单于时，大司马严尤曾谏王莽不应该这样做，并说明这样做没有好处。可是他不听严尤的话。《资治通鉴》卷三十八《汉纪三十》“天凤六年”中说：

> 初，莽之欲诱迎须卜当也，大司马严尤谏曰：“当在匈奴右部，兵不侵边，单于动静辄语中国，此方面之大助也。于今迎当置长安槁街，一胡人耳，不如在匈奴有益。”莽不听。

又说：

> （莽）既得当，欲遣尤与廉丹击匈奴，皆赐姓徵氏，号二徵将军，令诛单于舆而立当代之。出车城西横厩，未发。尤素有智略。非莽攻伐四夷，数谏不从；及当出，廷议，尤固言“匈奴可且以为后，先忧山东盗贼”。莽大怒，策免尤。

这么一来，呼都而尸单于愈为怨恨。《汉书·匈奴传》说：“匈奴愈怒，并入北边，北边由是败坏。”

王莽称帝后第二年，要发三十万兵，赍三百日粮去征伐匈奴，以至丁令。严尤谏他不听。这一次他诱胁须卜当到长安拜为须卜单于，严尤谏他又不听，因此引起匈奴的入寇。十年前，因乌珠留不断侵略边境，大量军队久屯要塞，使数年之间，北边空虚，野有暴骨。现在匈奴常来扰乱，王莽又要发兵攻击。遣严尤将兵去征伐，严尤则因进谏而被策免。于是他在地皇二年决定发大兵去征伐。《资治通鉴》卷三十八《汉纪三十》“地皇二年”中说：“莽又转天下谷帛诣西河、五原、朔方、渔阳，每一郡以百万数，欲以击匈奴。”结果是攻击匈奴的企图还是不能实现，而且他所拜为须卜单于的须卜当，在这一年也病死了。然而，王莽并未因此放弃攻击匈奴与拥立单于的计划。《汉书·匈奴传》说：“会当病死，莽以其庶女陵逯任妻后安公奢，所以尊宠之共厚，终为欲出兵立之者。”

王莽没有实现其意图，不久即被杀死（公元 23 年）。王莽死后，须卜当妻云、子奢也死了。王莽既死，更始皇帝欲以和平友好的方式去联络匈奴。更始二年（公元 24 年），遣中郎将归德侯刘飒、大司马护军陈遵出使匈奴，除带去礼物之外，还刻了同宣帝时赐给匈奴单于一样的玺绶，送给呼都而尸单于舆，并给印绶与其大臣贵人。同时，又护送跟着云与当同来的亲属贵人以及随从人员回匈奴。

更始帝使者在匈奴时，单于舆对他们的态度很傲慢。他还问刘飒与陈遵道："匈奴本与汉为兄弟，匈奴中乱，孝宣皇帝辅立呼韩邪单于，故称臣以尊汉。今汉亦大乱，为王莽所篡，匈奴亦出兵击莽，空其边境，令天下骚动思汉，莽卒以败而汉复兴，亦我力也，当复尊我！"（《汉书·匈奴传》）刘飒与陈遵听了这些话，当然很不服气，因与单于舆辩论。可是不管他们怎样说，单于舆的态度仍然很傲慢，口气很大。刘飒与陈遵于次年才回到长安。这时，赤眉起义军已入长安，更始也失败了。

这一年（公元 25 年），汉光武帝刘秀定都洛阳。此时，天下未定，他自是没有时间和力量去对付匈奴。在他平定天下之后的一个时期中，忙于整顿内政，也难于兼顾外事。此时，匈奴不再对汉称臣，在东汉边境不受约束，自由行动。《后汉书·南匈奴列传》说："光武初，方平诸夏，未遑外事。至六年（公元 30 年），始令归德侯刘飒使匈奴，匈奴亦遣使来献，汉复令中郎将韩统报命，赂遗金币，以通旧好。而单于骄踞，自比冒顿，对使者辞语悖慢，帝待之如初。"又说："初，使命常通，而匈奴数与卢芳共侵北边。九年（公元 33 年），遣大司马吴汉等击之，经岁无功，而匈奴转盛，钞暴日增。十三年（公元 37 年），遂寇河东，州郡不能禁。于是渐徙幽、并边人于常山关、居庸关已东，匈奴左部遂复转居塞内。朝廷患之，增缘边兵郡数千人，大筑亭候，修烽火。""匈奴闻汉购求卢芳，贪得财帛，乃遣芳还降，望得其赏。而芳以自归为功，不称匈奴所遣，单于复耻言其计，故赏遂不行。由是大恨，入寇尤深。二十年（公元 44 年），遂至上党、扶风、天水。二十一年冬，复寇上谷、中山，杀略钞掠甚众，北边无复宁岁。"

呼都而尸单于舆死于光武建武二十二年（公元 46 年），在位二十八年。从王莽天凤五年至光武建武二十二年，正是汉王朝处于不安定的时期，呼都而尸利用这个机会扰乱汉之北边。并且与汉王朝的将领勾结，情况有些像秦二世至汉高祖的初年。

汉光武即位以后，匈奴在与东汉的关系方面占据优势，从卢芳与彭宠的联匈叛汉问题可见。匈奴甚至欲如汉立呼韩邪单于故事，立卢芳为汉帝。

彭宠在王莽地皇中，曾为大司空士，及光武平定河北，归附光武。因帮助光武有功，及光武即位，他以为光武待他不如别人而产生怀疑，最后反叛。《后汉书》卷十二《彭宠列传》说，彭宠“发兵反……明年（建武三年，公元27年）春，宠遂拔右北平、上谷数县。遣使以美女缯彩赂遗匈奴，要结和亲。单于使左南将军七八千骑，往来为游兵以助宠”。

彭宠反叛后，光武本来要亲自率兵征伐，当时的大司徒阳都侯伏湛极力劝他不要亲征。《后汉书》卷二十六《伏湛列传》载其上疏谏曰：“今京师空匮，资用不足，未能服近而先事边外，且渔阳之地，逼接北狄，黠虏困迫，必求其助。……渔阳以东，本备边塞，地接外虏，贡税微薄。安平之时，尚资内郡，况今荒耗，岂足先图？……复愿……以中土为忧念。”光武看了伏湛的奏言之后，乃停止亲征。伏湛奏言中说渔阳与匈奴接近，彭宠在困迫时必与匈奴联合，这种看法是完全对的。从中也可以看出，征伐彭宠与匈奴有关系。

伏湛的这种主张，对光武的影响很大，因为差不多到了光武在位的最后一年，其政策仍是集中力量安定内部。他不但对北边的匈奴很少注意，而且对西域诸国请求遣派都护的提议也加以否决。直至光武建武二十七年（公元51年），匈奴出现天灾、内乱与外患的情况下，臧宫与马武劝他征伐匈奴，他也反对。因为他看到“北狄尚强”，考虑力量对比不利于汉。此即所谓“诚能举天下之半以灭大寇，岂非至愿；苟非其时，不如息人”。《后汉书·臧宫列传》记云：

> 后匈奴饥疫，自相分争，帝以问宫，宫曰：“愿得五千骑以立功。”帝笑曰：“常胜之家，难与虑敌，吾方自思之。”二十七年，宫乃与杨虚侯马武上书曰：“匈奴贪利，无有礼信，穷则稽首，安则侵盗，缘边被其毒痛，中国忧其抵突。虏今人畜疫死，旱蝗赤地，疫困之力，不当中国一郡。万里死命，县在陛下。福不再来，时或易失，岂宜固守文德而坠武事乎？……”诏报曰：“……今国无善政，灾变不息，百姓惊惶，人不自保，而复欲远事边外乎？孔子曰：

> ‘吾恐季孙之忧，不在颛臾。’且北狄尚强，而屯田警备传闻之事，恒多失实。诚能举天下之半以灭大寇，岂非至愿；苟非其时，不如息人。”自是诸将莫敢复言兵事者。

光武因受伏湛的谏止不去亲征彭宠，但也并非置诸不理。当彭宠与匈奴联合甚至与乌桓联络而与光武对抗时，光武曾遣好多位将领去攻击。耿况与其子舒以及祭遵、刘喜都是平定彭宠的有功人物。《后汉书》卷十九《耿弇列传》中有两段话载及这件事：“时更始征代郡太守赵永，而况劝永不应召，令诣于光武。光武遣永复郡。永北还，而代令张晔据城反畔，乃招迎匈奴、乌桓以为援助。光武以弇弟舒为复胡将军，使击晔，破之。永乃得复郡。”“时征虏将军祭遵屯良乡，骁骑将军刘喜屯阳乡，以拒彭宠。宠遣弟纯将匈奴二千余骑，宠自引兵数万，分为两道以击遵、喜。胡骑经军都，舒袭破其众，斩匈奴两王，宠乃退走。况复与舒攻宠，取军都。五年，宠死，天子嘉况功，使光禄大夫持节迎况，赐甲第，奉朝请。封舒为牟平侯。”

彭宠被攻灭之后，光武对于匈奴也并非完全不管。比方他在光武九年，曾遣朱祐屯南行唐以拒匈奴；光武十三年又遣马武将兵北屯下曲阳以备匈奴。（以上分见《后汉书》卷二十二《朱祐列传》《马武列传》）此外，他又遣人去缮障塞，筑保壁，起烽燧。《后汉书》卷二十二《马成列传》里说：“建武四年，拜（马成）扬武将军，……十四年，屯常山、中山以备北边，并领建义大将军朱祐营。又代骠骑大将军杜茂缮治障塞，自西河至渭桥，河上至安邑，太原至井陉，中山至邺，皆筑保壁，起烽燧，十里一候。在事五六年，帝以成勤劳，征还京师。边人多上书求请者，复遣成还屯。及南单于保塞，北方无事，拜为中山太守……”

东汉内部的背叛既与匈奴有关系，欲安内就不得不攘外。不过在光武在位的时候，重点是安内而非攘外。

卢芳与匈奴的关系更为密切。《后汉书·卢芳列传》说：

> 卢芳字君期，……王莽时，天下咸思汉德，芳由是诈自称武帝曾孙刘文伯。曾祖母匈奴谷蠡浑邪王之姊为武帝皇后，生三子。遭江充之乱，太子诛，皇后坐死，中子次卿亡之长陵，小子回卿逃于左谷。霍将军立次卿，迎回卿。回卿不出，因居左谷，生子孙卿，孙卿生文伯。常以是言诳惑安定间。王莽末，乃与三水属国羌胡起兵。更始至长安，征芳为骑都尉，使镇抚安定以西。更始败，三水豪杰共计议，以芳刘氏子孙，宜承宗庙，乃共立芳为上将军、西平王，使使与西羌、匈奴结和亲。

当他遣使者到匈奴见呼都而尸单于时，单于舆对使者说："匈奴本与汉约为兄弟。后匈奴中衰，呼韩邪单于归，汉为发兵拥护，世世称臣。今汉亦中绝，刘氏来归我，亦当立之，令尊事我。"从这种思想出发，单于舆"乃使句林王将数千骑迎芳，芳与兄禽、弟程俱入匈奴。单于遂立芳为汉帝。以程为中郎将，将胡骑还入安定"。（《后汉书·卢芳列传》）

除了卢芳外，还有五原人李兴、随昱，朔方人田飒，与代郡人石鲔、闵堪，亦皆起兵与匈奴联结。后来，他们也因匈奴的关系与卢芳联合起来。《后汉书·卢芳列传》说：

> 初，五原人李兴、随昱，朔方人田飒，代郡人石鲔、闵堪，各起兵自称将军。建武四年，单于遣无楼且渠王入五原塞，与李兴等和亲，告兴欲令芳还汉地为帝。五年，李兴、闵堪引兵至单于庭迎芳，与俱入塞，都九原县。掠有五原、朔方、云中、定襄、雁门五郡，并置守令，与胡通兵，侵苦北边。

但是过了一年，卢芳内部发生问题，有的人被卢芳杀死，有的人投降于光武。数年后，卢芳因在内战中失败而逃入匈奴。《卢芳列传》说：

> 六年（公元 30 年），芳将军贾览将胡骑击杀代郡太守刘兴。

> 芳后以事诛其五原太守李兴兄弟，而其朔方太守田飒、云中太守桥扈恐惧，叛芳，举郡降，光武令领职如故。后大司马吴汉、骠骑大将军杜茂数击芳，并不克。十二年，芳与贾览共攻云中，久不下，其将随昱留守九原，欲胁芳降。芳知羽翼外附，心膂内离，遂弃辎重，与十余骑亡入匈奴，其众尽归随昱。昱乃随使者程恂诣阙。拜昱为五原太守，封镌胡侯，昱弟宪武进侯。

卢芳逃入匈奴后，在塞内的势力差不多完全丧失。东汉方面因为怕他卷土重来，极想购求他。呼都而尸单于舆以为他若能使卢芳投降，则他必得厚赏，于是遣卢芳归汉。卢芳知道单于有这种企图，到东汉后，便说是自愿投降，而没有说明是单于所遣。建武十六年（公元 40 年），卢芳回到东汉后居在高柳，与闵堪兄林，使使请降光武，被立为“代王，堪为代相，林为代太傅，赐缯二万匹，因使和集匈奴”。卢芳于是上书说:

> 臣芳过托先帝遗体，弃在边陲。社稷遭王莽废绝，以是子孙之忧，所宜共诛，故遂西连羌戎，北怀匈奴。单于不忘旧德，权立救助。是时兵革并起，往往而在。臣非敢有所贪觊，期于奉承宗庙，兴立社稷，是以久僭号位，有十余年，罪宜万死。陛下圣德高明，躬率众贤，海内宾服，惠及殊俗。以胏附之故，赦臣芳罪，加以仁恩，封为代王，使备北藩。无以报塞重责，冀必欲和辑匈奴，不敢遗余力，负恩贷。谨奉天子玉玺，思望阙庭。（《后汉书 · 卢芳列传》）

在这封奏书中，他不只不讳言与匈奴联结，并且说单于不忘旧德，权立救助，说明他与匈奴关系之密切。奏书上后，光武诏他十七年正月朝见。十六年冬天，他想入朝，走到昌平，光武又诏止，令更朝明岁。因此，他不得不回代郡。可是在归途中，他自己有所忧惧，于是再背叛，与闵堪、闵林相攻数月。匈奴遣数百骑迎接他及其妻子出塞，再度逃入匈奴。他留居匈奴十余年后病死。匈奴对卢芳的态度，说明卢芳与匈奴的关系之深。

当彭宠与卢芳联合匈奴扰乱边境的时候，除了吴汉等将兵征伐之外，王霸与苏竟都参与了征伐。《后汉书》卷二十《王霸列传》说：

> （建武）五年春，帝使太中大夫持节拜霸为讨虏将军。六年，屯田新安。八年，屯田函谷关。击荥阳、中牟盗贼，皆平之。九年，霸与吴汉及横野大将军王常、建义大将军硃祐、破奸将军侯进等五万余人，击卢芳将贾览、闵堪于高柳。匈奴遣骑助芳，汉军遇雨，战不利。吴汉还洛阳，令硃祐屯常山，王常屯涿郡，侯进屯渔阳。玺书拜霸上谷太守，领屯兵如故，捕击胡虏，无拘郡界。

又说：

> 明年，霸复与吴汉等四将军六万人出高柳击贾览，诏霸与渔阳太守陈䜣将兵为诸军锋。匈奴左南将军数千骑救览，霸等连战于平城下，破之，追出塞，斩首数百级。霸及诸将还入雁门，与骠骑大将军杜茂会攻卢芳将尹由于崞、繁畤，不克。十三年，增邑户，更封向侯。是时，卢芳与匈奴、乌桓连兵，寇盗尤数，缘边愁苦。诏霸将弛刑徒六千余人，与杜茂治飞狐道，堆石布土，筑起亭障，自代至平城三百余里。凡与匈奴、乌桓大小数十百战，颇识边事，数上书言宜与匈奴结和亲，又陈委输可从温水漕，以省陆转输之劳。事皆施行。后南单于、乌桓降服，北边无事。霸在上谷二十余岁。三十年，定封淮陵侯。

至于苏竟，《后汉书》卷三十上《苏竟列传》说：

> 苏竟字伯况，扶风平陵人也。平帝世，竟以明《易》为博士讲《书》祭酒。善图纬，能通百家之言。王莽时，与刘歆等共典校书，

> 拜代郡中尉。时匈奴扰乱，北边多罹其祸，竟终完辑一郡。光武即位，就拜代郡太守，使固塞以拒匈奴。建武五年冬，卢芳略得北边诸郡，帝使偏将军随弟屯代郡。竟病笃，以兵属弟，诣京师谢罪。拜侍中，数月，以病免。

呼都而尸单于死前一年，与卢芳从安定起兵的属国胡人，也与匈奴连和反叛。《后汉书·卢芳列传》说：

> 初，安定属国胡与芳为寇，及芳败，胡人还乡里，积苦县官徭役。其中有驳马少伯者，素刚壮；二十一年（公元45年），遂率种人反叛，与匈奴连和，屯聚青山。乃遣将兵长史陈䜣，率三千骑击之，少伯乃降。徙于冀县。

王莽死后至光武代兴这一时期，单于对汉既很为傲慢，自比冒顿，匈奴与东汉的关系，好像是秦二世至汉高祖时代历史的重演。那么，匈奴与东边的乌桓、鲜卑，北边的丁令，西边的西域诸国的关系，以及这些部族与汉朝的关系又是怎样的呢？关于乌桓以至丁令，《后汉书》卷九十《乌桓列传》中有一段扼要的叙述，录之于下：

> 及王莽篡位，欲击匈奴，兴十二部军，使东域将严尤领乌桓、丁令兵屯代郡，皆质其妻子于郡县。乌桓不便水土，惧久屯不休，数求谒去。莽不肯遣，遂自亡畔，还为抄盗，而诸郡尽杀其质，由是结怨于莽。匈奴因诱其豪帅以为吏，余者皆羁縻属之。

又说：

> 光武初，乌桓与匈奴连兵为寇，代郡以东尤被其害。居止近塞，朝发穹庐，暮至城郭，五郡民庶，家受其辜，至于郡县损坏，百姓

流亡。其在上谷塞外白山者，最为强富。建武二十一年，遣伏波将军马援将三千骑出五阮关掩击之。乌桓逆知，悉相率逃走，追斩百级而还。乌桓复尾击援后，援遂晨夜奔归，比入塞，马死者千余匹。二十二年，匈奴国乱，乌桓乘弱去破之，匈奴转北徙数千里，漠南地空，帝乃以币帛赂乌桓。

很值得注意的是“严尤领乌桓、丁令兵屯代郡，皆质其妻子于郡县”这句话。丁令原在匈奴之北，现在也到汉之代郡屯兵以备匈奴，而所谓皆质其妻子于郡县，则应该包括丁令人的妻子在内。丁令从那么远的地方到汉郡，所走的途程，必经东北乌桓所占领的地方，不会穿过匈奴所居的地方。从这一点来看，丁令对于匈奴也必定不满意，所以才到汉朝来，为汉朝防备匈奴。但乌桓、丁令终又叛莽而归匈奴。

此外，还值得注意的是，在这个时期中，匈奴东边的鲜卑也勃兴起来，与匈奴、乌桓“连和强盛”。《后汉书·乌桓鲜卑列传》说：“鲜卑者，亦东胡之支地，别依鲜卑山，故因号焉。其言语习俗与乌桓同……光武初，匈奴强盛，率鲜卑与乌桓寇抄北边，杀略吏人，无有宁岁。”《后汉书》卷二十《祭肜列传》说：“当是时，匈奴、鲜卑及赤山乌桓连和强盛，数入塞杀略吏人。朝廷以为忧，益增缘边兵，郡有数千人，又遣诸将分屯障塞。帝以肜为能，建武十七年，拜辽东太守。”“肜以三虏连和，卒为边害，二十五年，乃使招呼鲜卑，示以财利。其大都护偏何遣使奉献，愿得归化，肜慰纳赏赐，稍复亲附。”

西汉与王莽均不准匈奴染指西域。但王莽称皇帝后，在乌珠留单于死前三年，又发生了车师后王须置离谋降匈奴与陈良、终带投降匈奴的事件。西域诸国先后沦入匈奴势力范围。《汉书·西域传》“车师后城长国”条说：

至莽篡位，建国二年，以广新公甄丰为右伯，当出西域。车师后王须置离闻之，与其右将股鞮、左将尸泥支谋曰：“闻甄公为西

> 域太伯，当出，故事给使者牛、羊、谷、刍茭，导译，前五威将过，所给使尚未能备，今太伯复出，国益贫，恐不能称。”欲亡入匈奴。戊己校尉刀护闻之，召置离验问，辞服，乃械致都护但钦在所埒娄城。置离人民知其不还，皆哭而送之。至，钦则斩置离。

又说：

> 置离兄辅国侯狐兰支将置离众二千余人，驱畜产，举国亡降匈奴。是时，莽易单于玺，单于恨怒，遂受狐兰支降，遣兵与共寇击车师，杀后城长，伤都护司马，及狐兰兵复还入匈奴。时戊己较尉刀护病，遣史陈良屯桓且谷备匈奴寇，史终带取粮食，司马丞韩玄领诸壁，右曲候任商领诸垒，相与谋曰：“西域诸国颇背叛，匈奴欲大侵，要死。可杀校尉，将人众降匈奴。”即将数千骑至校尉府，胁诸亭令燔积薪，分告诸壁曰：“匈奴十万骑来入，吏士皆持兵，后者斩!”得三四百人，去校尉府数里止，晨火然。校尉开门击鼓收吏士，良等随入，遂杀校尉刀护及子男四人、诸昆弟子男，独遣妇女小儿。止留戊己校尉城，遣人与匈奴南将军相闻，南将军以二千骑迎良等。良等尽胁略戊己校尉吏士男女二千余人入匈奴。单于以良、带为乌贲都尉。

看来，不只西域诸国的君长背叛新莽而投降匈奴，在西域的新莽官吏竟然也杀其长官，率众投降匈奴。西域离叛新莽情形之严重，可以概见。只是“后三岁，单于（乌珠留）死，弟乌累单于咸立，复与莽和亲。莽遣使者多赍金币赂单于，购求陈良、终带等。单于尽收四人及手杀刀护者芝音妻子以下二十七人，皆械槛车付使者。到长安，莽皆烧杀之”。但“其后莽复欺诈单于，和亲遂绝。匈奴大击北边，而西域亦瓦解。焉耆国近匈奴，先叛，杀都护但钦，莽不能讨。天凤三年，乃遣五威将王骏、西域都护李崇将戊己校尉出西域，诸国皆郊迎，送兵谷，焉耆诈降而聚兵自备。骏等将莎车、龟兹兵七千余人，分为数部入焉耆，焉耆伏兵要遮骏。及姑墨、尉犁、危须国兵为反间，还共袭击骏等，皆杀之。唯戊己校尉郭钦别将兵，后至焉耆。焉耆兵未还，钦击杀其老弱，引兵还。莽封钦为剼胡子。李崇收余士，还保龟兹。数年莽死，崇遂没，西域因绝”（《汉书·西域传》同前引条）。

匈奴称臣而不扰乱西汉边境的时候，西域诸国也臣服西汉，且少与匈奴联结。就是有的投降于匈奴，西汉也责使匈奴遣还。但是匈奴与汉一旦有了战争，则匈奴往往设法去控制西域诸国，征取其物力或人力；而西域诸国之愈近匈奴者，也愈易降于匈奴。乌孙尤其是车师与武帝时的楼兰地区，遂成为汉与匈奴争夺的地方。焉耆居西域之东，近匈奴。汉既没有足够的力量去控制它，就难免为匈奴所役属，而姑墨、尉犁、危须也就容易随之而为匈奴所利用。

西域北道诸国，尤其是近匈奴者，既多叛汉而归附匈奴；南道的莎车王延及其子康，在这个时候，却仍效忠于汉。但是到了康的弟弟贤继立之后，不久也不满意东汉，引发其他许多国投降匈奴。《后汉书·西域传》“莎车国”条说：“匈奴单于因王莽之乱，略有西域，唯莎车王延最强，不肯附属。元帝时，尝为侍子，长于京师，慕乐中国，亦复参其典法。常敕诸子，当世奉汉家，不可负也。天凤五年，延死，谥忠武王，子康代立。光武初，康率傍国拒匈奴，拥卫故都护吏士妻子千余口，檄书河西，问中国动静，自陈思慕汉家。”

康死之后，弟贤继立，贤最初对东汉也很亲善。同上处载云：

> 九年，康死，谥宣成王。弟贤代立，攻破拘弥、西夜国，皆杀其王，而立其兄康两子为拘弥、西夜王。十四年，贤与鄯善王安并遣使诣阙贡献，于是西域始通。葱领以东诸国皆属贤。十七年，贤复遣使奉献，请都护。天子以问大司空窦融，以为贤父子兄弟相约事汉，款诚又至，宜加号位以镇安之。帝乃因其使，赐贤西域都护印绶，及车旗黄金锦绣。敦煌太守裴遵上言：“夷狄不可假以大权，

又令诸国失望。”诏书收还都护印绶，更赐贤以汉大将军印绶。其使不肯易，遵迫夺之，贤由是始恨。

因为改换了都护印绶，结果引起贤对东汉的怨恨，从而胁迫西域诸国来附匈奴，反叛东汉。同传又说：“（贤）而犹诈称大都护，移书诸国，诸国悉服属焉，号贤为单于。贤浸以骄横，重求赋税，数攻龟兹诸国，诸国愁惧。二十一年冬，车师前王、鄯善、焉耆等十八国俱遣子入侍，献其珍宝。及得见，皆流涕稽首，愿得都护。”请求东汉王朝支援。但东汉无力与匈奴对抗，拒之。诸国最终也落入匈奴势力范围。“天子以中国初定，北边未服，皆还其侍子，厚赏赐之。”“二十二年（公元46年），贤知都护不至，遂遗鄯善王安书，令绝通汉道。安不纳而杀其使。贤大怒，发兵攻鄯善。安迎战，兵败，亡入山中。贤杀略千余人而去。其冬，贤复攻杀龟兹王，遂兼其国。”鄯善王上书东汉天子，“愿复遣子入侍，更请都护。都护不出，诚迫于匈奴。天子报曰：‘今使者大兵未能得出，如诸国力不从心，东西南北自在也。’于是鄯善、车师复附匈奴，而贤益横”。同传又说：“妫塞王自以国远，遂杀贤使者，贤击灭之，立其国贵人驷鞬为妫塞王。贤又自立其子则罗为龟兹王。贤以则罗年少，乃分龟兹为乌垒国，徙驷鞬为乌垒王，又更以贵人为妫塞王。数岁，龟兹国人共杀则罗、驷鞬，而遣使匈奴，更请立王。匈奴立龟兹贵人身毒为龟兹王，龟兹由是属匈奴。”

然而，王莽死后，以至东汉初年，匈奴犹未能挟西域各国之力入侵汉西北边，这与窦融镇守河西的努力有关。《后汉书·窦融列传》说：

莽败，融以军降更始大司马赵萌，萌以为校尉，甚重之，荐融为钜鹿太守。融见更始新立，东方尚扰，不欲出关，而高祖父尝为张掖太守，从祖父为护羌校尉，从弟亦为武威太守，累世在河西，知其土俗，独谓兄弟曰：“天下安危未可知，河西殷富，带河为固，张掖属国精兵万骑，一旦缓急，杜绝河津，足以自守，此遗种处也。”

> 兄弟皆然之。融于是日往守萌，辞让钜鹿，图出河西。萌为言更始，乃得为张掖属国都尉。融大喜，即将家属而西。既到，抚结雄杰，怀辑羌虏，甚得其欢心，河西翕然归之。
>
> 是时酒泉太守梁统、金城太守厍钧、张掖都尉史苞、酒泉都尉竺曾、敦煌都尉辛肜，并州郡英俊，融皆与为厚善。及更始败，融与梁统等计议曰："今天下扰乱，未知所归。河西斗绝在羌胡中，不同心戮力则不能自守;权钧力齐,复无以相率。当推一人为大将军，共全五郡，观时变动。"议既定，而各谦让，咸以融世任河西为吏，人所敬向，乃推融行河西五郡大将军事。是时武威太守马期、张掖太守任仲并孤立无党，乃共移书告示之，二人即解印绶去。于是以梁统为武威太守，史苞为张掖太守，竺曾为酒泉太守，辛肜为敦煌太守，厍钧为金城太守。融居属国，领都尉职如故，置从事监察五郡。河西民俗质朴，而融等政亦宽和，上下相亲，晏然富殖。修兵马，习战射，明烽燧之警，羌胡犯塞，融辄自将与诸郡相救，皆如符要，每辄破之。其后匈奴惩乂，稀复侵寇，而保塞羌胡皆震服亲附，安定、北地、上郡流人避凶饥者，归之不绝。

窦融在河西五郡与诸郡太守、都尉联合起来，在更始已败而光武尚未安定天下的过渡时期，不只使五郡晏然富殖，而且对于防备匈奴与西羌以及安定西域有很大作用。假使没有他与诸郡的联合，则匈奴与西羌可能联合侵略汉边境。这样，不只五郡人民会受其害，就是其他地方也可能受到影响。因匈奴力量强大，除了扰乱五郡及其他地方之外，还可以使西域诸国受其统治。《后汉书·西域传》"莎车"条指出，由于窦融的努力，西域在东汉初也曾一度归附东汉王朝："建武五年，河西大将军窦融乃承制立康为汉莎车建功怀德王、西域大都尉，五十五国皆属焉。"假使汉朝的势力在西域削减，则匈奴的势力立刻会扩张。匈奴虽然经过汉朝的沉重打击，甚至称臣于汉好几十年，但是汉朝内部一有问题，不能兼顾外事时，匈奴不只侵略汉朝边境，而且能很快扩张势力到西域。

西域附属匈奴，匈奴利用其物力人力，可以增加匈奴本身的力量，同时还可以用这种力量去侵略汉朝。东汉有一个时期，北匈奴曾率西域诸国的军队去侵略东汉。自然，这种办法也是汉朝用过的，如甘延寿、陈汤利用西域诸国兵力物力去攻灭郅支单于。汉朝谓为以夷制夷。匈奴之所以争取西域，也可以说是为了增强其右臂。在必要时，使用这支右臂去攻打汉朝。

第二十二章　南匈奴附汉，东汉王朝对北匈奴发动攻势

单于舆就位时，其弟伊屠知牙师是右谷蠡王，照次序排列，伊屠知牙师应该升为左贤王，也就是单于的储副。但是单于舆欲传位于子，遂把伊屠知牙师杀死了。这是自呼韩邪单于以来几十年中所没有发生过的事情，说明匈奴内部又因争立发生问题。尸道皋单于舆既杀弟伊屠知牙师，他的侄儿比（乌珠留单于的儿子）对他很不满意，出怨言说："以兄弟言之，右谷蠡王次当立；以子言之，我前单于长子，我当立。"他因怨恨而猜惧，很少到单于庭会见。单于对他也怀疑起来，彼此互相猜忌。单于乃遣两位骨都侯监领比所部的兵队。比在这个时候是右奥鞬日逐王，统治的地方在南边，与乌桓接近。

尸道皋单于舆在位二十八年，汉光武帝建武二十二年（公元 46 年）死。他的儿子左贤王乌达鞮侯立为单于，不到一年又死了，弟左贤王蒲奴继立为单于。比因为不得立为单于，更为怨恨。正在这个时候，匈奴又有严重的天灾。《后汉书·南匈奴列传》说："而匈奴中连年旱蝗，赤地数千里，草木尽枯，人畜饥疫，死耗太半。"这是从呼韩邪称臣，经过百年左右的休养生息，匈奴逐渐复兴以来最严重的天灾。蒲奴单于害怕汉朝乘机来攻击，于是遣使到渔阳请求和亲，汉朝亦遣中郎将李茂报命。同时，比也密遣汉人郭衡奉匈奴地图，于光武帝建武二十三年（公元 47 年）来见西河太守，表示愿意内附。比这种计谋被监领他的部兵的两位骨都侯知道，在五月会龙城的时候，告诉单于说："奥鞬日逐夙

来欲为不善，若不诛，且乱国。”他们的谈话，被正在单于帐下的比的弟弟渐将王听到，马上跑去报告比，比害怕起来，集合他所领地南边八郡兵众四五万人，严阵以待，等两骨都侯回来时待机杀死他们。两骨都侯回来时，发觉比的企图，于是轻骑跑回去报告单于。单于乃遣万余人征伐比，当骑兵接近比所领的军队时，见到比已有准备，人数又多于单于派来的兵队，便不战而退。

东汉光武帝建武二十四年（公元 48 年），南边八部大人共同计议，立比为呼韩邪单于。为什么叫做呼韩邪单于呢？《后汉书·南匈奴列传》说：“以其大父尝依汉得安，故欲袭其号。”《后汉书·南匈奴列传》一开头就说比是醢落尸逐鞮单于，有两个称号：一为他自己的称号，一为袭继他祖父的称号。比既自立为单于，乃率其部众到五原塞，上书光武帝，愿意永远为汉朝的蕃蔽，以防备蒲奴单于所部。自此匈奴遂永远分裂为南北两部。《后汉书·光武帝纪第一》下，“二十三年”中：“是岁，匈奴奥鞬日逐王比率部曲遣使诣西河内附。”“二十四年春正月乙亥……匈奴奥鞬日逐王比遣使款五原塞，求扞御北虏。”同处：“冬十月，匈奴奥鞬日逐王比自立为南单于，于是分为南、北匈奴。”又《后汉书·耿弇列传》说：“及匈奴奥鞬日逐王比自立为呼韩邪单于，款塞称藩，愿扞御北虏。事下公卿。议者皆以为天下初定，中国空虚，夷狄情伪难知，不可许。国独曰：‘臣以为宜如孝宣故事受之，令东扞鲜卑、北拒匈奴，率厉四夷，完复边郡，使塞下无晏开之警，万世安宁之策也。’帝从其议，遂立比为南单于。由是乌桓、鲜卑保塞自守，北虏远遁，中国少事。”

匈奴历史上有过两次较大的分裂，其原因都是由天灾、外患和内乱造成的。一次是在呼韩邪单于的时候，曾一度分为南、北匈奴：呼韩邪在南边，得到汉朝的卫护；郅支骨都侯单于在北，不久又离开单于庭向西迁徙。郅支西迁后，呼韩邪北归单于庭，这时候的匈奴，可以叫做东、西匈奴。公元 36 年，郅支骨都侯单于被汉朝攻灭，呼韩邪成为唯一的单于，匈奴结束分裂，又统一起来。第一次的分裂前后约二十年时间，是短暂的分裂。再一次就是比被立为南单于后分裂为南北匈奴，分裂的时间长，自此以后匈奴再也没有统一起来。南匈奴自单于比以后，皆称臣于汉朝。

单于比归时附汉朝之后，遣使到汉朝贡献称臣，请求汉朝遣使者去监护。《后汉书·南匈奴列传》说："南单于复遣使诣阙，奉藩称臣，献国珍宝，求使者监护，遣侍子，修旧约。"汉朝方面于"二十六年（公元50年）遣中郎将段郴、副校尉王郁使南单于，立其庭，去五原西部塞八十里。单于乃延迎使者。使者曰：'单于当伏拜受诏。单于雇望有顷，乃伏称臣。'"段郴与王郁回到洛阳之后，光武帝又诏南单于入居云中，单于比遣使上书，献骆駞二头，文马十匹。不久，单于比又遣子入侍。《后汉书·南匈奴列传》说："秋，南单于遣子入侍，奉奏诣阙。诏赐单于冠带、衣裳、黄金玺、盭緺绶，安车羽盖，华藻驾驷，宝剑弓箭，黑节三，驸马二，黄金、锦绣、缯布万匹，絮万斤，乐器鼓车、棨戟甲兵，饮食什器。又转河东米糒二万五千斛，牛羊三万六千头，以赡给之。令中郎将置安集掾史将弛刑五十人，持兵弩随单于所处，参辞讼，察动静。"

东汉王朝派员驻守南匈奴单于庭，监督政务，是匈汉关系的一个重要转折点。因这不只是监视单于的行动，并且参与匈奴的政务。所谓参辞讼，就是解决匈奴人民之间的争执，汉朝的中郎将掾史也得参加。《后汉书·南匈奴列传》说："异姓有呼衍氏、须卜氏、丘林氏、兰氏四姓，为国中名族，常与单于婚姻。呼衍氏为左，兰氏、须卜氏为右，主断狱听讼，当决轻重，口白单于，无文书簿领焉。"汉朝官吏参加辞讼，是汉朝干预单于固有权力的一种表现，南匈奴正式沦为东汉藩属。单于"岁尽辄遣奉奏，送侍子入朝，中郎将从事一人将领诣阙。汉遣谒者送前侍子还单于庭，交会道路。元正朝贺，拜祠陵庙毕，汉乃遣单于使，令谒者将送，赐綵缯千匹、锦四端，金十斤，太官御食酱及橙、橘、龙眼、荔枝；赐单于母及诸阏氏、单于子及左右贤王、左右谷蠡王、骨都侯有功善者，綵缯合万匹。岁以为常"。赐给的礼物比前汉还多，目的也可以说是笼络他们，使不致叛变，长久称臣，防备北匈奴的侵略，使汉朝的边境得到安宁。

单于比归附汉朝后，东汉开始结束光武以来的消极防御政策，向北匈奴发动军事和政治攻势。光武帝建武二十五年（公元 49 年）遣兵去攻击北匈奴，得到大胜利。《后汉书·南匈奴列传》说："二十五年春，遣弟左贤王莫将兵万余人击北单于弟奥鞬左贤王，生获之；又破北单于帐下，并得其人合万余人，马七千匹、牛羊万头。北单于震怖，却地千里。""北部奥鞬骨都侯与右骨都侯率众三万余人来归南单于。"北匈奴的逃跑，减少了南匈奴和汉朝边境的威胁，但北匈奴仍保持着相当强大的实力。

不久，南匈奴内部乱了起来。建武二十六年"夏，南单于所获北虏奥鞬左贤王将其众及南部五骨都侯合三万余人畔归，去北庭三百余里，共立奥鞬左贤王为单于。月余日，更相攻击，五骨都侯皆死，左贤王遂自杀，诸骨都侯子各拥兵相守"。又说："冬，前畔五骨都侯子复将其众三千人归南部，北单于使骑追击，悉获其众。南单于遣兵拒之，逆战不利。"南匈奴因内部反叛，抵抗北匈奴战争失利，损失很大。汉王朝不得不把他们迁到比较安全、水草较丰富的地方去，同时使南匈奴进一步受到控制。《后汉书·南匈奴列传》说："于是复诏单于徙居西河美稷，因使中郎将段郴及副校尉王郁留西河拥护之，为设官府、从事、掾史。令西河长史岁将骑二千，弛刑五百人，助中郎将卫护单于，冬屯夏罢。自后以为常，及悉复缘边八郡。"这与西汉宣帝时呼韩邪入朝称臣，返回时汉朝遣董忠与韩昌将兵护送回去，并留兵在单于庭护卫有所不同：第一，西汉遣兵护卫呼韩邪的时间不过数年，而东汉遣兵护卫南单于的时间较长；第二，西汉对呼韩邪的监督，没有东汉时对单于比的监督那么严密，因东汉除遣将领兵住单于庭外，还为设官府、掾史助中郎将卫护单于。"匈奴中郎将"且自此成为东汉一个常设的官职。《后汉书·百官志》说："使匈奴中郎将一人，比二千石。本注曰：主护南单于。置从事二人，有事随事之，掾随事为员。"

东汉控制南匈奴，大致依照匈奴传统官制，使分地而治。《后汉书·南匈奴列传》说："南单于既居西河，亦列置诸部王，助为扞戍。使韩氏骨都侯屯北地，右贤王屯朔方，当于骨都侯屯五原，呼衍骨都侯屯云中，郎氏骨都侯屯定襄，左南将军屯雁门，栗籍骨都侯屯代郡，皆领部众为郡县侦罗耳目。”南单于及其部王所屯居的地方，都是汉朝的北部边境，相当于现代的察哈尔、绥远、宁夏一带。从此，匈奴与汉朝接触频繁，两大民族逐渐融合。第一，匈奴人与汉人杂居乃至互为婚姻，使民族互相混杂。晋代“五胡乱华”的胡人，有很多是这些人的子孙。第二，匈奴人迁居到这些地方之后，受汉族文化影响逐渐加深，有不少人舍弃游牧从事耕种，使游牧生活逐渐变为定居生活。

自南匈奴单于比徙居西河之后，北匈奴单于一方面把略来的一部分汉人归还汉朝，以表亲善之意。但他并未停止南下，不过主要目的在于攻击南匈奴，尽量避免与汉朝军队直接冲突。《后汉书·南匈奴列传》说：“钞兵每到南部下，还过亭候，辄谢曰：自击亡虏奥鞬日逐耳，非敢犯汉人也。”

北匈奴愿对汉朝亲善的表示，还可以光武帝建武二十七年（公元51年）请求和亲为例。北匈奴遣使请求和亲，汉朝在讨论的时候，公卿们意见颇为分歧，后来太子说：“南单于新附，北虏惧于见伐，故倾耳而听，争欲归义耳。今未能出兵，而反交通北虏，臣恐南单于将有二心，北虏降者且不复来矣。”光武帝觉得这个意见是对的，所以告诉武威太守勿受其使。这使北单于很为失望。但他并不因此停止对汉朝亲善的政策。过了一年，又遣使到汉朝京都贡献马及裘，因时提出：（一）请求和亲，（二）请赐音乐，（三）请求率西域诸国胡客同来献见。汉朝公卿们意见仍是分歧，最后，司徒掾班彪上书，提出他的意见，并预备了回答北匈奴单于的信给光武帝看。班彪的意见是承认南匈奴单于的合法地位，与北匈奴相持：“羁縻之义，礼无不答。谓可颇加赏赐，略与所献相当，明加晓告以前世呼韩邪、郅支行事。”班彪为光武帝所拟答北匈奴单于书说：“单于不忘汉恩，追念先祖旧约，欲修和亲，以辅身安国，计议甚高，为单于嘉之。往者，匈奴数有乖乱，呼韩邪、郅支自相仇隙，并蒙孝宣皇帝垂恩救护，故各遣侍子称藩保塞。其后郅支忿戾，自绝皇泽，而呼韩附亲，忠孝弥著。及汉灭郅支，遂保国传嗣，子孙相继。今南单于携众南向，款塞归命。自以呼韩嫡长，次第当立。”“又以北单于比年贡献，欲修和亲，故拒而未许。”“汉秉威信，总率万国，日月所照，皆为臣妾。殊俗百蛮，义无亲疏，服顺者褒赏，畔逆者诛罚，善恶之效，呼韩、郅支是也。”“今赍杂缯五百匹，弓鞬韥丸一，矢四发，遣遗单于。又赐献马左骨都侯、右谷蠡王杂缯各四百匹，斩马剑各一。单于前言先帝时所赐呼韩邪竽、瑟、空侯皆败，愿复裁（赐）。念单于国尚未安，方厉武节，以战攻为务，竽瑟之用不如良马弓利剑，故未以赍。朕不家小物，于单于便宜所欲，遣驿以闻。”

光武帝完全采纳了班彪的意见。后汉对于南匈奴与北匈奴的政策，类似西汉宣帝时对呼韩邪与郅支的政策，一方面庇护南匈奴，一方面又不绝北匈奴。相比较则更厚待南匈奴，正如西汉宣帝时“两单于俱遣使朝献，汉待呼韩邪使有加”。《后汉书·南匈奴列传》说：“二十九年，赐南单于羊数万头。三十一年，北匈奴复遣使如前，乃玺书报答，赐以綵缯，不遣使者。”东汉南匈奴与西汉南匈奴有一不同点，就是西汉时呼韩邪单于经过数次大败之后，称臣于汉朝，他自己力量薄弱，请求汉朝庇护，以求得南匈奴的安定，没有力量攻打北匈奴。而郅支以呼韩邪有汉朝的卫护，也不敢南下侵袭，尤惧怕汉朝助呼韩邪北归，所以自己向西迁移，南北匈奴没有再发兵互相争伐。但是东汉南匈奴单于比自归附汉朝之后，自始至终都请求汉朝发兵帮助他攻击北单于，企图统一匈奴全部。他自称为单于之后不久，就遣其弟左贤王莫将兵北击北匈奴。北匈奴也就时时发兵攻伐南匈奴。双方不断战争。

在北匈奴请求的数项事中，值得注意的是北单于请赐音乐。史书没有记载南单于请赐乐器事。光武帝建武二十六年（公元 50 年）秋，南单于遣子入侍，汉朝除赐许多礼物外，还赐给乐器。建武二十八年（公元 52 年），北匈奴复遣使请求和亲，并请赐音乐。汉朝以北单于国尚未定，方厉武节，以战攻为务，不赐给乐器，这是汉朝厚南匈奴而轻北匈奴的一种表示。

再一个值得注意的是北匈奴请求率西域诸国胡客来献见，汉朝以“西域属匈奴与属汉何异”的大道理加以拒绝。自南匈奴归附汉朝以后，西域诸国皆倾向于汉。北匈奴欲率西域诸国来朝献，一方面是要把自己当作西域诸国的领袖，一方面是要向汉朝显示其深得西域诸国的归心，借以抬高自己的政治地位；也说明他尚具有与汉朝相抗的实力，进而巩固对西域诸国的控制，离间西域、乌桓等与东汉的关系。

在南匈奴单于比归附东汉以后，光武帝建武二十五年（公元49年），辽西乌桓大人郝旦等也率众内属。《资治通鉴》卷四十四《汉纪三十六》“光武帝建武二十五年”中说：

> 是岁，辽西乌桓大人郝旦等率众内属，诏封乌桓渠帅为侯、王、君长者八十一人，使居塞内，布于缘边诸郡，令招来种人，给其衣食，遂为汉侦候，助击匈奴、鲜卑。时司徒掾班彪上言：“乌桓天性轻黠，好为寇贼，若久放纵而无总领者，必复掠居人，但委主降掾吏，恐非所能制。臣愚以为宜复置乌桓校尉，诚有益于附集，省国家之边虑。”帝从之，于是始复置校尉于上谷宁城，开营府，并领鲜卑赏赐、质子，岁时互市焉。

南匈奴单于比立于光武帝建武二十四年（公元48年），死于光武帝中元元年（公元56年），在位九年。

南匈奴单于比死，弟莫于光武帝中元元年（公元56年）立为丘浮尤鞮单于。汉朝为了南单于的死葬与继立，遣使前去吊祭与镇慰，行使册封属国藩王的权利。《后汉书·南匈奴列传》说：“中郎将段郴将兵赴吊，祭以酒米，分兵卫护之。比弟左贤王莫立，帝遣使者赍玺书镇慰，拜授玺绶，遗冠帻，绛单衣三袭，童子佩刀、绲带各一，又赐缯綵四千匹，令赏赐诸王、骨都侯已下。”这样的吊祭死者、镇慰立者，成为此后汉朝对于南匈奴单于死葬与继立的惯例。

从光武帝中元元年（公元56年）单于莫立至汉章帝章和二年（公

元 88 年）单于宣死时期的匈奴历史，主要是东汉与南匈奴联合对付北匈奴的历史。

南匈奴归附东汉之后，始终要求东汉发兵助其攻伐北匈奴，由它来统一匈奴各部。东汉不愿发兵助南匈奴攻灭北匈奴，且与北匈奴通使互市，引起南匈奴部下某些人的不满，欲联北叛汉。北匈奴对东汉庇护南匈奴，阻碍它攻灭南匈奴进而统一整个匈奴也很不满意。怨恨积久日深，一旦有机会，它就不仅攻击南匈奴，而且也入寇东汉边境，成为东汉的一大患。东汉既不能容忍北匈奴借口攻击南匈奴而侵其边境，也不容许南北匈奴复行统一。最初三方面互有矛盾。《后汉书·南匈奴列传》说：

> 五年冬，北匈奴六七千骑入于五原塞，遂寇云中至原阳，南单于击却之，西河长史马襄赴救，虏乃引去。……时北匈奴犹盛，数寇边，朝廷以为忧。会北单于欲合市，遣使求和亲，显宗冀其交通，不复为寇，乃许之。八年，遣越骑司马郑众北使报命，而南部须卜骨都侯等知汉与北虏交使，怀嫌怨欲畔，密因北使，会遣兵迎之。郑众出塞，疑有异，伺候果得须卜使人，乃上言宜更置大将，以防二虏交通。由是始置度辽营，以中郎将吴棠行度辽将军事，副校尉来苗、左校尉闫章、右校尉张国将黎阳虎牙营士屯五原曼柏。又遣骑都尉秦彭将兵屯美稷。其年秋，北虏果遣二千骑候望朔方，作马革船，欲度迎南部畔者，以汉有备，乃引去。复数寇钞边郡，焚烧城邑，杀略甚众，河西城门昼闭。帝患之。

为什么南北匈奴分裂之后，北匈奴还有这种力量入寇东汉边境，造成“河西城门昼闭”的严重形势呢？主要是他们拥有西域作为与国。

他们当时的处境是，南有南匈奴和东汉，向南发展不可能；东边又为乌桓所败，北边是密布的森林，只有向西发展。所以他们视西域为生命线，向西发展，争取西域，特别积极。北匈奴役属了西域诸国后，就利用西域的人力、物力，势力又增强起来。在光武帝末年和明帝初年，北匈奴以西域的人力、物力为后盾，数寇东汉西部边境，才弄到河西城门白天也要关起来。

明帝就位时，东汉经过光武帝十余年的征伐异己，天下统一；再经过约二十年的休养生息，国力渐盛。面对北匈奴利用西域诸国人力、物力，不断入寇南匈奴和东汉边境的形势，明帝改变了光武帝对于北匈奴的消极防御政策和对于西域诸国的放任政策，采取积极争夺西域和东胡诸国，联合南匈奴攻击北匈奴的政策。明帝即位的第一年，东汉西边的少数民族烧当羌反畔，《后汉书·明帝纪》说："秋九月，烧当羌寇陇西，败郡兵于允街。赦陇西囚徒，减罪一等，勿收今年租调。又所发天水三千人，亦复是岁更赋。遣谒者张鸿讨叛羌于允吾，鸿军大败，战殁。冬十一月，遣中郎将窦固监捕虏将军马武等二将军讨烧当羌。"《资治通鉴》卷四十四《汉纪三十六》"明帝永平元年"中说："秋，七月，马武等击烧当羌，大破之，余皆降散。""辽东太守祭肜使偏何讨赤山乌桓，大破之，斩其魁帅。塞外震詟，西自武威，东尽玄菟，皆来内附，野无风尘，乃悉罢缘边屯兵。"

北匈奴也不甘示弱。《资治通鉴》"明帝纪永平八年"中记载说："越骑司马郑众使北匈奴，单于欲令众拜，众不为屈。单于围守，闭之不与水火；众拔刀自誓，单于恐而止，乃更发使，随众还京师。"又说："北匈奴虽遣使入贡，而寇钞不息，边城昼闭。帝议遣使报其使者，郑站疏谏曰：'臣闻北单于所以要致汉使者，欲以离南单于之众，坚三十六国之心也；又当扬汉和亲，夸示邻敌，令西域欲归化者局足狐疑，怀土之人绝望中国耳。"

在北匈奴不断入侵东汉西部边境的形势下，明帝不得不加强武备去对付北匈奴。在当时的臣僚中，有不少是主张平定西域征伐匈奴的，耿秉就是持这种主张最力的一位。《后汉书·耿弇列传》说："秉……尤好将帅之略。以父任为郎，数上言兵事。常以中国虚费，边陲不宁，其患专在匈奴。以战去战，盛王之道。显宗既有志北伐，阴然其言。永平中，召诣省闼，问前后所上便宜方略，拜谒者仆射，遂见亲幸。每公卿会议，常引秉上殿，访以边事，多简帝心。”所谓阴然其言，多简帝心，说明明帝是有决意去攻破匈奴的。但明帝就位初年，不愿突然改变光武帝的政策，对耿秉之主张攻伐北匈奴，也只能阴然其言，等到匈奴的侵略越来越甚的时候，才能公开去实行这种政策。《资治通鉴》“明帝永平十五年”中记载，东汉继续奉行欲击匈奴仍当首断匈奴左右臂的战略，以便四路出兵攻击北匈奴：

谒者仆射耿秉数上言请击匈奴，上以显亲侯窦固尝从其世父融在河西，明习边事，乃使秉、固与太仆祭肜、虎贲中郎将马廖、下传侯刘张、好时侯耿忠等共议之。耿秉曰：“昔者匈奴援引弓之类，并左衽之属，故不可得而制。孝武既得河西郡及居延、朔方，虏失其肥饶畜兵之地，羌、胡分离；唯有西域，俄复内属；故呼韩邪单于请事款塞，其势易乘也。今有南单于，形势相似；然西域尚未内属，北虏未有衅作。臣愚以为当先击白山，得伊吾，破车师，通使乌孙诸国以断其右臂；伊吾亦有匈奴南呼衍一部，破此，复为折其左角，然后匈奴可击也。”上善其言。议者或以为“今兵出白山，匈奴必并兵相助，又当分其东以离其众”。上从之。十二月，以秉为驸马都尉，固为奉车都尉；以骑都尉秦彭为秉副，耿忠为固副，皆置从事、司马，出屯凉州。

十六年，春，二月，遣肜与度辽将军吴崇将河东、西河羌、胡及南单于兵万一千骑出高阙塞，窦固耿忠率酒泉、敦煌、张掖甲卒及卢水羌、胡万二千骑出酒泉塞，耿秉秦彭率武威、陇西、天水募士及羌、胡万骑出张掖居延塞，骑都尉来苗、护乌桓校尉文穆将太原、雁门、代郡、上谷、渔阳、右北平、定襄郡兵及乌桓、鲜卑万一千骑出平城塞，伐北匈奴。窦固、耿忠至天山，击呼衍王，斩首千余级；追至蒲类海，取伊吾卢地，置宜禾都尉，留吏士屯伊吾卢城。耿秉秦彭击匈林王，绝幕六百余里，至三木楼山而还。来苗、文穆至匈河水上，虏皆奔走，无所获。祭肜与南匈奴左贤王信不相得，出高阙塞九百余里，得小山，信妄言以为涿邪山，不见虏而还……窦固独有功，加位特进。

这次分四路出兵攻击北匈奴，除窦固、耿忠所率军队胜利而还外，其余三路军队均一无所得。同年，北匈奴又大入寇云中，云中太守廉范以少数军队击退匈奴。《资治通鉴》卷四十五《汉纪三十七》“明帝永平十六年”中说：“是岁，北匈奴大入云中，云中太守廉范拒之；吏以众少，欲移书傍郡求救，范不许。会日暮，范令军各交缚两炬，三头爇火，营中星列。虏谓汉兵救至，大惊，待旦将退。范令军中蓐食，晨，往赴之，斩首数百级，虏自相辚藉，死者千余人，由此不敢复向云中。”

明帝自十六年发兵攻击北匈奴无功后，十七与十八两年，匈奴与东汉的战争主要在于争取西域诸国。

明帝永平十七年（公元74年），又遣窦固与耿秉出玉门击西域，《后汉书·窦融列传》说：“明年，复出玉门击西域，诏耿秉及骑都尉刘张皆去符传以属国。固遂破白山，降车师。”车师，无论在西汉或东汉，都是匈奴与汉朝争取西域的重点。东汉这一次攻击车师，得到胜利，耿秉的从兄耿恭被遣到屯后王部金蒲城。耿恭在这个地方除了防备匈奴之外，还通使乌孙，使其遣子入侍。《后汉书·耿弇列传》说：“恭至部，移檄乌孙，示汉威德，大昆弥已下皆欢喜，遣使献名马，及奉宣帝时所赐公主博具，愿遣子入侍。恭乃发使赍金帛，迎其侍子。”

东汉击破车师，又使耿恭屯金蒲城，已使匈奴怨恨。耿恭又联结乌孙，消灭匈奴在西边的势力，匈奴当然不甘心，所以不久匈奴就发兵反攻车师。《后汉书·耿弇列传》说：

明年三月（明帝永平十八年，公元75年）北单于遣左鹿蠡王二万骑击车师。恭遣司马将兵三百人救之，道逢匈奴骑多，皆为所殁。匈奴遂破杀后王安得，而攻金蒲城。恭乘城博战，以毒药傅矢。传语匈奴曰：“汉家箭神，其中疮者必有异。”因发强弩射之。虏中矢者，视创皆沸，遂大惊。会到暴风雨，随雨击之，杀伤甚众。匈奴震怖，相谓曰：“汉兵神，真可畏也！”遂解去。恭以疏勒城傍有涧水可固，五月，乃引兵据之。七月，匈奴复来攻恭，恭募先登数千人直驰之，胡骑散走，匈奴遂于城下拥绝涧水。恭于城中穿井十五丈不得水，吏士渴乏，笮马粪汁而饮之。恭仰叹曰：“闻昔贰师将军拔佩刀刺山，飞泉涌出；今汉德神明，岂有穷哉。”乃整衣服向井再拜，为吏士祷。有顷，水泉奔出，众皆称万岁。乃令吏士扬水以示虏。虏出不意，以为神明，遂引去。

这里所指的疏勒城，非葱岭以东西域西边的疏勒城，而是车师的疏勒城。《资治通鉴》注云：“此疏勒城在车师后部，非疏勒国城也。据西域传，疏勒国去长史所居五千里，后部去长史所居五百里，耿恭自后部金蒲城移据疏勒城，其后范羌又自前部交河城从山北至疏勒迎恭。审观本末，则非疏勒国城明矣。”

这个时候，后部的耿恭固为匈奴所攻，屯在前部柳中城的关宠也被匈奴围困，西域都护陈睦亦因匈奴的鼓励而被焉耆、龟兹杀害，车师复反叛，与匈奴共同攻击耿恭，耿恭处境异常困难。《后汉书·耿弇列传》说：

时焉耆、龟兹攻殁都护陈睦，北虏亦围关宠于柳中。会显宗崩，求兵不至，车师复畔，与匈奴共攻恭。恭厉士众击走之。后王夫人先世汉人，常私以虏情告恭，又给以粮饷。数月，食尽穷困，乃煮铠弩，食其筋革。恭与士推诚同死生，故皆无二心，而稍稍死亡，余数十人。单于知恭已困，欲必降之。复遣使招恭曰：“若降者，当封为白屋王，妻以女子。”恭乃诱其使上城，手击杀之，炙诸城上。虏官属望见，号哭而去。单于大怒，更益兵围恭，不能下。

西域戊己校尉关宠被围困时，曾上书请救兵。时章帝甫即位（永平十八年明帝死，章帝继立），把这事交给公卿们议论，发生了一场争论。《资治通鉴》卷四十六《汉纪三十八》“章帝建初元年”中载：“校书郎杨终上疏曰：‘间者北征匈奴，西开三十六国，百姓频年服役，转输烦费，愁困之民中以感动天地，陛下宜留念省察！’帝下其章，第五伦亦同终议。”虽有不同意见，最后仍是派兵去救他们出来。《后汉书·耿弇列传》说：“初，关宠上书求救，时肃宗新即位，乃诏公卿会议。司空第五伦以为不宜救。司徒鲍昱议曰：‘今使人于危难之地，急而弃之，外则纵蛮夷之暴，内则伤死难之臣。诚令权时后无边事可也，匈奴如复犯塞为寇，陛下将何以使将？又二部兵人裁各数十，匈奴围之，历旬不下，是其寡弱尽力之效也。可令敦煌、酒泉太守各将精骑二千，多其幡帜，倍道兼行，以赴其急。匈奴疲极之兵，必不敢当，四十日间，足还入塞。’帝然之。乃遣征西将军耿秉屯酒泉，行太守事，遣秦彭与谒者王蒙、皇甫援发张掖、酒泉、敦煌三郡及鄯善兵，合七千余人，建初元年正月，会柳中击车师，攻交河城，斩首三十八百级，获生口三千余人，驼驴马牛羊三万七千头。北虏惊走，车师复降。”

“会关宠已殁，蒙等闻之，便欲引兵还。先是恭遣军吏范羌至敦煌迎兵士寒服，羌因随王蒙军俱出塞。羌固请迎恭，诸将不敢前，乃分兵二千人与羌，从山北迎恭，遇大雪丈余，军仅能至，城中夜闻兵马声，以为虏来，大惊。羌乃遥呼曰：‘我范羌也。汉遣军迎校尉耳。’城中皆称万岁。开门，共相持涕泣。明日，遂相随俱归。虏兵追之，且战且行。吏士素饥困，发疏勒时尚有二十六人，随路死没，三月至玉门，唯余十三人。衣屦穿决，形容枯槁。中郎将郑众为恭已下洗沐易衣冠。”（《后汉书·耿弇列传》）

从北匈奴单于遣左谷蠡王领二万骑去击车师、围攻耿恭，到他所余的十三位吏士到达玉门关，时间整整有一年之久，即从明帝永平十八年三月至章帝建初元年三月。

章帝即位后，杨终和第五伦等反对进一步与匈奴争夺西域，章帝倾向于同意他们的意见，朝廷对匈奴与西域的政策稍趋于消极。后车师自耿恭退出疏勒城以后，为匈奴势力所侵入。前车师自王蒙等所领的救兵引还之后，也为匈奴势力侵入。这样，天山以北的东汉势力固是已消失，就是天山以南的西域交通要道南道，也因焉耆、龟兹的反叛，使东汉难以保持。

班超这个时候正在西域西边的疏勒国都城。由于中央朝廷对西域政策趋于消极，遂诏班超返回中央。班超不得已也在章帝建初元年（公元76年）由疏勒经于阗返回。但是，疏勒人不愿班超离开，于阗人也极力挽留，班超自己本来就不愿意离开西域，这么一来，他就决定留下来。班超继续留居西域，就使东汉在西域南道的势力得以保持下来，并且还能使东汉势力逐渐地伸展到北道，再从北道的西边伸张到北道的东边。后来倔强的焉耆被班超攻破，西域再度受到东汉的控制。

第二十三章　班超定西域，胡汉联军大破北匈奴

班超是班彪的儿子，班固的弟弟。《后汉书·班梁列传》说："十六年（汉明帝永平十六年，公元 73 年），奉车都尉窦固出击匈奴，以超为假司马，将兵别击伊吾，战于蒲类海，多斩首虏而还。固以为能，遣与从事郭恂俱使西域。"这是班超在西域生活的开始。他最初立功的地方是鄯善。鄯善自明帝遣窦固与耿忠至天山击呼衍王，追至蒲类海，取伊吾卢地，置宜禾都尉，留士屯伊吾卢城，削弱了匈奴在西域的势力，鄯善又开始与东汉亲善。但是匈奴对鄯善王仍极力争取，使者时到鄯善。这种情形颇像西汉武帝时鄯善王或楼兰王对武帝所说的"小国在大国中间，不两属无以自安"。（《汉书·西域传》）班超与郭恂是在这种情形下到鄯善的。《后汉书·班梁列传》说：

> 超到鄯善，鄯善王广奉超礼敬甚备，后忽更疏懈。超谓其官属曰："宁觉广礼意薄乎？此必有北虏使来，狐疑未知所从故也。明者睹未萌，况已著邪。"乃召侍胡诈之曰："匈奴使来数日，今安在乎？"侍胡惶恐，具服其状。超乃闭侍胡，悉会其吏士三十六人，与共饮，酒酣，因激怒之曰："卿曹与我俱在绝域，欲立大功，以求富贵。今虏使到裁数日，而王广礼敬即废；如令鄯善收吾属送匈奴，骸骨长为豺狼食矣。为之奈何？"官属皆曰："今在危亡之地，死生从司马。"超曰："不入虎穴，不得虎子。当今之计，独有因夜以火攻虏，使彼不知我多少，必大震怖，可殄尽也。灭此虏，则

鄯善破胆，功成事立矣。”众曰：“当与从事议之。”超怒曰：“吉凶决于今日。从事文俗吏，闻此必恐而谋泄，死无所名，非壮士也!”众曰：“善。”初夜，遂将吏士往奔虏营。会天大风，超令十人持鼓藏虏舍后，约曰：“见火然，皆当鸣鼓大呼。”余人悉持兵弩夹门而伏，超乃顺风纵火，前后鼓噪。众虏惊乱，超手格杀三人，吏兵斩其使及从士三十余级，余众百许人悉烧死。明日乃还告郭恂，恂大惊，既而色动。超知其意，举手曰：“掾虽不行，班超何必独擅之乎？”恂乃悦。超于是召鄯善王广，以虏使首示之，一国震怖。超晓告抚慰，遂纳子为质。还奏于窦固，固大喜，具上超功效，并求更选使使西域。帝壮超节，诏固曰：“吏如班超，何故不遣而更选乎？今以超为军司马，令遂前功。”超复受使，固欲益其兵，超曰：“愿将本所从三十余人足矣。如有不虞，多益为累。”

班超镇抚鄯善之后，既被命复使西域，于是又到于阗。《后汉书·班超传》说：“是时于阗王广德新攻破莎车，遂雄张南道，而匈奴遣使监护其国。”关于莎车被于阗攻灭，于阗降于匈奴或为匈奴所监护，经过始末见《后汉书·西域传》“莎车”条，兹录之于后：

莎车将君得在于阗暴虐，百姓患之。明帝永平三年(公元60年)，其大人都末出城……与兄弟共杀君得。而大人休莫霸复与汉人韩融等杀都末兄弟，自立为于阗王，复与拘弥国人攻杀莎车将在皮山者，引兵归。于是莎车王贤遣其太子、国相，将诸国兵二万人击休莫霸，霸迎与战，莎车兵败走，杀万余人。贤复发诸国数万人，自将击休莫霸，霸复破之，斩杀过半，贤脱身走归国。休莫霸进围莎车，中流矢死，兵乃退。

于阗国相苏榆勒等共立休莫霸兄子广德为王。匈奴与龟兹诸国共攻莎车，不能下。广德承莎车之敝，使弟辅国侯仁将兵攻贤。贤连被兵革，乃遣使与广德和。先是广德父拘在莎车数岁，于是贤归其父，而以女妻之，结为昆弟，广德引兵去。明年，莎车相且运等患贤骄暴，密谋反城降于阗。于阗王广德乃将诸国兵三万人攻莎车。贤城守，使使谓广德曰：“我还汝父，与汝妇，汝来击我何为？”广德曰：“王，我妇父也，久不相见，愿各从两会城外结盟。”贤以问且运，且运曰：“广德女婿至亲，宜出见之。”贤乃轻出，广德遂执贤。而且运等因内于阗兵，虏贤妻子而并其国。锁贤将归，岁余杀之。

匈奴闻广德灭莎车，遣王将发焉耆、尉黎、龟兹十五国兵三万余人围于阗，广德乞降，以其太子为质，约岁约罽絮。冬，匈奴复遣兵将贤质子不居徵立为莎车王，广德又攻杀之，更立其弟齐黎为莎车王，章帝元和三年也。

班超从鄯善到于阗的时候，广德虽受匈奴监护，但在南道的诸国中，于阗还是一个强国。广德既敢杀匈奴所立的莎车王，以其弟代立，对于东汉使者，当然也不会畏惧，所以对于班超，其礼甚疏。《后汉书·班梁列传》说：

超既西，先至于阗。广德礼意甚疏。且其俗信巫。巫言：“神怒何故欲向汉？汉使有騧马，急求取以祠我。”广德乃遣使就超请马。超密知其状，报许之，而令巫自来取马。有顷，巫至，超即斩其首以送广德，因辞让之。广德素闻超在鄯善诛灭虏使，大惶恐，即攻杀匈奴使者而降超。超重赐其王已下，因镇抚焉。

于阗降服之后，班超又从间道到疏勒，威服疏勒。《后汉书·班梁列传》说：

时龟兹王建为匈奴所立，倚恃虏威，据有北道，攻破疏勒，杀其王，而立龟兹人兜题为疏勒王。明年春，超从间道至疏勒。去兜题所居槃橐城九十里，逆遣吏田滤先往降之。敕滤曰：“兜题本非疏勒种，国人必不用命。若不即降，便可执之。”滤既到，兜题见滤轻弱，殊无降意。滤因其无备，遂前劫缚兜题。左右出其不意，皆惊惧奔走。滤驰报超，超即赴之，悉召疏勒将吏，说以龟兹无道之状，因立其故王兄子忠为王，国人大悦。忠及官属皆请杀兜题，超不听，欲示以威信，释而遣之。疏勒由是与龟兹结怨。

十八年，帝崩。焉耆以中国大丧，遂攻没都护陈睦。超孤立无援，而龟兹、姑墨数发兵攻疏勒。超守槃橐城，与忠为首尾，士吏单少，拒守岁余。肃宗初即位，以陈睦新没，恐超单危不能自立，下诏征超。超发还，疏勒举国忧恐。其都尉黎弇曰：“汉使弃我，我必复为龟兹所灭耳。诚不忍见汉使去。”因以刀自刭。超还至于阗，王侯已下皆号泣曰：“依汉使如父母，诚不可去。”互抱超马脚，不得行。超恐于阗终不听其东，又欲遂本志，乃更还疏勒。疏勒两城自超去后，复降龟兹，而与尉头连兵。超捕斩反者，击破尉头，杀六百余人，疏勒复安。

建初三年（公元78年），超率疏勒、康居、于阗、拘弥兵一万人攻姑墨石城，破之，斩首七百级。

班超留居西域，利用西域诸国的兵力去平定其他反叛的国家。他从于阗西去平定疏勒是用当地的兵力；攻破姑墨，不仅用葱岭以东的南道诸国兵力，还运用了葱岭以西的康居兵力。这说明班超不仅善于用武力去镇抚诸国，而且会用外交手段去联络较远的国家。

章帝建初五年（公元80年），班超欲平西域。“今西域诸国，自日之所入，莫不向化，大小欣欣，贡奉不绝，唯焉耆、龟兹独未服从。”（《后汉书·班梁列传》）乃上书请兵以击龟兹。龟兹所以能够威服姑墨、温宿，并使其力量有时伸到疏勒，是因为得到北匈奴的帮助。龟兹王建是匈奴所立，他就倚匈奴的威势威胁其他诸国。班超重视龟兹而欲攻破，就是要想削弱匈奴的势力。班超请兵，章帝也已同意。但东汉军队还未到达之前，莎车又降于龟兹，疏勒的都尉番辰也反叛，使此后三四年中，班超又不得不集中力量去征服莎车和疏勒。经过数年的斗争，班超攻破莎车，龟兹、姑墨、温宿皆降，至东汉和帝永元三年（公元91年）天山以北的匈奴势力已被攻破，伊吾、车师后部都由东汉屯兵。在焉耆之东的车师前部东汉也在高昌壁置戊己校尉，焉耆之西的龟兹等国皆已降服。未臣服的焉耆、危须、尉犁，可以说已被包围起来。班超的最后任务就是集中力量，调动大兵去攻击这三个国家。《后汉书·班梁列传》说：

> 六年（和帝永元六年，公元94年）秋，超遂发龟兹、鄯善等八国兵合七万人，及吏士贾客千四百人讨焉耆。兵到尉犁界，而遣晓说焉耆、尉犁、危须曰："都护来者，欲镇抚三国。即欲改过向善，宜遣大人来迎，当赏赐王侯已下，事毕即还。今赐王采五百匹。"焉耆王广遣其左将北鞬支奉牛酒迎超。超诘鞬支曰："汝虽匈奴侍子，而今秉国之权。都护自来，王不以时迎，皆汝罪也。"或谓超可便杀之。超曰："非汝所及。此人权重于王，今未入其国而杀之，遂令自疑，设备守险，岂得到其城下哉！"于是赐而遣之。广乃与大人迎超于尉犁，奉献珍物。
>
> 焉耆国有苇桥之险，广乃绝桥，不欲令汉军入国。超更从它道厉度。七月晦，到焉耆，去城二十里，营大泽中。广出不意，大恐，乃欲悉驱其人共入山保。焉耆左侯元孟先尝质京师，密遣使以事告超，超即斩之，示不信用。乃期大会诸国王，因扬声当重加赏赐，于是焉耆王广、尉犁王汎及北鞬支等三十人相率诣超。其国相腹久等十七人惧诛，皆亡入海，而危须王亦不至。坐定，超怒诘广曰："危须王何故不到？腹久等所缘逃亡？"遂叱吏士收广、汎等于陈睦故城斩之，传首京师。因纵兵抄掠，斩首五千余级，获生口万五千人，马畜牛羊三十余万头，更立元孟为焉耆王。超留焉耆半岁，慰抚之。于是西域五十余国悉皆纳质内属焉。

班超通西域工作的地区主要是在现在塔里盆地的南北两道的西域诸国。正像上面所说的，从极东的鄯善沿南道到西北的疏勒，再由这里沿北道到东边的焉耆，等于转了一个圈子。焉耆征服之后，平定西域的工作可以说告成了。汉和帝在永元七年下诏表扬他的工作，封他为定远侯，邑千户。

班超久在绝域，年老思土，上书乞归，其妹班昭亦上书为言，和帝乃征班超回。和帝永元十四年（公元 102 年）八月，班超回到京城洛阳，拜为射声校尉。同年九月卒，年七十一。

东汉王朝与匈奴争夺西域，是和正面发兵攻击北匈奴同时进行的。

章帝建初八年（公元 83 年）北匈奴发生内乱。《后汉书·南匈奴列传》载："八年，北匈奴三木楼訾大人稽留斯等率三万八千人、马二万匹、牛羊十余万，款五原塞降。"在受到损失大批人畜的沉重打击下，北匈奴又向东汉表示亲善，愿意互市。《后汉书·南匈奴列传》记载："元和元年，武威太守孟云上言北单于复愿与吏人合市，诏书听云遣驿使迎呼慰纳之。北单于乃遣大且渠伊莫訾王等，驱牛马万余头来与汉贾客交易。诸王大人或前至，所在郡县为设官邸，赏赐待遇之。"东汉同意了北匈奴互市的请求，对前来互市的诸王大人给予厚待。南匈奴单于则对这种互市不满，派兵在路上抢掠了北匈奴前来互市的牲口和牛马。东汉并不责令南匈奴退还，而是以多倍的价值从南匈奴赎回被抢掠的牲口和牛马，退还给北匈奴。

章帝元和二年（公元 85 年），南匈奴单于长死，在位二十三年（公元 63—85 年），是南匈奴在位时间最长的一位单于。他死之后，单于汗之子宣立为伊屠于闾鞮单于。单于宣立于章帝元和二年（公元 85 年）。其时北匈奴遭受到内乱和来自四面的攻击。《后汉书·南匈奴列传》记载："二年正月，北匈奴大人车利、涿兵等亡来入塞，凡七十三辈。时北虏衰耗，党众离畔，南部攻其前，丁令寇其后，鲜卑击其左，西域侵其后，不复自立，乃远引而去。"南匈奴单于宣继位后，乘北匈奴内乱之危，曾遣兵千余人猎至涿邪山，卒与北虏温禺犊王遇，因而打起仗来，结果斩获许多首级而还。东汉对于南匈奴攻击北匈奴斩获首级者加以赏赐，《后汉书·南匈奴列传》说："其南部斩首获生，计功受赏如常科。"于是南单于复令莫鞮日逐王师子将轻骑数千出塞掩击北虏，复斩获千人。《后汉书·南匈奴列传》又说："章和元年（公元87年），鲜卑人左地击北匈奴，大破之，斩优留单于，取其匈奴皮而还。北庭在乱，屈兰、储卑、胡都须等五十八部，口二十万，胜兵八千人，诣云中、五原、朔方、北地降。"北匈奴连年外患、内乱层出不穷，再加上单于被斩和几十万人的投降，势力削弱可以想见。

南匈奴单于宣在位三年，于章帝章和二年（公元88年）死。他死之后，单于长的弟弟屯屠何立为休兰尸逐侯鞮单于。

休兰尸逐侯鞮单于在位六年，于和帝永元五年（公元93年）死。他在位的六年中，北匈奴经历很大的变化，离开了蒙古高原，故地被鲜卑乘机占领。同一时期，南匈奴也开始内乱起来，以后并互相征伐，反叛东汉。

北匈奴在南匈奴单于长、尤其是在单于宣的时代，就已经受到削弱。到了南单于屯屠何的时候，北匈奴就更弱了。《后汉书·南匈奴列传》说："休兰尸逐侯鞮单于屯屠何，章和二年立。时北虏大乱，加以饥蝗，降者前后而至。"南匈奴看到北匈奴日趋衰弱，很想乘这个机会去破灭北匈奴，希望"破北成南，并为一国"。南匈奴单于屯屠何遂上书给东汉皇帝，建议胡汉联军，共破北匈奴。书曰：

> 臣累世蒙恩，不可胜数。孝章皇帝圣恩远虑，遂欲见成就，故令乌桓、鲜卑讨北虏，斩单于首级，破坏其国。今所新降虚渠等诣臣自言："去岁三月中发虏庭，北单于创刈南兵，又畏丁令、鲜卑，遁逃远去，依安侯何西。今年正月，骨都侯等复共立单于异母兄右贤王为单于，其人以兄弟争立，并各离散。"臣与诸王骨都侯及新降渠帅杂议方略，皆曰宜及北虏分争，出兵讨伐，破北成南，并为

一国，令汉家长无北念。又今月八日，新降右须日逐鲜堂轻从虏庭远来诣臣，言北虏诸部多欲内顾，但耻自发遣，故未有至者。若出兵奔击，必有响应。今年不往，恐复并壹。臣伏念先父归汉以来，被蒙覆载，严塞明候，大兵拥护，积四十年。臣等生长汉地，开口仰食，岁时赏赐，动辄亿万，虽垂拱安枕，惭无报效之地。愿发国中及诸部故胡新降精兵，遣左谷蠡王师子、左呼衍日逐王须訾将万骑出朔方，左贤王安国、右大且渠王交勒苏将万骑出居延，期十二月同会虏地。臣将余兵万人屯五原、朔方塞，以为拒守。臣素愚浅，又兵众单少，不足以防内外。愿遣执金吾耿秉、度辽将军邓鸿及西河、云中、五原、朔方、上郡太守并力而北，令北地、安定太守各屯要害，冀因圣帝威神，一举平定。臣国成败，要在今年。已敕诸部严兵马，讫九月龙祠，悉集河上。唯陛下裁哀省察![1]

从屯屠何的奏疏中，可以看出他是一位雄心勃勃的人物。他一就位单于，就立刻想统一匈奴，而且很快地进行攻击北匈奴的准备工作，然后上书皇帝，希望能获得帮助实现计划。

窦太后看了屯屠何的奏疏后交给耿秉看，耿秉上书赞成屯屠何的做法。耿秉上言："昔武帝单极天下，欲臣虏匈奴，未遇天时，事遂无成。宣帝之世，会呼韩来降，故边人获安，中外为一，生人休息六十余年。及王莽篡位，变更其号，耗扰不止，单于乃畔。光武受命，复怀纳之，缘边坏郡得以还复。乌桓、鲜卑咸协归义，威镇四夷，其效如此。今幸遭天授，北虏分争，以夷伐夷，国家之利，宜可听许。"[2] 耿秉还自陈受恩，分当出命效用。窦太后虽同意屯屠何与耿秉的意见，但是尚书宋意却极力反对。《资治通鉴》卷四十七《汉纪三十九》"章和二年"中载宋意说：

[1] 《后汉书 · 南匈奴列传》。

[2] 《后汉书 · 南匈奴列传》。

夫戎狄简贱礼仪，无有上下，强者为雄，弱即屈服。自汉兴以来，征伐数矣，其所克获，曾不补害。光武皇帝躬服金革之难，深昭天地之明，因其来降，羁縻畜养，边民得生，劳役休息，于兹四十余年矣。今鲜卑奉顺，斩获万数，中国坐享大功而百姓不知其劳，汉兴功烈，于斯为盛。所以然者，夷虏相攻，无损汉兵者也。臣察鲜卑侵伐匈奴，正是利其抄掠；及归功圣朝，实由贪得重赏。今若听南虏还都北庭，则不得不禁制鲜卑；鲜卑外失暴掠之愿，内无功劳之赏，豺狼贪婪，必有边患。今北虏西遁，请求和亲，宜因其归附，以为外扞，巍巍之业，无以过此。若引兵费赋，以顺南虏，则坐失上略，去安即危矣。诚不可许。

止当耿秉与宋意有不同主张的时候，又发生了窦宪谋杀齐殇王子都乡侯畅的事件。“太后怒，闭宪于内宫。宪惧诛，因自求出匈奴以赎死。”[1]宪是窦太后兄，她虽然怒他谋杀都乡侯畅，但她一向就庇护宪，章帝在位时已是如此，现在她自己临朝，就更要想办法去赦他的罪。于是答应窦宪击匈奴以赎死罪的请求，遣窦宪为车骑将军将胡汉联军击匈奴。《后汉书·窦融列传》说：“乃拜宪车骑将军，金印紫绶，官属依司空，以执金吾耿秉为副，发北军五校、黎阳、雍营缘边十二郡骑士，及羌胡兵出塞。”

对窦宪、耿秉出兵攻击北匈奴，许多公卿极力反对。《资治通鉴》卷四十七《汉纪三十九》“和帝永元元年”中载：“窦宪将征匈奴，三公、九卿诣朝堂上书谏，以为：‘匈奴不犯边塞，而无故劳师远涉，损费国用，徼功万里，非社之计。’书连上，辄寝。”当时著名的反对派有侍御史鲁恭和袁安、任隗、尚书令韩稜、骑都尉朱晖、议郎京兆乐恢、侍御史何敞。

[1]　《资治通鉴》卷四十七《汉纪三十九》“章帝章和二年”。

对于征伐匈奴，在臣僚中，除耿秉之外都是不赞成的。理由是，匈奴已很衰弱，用不着劳师远征；加以章帝刚死，内有大忧，不宜向外征伐。加以反对征伐匈奴与反对窦氏一门专权结合在一起，反对的声浪愈唱愈高。愈是这样，窦太后就愈想以征伐匈奴来转移人们反对窦氏兄弟的视线，对公卿们的反对均置之不理，照样调动军队，准备征伐匈奴。但事实证明，窦宪主动攻击匈奴的战略是正确的。胡汉联军出击，大获胜利。《后汉书·窦融列传》载：

> 明年（和帝永元元年，公元89年）宪与秉各将四千骑及南匈奴左谷蠡王师子万骑出朔方鸡鹿塞，南单于屯屠何将万余骑出满夷谷，度辽将军邓鸿及缘边义从羌胡八千骑，与左贤王安国万骑出稒阳塞，皆会涿邪山。宪分遣副校尉闫盘、司马耿夔、耿谭将左谷蠡王师子、右呼衍王须訾等，精骑万余，与北单于战于稽落山，大破之，虏众崩溃，单于遁走，追击诸部，遂临私渠比鞮海，斩名王已下万三千级，获生口马牛羊橐驼百余万头。于是温犊须、日逐、温吾、夫渠王柳鞮等八十一部率众降者，前后二十余万人。宪、秉遂登燕然山，去塞三千余里，刻石勒功，纪汉威德，令班固作铭。

窦宪用武力征伐北匈奴所获胜利成果是空前的。在此基础上又遣使进一步对北匈奴实行政治瓦解。《后汉书·窦融列传》说：“宪乃班师而还。遣军司马吴汜、梁讽，奉金帛遗北单于，宣明国威，而兵随其后。时虏中乖乱，汜、讽所到，辄招降之，前后万余人。遂及单于于西海上，宣国威信，致以诏赐，单于稽首拜受。讽因说宜修呼韩邪故事，保国安人之福。单于喜悦，即将其众与讽俱还，到私渠海，闻汉军已入塞，乃遣弟右温禺鞮王奉贡入侍，随讽诣阙。宪以单于不自身到，奏还其侍弟。”

《后汉书·南匈奴列传》对于永元元年和永元二年征伐匈奴事，叙述比较详细：

永元元年，以秉为征西将军，与车骑将军窦宪率骑八千，与度辽兵及南单于众三万骑，出朔方击北虏，大破之。北单于奔走，首虏二十余万人。事已具《窦宪传》。

二年春……南单于复上求灭北庭，于是遣左谷蠡王师子等将左右部八千骑出鸡鹿塞，中郎将耿谭遣从事将护之。至涿邪山，乃留辎重，分为二部，各引轻兵两道袭之。左部北过西海至河云北，右部从匈奴河水西绕天山，南度甘微河，二军俱会，夜围北单于。单于大惊，率精兵千余人合战。单于被创，堕马复上，将轻骑数十遁走，仅而免脱。得其玉玺，获阏氏及男女五人，斩首八千级，生虏数千口而还。是时南部连克获纳降，党众最盛，领户三万四千，口二十三万七千三百，胜兵五万一百七十人。故事中郎将置从事二人，耿谭以新降者多，上增从事十二人。

和帝永元二年，北单于再次遣使到居延塞，欲入朝见。窦宪派班固、梁讽去迎接他们。但是这时北匈奴遭到南匈奴攻击，派去迎接北单于使节的人不得不折回。窦宪见北匈奴衰弱，也就不再使用政治攻势，索性再次发兵去攻击北匈奴。《后汉书·窦宪传》载：“北单于以汉还侍弟，复遣车谐储王等款居延塞，欲入朝见，愿请大使。宪上遣大将军中护军班固行中郎将，与司马梁讽迎之。会北单于为南匈奴所破，被创遁走，固至私渠海而还。宪以北虏微弱，遂欲灭之。明年，复遣右校尉耿夔、司马任尚、赵博等将兵击北虏于金微山，大破之。克获甚众，北单于逃走，不知所在。”《后汉书·耿弇列传》说：“永元初，为车骑将军窦宪假司马，北击匈奴，转骑都尉。三年，宪复出河西，以夔为大将军左校尉。将精骑八百，出居延塞，直奔北单于庭，于金微山斩阏氏、名王已下五千余级，单于与数骑脱亡，尽获其匈奴珍宝财畜，去塞五千余里而还，自汉出师所未尝至也。”北单于逃走之后，其弟右谷蠡王于除鞬自立为单于，除自己部众外，还收容了部分余众，“众八部二万余人，来居蒲类海上，遣使款塞”[1]。《后汉书·南匈奴传》说：“其弟右谷蠡王于除鞬自立为单于，将右温禺鞬王、骨都侯已下众数十万人，止蒲类海，遣使款塞。大将军窦宪上书，立于除鞬为北单于，朝庭从之。四年，遣耿夔即授玺绶，赐玉剑四具，羽盖一驷，使中郎将任尚持节卫护屯伊吾，如南单于故事。”

耿夔的征伐北匈奴，对于匈奴种族的迁移与同化，有十分重要的意义。《后汉书·乌桓鲜卑列传》说：“和帝永元中，大将军窦宪遣右校尉耿夔击破匈奴，北单于逃走，鲜卑因此转徙据其地。匈奴余种留者尚有十余万落，皆自号鲜卑，鲜卑由此渐盛。”这对于在蒙古高原的匈奴国是最沉重的打击。北单于被打败逃走，留在蒙古高原北匈奴故地的匈奴残众，处于群龙无首之境地。鲜卑遂乘机而入，占领其地，使此后不仅历史久长的匈奴国不能再在这个地方重新建立起来，就是留在该地的匈奴余种，也不得不自号鲜卑，而与鲜卑族同化。南匈奴则逐渐同化于汉族。离开故地西徙的匈奴人，不得不更往西迁徙。

窦宪在永元四年（公元 92 年）被和帝处死。范晔在《后汉书·窦融列传》中将窦宪与前汉卫青、霍去病相比：“卫青、霍去病资强汉之众，连年以事匈奴，国耗太半矣，而猾虏未之胜，后世犹传其良将，岂非以身名自终邪！窦宪率羌胡边杂之师，一举而空朔庭，至乃追奔稽落之表，饮马比鞮之曲，铭石负鼎，荐告清庙。列其功庸，兼茂于前多矣，而后世莫称者，章末衅以降其实也。”

应该指出，窦宪与卫青、霍去病虽有相同之处，亦有根本不同之点。汉武帝时，匈奴正处在强盛时代，东西北三面与之毗连的各族均被征服。就是南面的汉朝，自汉高祖至汉武帝六七十年间，也一再忍辱和亲送礼，只有匈奴侵扰汉朝，汉朝没有出塞追击。汉武帝用卫青、霍去病数次攻击并大败匈奴之后，匈奴的强盛局面才被打破。虽然汉武帝未看到匈奴

[1] 《后汉书·耿夔传》。

单于入朝称臣，但匈奴之趋于衰弱确是在汉武帝攻击之后。窦宪时代，匈奴已分裂为南北，又经过鲜卑等的攻击，匈奴北庭已空虚，所以窦宪才能一举而空朔庭，再举而至金微。与卫青、霍去病之临劲敌于漠北，是不可等量齐观的。功用既不能相比，“而后世莫称者”是不足为怪的。

第二十四章　作为东汉藩属的南匈奴

北匈奴的崩溃，使南匈奴在政治上和人力物力上取得空前的优势，得到暂时与表面上的繁盛。因为北匈奴在南单于屯屠何时代降于南匈奴的有二十多万，比南匈奴原来的人口还要多。南匈奴在蒙古高原、西域地区，成为汉朝以外唯一一支具有重要影响的力量。但是屯屠何希望利用东汉的力量达到“破北成南，并为一国”，在匈奴族中唯我独尊的野心却未能实现。《后汉书·南匈奴列传》说，继屯屠何之后的“单于安国，永元五年立。安国初为左贤王而无称誉。左谷蠡王师子素勇黠多知，前单于宣及屯屠何皆爱其气决，故数遣将兵出塞，掩击北庭，还受赏赐，天子亦加殊异。是以国中尽敬师子，而不附安国。安国由是疾师子，欲杀之”。南单于除不能获得内部的绝对控制权外，对东汉王朝也丧失了完全的政治独立性，只能作为东汉的藩属存在。它从此不再像西汉时代的匈奴，甚至也不能像前此的北匈奴那样成为一个独立的国家了。不过，东汉王朝与南匈奴确立的这种藩属关系，对双方来说，都还是一个新鲜事物。南匈奴一时还不能忘却过去作为独立国家的地位，东汉王朝也一时不能取得驭属这样一个前此如是强大敌国的经验。终汉之世，南匈奴时叛时服，东汉驻匈奴管理官员不断失误，北部与西北边境烽火时闻，乃不足为奇。但是这一时期中，无论是匈奴内部的动乱，还是与东汉复起的战争，都是暂时性与局部性的，不再构成西汉与东汉前期那样大规模的敌国战争了。本章将次第叙述这一过渡时期的动乱现象。

南匈奴内部动乱始于安国单于初立，并与东汉驻匈奴官员处置失当交织在一起。“其诸新降胡初在塞外，数为师子所驱掠，皆多怨之。安国因是委计降者，与同谋议。安国既立为单于，师子以次转为左贤王，觉单于与新降者有谋，乃别居五原界。单于每龙会议事，师子辄称病不往。皇甫棱知之，亦拥护不遣，单于怀愤益甚。六年春，皇甫棱免，以执金吾朱徽行度辽将军。时单于与中郎将杜崇不相平，迺上书告崇，崇讽西河太守令断单于章，无由自闻。而崇因与朱徽上言：‘南单于安国疏远故胡，亲近新降，欲杀左贤王师子及左台且渠刘利等。又右部降者谋共迫胁安国，起兵背畔，请西河、上郡、安定为之儆备’，和帝下公卿议，皆以为‘蛮夷反覆，虽难测知，然大兵聚会，必未敢动摇。今宜遣有方略使者之单于庭，与杜崇、朱徽及西河太守并力，观其动静。如无它变，可令崇等就安国会其左右大臣，责其部众横暴为边害者，共平罪诛。若不从命，令为权时方略，事毕之后，裁行客赐，亦足以威示百蛮’。帝从之，于是徽、崇遂发兵造其庭。安国夜闻汉军至，大惊，弃帐而去，因举兵及将新降者欲诛师子。师子先知，乃悉将庐落入曼柏城。安国追到城下，门闭不得入。朱徽遣吏晓譬和之，安国不听。城既不下，乃引兵屯五原。崇、徽因发诸郡骑追赴不急，众皆大恐，安国舅骨都侯喜为等虑并被诛，乃格杀安国。”（《后汉书·南匈奴列传》）单于安国被杀之后，单于适之子师子继立为亭独尸逐侯鞮单于。新降的北匈奴人本来就因师子驱掠他们而怀恨，又加以安国联结他们排挤师子，师子立为单于，他们就反叛起来。《后汉书·南匈奴列传》说：“（单于师子）永元六年立。降胡五六百人夜袭师子，安集掾王恬将卫护士与战，破之。于是新降胡遂相惊动，十五部二十余万人皆反畔，胁立前单于屯屠何子奥鞬日逐王逢侯为单于，遂杀略吏人，燔烧邮亭庐帐，将车重向朔方，欲度漠北。”反畔的王侯士众，是北匈奴在屯屠何时代投降南匈奴的，但他们所胁立的单于，却是南匈奴前单于的儿子逢侯。他们欲度漠北，重立王庭，所以，匈奴又表面上暂时分为南北。在东汉王朝直接出兵干预下，经过数年的斗争，才平定了逢侯。《后汉书·南匈奴列传》说：

于是遣行车骑将军邓鸿、越骑校尉冯柱、行度辽将军朱徽将左右羽林、北军五校士及郡国积射、缘边兵，乌桓校尉任尚将乌桓、鲜卑，合四万人讨之。时南单于及中郎将杜崇顿牧师城，逢侯将万余骑攻围之，未下。冬，邓鸿等至美稷，逢侯乃乘冰度隘，向满夷谷。南单于遣子将万骑，及杜崇所领四千骑，与邓鸿等追击逢侯于大城塞，斩首三千余级，得生口及降者万余人。冯柱复分兵追击其别部，斩首四千余级。任尚率鲜卑大都护苏拔廆、乌桓大人勿柯八千骑，要击逢侯于满夷谷，复大破之。前后凡斩万七千余级。逢侯遂率众出塞，汉兵不能追。七年正月，军还。

冯柱将虎牙营留屯五原，罢遣鲜卑、乌桓、羌胡兵，封苏拔廆为率众王，又赐金帛。邓鸿还京师，坐逗留失利，下狱死。后帝知朱徽，杜崇失胡和，又禁其上书，以致反畔，皆徵下狱死，以雁门太守庞奋行度辽将军。逢侯于塞外分为二部，自领右部屯涿邪山下，左部屯朔方西北，相去数百里。八年冬，左部胡自相疑畔，还入朔方塞，庞奋迎受慰纳之。其胜兵四千人，弱小万余口悉降，以分处北边诸郡。南单于以其右温禺犊王乌居战始与安国同谋，欲考问之。乌居战将数千人遂复反畔，出塞外山谷间，为吏民害。秋，庞奋、冯柱与诸郡兵击乌居战，其众降，于是徙乌居战众及诸还降者二万余人于安定、北地。冯柱还，迁将作大匠。逢侯部众饥穷，又为鲜卑所击，无所归，窜逃入塞者络驿不绝……十二年，庞奋迁河南尹，以朔方太守王彪行度辽将军。南单于比岁遣兵击逢侯，多所虏获，收还生口前后以千数，逢侯转困迫。……（元初）四年，逢侯为鲜卑所破，部众分散，皆归北虏。五年春，逢侯将百余骑亡还，诣朔方塞降，邓遵奏徙逢侯于颍川郡。

以上是单于安国与左贤王师子因互相猜忌而引起内乱，以致新降的北匈奴士众胁逢侯反叛及其失败与投降的经过。单于师子立四年死。单于长的儿子檀于和帝永元十年（公元 98 年）继立为万氏尸逐鞮单于。

经过东汉王朝沉重打击而日趋于衰弱的北匈奴，余众西逃，其中有一部分成立后来的悦般国；还有一部分仍然活动于阿尔泰山附近或乌孙以东。到了和帝的末年，他们又遣使到东汉诣阙贡献，请求和亲，但东汉拒绝承认北单于是匈奴最高统治者的合法地位。《后汉书·南匈奴列传》说："十六年（和帝永元十六年，公元104年），北单于遣使诣阙贡献，愿和亲，修呼韩邪故约。和帝以其旧礼不备，未许之，而厚加赏赐，不答其使。元兴元年（公元105年）重遣使诣敦煌贡献，辞以国贫未能备礼，愿请大使，当遣子入侍。时邓太后临朝，亦不答其使，但加赐而已。"南匈奴单于实际取得代表匈奴的唯一领袖地位。但北匈奴在西域也仍具有与东汉王朝对抗的力量。

北匈奴自被窦宪、耿夔与南匈奴大败之后，残众逃窜，分居各处，后来可能又聚集起来。东汉有吏士屯田西域，北匈奴一时不敢再与东汉争夺西域。安帝永初元年，东汉罢免在西域之都护，又撤退各处屯田吏卒，这又给予了北匈奴争取西域，利用西域的人力与物力扰乱东汉的机会。《后汉书·西域传》叙指出："北匈奴即复收属诸国，共为边寇十余岁。敦煌太守曹宗患其暴害。"这么一来，东汉与北匈奴再度争夺西域。同处又指出："元初六年（公元119年），乃上遣行长史索班，将千余人屯伊吾以招抚之，于是车师前王及鄯善王来降。数月，北匈奴复率车师后部王共攻没班等，遂击走其前王。鄯善逼急，求救于曹宗，宗因此请出兵击匈奴，报索班之耻，复欲进取西域。邓太后不许，但令置护西域副校尉，居敦煌，复部营兵三百人，羁縻而已。"《资治通鉴》卷五十《汉纪四十二》"安帝永宁元年"（公元120年）中说："北匈奴率车师王军就共杀后部司马及敦煌长史索班等，遂击走其前王，略有北道。鄯善逼急，求救于曹宗，宗因此请出兵五千人击匈奴，以报索班之耻，因复取西域。"《后汉书·西域传》"车师"条说："至永宁元年，后王军就及母沙麻反畔，杀后部司马及敦煌行事。"应该指出，车师后王在班超未离开西域之前六年，汉和帝永元八年（公元96年），曾被东汉讨伐逃入北匈奴，但后来为东汉所攻杀。《后汉书·西域传》车师条说：

“八年，戊己校尉索頵欲废后部王涿鞮，立破虏侯细致，涿鞮忿前王尉卑大卖己，因反击尉卑大，获其妻子。明年，汉遣将兵长史王林，发凉州六郡兵及羌虏胡二万余人，以讨涿鞮，获首虏千余人。涿鞮入北匈奴，汉军追击，斩之，立涿鞮弟农奇为王。”车师与北匈奴的关系最为密切，东汉的势力若薄弱，则很容易归附北匈奴，虽则北匈奴本身这时不过只留下一些散居各处的残众。

鉴于北匈奴对西域的争夺，汉安帝永宁元年，根据班勇的提议，复置西域副校尉居敦煌，遥控西域。此事见于《后汉书·班勇传》：“于是从勇议，复敦煌郡营兵三百人，置西域副校尉居敦煌。虽复羁縻西域，然亦未能出屯。”这种做法，并非实行班勇的全部计划。就是说，朝廷虽然复敦煌郡营兵三百人，也置西域副校尉，但没有遣长史将兵屯楼兰西，当焉耆、龟兹径道，其结果正如班勇所预料：“其后匈奴果数与车师共入寇钞，河西大被其害。”（见《后汉书·班勇传》）因此，边境守将又不得不提出对策。《后汉书·西域传》叙说：“延光二年，敦煌太守张珰上书陈三策，以为‘北虏呼衍王常展转蒲类、秦海之间，专制西域，共为寇钞。今以酒泉属国吏士二千余人集昆仑塞，先击呼衍王，绝其根本，因发鄯善兵五千人胁车师后部，此上计也。若不能出兵，可置军司马，将士五百人，四郡供其犁牛、谷食，出据柳中，此中计也。如又不能，则宜弃交河城，收鄯善等悉使入塞，此下计也’。”朝廷于是又把这件事交公卿们讨论。尚书陈忠乃上疏给安帝说：“今北虏已破车师，势必南攻鄯善，弃而不救，则诸国从矣。若然，则虏财贿益增，胆势益殖，威临南羌，与之交连。如此，河西四郡危矣。河西既危，不得不救，则百倍之役兴，不訾之费发矣。……臣以为敦煌宜置校尉，案旧增四郡屯兵，以西抚诸国。庶足折冲万里，震怖匈奴。”

安帝采纳了陈忠的提议，并以班勇为西域长史，将弛刑士五百人，西屯柳中。《后汉书·班勇传》说：“明年（安帝延光三年，公元124年）正月，勇至楼兰，以鄯善归附，特加三绶。而龟兹王白英犹自疑未下，勇开以恩信，白英乃率姑墨、温宿自缚诣勇降。勇因发其兵步骑万余人到车师前王庭，击走匈奴伊蠡王于伊和谷，收得前部五千余人，于是前部始复开通。还，屯田柳中。四年秋，勇发敦煌、张掖、酒泉六千骑及鄯善、疏勒、车师前部兵击后部王军就，大破之。首虏八千余人，马畜五万余头。捕得军就及匈奴持节使者，将至索班没处斩之，以报其耻，传首京师。”同处又说：“永建元年（公元 126 年），更立后部故王子加特奴为王。勇又使别校诛斩东且弥王，亦更立其种人为王，于是车师六国悉平。其冬，勇发诸国兵击匈奴呼衍王，呼衍王亡走，其众二万余人皆降。捕得单于从兄，勇使加特奴手斩之，以结车师匈奴之隙。北单于自将万余骑入后部，至金且谷，勇使假司马曹俊驰救之。单于引去，俊追斩其贵人骨都侯，于是呼衍王遂徙居枯梧河上。是后车师无复虏迹，城郭皆安。”

《后汉书·西域传》“车师后王国”条，又叙述顺帝阳嘉以后东汉与北匈奴争夺西域的史略云：

> 阳嘉三年(公元 134 年)夏，车师后部司马率加特奴等千五百人，掩击北匈奴于阊吾陆谷，坏其庐落，斩数百级，获单于母、季母及妇女数百人，牛羊十余万头，车千余辆，兵器什物甚众。四年春，北匈奴呼衍王率兵侵后部，帝以车师六国接近北虏，为西域蔽扞，乃令敦煌太守发诸国兵，及玉门关候、伊吾司马，合六千三百骑救之，掩击北虏于勒山，汉军不利。秋，呼衍王复将二千人攻后部，破之。桓帝元嘉元年（公元 151 年），呼衍王将三千余骑寇伊吾，伊吾司马毛恺遣吏兵五百人于蒲类海东与呼衍王战，悉为所没，呼衍王遂攻伊吾屯城。夏，遣敦煌太守司马达将敦煌、酒泉、张掖属国吏士四千余人救之，出塞至蒲类海，呼衍王闻而引去，汉军无功而还。
>
> 永兴元年（公元 153 年），车师后部王阿罗多与戊部候严皓不相得，遂忿戾反畔，攻围汉屯田且固城，杀伤吏士。后部候炭遮领余人畔阿罗多诣汉吏降。阿罗多迫急，将其母妻子从百余骑亡走北匈奴中，敦煌太守宋亮上立后部故王军就质子卑君为后部王。后阿

> 罗多复从匈奴中还，与卑君争国，颇收其国人。戊己尉阎详虑其招引北虏，将乱西域，乃开信告示，许复为王，阿罗多乃诣详降。于是收夺所赐卑君印绶，更立阿罗多为王，仍将卑君还敦煌，以后部人三百帐别属役之，食其税。帐者，犹中国之户数也。

范晔在《后汉书·西域传》叙中指出，自建武至延光，西域三绝三通。又说："自阳嘉以后，朝威稍损，诸国骄放，转相陵伐。元嘉二年（公元152年），长史王敬为于阗所没。永兴元年，车师后王复反攻屯营。虽有降首，曾莫惩革，自此浸以疏慢矣。"从北匈奴与东汉争夺西域的史实来看，北匈奴虽然经过窦宪、耿夔与南匈奴以及鲜卑的沉重打击，但其残余势力仍然存在于西域。其实，自汉和帝以后，北匈奴的主要根据地，是在西域方面，所以从匈奴方面看起来，西域对于它的盛衰存亡，有着密切的关系。因为匈奴故地既为鲜卑所占，匈奴更需要西域的人力与物力。东汉中叶以后，朝廷内部逐渐有了问题，加以南匈奴的内乱与反叛，再加以鲜卑的频繁侵略与西羌的时时背叛，东汉对于西域更难兼顾。这本来是北匈奴在西域发展力量的最好机会。可是，到了东汉末年，鲜卑檀石槐崛起以后，势力伸张到乌孙，又使北匈奴受到更沉重的打击，残众所剩更少了。

到了安帝永初年间，南匈奴单于檀又起兵攻略内地。《后汉书·南匈奴列传》说："永初三年（公元109年）夏，汉人韩琮随南单于入朝，既还，说南单于云：'关东水潦，人民饥饿死尽，可击也。'单于信其言，遂起兵反畔，攻中郎将耿种于美稷。秋，王彪卒。冬，遣行车骑将军何熙、副中郎将庞雄击之。四年春，檀遣千余骑寇常山、中山，以西域校尉梁懂行度辽将军，与辽东太守耿夔击破之。"《后汉书·安帝纪》"永初二年"中说："六月，京师及郡国四十大水，大风，雨雹。""永初二年"中又说："是岁，京师及郡国四十一雨水雹，并凉二州大饥，人相食。"韩琮所说的关东水潦，人民饥饿死尽，即指这两年中的水灾、风灾、雹灾。单于信了韩琮的话后反叛，同时也是得到了乌桓的帮助才敢这样做的。《后汉书·班梁列传》记述这次南单于的背叛较为详细，录之于下："（永初）三年冬，南单于与乌桓大人俱反。以大司农何熙行车骑将军事，中郎将军庞雄为副，将羽林五校营士，及发缘边十郡兵二万余人，又辽东太守耿夔率将鲜卑种众共击之，诏梁慬行度辽将军事。庞雄与耿夔共击匈奴奥鞬日逐王，破之。单于乃自将围中郎将耿种于美稷，连战数月，攻之转急，种移檄求救。明年正月，慬八千余人驰往赴之，至属国故城，与匈奴左将军、乌桓大人战，破斩其渠帅，杀三千余人，虏其妻子，获财物甚众。单于复自将七八千骑迎攻，围慬。慬被甲奔袭，所向皆破，虏遂引还虎泽。三月，何熙军到五原曼柏，暴疾，不能进，遣庞雄与慬及耿种步骑万六千人攻虎泽。连营稍前，单于惶怖，遣左奥鞬日逐王诣慬乞降，慬乃大陈兵受之。单于脱帽徒跣，面缚稽颡，纳质。"《后汉书·南匈奴列传》亦说："单于见诸军并进，大恐怖，顾让韩琮曰：'汝言汉人死尽，今是何等人也？'乃遣使乞降，许之。单于脱帽徒跣，对庞雄等拜陈，道死罪。于是赦之，遇待如初，乃还所钞汉民男女及羌所略转卖入匈奴中者合万余人。"

自单于檀就位以后，西北，尤其是东北边境的情形很复杂。乌桓、鲜卑与南匈奴，本为汉朝的藩属，保护东北边境以防备北匈奴。可是自北匈奴被攻破之后，鲜卑的势力向西伸张领有北匈奴故居的蒙古高原。乌桓的势力虽不若鲜卑那么强大，但他们所居的地方与东汉东边接壤，又与南匈奴接近，所以，乌桓的一举一动，也很为重要。三者之间若互相征伐，东汉当然不会袖手旁观。他们之中，有时又互相勾结，以扰乱东汉边境。单于檀与乌桓勾结而反叛，就是一个显明的例子。自然，东汉在这种情形下，往往也利用某一种或某两种人去攻击背反的种族。所以从单于檀至单于休利的四十余年中（公元98—140年），南匈奴、乌桓、鲜卑与东汉的关系，也很复杂。《后汉书·乌桓鲜卑列传》记载，安帝永初年间单于檀的反叛，不仅与乌桓勾结，与鲜卑亦有联络，该传说："及明、章、和三世，皆保塞无事。安帝永初三年夏，渔阳乌桓与右北平胡千余寇代郡、上谷。秋，雁门乌桓率众王无何，与鲜卑大人兵伦等，及南匈奴骨都侯，合七千骑寇五原，与太守战于九原高渠谷，汉兵大败，杀郡长史。乃遣车骑将军何熙、度辽将军梁慬等击，大破之。无何乞降，鲜卑走还塞外。是后乌桓稍复亲附，拜其大人戎朱廆为亲汉都尉。”

《后汉书·乌桓鲜卑列传》指出，明帝、章帝时，鲜卑也保塞无事。自窦宪、耿夔等击破北匈奴后，鲜卑占有其地。到了和帝九年，辽东鲜卑攻肥如县，十三年，又寇右北平，因入渔阳。殇帝延平九年，鲜卑又寇渔阳。《鲜卑列传》又说：“安帝永初中，鲜卑大人燕荔阳诣阙朝贺，邓太后赐燕荔阳王印绶，赤车参驾，令止乌桓校尉所居密城下，通胡市，因筑南北两部质馆。鲜卑邑落百二十部，各遣入质。是后或降或畔，与匈奴、乌桓更相攻击。”

关于南匈奴、鲜卑、乌桓与西羌对于东汉的或降或畔，以及他们之间互相勾结或互相攻击的概况，《后汉书·南匈奴列传》有几段记载，录之于下：

建光元年，邓遵免，复以耿夔代为度辽将军。时鲜卑寇边，夔与温禺犊王呼尤徽将新降者连年出塞，讨击鲜卑。还，复各令屯列冲要。而耿夔徵发烦剧，新降者皆悉恨谋畔。

单于檀立二十七年薨，弟拔立。耿夔复免，以太原太守法度代为将军。

乌稽侯尸逐鞮单于拔，延光三年立。夏，新降一部大人阿族等遂反畔，胁呼尤徽欲与俱去。呼尤徽曰：“我老矣，受汉家恩，宁死不能相随！”众欲杀之，有救者，得免。阿族等遂将妻子辎重亡去，中郎将马翼遣兵与胡奇追击，破之，斩首及自投河死者殆尽，获马牛羊万余头。……

先是朔方以西障塞多不修复，鲜卑因此数寇南部，杀渐将王。单于忧恐，上言求复障塞，顺帝从之。乃遣黎阳营兵出屯中山北界，增置缘边诸郡兵，列屯塞下，教习战射……

五年夏，南匈奴左部句龙王吾斯、车纽等背叛，率三千余骑寇

> 西河，因复招诱右贤王，合七八千骑围美稷，杀朔方、代郡长史。马续与中郎将梁并、乌桓校尉王元发缘边兵及乌桓、鲜卑、羌胡合二万余人，掩击破之。吾斯等遂更屯聚，攻没城邑。天子遣使责让单于，开以恩义，令相招降。单于本不豫谋，乃脱帽避帐，诣并谢罪。并以病徵，五原太守陈龟代为中郎将。龟以单于不能制下，逼迫之，单于及其弟左贤王皆自杀。单于休利立十三年。龟又欲徙单于近亲于内郡，而降者遂更狐疑。龟坐下狱免。

陈龟因逼迫单于及弟左贤王自杀，又欲徙其近亲于内郡，招致近亲与士众对东汉狐疑，所以朝庭把陈龟下狱。这是东汉驻匈奴官员又一次政策失误的表现。

值得注意的是南匈奴左部句龙王吾斯、车纽背叛，又招诱右贤王共围美稷，东汉除发动乌桓、鲜卑军队外，还利用羌胡军队去攻击吾斯、车纽等。但是羌胡虽与东汉攻击南匈奴，后来羌胡亦反畔，并联合匈奴别部的王侯攻击东汉。《后汉书·南匈奴列传》说：

> （永和五年）秋，句龙吾斯等立句龙王车纽为单于。东引乌桓，西收羌戎信诸胡等数万人，攻破京兆虎牙营，杀上郡都尉及军司马，遂寇掠并、凉、幽、冀四州。乃徙西河治离石，上郡治夏阳，朔方治五原。冬，遣中郎将张耽将幽州乌桓诸郡营兵，击畔虏车纽等，战于马邑，斩首三千级，获生口及兵器牛羊甚众。车纽等将诸豪帅骨都侯乞降，而吾斯犹率其部曲与乌桓寇钞。六年春，马续率鲜卑五千骑到榖城击之。斩首数百级。张耽性勇锐，而善抚士卒，军中皆为用命。遂绳索相悬，上通天山，大破乌桓，悉斩其渠帅，还得汉民，获其畜生财物。夏，马续复免，以城门校尉吴武代为将军。
>
> 汉安元年秋，吾斯与奥鞬台耆、且渠伯德等复掠并部。

在这种情形之下，东汉一时难于应付，除用兵外，还采取了暗杀的方法。《资治通鉴》卷五十二《汉纪四十四》“顺帝汉安二年”（公元143年）中说：“十一月，使匈奴中郎将扶风马寔遣人刺杀句龙吾斯。”同卷，“顺帝建康元年”中又说：“夏，四月，使匈奴中郎将马寔击南匈奴左部，破之。于是胡、羌、乌桓悉诣寔降。”《后汉书·南匈奴列传》所载略有出入：“冬，中郎将马囊募刺杀句龙吾斯，送首洛阳。建康元年，进击余党，斩首千二百级。乌桓七十万余口皆诣寔降，车重牛羊不可胜数。”

顺帝汉安二年（公元143年），还有一件事值得注意，即单于休利死后，东汉在京师立兜楼储为单于。《后汉书·南匈奴列传》说：“呼兰若尸逐就单于兜楼储先在京师，汉安二年立之。天子临轩，大鸿胪持节拜授玺绶，引上殿。赐青盖驾驷、鼓车、安车、驸马骑、玉具、刀剑、什物，给綵布二千匹。赐单于阏氏以下金锦错杂具，軿车马二乘。遣行中郎将持节护送单于归南庭。诏太常、大鸿胪与诸国侍子广阳城门外祖会，飨赐作乐，角抵百戏。顺帝幸胡桃宫临观之。”这个情景，颇与西汉宣帝时南匈奴单于呼韩邪入朝称臣时相像，不过呼韩邪是已立为单于后入朝称臣的，而兜楼储却先在京师由东汉立为单于后，才派使护送回南庭。也说明这一时期的南单于臣属东汉的程度与呼韩邪时代根本不同。

单于兜楼储立五年而死，继立为单于的是居车儿。他立于桓帝建和元年（公元147年），号伊陵尸逐就单于。居车儿就位与桓帝就位是同一年。

从桓帝永寿元年（公元155年）至延熹元年（公元158年）的数年间，匈奴曾一再反畔。《后汉书·南匈奴列传》说：“至永寿元年，匈奴左奥鞬台耆、且渠伯德等复畔，寇钞美稷、安定，属国都尉张奂击破降之。”《后汉书·皇甫张段列传》对于这件事记得较为详细：

> 永寿元年，迁安定属国都尉。初到职，而南匈奴奥鞬台耆、且渠伯德等七千余人寇美稷，东羌复举种应之，而奂壁唯有二百许人，闻即勒兵而出。军吏以为力不敌，叩头争止之。奂不听，遂进屯长城，

> 收集兵士，遣将王卫招诱东羌，因据龟兹，使南匈奴不得交通东羌。诸豪遂相率与奂和亲，共击奥鞬等，速战破之。伯德惶恐，将其众降，郡界以宁。
>
> 羌豪帅感奂恩德，上马二十匹，先零酋长又遗金鐻八枚。奂并受之，而召主簿于诸羌前，以酒酹地曰："使马如羊，不以入厩；使金如粟，不以入怀。"悉以金马还之。羌性贪而贵吏清，前有八都尉率好财货，为所患苦，及奂正身絜己，威化大行。
>
> 迁使匈奴中郎将。时休屠各及朔方乌桓并同反叛，烧度辽将军门，引屯赤阬，烟火相望。兵众大恐，各欲亡去。奂安住帷中，与弟子讲诵自若，军士稍安。乃潜诱乌桓阴与和通，遂使斩屠各渠帅，袭破其众。诸胡悉降。延熹元年，鲜卑寇边，奂率南单于击之，斩首数百级。

南匈奴传记南单于诸部与鲜卑、乌桓并畔，大概是南匈奴诸部和鲜卑、乌桓并叛，南单于并不与谋，说明反叛是局部性的。所以张奂乃率南单于去攻伐其反叛者。《后汉书·南匈奴列传》记载东汉王朝根据性质处理这件事的经过："延熹元年，南单于诸部并叛，遂与乌桓、鲜卑寇缘边九郡，以张奂为北中郎将讨之，单于诸部悉降。奂以单于不能统理国事，乃拘之，上立左谷蠡王。桓帝诏曰：'《春秋》大居正，居车儿一心向化，何罪而黜，其遣还庭。'"

单于居车儿立二十五年而死，其子某立于灵帝熹平元年（公元172年），号为屠特若尸逐就单于。熹平六年（公元177年），单于某与中郎将臧旻出雁门击鲜卑檀石槐，大败而回。单于某死于该年，继立单于位的是他的儿子呼徵。呼徵立于灵帝光和元年（公元178年），次年因与中郎将张修不相和，张修擅自杀之，更立右贤王羌渠为单于。张修没有得到朝廷的许可这样做，是犯了很大的错误。东汉朝廷用槛车押他回朝，处死抵罪。单于羌渠立于灵帝光和二年（公元179年），《后汉书·南匈奴列传》说："中平四年（公元187年），前中山太守张纯反叛，遂率鲜卑寇边郡。灵帝诏发南匈奴兵，配幽州牧刘虞讨之。单于遣左贤王将骑诣幽州。国人恐单于发兵无已，五年，右部醢落与休屠各胡白马铜等十余万人反，攻杀单于。”《后汉书·灵帝纪》“中平四年”中说：“十二月，休屠各胡叛。”“中平五年”中又说：“五年春正月，休屠各胡寇西河，杀郡守邢纪……三月，休屠各胡攻杀并州刺史张懿，逐与南匈奴左部胡合，杀其单于。”单于羌渠死后，其子右贤王於扶罗继立为持至尸逐侯单于。於扶罗就是后来晋代刘渊之祖。於扶罗中平五年立为单于后，国人杀其父羌渠单于者又反叛於扶罗，另立须卜骨都侯为单于。於扶罗不得已乃到京都，欲见皇帝自为辩白。时灵帝已死，天下大乱，於扶罗也反叛。《后汉书·南匈奴列传》说：“会灵帝崩，天下大乱，单于将数千骑与白波贼合兵寇河西诸郡。时民皆保聚，钞掠无利，而兵遂挫伤。复欲归国，国人不受，乃止河东。”

到了献帝初平二年，於扶罗归附于袁绍。《资治通鉴》卷六十《汉纪五十二》“献帝初平二年”中说：“初，何进遣云中张杨还并州募兵，会进败，杨留上党，有众数千人。袁绍在河内，杨往归之，与南单于於扶罗屯漳水。”张杨与於扶罗虽然归附袁绍，但袁不见得很信任他们。《资治通鉴》又载，赵浮谓韩馥曰：“袁本初军无斗粮，各已离散，虽有张杨、於扶罗新附，未肯为用，不足敌也。”於扶罗不能见用于袁绍，他便“劫张杨以叛袁绍，屯于黎阳”。在这个时候，於扶罗既被国人反对不能回国，反叛於扶罗的王侯们所立的须卜骨都侯单于立一年又死了，“南庭遂虚其位，以老王行国事”。（《后汉书·南匈奴列传》）《资治通鉴》卷六十《汉纪五十二》“献帝初平四年”（公元 193 年）载：“曹操军甄城。袁术为刘表所逼，引兵屯封兵，黑山别部及匈奴於扶罗皆附之。”於扶罗单于立于灵帝中平五年（公元 188 年），死于献帝兴平二年（公元 195 年），在位七年。他死之后，弟呼厨泉于同年立为单于。於扶罗因国人反对不能回国，呼厨泉也无法返回，只能居于河东平阳。

献帝兴平年间有一件事颇值得注意，即蔡邕的女儿蔡琰为匈奴所获，妻于左贤王。《后汉书·列女传》说：“陈留董祀妻者，同郡蔡邕之女也，名琰，字文姬。博学有才辩，又妙于音律。适河东卫仲道。夫亡无子，归宁于家。兴平中，天下丧乱，文姬为胡骑所获，没于南匈奴左贤王，在胡十二年，生二子。曹操素与邕善，痛其无嗣，乃遣使者以金璧赎之，而重嫁于祀。”文姬因曹操以金璧赎回，但她对在匈奴所生两个孩子很为留恋，感伤乱离，追怀悲愤，作诗二章，很反映这一时期匈汉两族又对抗又融合的关系。兹录其一：

汉季失权柄，董卓乱天常。志欲图篡弑，先害诸贤良。逼迫迁旧邦，拥主以自强。海内兴义师，欲共讨不祥。卓群来东下，金甲耀日光。平土人脆弱，来兵皆胡羌。猎野围城邑，所向悉破亡。斩截天孑遗，尸骸相撑拒。马边县男头，马后载妇女。长驱西入关，迥路险且阻。还顾邈冥冥，肝脾为烂腐。所略有万计，不得令屯聚，或有骨肉俱，欲言不敢语。失意机微间，辄言毙降虏。要当以亭刃，我曹不活汝。岂复惜性命，不堪其詈骂。或便加棰杖，毒痛参并下。旦则号泣行，夜则悲吟坐。欲死不能得，欲生无一可。彼苍者何辜，乃遭此戹祸！边荒与华异，人俗少义理。所处多霜雪，胡风春夏起。翩翩吹我衣，肃肃入我耳。感时念父母，哀叹无穷已。有客从外来，闻之常欢喜。迎问其消息，辄复非乡里。邂逅徼时愿，骨肉来迎已。已得自解免，当复弃儿子。天属缀人心，念别无会期。存亡永乖隔，不忍与之辞。儿前抱我颈，问母欲何之。“人言母当去，岂复有还时。阿母常仁恻，今何更不慈？我尚未成人，奈何不顾思！”见此崩五内，恍惚生狂痴。号泣手抚摩，当发复回疑。兼有同时辈，相送告离别。慕我独得归，哀叫声摧裂。马为立踟蹰，车为不转辙。观者皆歔欷，行路亦呜咽。去去割情恋，遄征日遐迈。悠悠三千里，何时复交会？念我出腹子，匈臆为催败。既至家人尽，又复无中外。城郭为山林，庭宇生荆艾。白骨不知谁，从横莫覆盖。出门无人声，豺狼号且吠。茕茕对孤景，怛咤糜肝肺。登高远眺望，魂神忽飞逝。奄若寿命尽，旁人相宽大。为复强视息，虽生何聊赖！托命于新人，竭心自勖厉。

流离成鄙贱，常恐复捐废。人生几何时，怀忧终年岁！（转引自《后汉书·列女传》）

《后汉书·南匈奴列传》说："建安元年，献帝自长安东归，右贤王去卑与白波贼帅韩暹等侍卫天子，拒击李傕、郭汜。及车驾还洛阳，又徙迁许，然后归国。二十一年，单于来朝，曹操因留于邺，而遣去卑归监其国焉。"《后汉书·南匈奴列传》说到这里为止。东汉到献帝建安二十一年（公元216年）也可说等于灭亡，因为在这一年中，曹操自称为魏王。四年后（公元220年），献帝逊位，曹丕称天子。

从以上可以得知，在东汉的末季，匈奴是分为三部分：一为北匈奴，二为南匈奴，三为在河东平阳的匈奴。到刘氏天下为曹氏所代的时候，无论是北匈奴、南匈奴，或河东平阳的匈奴，差不多皆失去了最后一点的政治独立性了。

第二十五章　中国塞内匈奴与汉族及其他少数族融合

匈奴到了汉朝灭亡的时候，作为一个政治上独立的国家，也算是灭亡了。作为一个种族，则逐渐与其他种族融合。他们离开故地，分布于其他好多地域。

匈奴故地为鲜卑侵占后，其种族之留居故地者十余万落，自称为鲜卑人。起初，也许匈奴与鲜卑之间，区别之处甚多，但久而久之，互相聚居、通婚，二者就不容易分开。鲜卑人有匈奴人的血统，匈奴人也有了鲜卑人的血统，二者的风俗习惯互相影响。同时，鲜卑人降服了这么多的匈奴人之后，人力与物力大为增加起来，这是鲜卑继匈奴之后成为汉族劲敌的原因之一。

匈奴人还与乌桓人互相混合，互相影响。同样的，匈奴北边的丁令、坚昆，以至西边的乌孙，以及羌、氐、西域诸国的种族，与匈奴的关系既很密切，时间又长达四五百年之久，则其血统与风俗习惯和这些国人的融合，也是可以想见的。

至于匈奴人同汉族及其风俗习惯相融合，也是很为明显的。

匈奴种族散居于匈奴故地以外的为数很多，地域也很广，但是在地域上的移动主要方向有二：一为向南移动，一为向西移动。他们大量向南与向西移动虽在后汉时代，但是向这两个方向移动的历史可以追溯到前汉。自前汉呼韩邪单于称臣于西汉，分为南北匈奴之后，匈奴族向这两个方向移动的趋势已经很为明显。向南迁移者不仅散居于中国北部边境，而且分散入居于中国塞内。其历程在早期是个别的、少数的、缓慢的；到了后来，愈来愈多。向西迁徙的，其历程也可以说是这样。向南迁移的最初是到达长城的边塞，后来又移向黄河流域。到中国的晋代与南北朝，发展到长江以北，个别的也有越过长江的。中原地区在晋代曾为匈奴后裔部分占领，但匈奴后裔从没有征服过整个中原地区。

向西迁徙的匈奴人却不是这样。他们最初从蒙古高原越阿尔泰山而西，活动于天山以北与乌孙之东，同时控制天山以南的西域诸国。他们后来越乌孙到葱岭以西，从康居至奄蔡，再向西走至东罗马的东境，又再西进而至西罗马帝国境内莱茵河与高卢地区，也就是现代的德国与法国。虽然其势力在中亚与欧洲膨胀的历史，犹如昙花一现，然影响于中亚与欧洲种族的迁徙与政治、地理的变动，实在是太大了。这是世界史上最重要的一章，也是东方与西方交通史上最重要的事件。

因此之故，无论是向南的迁徙也好，向西的迁徙也好，其历史意义均极为重要。前者成为通称作“五胡乱华”民族大融合的动力，后者是东方人侵入西方的开端——一个至为重要的开端。

关于匈奴族向南移徙，入居中国长城内外地区的历史，《晋书》卷九十七《四夷列传》中说：“前汉末，匈奴大乱，五单于争立，而呼韩邪单于失其国，携率部落，入臣于汉。汉嘉其意，割并州北界以安之。于是匈奴五千余落入居朔方诸郡，与汉人杂处。”“其部落随所居郡县，使宰牧之，与编户大同，而不输贡赋。多历年所，户口渐滋，弥漫北朔，转难禁制。”不过，呼韩邪虽然率部到中国北部边境居住，但本人不久即率部北回到漠北单于庭，保持独立的政治中心。他没有长住西汉，他的子孙也没有在西汉久住，就是后来为王莽所劫持到长安的一些匈奴贵人，除死者外，生者后来也被遣送回国。所以《晋书》上那段话中的最后一段，可以说是后汉时代的情况。不过也可以从中看出，匈奴之入居中原者，其历史很久，其来也渐。到了后汉下半叶，来者愈多，曹操分之为五部，内部自治制度已深为汉化。

南匈奴单于羌渠被国人杀死之后，国人对其子於扶罗也加以反对，国人立须卜骨都侯为单于。羌渠之子，正在塞内助讨黄巾的右贤王於扶罗遂自立为持至尸逐侯单于，得到汉王朝的承认。於扶罗立于汉灵帝中平五年（公元188年）。这样一来，南匈奴又一分为二，有两个单于，两个政治中心：一为於扶罗单于，一为须卜骨都侯单于。后者仍领有原来中国塞外的南匈奴故地。可是，须卜骨都侯立了一年后就死了，塞外的南匈奴王庭遂没有单于，国人乃以老王行国事，不立单于。不过，这位老王死后的情况如何，我们就不清楚了。於扶罗为国人所拒，不能回国，便到汉朝京都去求东汉王朝帮助他返国就位。但是恰巧灵帝于中平六年（公元189年）死了。他没有办法，乃率其众数千骑止于河东平阳。他称单于七年后死，弟呼厨泉立于献帝兴平二年（公元195年），继续居留在平阳。到了汉献帝建安二十一年（公元216年），他到京城朝见，为曹操扣留于邺，而由右贤王去卑回去监国，是为塞内匈奴。此外，在西北方面，还有不属中国的北匈奴余众，时与中国争夺西域。

东汉到了於扶罗立后第二年，灵帝死了，天下大乱，对于匈奴无暇兼顾。不过，东汉王朝承认於扶罗是南匈奴正统单于，所以《后汉书·南匈奴列传》对于於扶罗的世系，记载稍为详细。

中国自献帝建安（公元196年）以后，曹操当权。不久，天下三分鼎立，中原北方是曹操的势力范围，后建魏国。塞内匈奴与中国政权的关系，也可以说是与魏的关系，因为吴、蜀都为魏所隔，不能与匈奴交通。

匈奴虽与魏有关系，但是《三国志·魏书》并没有匈奴传，却有乌丸（或乌桓）、鲜卑以及东夷，如夫馀、高句丽、东沃沮、挹娄、涉、马韩、辰韩、弁韩与倭人传。《三国志》卷三十的评语注解，曾抄录鱼豢《魏略·西戎传》中所记西北各种民族，但其中也没有匈奴传。这是什么原因呢？大概是由于匈奴作为一支独立的政治力量已趋于衰亡，无关重要，所以不为之立传。相反的，乌桓、鲜卑正在强盛。曹操曾亲征乌桓；鲜卑则占有了北匈奴的故地。南匈奴再分为塞内塞外二部之后，我们推想，塞外须卜骨都侯单于死后，连单于也选不出来，而以老王行国事，国内情况恐怕也很混乱。在这种情况下，可能鲜卑的势力愈趋向南扩张，使塞外匈奴的故地日蹙。故《三国志·魏书》卷三十评曰：“魏世匈奴遂衰。”犯中国北部边境的强族已是鲜卑。《三国志·魏书》卷三十《乌丸鲜卑东夷传》叙说：“后鲜卑大人轲比能复制御群狄，尽收匈奴故地，自云中、五原以东抵辽水，皆为鲜卑庭。数犯塞寇边，幽、并苦之。”这时的鲜卑军队中，必有很多的匈奴人。

在西北方面，北匈奴的余众，可能有一些散居于乌孙之东，天山以北，但经过鲜卑檀石槐的征伐之后，所余无几，不只不能为患于中原，似也不能为患于西域诸国了。《三国志·魏书》载，西部诸族对中原为患最大的是西羌。

两汉时代，汉朝人所谓胡，除了前汉初年也指东胡以外，主要指匈奴，而北虏这个词，在前、后汉时主要也是指匈奴。到了后汉末年及三国时代，北虏又往往指鲜卑，而鲜卑、西羌也往往称为胡。至于单于这个称号，除了匈奴人还沿用之外，乌桓的首领也有称为单于的。这说明匈奴族政治上日趋丧失独立的时候，不只其土地为他族所占有，人民也有改称为鲜卑或他族，就是一些与匈奴有关或为匈奴所固有的名词，也渐为他族所采用了。这是匈奴开始同其他种族融合的一种表现。《魏书》卷三十《乌丸鲜卑东夷传》叙中说：“建安中，呼厨泉南单于入朝，遂留内侍，使右贤王抚其国，而匈奴折节，过于汉旧。”这里所说的右贤王，就是去卑，而当时的左贤王则是刘豹，即刘渊的父亲。《晋书》卷百一，《载记第一》，《刘元海载记》说：“中平中，单于羌渠使子於扶罗将兵助汉，讨平黄巾。会羌渠为国人所杀，於扶罗以其众留汉，自立为单于。属董卓之乱，寇掠太原、河东，屯于河内。於扶罗死，弟呼厨泉立，以於扶罗子豹为左贤王，即元海之父也。魏武分其众为五部，以豹为左部帅，其余部帅皆以刘氏为之。”曹魏时，塞内匈奴的分部情况，《晋书》卷九十七《四夷列传》中说：“后汉末，天下骚动，群臣竞言胡人猥多，惧必为寇，宜先为其防。建安中，魏武帝始分其众为五部，部立其中贵者为帅，选汉人为司马以监督之。魏末，复改帅为都尉。其左部都尉所统可万余落，居于太原故兹氏县；右部都尉可六千余落，居祁县；南部都尉可三千余落，居蒲子县；北部都尉可四千余落，居新兴县；中部都尉可六千余落，居大陵县。”

匈奴的左贤王地位，远高于右贤王，照匈奴制度，左贤王仅次于单于。此外，又有左谷蠡王，次于左贤王。右贤王的地位，又次于左谷蠡王。可能在汉末、曹魏时代，塞内匈奴已没有左谷蠡王，而只有左贤王及右贤王。刘豹是於扶罗之子，於扶罗死后，不传位于儿子刘豹，而传弟呼厨泉。呼厨泉又以其兄之子为左贤王。照其制度来说，呼厨泉死后本应以刘豹继立单于。呼厨泉单于于献帝建安二十一年入朝，曹操不遣其回国而留之于邺，说明曹操不信任呼厨泉。同时，曹操又不照匈奴制度办事，不让刘豹继立为单于，以右贤王去卑去监理其国。这些说明，曹操是有意要取消单于这个称号，用分而治之的政策去管理匈奴。他后来分其众为五部，立其中贵者为帅，就是这个意思。刘豹是左贤王，乃以他为左部帅。因此，我们推想，可能因为去卑回去之后，左贤王刘豹以及其他的王侯，对曹操这种做法不满意，所以曹操才又把匈奴分为五部，进一步分化。曹魏虽有如上做法，但是后汉的匈奴中郎将这个职务仍然存在。《三国志·魏书》卷二十二《陈泰传》说：“泰字玄伯。青龙中（公元233—236年），除散骑侍郎。正始中（公元240—249年），徙游击将军，为并州刺史，加振威将军，使持节，护匈奴中郎将，怀柔夷民，甚有威惠。京邑贵人多寄宝货，因泰市匈奴婢，泰皆挂之于壁，不发其封，及徵为尚书，悉以还之。”

以上是关于塞内匈奴的概况。至于塞外匈奴情况如何，就不太清楚了。《晋书·四夷列传》指出，晋武帝时，塞外匈奴二万余落，因水灾迁入塞内。这说明，在三国时代也定会有散居于塞外的匈奴人。鱼豢《魏略》记载汉魏之际，塞外存在可以称作匈奴人的部落，不过多是原逃亡奴隶的后裔：“赀虏，本匈奴也，匈奴名奴婢为赀。始建武时，匈奴衰，分去其奴婢，亡匿在金城、武威、酒泉北黑水、西河东西，畜牧逐水草，钞盗凉州，部落稍多，有数万，不与东部鲜卑同也。其种非一，有大胡，有丁令，或颇有羌杂处，由本亡奴婢故也。当汉、魏之际，其大人在檀柘，死后，其枝大人南近在广魏、令居界，有秃瑰来数反，为凉州所杀。

今有劭提，或降来，或遁去，常为西州道路患。”（《三国志·魏书·乌丸鲜卑东夷传》评语注引）这些赀虏之中，可能也有匈奴人，但大部分是从他族掠夺来的。

曹操虽用各种方法去威服境内外的少数民族，但是这些民族仍时叛时降，居于塞内的匈奴也是这样。《三国志·魏书》卷十三《钟繇传》中说：“匈奴单于作乱平阳，繇帅诸军围之，未拔；而袁尚所置河东太守郭援到河东，众甚盛。诸将议欲释之去，繇曰：‘袁氏方强，援之来，关中阴与之通，所以未悉叛者，顾我威名故耳。若弃而去，示之以弱，所在之民，谁非寇仇？纵吾欲归，其得至乎！此为未战先自败也。且援刚愎好胜，必易吾军，若渡汾为营，及其未济击之，可大克也。’张既说马腾会击援，腾遣子超将精兵逆之。援果轻渡汾，众止之，不从。济水未半，击，大破之，斩援，降单于。”《三国志·魏书》卷十五《张既传》也说：“袁尚拒太祖于黎阳，遣所置河东太守郭援、并州刺史高干及匈奴单于取平阳，发使西与关中诸将合从。司隶校尉钟繇遣既说将军马腾等，既为言利害，腾等从之。腾遣子超将兵万余人，与繇会击干、援，大破之，斩援首。干及单于皆降。”值得特别注意的是，塞内的匈奴，参加了中原汉族军阀内战。郭援被斩，高干与匈奴单于投降。不久，高干又在并州叛曹操，曹操攻伐他时，他又求救于匈奴。匈奴既投降于曹，没有前去救高干，干被攻杀。此事见于《三国志·魏书·武帝纪》“建安十一年”中：“十一年春正月，公征干。干闻之，乃留其别将守城，走入匈奴，求救于单于，单于不受。公围壶关三月，拔之。干遂走荆州，上洛都尉王琰捕斩之。”献帝初平二年（公元 191 年），於扶罗单于曾归附于袁绍。二年后他又归附袁术。一年后（公元 195 年）於扶罗死，弟呼厨泉立。从呼厨泉即单于位到他被曹操留于邺（建安二十一年），有二十一年之久。据史书所载，除了建安十年他曾与袁绍之子袁尚同谋抗操外，一直到他入朝朝见（建安二十一年）以前的十年中没有再反曹操的记载。

曹操死后，匈奴在塞内既没有单于，更不成其为国。然而这也并不是说，匈奴种族也因之而完全消灭，相反地，他们不只分为五部散居各处，而且在五部之外，其人民之与中原人杂居者，也必不少。《三国志·魏书》卷九《夏侯尚传》说：“魏国初建，迁黄门侍郎。代郡胡叛，遣鄢陵侯彰征讨之，以尚参彰军事，定代地，还。”这里所说的“胡”，应该是匈奴人。《晋书·四夷列传》中所说五部所居的地方，没有代郡，可能代郡的胡人，后来也归并于五部中了，但是代郡以至靠近边塞的其他各郡，很可能也有匈奴人居住。因为匈奴人入居塞内的历史，并不始于东汉末年，而系始于前汉。

呼厨泉被曹操留于邺在汉献帝建安二十一年，曹操死后，呼厨泉还未死。到了曹丕称帝，还换他的印绶。《三国志·魏书·文帝纪》“黄初元年”中说：“更授匈奴南单于呼厨泉魏玺绶，赐青盖车、乘舆、宝剑、玉玦。”这说明，曹丕仍以单于的礼仪去对待他。至于呼厨泉是哪一年死的，不得而知。他即单于位是在汉献帝兴平二年（公元 195 年），到黄初元年（公元 220 年）共有二十五年之久。於扶罗单于死后不传位于其子刘豹，而传位于其弟，可能是因子少之故。假使这种看法是对的，那么呼厨泉就单于位时的年纪，可能很大，再加上在位二十五年，到曹丕称帝时，可能也已老了。曹丕虽仍以单于礼仪对待他，但只有其名，无其实。

曹魏时代，散居在塞内的匈奴部众虽在曹魏统治之下，然而内部行政的完全汉化也需要一个过程，所以当时还有其特殊的地方。曹魏对他们若不善于治理，也很容易引起反叛。而且，在他们内部有时也互相征伐，使曹魏不能袖手旁观。《三国志·魏书·明帝纪》“青龙元年”（公元 233 年）中说：“安定保塞匈奴大人胡薄居姿职等叛，司马宣王遣将军胡遵等追讨，破降之。”同书卷二十八《邓艾传》说：“（艾）后迁城阳太守。是时并州右贤王刘豹并为一部，艾上言曰：‘戎狄兽心，不以义亲，强则侵暴，弱则内附，故周宣有猃狁之寇，汉祖有平城之困。……今单于之尊日疏，外土之威浸重，则胡虏不可不深备也。闻刘豹部有叛胡，可因叛割为二国，以分其势。去卑功显前朝，而子不继业，宜加其子显号，使居雁门。离国弱寇，追录旧勋，此御边长计也。’”邓艾想乘刘豹内部的反叛，将之分为二部，以削减其势力。刘豹是於扶罗之子，他的叔父呼厨泉立为单于，他是左贤王。曹操扣留呼厨泉在邺，而使右贤王去卑监其国，就是因为去卑有功于魏。邓艾提议加去卑之子显号，使居雁门，也是要分化刘豹的势力。这也可以说是曹操的分而治之政策的延续。成功地实行这个政策的过程，也就是匈奴族与汉族逐渐融合的过程。

在东汉末年与三国时代，不只一般的匈奴人移居于中原的逐渐增加，就是匈奴单于——南匈奴单于及其臣僚、军队，也居留在中原内地。到了晋代，这种现象不只更为显著，而且在晋朝庇护之下的匈奴贵族，竟然逐渐成为中原北部的统治者，而与晋庭相对抗。

他们在中原地区建立国家，称王，称皇帝，连晋朝京都也被他们攻占；晋怀帝和愍帝成了他们的俘虏，并为他们所杀；晋朝皇后也变成匈奴皇帝的皇后，这是秦汉以来，在中原与匈奴的交涉史上所没有过的。这是“五胡乱华”的开始，而开其端者就是匈奴。从此以后，差不多有二百年的时间中，中原北部差不多全为匈奴及其他少数民族所占领。

然而晋代的匈奴之在中原者，不只在文化上已经深受了汉族影响，在血统上也与汉族混杂甚烈，所以匈奴固有的文化基本上已经放弃，其种族也远非纯粹的匈奴血统了，可以称之为汉化匈人。

匈奴住地与中原毗连，人民互相通婚的历史很久。汉高祖遣宗室女嫁给冒顿以后，匈奴的统治阶级之杂有汉族血统的，也逐渐增加起来。前汉的呼韩邪单于，与后汉的单于比，称臣汉朝。前者妻王昭君，后者移居汉朝边塞，人民与贵人错居杂处，互相通婚，使匈奴种族汉化速度加快。到了东汉末年，於扶罗留居中原，其人民与贵人之含有汉族血统者更多。再经过三国而至刘渊崛起的约一百年中，匈奴人与中原人通婚者，必当更多，而其血统的汉化程度，必更加深，所以到了刘渊称汉王的时候，所谓匈奴后裔，已多非纯粹的匈奴人，这是我们研究晋代塞内的匈奴所要注意的。

而且，刘渊称汉王以至后来的羯、氐、羌、鲜卑之统治中原北部的种族，不只其本身已染有汉族血统，即其重要的臣僚，如王弥、张宾、王猛等，很多都是汉族。两汉时代的匈奴或其他胡人，建国于塞外，也曾用过汉人，如中行说、李陵等，但这还是例外或绝对的少数。相反地，在晋代的匈奴以及其他少数民族之统治中原的，则大量任用汉族人。他们的政权性质属中国内部封建割据的地方性政权，不是外族建立的国家。

晋永嘉以后，晋王室及门第较高的贵人，多数南渡，但民众多数留在北方。汉人之留在北方者，对于匈奴与其他少数民族文化的影响必然很大。刘渊初起时，族人有劝他联络其他少数民族入侵中原地区，他却加以反对。相反地，他自命为刘汉后裔承继汉统，以对抗司马氏的晋室，拒绝从事民族战争。

至于生活习惯方面，匈奴受中原的影响更为显著。匈奴人移居塞内之后，生活上最大变化是逐渐放弃游牧生活，采取农耕生活方式。他们在塞内居住之地，由中原政府指定，人众地少，不像原来的故居蒙古高原那样地广人稀，因此，能逐渐习惯于农耕生活。这个改变，是基本生活方式的改变，从而在文化的许多方面也逐渐地发生变化。

在政治制度上，单于、左贤王、右贤王一些名词，虽仍然保留，但重要性多已消失。单于是过去匈奴最高统治者的称呼，现在却化为不同的官职名。例如有大单于、左单于、右单于，此外，还有其他好多形容词加在单于二字之上。同时，其他少数民族，尤其是鲜卑，也采用了这个称号。而且，除了单于这个称号之外，他们尤喜采用中国的官号。刘渊虽被匈奴部众拥为大单于，但他又自称汉王，做皇帝。后来他命刘聪为“大司马、大单于”。这不只说明“大单于”已不尽是最高统治者的称号，而且在大单于之上，加了一个中国的官号“大司马”。此外，刘渊称帝之后，也没有称其妻为阏氏，却叫作皇后。

又如在家庭制度方面，汉人对于匈奴最反感的是妻后母这件事。在匈奴人未入塞内之前，这是一件司空见惯的事情，可是入塞之后，尤其是到了晋代，这种风俗逐渐改变。刘渊妻单氏，曾被刘渊立为皇后。单氏姿色绝丽，刘渊死后，其子刘聪并没有妻她，仅与其私通。单氏的儿子刘乂知道这件事，很不赞成，劝母不要这样做，结果单氏惭愧而死。匈奴妻后母风俗的改变，显然受了汉族文化的影响。

又如好多匈奴人，尤其是匈奴的贵族子弟，大多数受过汉族文化的教育，不但语言已经汉化，还能使用汉字学习四书、五经，这说明他们在思想上也受到汉族深刻的影响。从以上可以看出，匈奴的汉化是相当彻底的。

晋代的“五胡乱华”，开端于匈奴。匈奴与其他少数民族之所以能在中原长期作乱，原因当然很多，例如晋武的骄盈、嗣主的昏庸、女后的专朝、八王构乱，都给胡人以可乘之机。然而我们应进一步指出，自东汉末年以至三国时期，中原连年祸乱，使汉族政权力量日趋虚弱，到了晋代，不只在经济上很为贫困，就是在人口上也大为减少，与匈奴族力量对比发生变化。匈奴人以及其他少数民族之居于塞外者，不断移入中原内地。在晋武帝时，匈奴人之入塞投降者就约有二十万。至于原已住在中原内地的究竟有多少，不得而知。照我们的估计，其数目不会比新来的少，恐怕比新来的多得多。因为自东汉末年以至三国时期，中原连年战乱，没有余力顾及边境。南匈奴除了已在塞内居住者外，其在塞外者，又时为其他民族特别是鲜卑所压迫，他们逐渐移居塞内的人数必定很多。又他们移居塞内，不只皆在中原北部，而且集中在华北好几个地方，如山西与河西等地。其族人既较为集中，力量也比较集中。所以刘渊谋反，二旬之间，众已五万。这是指参加军队的那部分而言，此外，没有参加军队的恐怕更多；至于老弱妇女，若都加在一起，则其人数之多，可以想见。从二旬之间，众已数万的事实来看，匈奴人在塞内的，不只人数很多，而且也很为团结。

匈奴与其他少数民族大量移居塞内的情况，在晋代初年就引起了不少官僚的注意。他们认为，这些人的内迁，将来必为中原之患。因而，有人主张应该及早防备或移徙他们到塞外。据《晋书》卷九十七《四夷列传》载，晋武帝太康元年（公元 280 年）郭钦上疏云：“戎狄强犷，历古为患。魏初人寡，西北诸郡皆为戎居。今虽服从，若百年之后有风尘之警，胡骑自平阳、上党不三日而至孟津，北地、西河、太原、冯翊、安定、上郡尽为狄庭矣。宜及平吴之威，谋臣猛将之略，出北地、西河、安定，复上郡，实冯翊，于平阳以北诸县募取死罪，徙三河、三魏见士四万家以充之。裔不乱华，渐徙平阳、弘农、魏郡、京兆、上党杂胡，峻四夷出入之防，明先王荒服之制，万世之长策也。”晋武帝对于郭钦的这种建议没有采纳。此外又有江统的《徙戎论》。《晋书》卷五十六《江统传》曾载这篇论文。今摘录于下：

并州之胡，本实匈奴桀恶之冠也。……建安中，又使右贤王去卑诱质呼厨泉，听其部落散居六郡。咸熙之际，以一部太强，分为三率。泰始之初，又增为四。于是刘猛内叛，连结外虏。近者郝散之变，发于谷远。今五部之众，户至数万，人口之盛，过于西戎。然其天性骁勇，弓马便利，倍于氐羌。若有不虞风尘之虑，则并州之域可为寒心。荥阳句骊本居辽东塞外，正始中，幽州刺史毌丘俭伐其叛者，徙其余种。始徙之时，户落百数，子孙孳息，今以千计，数世之后，必至殷炽。今百姓失职，犹或亡叛，犬马肥充，则有噬啮，况于夷狄，能不为变！但顾其微弱势力不陈耳。夫为邦者，患不在贫而在不均，忧不在寡而在不安。以四海之广，士庶之富，岂须夷虏在内，然后取足哉！此等皆可申谕发遣，还其本域，慰彼羁旅怀土之思，释我华夏纤介之忧。惠此中国，以绥四方，德施永世，于计为长。

江统的建议同样没有被采纳。为什么郭钦与江统的意见都没有受到朝廷重视呢？主要原因有二：第一，当时北部尤其是近塞各处，地广人稀，也许朝廷想到用匈奴人或其他少数民族去开发土地；第二，塞外的其他少数民族，像强盛的鲜卑，时时侵略中原，故晋朝想利用这些匈奴人或其他一些少数民族防守边境，实行所谓以夷制夷的政策。

我们已经指出，“五胡乱华”始于匈奴。所谓五胡，除了匈奴之外，还有哪些胡呢？同时这四种胡人之于匈奴关系又如何呢？

所谓五胡，除了匈奴之外，还有羯、鲜卑、氐、羌。

氐、羌之于匈奴，有没有关系呢？回答是肯定的。汉武帝之所以要通西域，固是要断匈奴的右臂，但同时也是要阻止匈奴“结党南羌”。这说明在河西走廊，即敦煌、酒泉、张掖、武威一带，未被西汉占领之时，匈奴与南羌是有关系的。并且两者往往联合起来，扰乱西汉边境。就是在西汉占领这些地方之后，匈奴还设法偷偷地与氐、羌联络以对抗西汉。在种族上，匈奴之于氐、羌的关系又如何呢？这是一个不容易回答的问题。在西汉尚未占领河西走廊之前，匈奴既与氐、羌毗连，二者互相通婚，也是很可能的。

五胡之中，在种族上，氐、羌之于匈奴的关系似没有羯与鲜卑之于匈奴的关系密切，虽则鲜卑与羯之于匈奴在种族上是不同的。鲜卑据说是东胡的后裔。东胡被冒顿击破之后，有的投降于匈奴，有的逃避鲜卑山。后来鲜卑强盛起来，常与匈奴接触。到了匈奴被窦宪与耿夔击败时，匈奴一部分人往西北跑，鲜卑占有其地。据《后汉书·鲜卑传》说，当时匈奴人尚有十余万落，留在匈奴故地，皆自号为鲜卑，因此使鲜卑逐渐强盛起来。在此时，鲜卑究竟有多少户口，我们难于估计，但匈奴十余万落，也差不多可以说等于十余万户。以每户五人计算，那么匈奴人之称为鲜卑者就有了五六十万人。假使这个数目没有什么错误，也许称为鲜卑的匈奴人的数目比原鲜卑人为多。这说明在鲜卑占领匈奴故地之后，大部分或至少是很多的所谓鲜卑人就是匈奴人。

匈奴与鲜卑居地本相毗连，两者人民互相通婚，很为可能。到了这么多的匈奴人称为鲜卑之后，互相通婚更是自然而然的。那么所谓鲜卑人，不只有很多或大部分为匈奴人，就是原来的鲜卑人，也慢慢地染有匈奴人的血统。相反地，在自号为鲜卑的匈奴人中，也逐渐有了鲜卑人的血统。

到了后汉末年，鲜卑的檀石槐崛起之后，建立了一个“大帝国”，东至鲜卑故地，西至乌孙，北至丁令，南至中原边境。在此时，除了在汉朝庇护之下的南匈奴外，散居于塞外以及西域的匈奴人，不只是受鲜卑的统治，可能有很多也自号为鲜卑人。这样看起来，在三国与晋代的鲜卑人，实际上是包括了大量的匈奴人的。

至于羯种与匈奴的关系，也是很值得研究的一个问题。《晋书·石勒载记》指出，石勒是“上党武乡羯人”，其先为“匈奴别部羌渠之胄”。《晋书·四夷列传》说：“北狄以部落为类，其入居塞者有屠各种、鲜支种、寇头种、乌谭种、赤勒种、捍蛭种、黑狼种、赤沙种、郁鞞种、萎莎种、秃童种、勃蔑种、羌渠种、贺赖种、钟跋种、大楼种、雍屈种、真树种、力羯种，凡十九种，皆在部落，不相杂错。屠各最豪贵，故得为单于，统领诸种。”在这十九种之中，只有屠各、萎莎、羌渠、力羯四种比较易解，尤其是屠各这个名词，见于史书的次数较多。羌渠、力羯之于羯，大致上是同一种族，至少其关系是密切的。至于其他各种就难于考究。

据《沓书》所说，以上的十九种部落皆为北狄，同时《晋书·四夷列传》又说：“匈奴之类，总谓之北狄。”这好像是说，上面所说的十九种部落皆为匈奴。在匈奴强盛的时候，不只在中原北边的各种民族皆受匈奴的统治，就是东边的东胡、西边的西域诸国也受匈奴的控制，所谓匈奴为“百蛮大国”，就是这个意思。然而在这个“百蛮大国”里，不一定所有的人都是匈奴人，相反地，其种族是很复杂的。

自然，在长期受到匈奴统治的不少种族，逐渐也有了匈奴的血统，同时匈奴人也染有其他种族的血统。然而，这也不能说，所有的其他种族都成为匈奴人，匈奴北边的丁令就是一个例子。丁令在冒顿的时代，已为匈奴所征服。在匈奴强盛的时期，丁令是役属于匈奴的，但是，在匈奴衰弱时，丁令又独立起来，而且侵略匈奴。到了匈奴被其他种族赶出故地之后，丁令仍然存在。此外又如乌孙，当其被月氏破灭后，余种逃到匈奴，可是后来又独立起来，并且攻败月氏。这说明在匈奴所统治或庇护下的好多种族，虽然免不了要受匈奴种族的影响，然而并不一定都变成为匈奴人。所以《晋书》中所说的十九种部落有不少不是匈奴人，羯种就可以说是其中之一。《晋书·石勒载记》说他是羯人，其先是匈奴别部。所谓匈奴别部，就不一定是匈奴人。匈奴在两汉时代往往也称胡，可能匈字就是从胡单反切。胡这个名词虽然也指东胡，以及后来的西域种族也谓西胡，但在晋朝初年，胡羯并称。假使羯就是匈奴，那么用“胡”字就可以代表羯。当时人之所以在胡之外又特别指出羯者，大概是因为羯与匈奴是不同种族。慕容廆曾致书陶侃说：“今凶羯虐暴，中州人士逼迫势促，其颠沛之危，甚于累卵。”慕容廆与东夷校尉封抽等给陶侃的书中又说：“昔猃狁之强，匈奴之盛，未有如今日羯寇之暴，……”（均见《晋书·慕容廆载记》）羯既与胡分开来说，那么羯之于匈奴，当有不同之处。

然而，羯既是十九种部落之一，又曾与匈奴杂居或受匈奴统治，那么羯种之有匈奴血统，也是很自然的。石勒是上党人，上党在当时也有匈奴。他们在塞外时，既久已杂处，到了塞内之后，继续杂处，则两种族在血统上的互相混合，也是可能的。所以胡羯并称，一方面固是说明其区别之点，一方面也是说明其关系所在。羯不叫做胡，而区别于胡，这是他们的不同处；可是他们既有密切的关系，也使当时的人们互相混用。

匈奴种族自汉末至晋代，与其他种族血统混合的程度很深固如上述，匈奴的文化，在这个时期中与其他民族文化互相影响，也是一件值得注意的事情。上面曾略为指出匈奴的汉化程度之深，同时也应指出中原北部既为匈奴居留与占据，匈奴的风俗习惯之影响于中原，也是无可怀疑的。

匈奴与其他少数民族的文化也互相影响，我们并不准备在这里去讨论这个问题，只想说明一点，就是从其他少数民族采用单于这个称号的例子，去说明匈奴文化之影响于其他民族。上面已经指出，单于这个称号，本来是匈奴人最高统治者的称号。到了晋代，单于这个称号，不只匈奴人自己已很滥用，就是其他许多少数民族也往往使用之。例如，鲜卑人早就用这个称号。到了晋元帝大兴元年（公元 318 年），帝遣使授慕容廆龙襄将军、大单于称号。石勒、石季龙都即过大单于位，这是羯人采用单于称号的例子。符健称为天王大单于，则是氐羌人采用这个称号的例子。这说明了五胡中的其他胡人，都受有匈奴的影响。

从这些例子来看，所谓百蛮大国的匈奴，到了三国与晋代，故国固已灭亡，人民散居各处，但是这个民族的血统以及文化，除了残众还部分地保留之外，也可以在鲜卑、羯、氐、羌等民族中保存。

《晋书·刘元海载记》说："於扶罗死，弟呼厨泉立，以於扶罗子豹为左贤王，即元海之父也。"从匈奴单于继立制度来说，於扶罗不传子而传弟，也是常有的例子，呼厨泉既立，於扶罗子豹为左贤王，应是下一位单于的继立者。可是刘豹是否曾以任何种形式继立为单于，史无明文。《晋书·武帝纪》"泰始元年"（公元265年）中说："泰始元年冬十二月丙寅，设坛于南郊，百僚在位及匈奴南单于四夷会者数万人，……"四夷的酋长或其使者没有说明，而特别标出匈奴南单于参加了司马炎的即位典礼，说明匈奴在各族中的特殊地位。但是，这位南单于是哪一位？我们不清楚。《晋书》的《四夷列传》及《刘元海载记》中没有说及呼厨泉的死年，也没有说刘豹继立为单于。《三国志·魏书》卷二十八《邓艾传》中，指出魏废帝嘉平年间（公元249—254年），刘豹是并州右贤王，同时又载邓艾上疏曾数次提到单于，并有"今单于之尊日疏"的字句，这是司马炎称帝前十余年的事情。这说明在那个时候还有单于，同时也说明刘豹身为左贤王而没有继立为单于，且已被贬为右贤王。右贤王在匈奴的官位中，不只低于左贤王，而且低于左谷蠡王。

《邓艾传》中所说的单于是哪一位？我们也不得而知，但《晋书·匈奴传》中说，"泰始七年，单于猛叛"。猛姓刘，这必是刘渊的亲族，此外又说，北狄十九种移居塞内，其中最豪贵者为屠各种。因为这一个种族最豪贵，所以得为单于，统领诸种。这说明居单于位的是屠各种人。又《资治通鉴》"泰始七年"中说："春正月，匈奴右贤王刘猛叛出塞。"刘猛又好像不是单于。晋哀帝兴宁二年（公元364年），据《十六国春秋辑补》卷三十三"苻坚·甘露六年"中载云："屠各张罔，聚众数千，自称大单于。"可见屠各人即使有单于称号也是僭用，不被中央王朝承认，故不入史传。

当刘豹为左贤王时，右贤王是去卑。到了魏废帝嘉平年间（公元249—254年），刘豹被贬为右贤王，此时，大概去卑早已死了。假使单于是刘猛，那么单于以下的主要权贵也是姓刘的。比方左贤王，据《晋书·刘元海载记》，是刘宣，这就是刘渊的从祖、刘豹的叔父。

我们上面所说也不过是一种推想。也可能是呼厨泉死后，左贤王刘豹不得继立为单于，乃由刘猛继立。至于刘猛与呼厨泉的关系如何，不得而知。他也可能是呼厨泉的儿子。《晋书·刘元海载记》说，刘宣曾对人说，“我单于虽有虚号，无复尺土之业”。这说明刘宣为左贤王时，单于这个称号仍然存在，不过实际上没有统治寸土。因为他与其他匈奴人一样，都处在晋统治之下，所以说“自诸王侯，降同编户”。从这种语气来看，这里所说的单于，应当是刘猛。

总而言之，自曹丕黄初元年更换匈奴南单于呼厨泉的印绶之后，关于匈奴单于的记载就不清楚了。而且，自呼厨泉被曹操留于邺，遣右贤王去卑去管理部众以后，所谓单于，也只有其名，而无其实了。我们只是推测刘渊可能是南匈奴单于的后裔子孙，属屠各部族。

晋时的匈奴族可以分成三支来说：（一）为刘氏初建国的汉，后称为前赵；（二）为赫连氏建国的夏；（三）为左沮渠氏建国的北凉。第一支在山西；第二支是由山西西徙而来；第三支在河西张掖。第一支是於扶罗单于的后裔；第二支是右贤王去卑的后裔；第三支是匈奴左沮渠的后裔。前两者在汉灵帝中平五年（公元188年）入居内地，后者在什么时候入塞，不得而知。

至晋，中原不只与原住在内地的匈奴人有交涉，而且又容纳了好多从塞外新移居内地的匈奴人。《晋书》卷九十七《四夷列传》中说：“武帝践祚后，塞外匈奴大水，塞泥、黑难等二万余落归化，帝复纳之，使居河西故宜阳城下。后复与晋人杂居，由是平阳、西河、太原、新兴、上党、乐平诸郡靡不有焉。”司马光《资治通鉴》卷八十一《晋纪三》“武帝太康五年”记载：“是岁，塞外匈奴胡太阿厚帅部落二万九千三百人来降；帝处之塞内西河。”又同书“太康七年”中云：“秋，匈奴胡大博及萎莎胡各帅种落十万余口，诣雍州降。”《晋书·四夷列传》中说：“明年（指太康八年）匈奴都督大豆得一育鞠等复率种落大小万一千五百口，牛二万二千头，羊十万五千口，车庐什物不可胜纪，来降，并贡其方物，帝并抚纳之。”

《资治通鉴》卷八十一《晋纪三》“太康八年”注云：“魏既分塞内匈奴为五部矣，自去年来，匈奴帅种落来降者十有余万口，史不言所以处之之地，此必自塞外来，北匈奴之种落也。”胡三省注以为这些投降而来的是北匈奴的部落，似有商榷之处。我们知道，北匈奴自鲜卑占领匈奴故地，后来又经檀石槐的再征服，北匈奴之投降于鲜卑者，固自号为鲜卑人，而不愿投降于鲜卑者也必远逃于西北，只有南匈奴自单于比称臣于汉后，其部一向居于边塞。羌渠单于因为遣其子於扶罗领兵去帮助汉攻击黄巾，遭国人反对，把他杀死，於扶罗虽继立为单于，也不得回国，乃与其部众居留内地。於扶罗所率的部众主要是匈奴士卒，人数不会很多。大部分的南匈奴人仍留居故地。於扶罗率领入居内地的主要是男丁，所以后来与汉族人通婚，很快汉化。他们不只改用汉姓，而且学习汉族文化。至于仍住在故地的南匈奴人，人数虽很多，但长期在汉魏政权庇护之下，受汉族文化的影响，也是难免的事情。因为水灾或其他原因请求移居塞内的匈奴人，似应是这些南匈奴人，而不是与中原早已割断或少有关系的北匈奴人。

以上是说塞外投降于中原政权的匈奴人。至于在塞内的，除了上面所举出在司马炎称帝时，其单于曾参加典礼者之外，其部众之反抗晋王朝的也不少。《晋书·四夷列传》中说：“泰始七年（公元271年），单于猛叛，屯孔邪城。武帝遣娄侯何桢持节讨之。桢素有志略，以猛众凶悍，非少兵所制，乃潜诱猛左部督李恪杀猛，于是匈奴震服，积年不敢复反。”但同处接着说：“其后稍因忿恨，杀害长吏，渐为边患。”惠帝时，匈奴又进犯晋朝。《晋书·四夷列传》说：“惠帝元康中，匈奴郝散攻上党，杀长吏，入守上郡。明年，散弟度元又率冯翊、北地羌胡攻破二郡。自此已后，北狄渐盛，中原乱矣。”

《资治通鉴》载郝散的反抗，是在晋惠帝元康四年：“夏，五月。匈奴郝散反，攻上党，杀长吏。秋，八月，郝散帅众降，冯翊都尉杀之。”关于郝散弟度元的反抗，《资治通鉴》系在“元康六年”：“夏，郝散弟度元与冯翊、北地马兰羌、庐水胡俱反，杀北地太守张损，败冯翊太守欧阳建。”又如《晋书·四夷列传》中说：“其国人有綦毋氏、勒氏，皆勇健，好反叛。”然而晋王朝也有时利用他们来帮助安定内乱。《晋书·四夷列传》说：“武帝时，有骑督綦毋伣邪伐吴有功，迁赤沙都尉。”他甚至利用匈奴人去防御其他各族。

此外，在匈奴与其他各族之间，互相征伐，也是常有的现象。《资治通鉴》卷八十二《晋纪四》“惠帝元康五年冬”中载：“拓拔禄官分其国为三部：一居上谷之北，濡源之西，自统之；一居代郡参合陂之北，使兄沙漠汗之子猗㐌统之；一居定襄之盛乐故城，使猗㐌弟猗卢统之。猗卢善用兵，西击匈奴、乌桓诸郡，皆破之。”

新来的匈奴人既愈来愈多，而原已移居内地的也不少，汉化程度愈来愈深。随着汉族王朝力量的削弱，他们以屠各部族为首，逐渐独树一帜，与汉族王朝对抗。《晋书·四夷列传》记载匈奴的官号与姓氏，虽与《史记》《汉书》《后汉书》大致相同，却也有很多相异之处：“其国号有左贤王、右贤王、左奕蠡王、右奕蠡王、左於陆王、右於陆王、左渐尚王、右渐尚王、左朔方王、右朔方王、左独鹿王、右独鹿王、左显禄王、右显禄王、左安乐王、右安乐王，凡十六等，皆用单于亲子弟也。其左贤王最贵，唯太子得居之。”左右奕蠡王，当为以前的左右谷蠡王；左右於陆王、左右渐尚王、左右朔方王、左右独鹿王与左右显禄王，都与以往的名称不同。可能有的是受了中原的影响，如左右朔方王；或者有的是受了鲜卑或其他民族的影响。

关于匈奴的姓氏，《晋书·四夷列传》说：“其四姓，有呼延氏、卜氏、兰氏、乔氏。呼延氏最贵，则有左日逐、右日逐，也为辅相；卜氏则有左沮渠、右沮渠；兰氏则有左当户、右当户；乔氏则有左都侯、右都侯。又有车阳、沮渠、余地诸杂号，犹中国百官也。”《史记》《汉书》说匈奴的呼衍氏、兰氏其后为须卜氏。《后汉书》于这三姓之外加林氏。《晋书》没有林氏，而有乔氏。呼延当为呼衍，卜氏当为须卜的简称。这些贵姓，一向占有匈奴官职中的重要地位。

关于刘渊与其所建立的汉或前赵，以及其他的匈奴人或其他各族所建立的王朝的历史，见于《晋书·载记》。《晋书·载记》采自崔鸿的《十六国春秋》。这本书在元代已佚，明嘉兴屠乔孙、项琳别撰百卷。清乾隆年间，仁和汪日桂根据这个本子重订。此外，清末汤球又撰《十六国春秋辑补》。我们这里仍以《晋书》为主，同时用汪日桂重订《十六国春秋》本、汤球的《辑补》以及《广雅书问丛书》中所刊汤球辑的九家旧《晋书辑本》作为参考的资料。

《十六国春秋辑补》卷一《前赵录》“刘渊”条说：

> 刘渊，字元海，新兴匈奴人，冒顿之后也。先夏后氏之苗裔曰淳维，世居北狄，千有余岁。至冒顿袭破东胡，西走月氏，北服丁令，内侵燕岱，控弦之士四十万。汉祖患之，使刘敬奉公主以妻冒顿，约为兄弟，故子孙遂冒母姓为刘氏。

《晋书·刘元海载记》较为简单，但大意相同。冒顿为夏后氏之苗裔的说法，因不足置信，所以《晋书》载记没有抄录《史记》《汉书》中的这段话。但是《十六国春秋》与《晋书·载记》以为冒顿妻汉公主，故其子孙冒母姓为刘氏，也有值得商量之处。因为《史记》《汉书》《后汉书》匈奴传均没有关于匈奴人冒母姓为刘氏的记载。

《晋书·载记》及《十六国春秋》说刘渊之父是刘豹。刘豹是於扶罗单于之子，於扶罗是羌渠之子。羌渠与於扶罗的事迹，见于《后汉书·南匈奴列传》。不过我们曾指出，羌渠是不是匈奴单于嫡系或是纯粹的匈奴人，值得进一步研究，所以刘渊是否为纯粹的匈奴人，同样是一个问题。

刘渊先世冒姓刘氏，始于他的父亲刘豹。他的祖父於扶罗立为单于虽在内地，然据史书所载，并没有改姓刘，使用的也是匈奴的称号——持至尸逐侯单于。於扶罗死后，他的弟弟呼厨泉继立为单于，也没有关于改姓刘的记载。

匈奴单于改姓刘，是呼厨泉之后的刘猛。匈奴王侯称刘氏者，除刘豹外，还有刘渊的从祖刘宣。可能是自曹丕篡汉称帝后，或者自呼厨泉死后，匈奴的王侯贵人才开始有改姓刘的。原因是在这个时候，即呼厨泉时代，他们大部分接受了汉族的教育，汉化的程度很深。同时，在此时匈奴单于既只有名无实，一般王侯也正如刘宣所说“降同编户”，不改姓氏，在内地不仅谋生不易，就是称呼也不方便。此外，也有可能他们既深受汉族文化的影响，有了忠于汉族王朝君主的思想，曹操留呼厨泉于邺而遣右贤王去卑监理其国，引起忠于呼厨泉的匈奴人的不满，致使一些王侯在曹丕篡位后改为刘姓，以示追念汉室。自然，这种情感也是与汉高祖遣宗室女嫁给冒顿，以至后来的王昭君嫁给呼韩邪等好多次和亲有关系的。以后刘渊称汉王时，曾下令称刘邦为“我太祖高皇帝”，不过这时他的这种说法，恐怕主要是晋室骚乱，想利用刘汉去收拾人心，以增加其声势耳。

《晋书·刘元海载记》也有关于刘渊崛兴的记述，完全是汉族帝王秉天命而起的传说模式：

> 豹妻呼延氏，魏嘉平中（公元249—254年）祈子于龙门，俄而有一大鱼，顶有二角，轩鬐跃鳞而至祭所，久之乃去。巫觋皆异之，曰：“此嘉祥也。”其夜梦旦所见鱼变为人，左手把一物，大如半鸡子，光景非常，授呼延氏，曰：“此是日精，服之生贵子。”寤而告豹，豹曰：“吉征也。吾昔从邯郸张冏母司徒氏相，云吾当有贵子孙，三世必大昌，仿像相符矣。”自是十三月而生元海，左手文有其名，遂以名焉。齠齔英慧，七岁遭母忧，擗踊号叫，哀感旁邻，宗族部落咸共叹赏。……幼好学，师事上党崔游，习《毛诗》《京氏易》《马氏尚书》，尤好《春秋左氏传》《孙吴兵法》，……

于是遂学武事，妙绝于众，猿臂善射，膂力过人。

《史记》《汉书》《后汉书》记载匈奴风俗，没有述及匈奴妇女拜神祈子。这种传说当然是受汉族文化影响的结果。

刘渊是於扶罗单于的孙儿，他的父亲刘豹曾为匈奴左贤王；曹操分其众为五部时，又以刘豹为左部帅，在匈奴中的地位是很高的。《十六国春秋辑补》卷九“王弥”传说：“弥屯七里涧，王师进击，大破之。弥谓其党刘灵曰：‘晋兵尚强，归无所厝。刘元海昔为质子，我与之周旋京师，深有分契，今称汉王，将归之可乎？’灵然之。”刘渊既为质子于京师，不只他的地位很重要，在京师时所认识当时的王公贵人必定不少，王弥不过是其中的一位。

在他所认识的好多人中，有的对他很好，有的却对他猜忌。王浑与其子王济以及李熹属于前者，孔恂、杨珧属于后者。王浑、王济、李熹之于刘渊都有乡里关系。王浑在刘渊幼时，已命其子王济去结交刘渊，并常常向朝廷推荐刘渊。《晋书·刘元海载记》叙述当时这些人对刘渊的看法是很矛盾的。在汉化匈奴人力量与晋王朝力量对比已发生变化的情况下，一方面想利用刘渊帮助晋王朝扶危解难，一方面又存在不相信少数民族的大汉族主义观念：

> 泰始（公元 265—274 年）之后，浑又屡言之于武帝。帝召与语，大悦之，谓王济曰：“刘元海容仪机鉴，虽由余、日磾无以加也。”济对曰：“元海仪容机鉴，实如圣旨，然其文武才干贤于二子远矣。陛下若任之以东南之事，吴会不足平也。”帝称善。孔恂、杨珧进曰：“臣观元海之才，当今惧无其比，陛下若轻其众，不足以成事；若假之威权，平吴之后，恐其不复北渡也。非我族类，其心必异。任之以本部，臣窃为陛下寒心。若举天阻之固以资之，无乃不可乎！”帝默然；后秦凉覆没，帝畴咨将帅，上党李嘉曰：“陛下诚能发匈奴五部之众，假元海一将军之号，鼓行而西，可指期而定。”孔恂

曰："李公之言，未尽殄患之理也。"熹勃然曰："以匈奴之劲悍，元海之晓兵，奉宣圣威，何不尽之有！"恂曰："元海若能平凉州，斩树机能，恐凉州方有难耳。蛟龙得云雨，非复池中物也。"帝乃止。

刘渊的祖父是单于，父为左贤王，又为左部帅，照匈奴的制度，他的父亲当继立为单于。他本人为质子（在匈奴有时以太子作质子），可见他在匈奴中的地位是很重要的。后来他率领匈奴人反抗朝廷，就是因为晋王朝猜忌他。《晋书·刘元海载记》又说："后王弥从洛阳东归，元海饯弥于九曲之滨，泣谓弥曰：'王浑、李熹以乡曲见知，每相称达，谗间因之而进，深非吾愿，适足为害。吾本无宦情，惟足下明之。恐死洛阳，永与子别。'因慷慨歔欷，纵酒长啸，声调亮然，坐者为之流涕。齐王攸时在九曲，比闻而驰遣视上，见元海在焉，言于帝曰：'陛下不除刘元海，臣恐并州不得久宁。'"齐王攸是当时王室中很重要的人物，看了刘元海之后，也觉得他将来必为祸乱。可见他虽没有做过什么对不起朝廷的事情，但是他的民族背景与才具，使汉族统治者忌怕他。《刘元海载记》记载王浑为他进行辩护说："'元海长者，浑为君王保明之。且大晋方表信殊俗，怀远以德，如之何以无萌之疑杀人侍子，以示晋德不弘。'帝曰：'浑言是也。'会豹卒，以元海代为左部帅。太康末，拜北部都尉。明刑法，禁奸邪，轻财好施，推诚接物，五部俊杰无不至者。幽冀名儒，后门秀士，不远千里，亦皆游焉。杨骏辅政，以元海为建威将军，五部大都督，封汉光乡侯。元康末，坐部人叛出塞免官。成都王颖镇邺，表元海行宁朔将军，监五部军事。"

这是晋惠帝时的事情。惠帝昏庸，贾后专权，八王作乱。刘渊因为在充作质子时受到一些汉族统治阶级人士的不公平对待，对晋室不满。在匈奴的王侯贵人中，也有另外一些对于晋室的大汉族主义不满者，刘渊的从祖刘宣就是其中的一个。他曾做过北部都尉、左贤王，在匈奴人中是一位很有声望的人。《晋书·刘元海载记》说："元海从祖故北部都尉、左贤王刘宣等窃议曰：‘昔我先人与汉约为兄弟，忧泰同之。自汉亡以来，魏晋代兴，我单于虽有虚号，无复尺土之业，自诸王侯，降同编户。今司马氏骨肉相残，四海鼎沸，兴邦复业，此其时矣。左贤王元海姿器绝人，榦宇超世，天若不恢崇单于，终不虚生此人也。’于是密共推元海为大单于。”《晋书·载记》介绍刘宣，说他是一位汉化程度很深的匈奴贵族：“刘宣字士则。朴纯少言，好学修洁。师事乐安孙炎，沉精积思，不舍昼夜，好《毛诗》《左氏传》。炎每叹之曰：‘宣若遇汉武，当逾于金日磾也。’学成而返，不出门闾盖数年。每读《汉书》，至萧何、邓禹传，未曾不反覆咏之，曰：‘大丈夫若遭二祖，终不令二公独擅美于前矣。’并州刺史王广言之于武帝，帝召见，嘉其占对，因曰：‘吾未见宣，谓广言虚耳。今见其进止风仪，真所谓如珪如璋，观其性质，足能抚集本部。’乃以宣为右部都尉，特给赤幢曲盖。莅官清恪，所部怀之。元海即王位，宣之谋也，故特荷尊重，勋戚莫二，军国内外靡不专之。”（见《晋书·刘元海载记》）刘渊后来的反抗与称王是得力于刘宣的计谋与策动。刘宣后来也得到刘渊的重用。但开始时他们都不是从民族对抗立场起兵反晋的，而是西晋封建战争的组成部分。

关于刘渊与成都王颖的关系，《十六国春秋辑补》卷一《前赵录》“刘渊”中有一段记载：“颖为皇太弟，领丞相，自邺悬秉国政，事无大小，皆先关谘，以渊为太弟屯骑校尉。”《晋书·刘元海载记》说：

> 惠帝伐颖，次于荡阴，颖假元海辅国将军、督北城守事。及六军败绩，颖以元海为冠军将军，封卢奴伯。并州刺史东嬴公腾、安北将军王浚，起兵伐颖，元海说颖曰：“今二镇跋扈，众余十万，恐非宿卫及近都士庶所能御之，请为殿下还说五部，以赴国难。”颖曰：“五部之众可保发已不？纵能发之，鲜卑、乌丸劲速如风云，何易可当邪？吾欲奉乘舆还洛阳，避其锋锐，徐传檄天下，以逆顺制之。君意何如？”元海曰：“殿下武皇帝之子，有殊勋于王室，威恩光洽，四海钦风，孰不思为殿下没命投躯者哉，何难发之有乎！

王浚竖子，东嬴疏属，岂能与殿下争衡邪！殿下一发邺宫，示弱于人，洛阳可复至乎？纵达洛阳，威权不复在殿下也。纸檄尺书，谁为人奉之！且东胡之悍不逾吾部，愿殿下勉抚士众，靖以镇之，当为殿下以二部摧东嬴，三部枭王浚，二竖之首可指日而悬矣。”颖悦，拜元海为北单于、参丞相军事。元海至左国城，刘宣等上大单于之号，二旬之间，众已五万，都于离石。

离石对于匈奴人是一个很有历史意义的地方。《晋书·刘元海载记》说：“建武初，乌珠留若鞮单于子右奥鞬日逐王比自立为南单于，入居西河美稷，今离石左国城即单于所徙廷也。”不过这时刘渊所立匈奴国，仅是西晋封建战争过程中兴起的一般封国而已。

成都王颖为王浚所败逃到洛阳。《晋书·刘元海载记》说：“王浚使将军祁弘率鲜卑攻邺，颖败，挟天子南奔洛阳。元海曰：‘颖不用吾言，逆自奔溃，真奴才也。然吾与其有言矣，不可不救。’于是命右於陆王刘景、左独鹿王刘延年等率步骑二万，将讨鲜卑。”王浚之所以攻败成都王颖，得力于鲜卑。这时刘宣及一些匈奴贵人，希望刘渊能联络鲜卑以及其他民族摆脱晋王朝的统治，重建匈奴故国。刘渊遣将去援救成都王颖，他们不赞成。刘宣等谏曰：

晋为无道，奴隶御我，是以右贤王猛不胜其忿。属晋纲未弛，大事不遂，右贤涂地，单于之耻也。今司马氏父子兄弟自相鱼肉，此天厌晋德，授之于我。单于积德在躬，为晋人所服，方当兴我邦族，复呼韩邪之业，鲜卑、乌丸可以为援，奈何距之而拯仇敌！今天假手于我，不可违也。违天不祥，逆众不济；天与不取，反受其咎。愿单于勿疑。（《晋书·刘元海载记》）

可是刘渊之志，不在恢复塞外匈奴故国，而在于在封建战争过程中取晋室而代之。他对刘宣的建议不予采纳，回答说：

“善。当为崇冈峻，阜何能为培塿乎！夫帝王岂有常哉，大禹出于西戎，文王生于东夷，顾惟德所授耳。今见众十余万，皆一当晋十，鼓行而摧乱晋，犹拉枯耳。上可成汉高之业，下不失为魏氏。虽然，晋人未必同我。汉有天下世长，恩德结于人心，是以昭烈崎岖于一州之地，而能抗衡于天下。吾又汉氏之甥，约为兄弟，兄亡弟绍，不亦可乎？且可称汉，追尊后主，以怀人望。”乃迁于左国城，远人归附者数万。（《晋书·刘元海载记》）

第二十六章　中国汉化匈人建立的王朝（上）

晋惠帝永兴元年（公元 304 年），以刘渊为首的刘氏宗族集团，在今山西地区离石县东的左国城建立的王朝，是中国第一个汉化匈人建立的王朝。刘渊初称汉王，年号元熙。这个王朝初称汉，后称赵，存在二十七年。灭亡西晋的就是这个王朝。《十六国春秋辑补》卷一《前赵录》“刘渊”传说：“元熙元年，迁于左国城，晋人东附者数万，宣等上尊号，渊曰：‘今晋氏犹在，四方未定，可仰遵高祖初法，且称汉王，权停皇帝之号，待宙宇混一，当更议之。’”从中可见刘渊不只改姓刘，想继汉室，而且还仿汉高祖刘邦先称汉王，然后再称皇帝。他的这种计谋吸引了好多汉族人民。《资治通鉴》卷八十五《晋纪七》“惠帝永兴元年”中说，“胡、晋归之者愈众”。说明他的这种做法，在各族人民中产生了一定作用。《晋书·刘元海载记》说：

永兴元年，元海乃为坛于南郊，僭即汉王位，下令曰：“昔我太祖高皇帝以神武应期，廓开大业。太宗孝文皇帝重以明德，升平汉道。世宗孝武皇帝拓土攘夷，地过唐日。中宗孝宣皇帝搜扬俊乂，多士盈朝。是我祖宗道迈三王，功高五帝，故卜年倍于夏商，卜世过于姬氏。而元成多僻，哀平短祚，贼臣王莽，滔天篡逆。我世祖光武皇帝诞资圣武，恢复鸿基，祀汉配天，不失旧物，俾三光晦而复明，神器幽而复显。显宗孝明皇帝、肃宗孝章皇帝累叶重晖，炎光再阐。自和、安已后，皇纲渐颓，天步艰难，国统频绝。黄巾海沸于九州，群阉毒流于四海，董卓因之肆其猖勃，曹操父子凶逆相寻。故孝愍委弃万国，昭烈播越岷蜀，冀否终有泰，旋轸旧京。何图天未悔祸，后帝窘辱。自社稷沦丧，宗庙之不血食四十年于兹矣。今天诱其衷，悔祸皇汉，使司马氏父子兄弟迭相残灭。黎庶涂炭，靡所控告。孤今猥为群公所推，绍修三祖之业。顾兹尪暗，战惶靡厝。但以大耻未雪，社稷无主，衔胆栖冰，勉从群议。’乃赦其境内，年号元熙，追尊刘禅为孝怀皇帝，立汉高祖以下三祖五宗神主而祭之。

看了刘渊所下的令及对汉室神位的追祭，他俨然成为了刘邦的“嫡系子孙”。相反地，他对于自己真正的祖宗，却无一言说及，可见他的主要目的是要争取包括汉族人民在内的多数群众，以推翻司马氏的晋室，统一全国。他根本没有意思重建匈奴族国家于漠北的意思，可见汉化之深。

刘渊称汉王之后，曾与西晋王朝苦战，《晋书·刘元海载记》说：“东嬴公腾使将军聂玄讨之，战于大陵，玄师败绩，腾惧，率并州二万余户下山东，遂所在为寇。元海遣其建武将军刘曜寇太原、泫氏、屯留、长子、中都，皆陷之。二年（公元 305 年），腾又遣司马瑜、周良、石鲜等讨之，次于离石汾城。元海遣其武牙将军刘钦等六军距瑜等，四战，瑜皆败，钦振旅而归。”元熙三年（公元 306 年），刘渊“以其前将军刘景为使持节、征讨大都督、大将军，要击并州刺史刘琨于版桥，为琨所败，琨遂据晋阳”。其侍中刘殷、王育建议刘渊南下，攻长安，据洛阳，灭西晋王朝：“殿下自起兵以来，渐已一周，而颛守偏方，王威未震。诚能命将四出，决机一掷，枭刘琨，定河东，建帝号，鼓行而南，克长安而都之，以关中之众席卷洛阳，如指掌耳。此高皇帝之所以创启鸿基，克殄强楚者也。”刘渊听了这些话，很为高兴，于是乃命将进据河东，攻占蒲坂（在今山西永济县西蒲州）、平阳（今山西临汾西南）。

过了一年，据《十六国春秋辑补》卷二《前赵录》“刘渊”载：“四年（公元 307 年）元海遂入都蒲子（今山西省隰县），河东平阳属县，垒壁尽降。时四部之东莱王弥，起兵青、徐，刘灵为王赞所逐，王弥为苟纯所败，乃谋归汉，遣使来降，拜镇东将军青州刺史、东莱郡公。四月，汲桑叛，起兵赵魏上郡，自称赵王，选置州郡，四部鲜卑陆逐延氏酋大单徵。十一月，石勒及胡部等，并帅众相次来降，元海悉署其官爵。”这是刘渊夺取天下过程很重要的一年。他听了刘殷、王育的话，进据蒲坂、平阳，在黄河下游被晋兵击败的王弥与石勒又归附于他，声势大振。明年（公元 308 年）十月，刘渊就皇帝位，大赦境内，改元永凤。刘邦称汉王后五年遂称皇帝，刘渊称汉王后五年也称皇帝，可见刘渊事事都效法刘邦。可是，刘邦是在独霸天下后始称皇帝，而刘渊称帝时，不但没有统一全国，就是中国北部也未统一。

《十六国春秋辑补》卷二《前赵录》指出永凤元年（公元 308 年）刘渊称帝之后：“以卫军和为大将军，抚军聪为车骑大将军，建武曜为龙骧大将军；又以其大将军和为大司马，封梁王；尚书令刘欢乐为大司徒，封陈留王；御史大夫呼延翼为大司空，封雁门郡公；以延年为江都王。”《晋书・刘元海载记》说：“宗室以亲疏为等，悉封郡县王，异姓以勋谋为差，皆封郡县公侯。”刘和、刘聪是刘渊之子，刘曜是他的族子，从这个名单与封王侯的做法来看，重要的职务多为刘氏嫡系所居。皇帝的子孙封为王，异姓臣僚有功者封为侯，这本来也是汉高祖刘邦的做法，同时官号也采用汉族政权的名称。比方刘渊为汉王时，他以刘宣为丞相，崔游为御史大夫，刘宏为太尉；到他称皇帝时，封其子为大将军、大司马、大司徒、大司空种种名称，可以说是完全汉化了。又如以前匈奴单于之妻称为阏氏，此时也没有采用。刘渊称王时，立其妻呼延氏为王后；称帝后，立其妻单氏为皇后。然而也得指出，这并不是说匈奴的官号完全没有保留。在刘渊没有称汉王之前，刘宣等共拥他为大单于，成都王颖也拜他为北单于；刘渊又以其子聪为右贤王，后来又拜聪为鹿蠡王；就是刘渊称帝之后，河瑞二年（公元 310 年），他还以其子聪为大司马大单于，不过这里所用的大单于，已与原来的单于意义不完全相同，以往的单于是至高无上的称号，这里所说的单于却在皇帝之下。

刘渊称帝之后的第二年，有几件事值得我们注意：一为迁都，二为改元，三为东征壶关，四为南下取洛阳。

迁都是太史令宣于修之的提议。《晋书·刘元海载记》说："太史令宣于修之言于元海曰：'陛下虽龙兴凤翔，奄受大命，然遗晋未殄，皇居仄陋，紫宫之变，犹钟晋氏，不出三年，必克洛阳。蒲子崎[illegible]岖，非可久安。平阳势有紫气，兼陶唐旧都，愿陛下上迎乾象，下协坤祥。'于是迁都平阳。"

关于改元，据《晋书·刘元海载记》说："汾水中得玉玺，文曰'有新保之'，盖王莽时玺也。得者因增'泉海光'三字，元海以为己瑞，大赦境内，改年河瑞。封子裕为齐王，隆为鲁王。"《十六国春秋辑补》说，得者增"渊海光"三字。刘渊称王、称帝采用年号，并因征兆而改年号，赦境内，封王侯，这也是仿效汉王朝的做法。

东征壶关成功。《十六国春秋》说：

> 渊以王弥为侍中都督、征东大将军、青州牧，与楚王聪共攻上党，围壶关。以石勒为前锋都督。晋并州刺史刘琨遣护军黄肃、韩述来救。聪败述于西涧，勒败肃于封田，皆杀之。晋太傅越遣淮南内史王旷、将军施融、曹超等将兵拒聪。旷既济河，欲长驱而前，融曰："彼乘险间出，我虽有百万之众，犹是一军独受敌也。且当阻水为固，以量势形，然后图之。"旷怒曰："君欲沮众邪也！"融退曰："彼善于用兵，旷暗于事势，吾属今必死矣。"旷等逾太行，与聪遇战于长平间，旷兵大败，融、超皆死，遂破陈留、长子，斩获万九千级。上党太守庞淳以壶关降。

这里所说的庞淳，《十六国春秋辑补》中作刘惇，这里所说的王旷，《十六国春秋辑补》中作王广。《十六国春秋辑补》还有下面一段记载："七月，战于长平。长平之战，刘聪马中流矢，几为晋军所获，李景年以马授聪，挥戈前战，晋师败。"壶关之降，长平之战，《晋书》没有记载。《十六国春秋辑补》是依《太平御览》与《通览考异》引补的。

刘渊在位期间攻洛阳不下，据《十六国春秋》是役始于河瑞元年（公元309年）二月："二月，晋左积弩将军朱诞来奔，具陈洛阳孤弱，劝渊攻之。渊以诞为前锋都督，遣灭晋大将军景为大都督，将兵攻洛阳。晋军遣车骑将军王堪将兵迎击。夏四月，景败堪于延津，沈男女三万余人于河涧。渊闻之怒曰：'景何面目复见朕乎！且天道岂能容之。吾所欲除者止司马氏耳，细民何罪？'黜景为平虏将军。"（卷一）《晋书·载记》与《十六国春秋辑补》均没有上面一段话，但是刘渊遣刘聪于这一年攻洛阳均有记载，唯两书所记没有《十六国春秋》详细。今仍录《十六国春秋》所记于后：

> （河瑞元年）秋八月，渊复遣楚王聪及征东大将军王弥进攻洛阳，始安王曜与赵固等为之后继。九月丙寅，聪围浚仪。晋太傅越遣平北将军曹武、征虏将军宋抽、将军彭默等拒之，丁丑为聪所败。太傅越入保京城，聪等长驱至西明门。越率兵御之，战于宣阳门外，大破之。晋征西大将军、南阳王司马模，遣将军淳于定、吕毅等破刘芒荡、五斗叟，并斩之。又遣车骑将军王堪、平北将军曹武，自长安讨聪。堪等败绩，奔还京师。聪自恃连胜，怠不设备，弘农太守垣延诈降，夜袭聪军，聪大败而还。渊素服迎师。（卷一）

又说：

> 冬十月，复大发卒。遣楚王聪、始安王曜、汝阴王景、征东大将军王弥等，帅精骑五万寇洛阳，使大司空雁门刚穆公呼延翼率步骑继之。丙辰，聪等至宜阳。朝廷以汉兵新败，不意其复至，大惧。辛酉，聪进屯西明门，护军贾胤北宫纯等，夜帅勇士千余人薄之，战于大夏门，斩聪征虏将军呼延颢，聪众遂溃。壬戌，回军屯洛水，寻进屯宣阳门，曜屯上东门，弥屯广阳门，景攻大夏门。乙丑，呼

延翼为其部下所杀，众自大阳溃归。渊敕聪等还师。（卷一）

经过再次失败之后，刘渊对于围攻洛阳失去了信心。但是，刘聪以为呼延翼与呼延颢虽死，仍宜继续攻下去，因而渊仍准其留攻洛阳。《十六国春秋》说：

> 戊寅，聪亲祈嵩岳山，令平晋将军安阳哀王厉冠军，将军呼延朗等督摄留军。晋太傅越遣参军孙询，将军邱光、楼裒等，率帐下劲卒三千，自宣阳门乘虚出击，斩朗于陈。聪闻而驰还。厉惧聪之罪己也，赴水而死。王弥谓聪曰："今军既失利，洛阳守备犹固，运军在陕，粮食不支数日，殿下不如与龙骧还平阳，裹粮发卒，徐为后举。下官当于兖豫之间，收兵积谷，伏听严期，不亦可乎？"聪自以请留，未敢擅还。（卷一）

自二月至十月间，刘渊四次攻洛不能下，呼延一族死者数人，兵士粮食均告缺乏。刘聪也因是自请留攻，不敢还师。最后还是宣于修之言于刘渊说："岁在辛未，乃得洛阳。今晋气犹盛，大军不归必败。"刘渊才遣黄门郎傅询召聪等还师。刘聪、刘曜于十一月回到平阳。他们回平阳后，刘渊一方面大封诸子及臣僚，一方面遣兵攻略其他地方，扩大这个王朝的统治区。《十六国春秋》指出，从河瑞元年"十二月，渊以陈留王欢乐为太傅，楚王聪为大司徒，江都王延年为大司空，长乐王洋为大司马，……王弥表左长史曹嶷行安东将军，东徇青州，且迎其家属，渊许之。河瑞二年春，正月乙丑朔，大赦境内，立单徵女为皇后，梁王和为皇太子，封子乂为北海王"（卷一）。关于遣兵征扰方面，同处说："十二月，……遣都护大将军曲阳王贤，与征北大将军刘灵及安北大将军赵固、平北大将军王桑东屯内黄。……河瑞二年春，……遣兵分寇徐、冀、兖、豫诸郡，又遣曹嶷寇东平、琅邪。夏四月，王浚遣天水将军祁弘击破刘灵于广宗，杀之。秋七月，楚王聪、始安王曜、平东大将军石勒及安北大将军赵固，围河内太守裴整于怀。晋遣征虏将军宋抽率兵救怀，勒与平北大将军王桑逆击破之。河内人执整以降，渊以整为尚书左丞。河内督将郭默收整余众，自为坞主。”然而，洛阳未及攻下，刘渊病笃，顾托后事而亡。据《十六国春秋》：“（河瑞二年七月）庚午，渊寝疾，将为顾托之计。辛未，以陈留王欢乐为太宰，长乐王洋为太傅，江都王延年为太保，楚王聪为大司马大单于并录尚书事，置单于台于平阳西，复以齐王裕为大司徒，鲁王隆为尚书令，北海王乂为抚军大将军领司隶校尉，姑安王曜为征讨大都督领单于左辅廷尉，乔智明为冠军大将军领单于右辅，左光禄大夫刘殷为左仆射，右光禄大夫王育为右仆射，任颢为吏部尚书，朱纪为中书监，护军马景领左卫将军，永安王安国领右卫将军，安昌王盛、安邑王钦、西阳王璇等皆领武卫将军，分典禁兵。丁丑，召太宰欢乐等入禁中，受遗诏辅政。己卯，薨于光极殿。时晋永嘉四年（公元310年）也。渊在位七年。”（卷一）从刘渊临终委任的各类官员中可以看出，不只有大单于的名称，还有单于左辅、单于右辅等名称。此外，又置单于台于平阳西，怀念匈奴祖宗，说明这个王朝的汉化程度虽然很深，但匈奴民族的文化和意识依然有强烈表现。这种表现，在刘渊死后甚至得到进一步发展。

刘渊死后，继他而立的是渊少子和。内部发生短时期内乱后，和兄刘聪夺得王位。《十六国春秋·前赵录》“刘和”录说：

> 刘和字玄泰，渊后呼延氏所生，聪第四弟也（按，《晋书·刘聪载记》说刘和是刘聪之兄）。……渊死嗣伪位。宗正呼延攸，渊以其无才行，终身不迁官；侍中刘乘素不善于聪，卫尉西昌王锐恨不参顾命，乃相与谋，说和曰：“先帝不惟轻重之势，而使三王总强兵于内，大司马握十万劲卒屯于近郊，陛下今便为寄主耳。祸难未可测也，愿蚤为之计。”和即攸之甥也，遂深然之。辛巳，夜召领武卫将军安冒王盛、安邑王钦，及领左卫将军马景等告之，盛曰：“先帝尚在殡宫，四王未有逆节，今忽一旦自相鱼肉，臣恐人不食

> 陛下之余。且四海未定，大业甫尔，愿陛下以上成先帝鸿基为志，塞耳勿听谗夫之言，以疑兄弟。……”锐攸怒之曰：“今日之议，理无有二，领军是何言乎？”于是命左右刃之。盛既被杀，钦（按，《晋书·载记》及《十六国春秋辑补》作景）惧曰：“惟陛下诏，臣等以死奉之，蔑不济矣。”相与盟于东堂。壬午，锐帅马景攻楚王聪于单于台，攸率右卫将军永安王安国，攻齐王裕于司徒府，侍中乘率武卫将军安邑王钦攻鲁王隆，使尚书田密、武卫将军西阳王璇攻北海王乂。密、璇等挟乂斩关奔聪，聪命贯甲以待之。锐既知聪之有备，驰还，与攸、乘等会攻隆、裕，复惧安国、钦有异志，杀之。是日斩裕，癸未斩隆。甲申，聪攻西明门，克之，锐等奔入南宫，前锋随之。乙酉，杀和于光极西室，收锐、攸、乘，枭首通衢。

在刘渊时代，刘聪的功劳很大，兵权也最大，刘和对于刘聪的猜忌是有原因的。所以他一登帝位，就轻信了呼延攸等的话，想诛戮诸兄弟，相反，却为刘聪所杀。之后，刘聪即皇帝位。“（聪）既杀其兄和，群臣劝即尊位。聪初让其弟北海王乂，乂与公卿泣涕固请，聪久而许之，曰：‘乂及群公正以四海未定，祸难尚殷，贪孤年长故耳。此国家之事，孤敢不祗从。今便欲远尊鲁隐，待乂年长，复子明辟。’于是以永嘉四年僭即帝位。”（《晋书·刘聪载记》）刘聪即位，乃葬刘渊，谥曰文光皇帝，庙号高祖。这又是效法汉高祖的称号。

被《晋书》列入入居塞内的十九种的北狄匈奴部族中，有的不一定是匈奴族，如羌渠即是属于西羌的一种。西羌原在祁连山的西南与大月氏连接，匈奴破大月氏之后，大月氏西徙，西羌遂与匈奴为邻，二者常常联合起来，侵扰汉边。在匈奴的军队中，应有不少是西羌人，而且西羌自成部落，受匈奴的统治，有时为匈奴服务，有时也独自入侵。后来迁入塞内，人们遂当为匈奴别种之一。从役属于匈奴来说，是匈奴的属部；从政治与军事的组织上来看，是匈奴的别种或别部；从种族方面来看，就不能当做为匈奴族或匈奴族的支派了。又如萎沙部，据胡三省注《资治通鉴》说："萎莎胡，北狄种，盖亦匈奴也。"[1]《晋书·北狄传》说："（太康）七年，又有匈奴胡都大博及萎莎胡等各率种类大小几十万余口，诣雍州刺史扶风王骏降附。"这是很清楚地把匈奴胡与萎沙胡分开记载。两者各率种类降附，可见匈奴与萎莎并非一个种类。

当然在十九种类的部落中，也有不少是匈奴族，如屠各种与贺赖种即是。据《晋书·慕容俊载记》说："匈奴单于贺赖头率部落三万五千降于俊，拜宁西将军，云中郡公，处之于代郡平舒城。"贺赖与其众可能是匈奴人，但称为单于，不一定可靠，可能是冒称。在匈奴各部族之中，屠各部最豪贵，得立为单于。那么其他部族就不能称立单于，单于是一个特殊名称，在正常情况下匈奴族只有一个单于，只有在内乱时才出现一个以上的单于，如匈奴历史上的五单于争立。

所谓"屠各最豪贵"的"豪贵"，不只是因为这个部族可能是匈奴的王室贵族或其后裔，而且力量也可能比其他诸种强大。

为什么这个部族叫屠各？它的起源如何？我们有必要探讨，因为在中国建立起的第一个汉化匈奴人的王朝，就是屠各族匈奴人建立的。

《史记·匈奴列传》："匈奴谓贤曰'屠耆'，故常以太子为左屠耆王。自如左右贤王以下至当户，大者万骑，小者数千。……诸左方王将居东方，……右方王将居西方。"左贤王居东方，右贤王居西方，右贤王的右音，近于休屠，所谓右贤王者，可能就是休贤王。又匈奴谓贤为"屠耆"，徐广注"屠一作诸"。钱大昕《廿二史考异》卷十二《后汉书·南匈奴传》云："灵帝纪作休屠各，按休屠之屠音储，而著亦音直虑切，译语有轻重，其实一也。乌桓、鲜卑传俱云休著屠各，此必读范史者，音著为屠，后遂搀入正文耳。"

日本白鸟库吉在其《蒙古民族起源考》（何健民译为《匈奴民族考》）中说：

[1] 《资治通鉴》卷八十一《晋纪三》。

> 次则为耆之发音。《康熙字典》载此字有两音，一为渠脂切奇，一为诸氏切旨，故可音为 ki，又可读为 ši……《汉书 · 西域传》有焉耆之国名，下曰（国王治员渠城）是也焉耆员渠同名异译，……上面之考订若无舛误，则屠耆两字，汉代读若 šo-ki 或 šoki。兹进而寻求其语辞，蒙古 mongol 语谓直日 seke šike čixe čeke cike 谓正日 ci ke kik。又 Tunguse 语谓直日 săkăcăkă，凡此皆可以与匈奴语之屠耆 coki soki 比较。日本谓直日 sugu，贤日 saka，突厥 Turk 语族中之 Koibal 语谓贤日 sagasté，Solbinsk 语日 sagastyx。疏勒语日 sagestyx。由上观之，屠耆一词，似与此等语言互有关系。

屠谷的谷属于 k 音，怀疑屠耆可能变为屠各，而右贤王可能变为休屠王，或是休屠各，休屠各这个名词屡见于史书。休屠耆的休，若为右的同音，去了休字就简称为屠耆或屠谷。投降于汉的休屠王也可能就是右贤王。

屠谷既是得名于休屠王，休屠王若为右贤王，或是右贤王之下的重要王侯，那么《晋书 • 北狄 • 匈奴》所说“屠各最豪贵”是有其历史根据的。

其实休屠这个称号，直到三国时仍沿用。《后汉书》卷七十六《循吏列传》说：“郡（指武威）北当匈奴，南接种羌，民畏寇抄，多废田业。延（任延）到，选集武略之士千人，明其尝罚，令将杂种胡骑休屠黄石屯据要害，其有警急，逆击追讨。”又同书卷六十五《皇甫张段列传》说，张奂“迁使匈奴中郎将。时休屠各及朔方乌桓并同反叛。烧度辽将军门，引屯赤阬，烟火相望。兵众大恐，各欲亡去。奂（张奂）安坐帷中，与弟子讲诵自若，军士稍安。乃潜诱乌桓阴与和通，遂使斩屠各渠帅，袭破其众。诸胡悉降。”这段资料前面是休屠各，后面是用屠各，很清楚，休屠各与屠各是同一种族。而且两个名称是通用的，休屠各与屠各既是相通，休屠与屠各也可以通用。

又《后汉书》卷九十《乌桓鲜卑列传》有“休著屠各”的称呼，钱大昕说这是因为读范晔《后汉书》的人，音著为屠，后遂搀入正文。史书之连用休著屠各的并不多见，这也可能由于人们把休屠与屠各当为两种不同的称呼才有这样的做法。

屠各虽是匈奴人，但在《后汉书》有好几处屠各与匈奴或南匈奴并提。前面所举的《张奂传》中的那段话说明了这一点。张奂的官衔是匈奴中郎将，而他所讨伐的是休屠各或屠各，其实在这个列传里，提到匈奴或南匈奴的地方很多，提到屠各的有两次，说明屠各之于匈奴或南匈奴，在当时的人看来是有区别的。又有的地方说乌桓与南匈奴入塞，有的地方又说乌桓与屠各合而反叛，说明不只汉人这样的区别，可能乌桓对两者也有所区别。此外在《后汉书・灵帝纪》提到中平五年（公元 188 年）三月，“休屠各胡攻杀并州刺史张懿，遂与南匈奴左部胡合，杀其单于”。更清楚地区别二者。又在卷七十《郑孔荀列传》中说：“且天下强勇，百姓所畏者，有并、凉之人，及匈奴、屠各、湟中义从、西羌八种，而明公拥之，以为爪牙。”

屠各之先是休屠，关于休屠王的投降，《史记・卫将军骠骑列传》说得很详细，前面已经引用，这里不再赘述。

浑邪王投降之后，他与休屠王的部众从河西走廊的武威、张掖迁到陇西、北地、上郡、朔方、云中等处。他们迁到这些地方之后，仍然按照原来的风俗习惯去统治，这就是说，对内来说，他们有了自治之权，在这五个郡中，迁到上郡的匈奴人较多，所以谓为匈归。又上郡属并州，而并州则是后来屠各所占领的地区。

后汉时屠各的势力慢慢增长，有时反叛，有时与其他族联合入寇，有时又帮助汉王朝去攻伐其他族。《后汉书・乌桓鲜卑列传》说：“桓帝永寿中（公元 155—158 年）朔方乌桓与休著屠各并叛，中郎将张奂击平之。”同书又说：“熹平三年（公元 174 年）冬，鲜卑入北地，太守夏育率休著屠各追击破之。”

《后汉书・南匈奴列传》：“中平四年（公元 187 年）前中山太守张纯反叛，遂率鲜卑寇边郡。灵帝诏发南匈奴兵，配幽州牧刘虞讨之。

单于遣左贤王将骑诣幽州。国人恐单于发兵无已，五年，右部醯落与休著各胡白马铜等十余万人反，攻杀单于。”同书《灵帝纪》说：“（中平）四年……十二月，休屠各胡叛。……五年春正月，休屠各胡寇西河，杀郡守邢纪。……三月，休屠各胡攻杀并州刺史张懿，遂与南匈奴左部胡合，杀其单于。……九月，南单于叛，与白波贼寇河东，遣中郎将孟益率骑都尉公孙瓒讨渔阳贼张纯等。”

这里虽没有说出屠各，但在六个月之前，休屠各既与匈奴联合杀其单于，那么这一次新就位的单于反叛，可能有屠各在内。

《后汉书》卷七十四上《袁绍刘表列传》说：“（献帝）初平……四年……六月，绍乃出军，……寻山北行，……遂与黑山贼张燕及四营屠各、雁门乌桓战于常山。”又《三国志·魏书·诸夏侯曹传》说：“转击高平屠各，皆散走，收其粮谷牛马。”

东汉亡后的曹魏时代，屠各之见于史书的如《三国志·魏书·满田牵郭传》说：“正始元年（公元 240 年）……凉州休屠胡梁元碧等，率种落二千馀家附雍州。淮（郭淮）奏请使居安定之高平，为民保障，其后因置〔西州〕都尉。”值得注意的是这里不用屠各的称呼，而仍沿用休屠这个名词，可见屠各部乃休屠王的后裔。这里所说的是凉州的休屠，凉州在甘肃武威一带，正是西汉时休屠王所在地，大概在浑邪王杀休屠王降汉之后，大部分匈奴人迁到陇西，北地、上郡、朔方、云中等地，还有小部分留居凉州，因而有的仍沿用原来的名称，在这一带的匈奴人也有称为屠各的。

晋代，尤其是“五胡乱华”的时代，屠各又常见于史书。《晋书·载记》序说：刘渊在公元 304 年称汉王之后，“其为战国者一百三十六载，抑元海为祸首云”。刘渊是第一个中国汉化匈奴族人王朝的建立者。据《晋书·刘元海载记》说：“刘元海（即刘渊），新兴匈奴人，冒顿之后也。名犯高祖庙讳，故称其字焉。”他是於扶罗单于之孙，从这个世系看，刘元海应该是南匈奴人或其后裔，但在《晋书》中也有记载刘渊为屠各的。《晋书》卷六十三《李矩列传》说：“刘元海屠各小丑，因大晋事故之际，作乱幽并。”刘元海也是屠各了。

应该指出，南匈奴所居的地方，早已有了屠各，两部互相混杂，难于区分，但是《刘元海载记》叙其先世很清楚，《李矩列传》中说刘元海为屠各，则是靳准遣使到李矩处说的，是否可靠？刘元海称王之后，是否假托先世？也是问题。又《晋书·王弥列传》王弥斥刘曜："屠各子，岂有帝王之意乎！汝奈天下何！"刘曜是刘渊的族子。此外不仅刘渊家被称为屠各，他的部下也有被称为屠各的。《晋书·列女·贾浑妻宗氏》斥刘渊将乔晞为"屠各奴"，《晋书·刘聪载记》王延斥靳准为"屠各逆奴"。据此刘氏宗族属屠各部族较可靠。

《晋书》卷一〇四《石勒载记·上》说："准（靳准）使卜泰送乘舆服御请和，勒与刘曜竞有招怀之计，乃送泰于曜，使知城内无归曜之意，以挫其军势。曜潜与泰结盟，使还平阳宣慰诸屠各。"宣慰诸屠各，说明屠各的数目必定很多，而且势力很大。又同书卷一〇五《石勒载记·下》说："秦州休屠王羌叛于勒，刺史临深遣司马管光帅州军讨之，为羌所败。陇右大扰，氐羌悉叛。"《晋书·刘曜载记》说："黄石屠各路松多起兵于新平、扶风，聚众数千，附于南阳王保。保以其将杨曼为雍州刺史，王连为扶风太守，据陈仓；张颢为新平太守，周庸为安定太守，据阴密。松多下草壁，秦陇氐羌多归之。"同书又说："休屠王石武以桑城降，曜大悦，署武为使持节，都督秦州陇上杂夷诸军事、平西大将军、秦州刺史，封酒泉王。……太宁元年（公元 323 年），陈安攻曜征西刘贡于南安，休屠王石武自桑城将攻上邽，以解南安之围。安闻之惧，驰归上邽，遇于瓜田。武以众寡不敌，奔保张春故垒。安引军追武曰：'叛逆胡奴！要当生缚此奴，然后斩刘贡。'武闭垒距之。贡败安后军，俘斩万余。安驰还赴救，贡逆击败之。俄石武骑大至，安众大溃，收骑八千，奔于陇城。贡乃留武督后众，躬先士卒，战辄败之，遂围安于陇城。"

此外在苻坚等的载记中也有关于屠各的记载。《晋书》卷一一三《苻坚载记·上》说："屠各张罔聚众数千，自称大单于，寇掠郡县。坚以其尚书邓羌为建节将军，率众七千讨平之。"《苻坚载记》中还提到匈奴左贤王卫辰，降于苻坚，以及后来又与匈奴右贤王曹毂合而反叛苻坚。这又说明当时的人们对于匈奴与屠各分别看待。《晋书》卷一一五《苻登载记》说：“于是贰县虏帅彭沛谷、屠各董成、张龙世、新平羌雷恶地等尽应之，有众十余万。”及苻登闻姚苌死，喜甚，“于是大赦，尽众而东，攻屠各姚奴、帛蒲二堡，克之”。《晋书》卷一二六《秃发傉檀载记》，“傉檀惧东西寇至，徙三百里内百姓入姑臧，国中骇怨。屠各成七儿因百姓之扰也，率其属三百人叛傉檀于北城。推梁贵为盟主，贵闭门不应。一夜众至数千”。

《魏书》记载屠各部族人多势众的也有好几处。《魏书》卷二《太祖纪》：“天兴元年（公元 398 年）……夏四月……鄜城屠各董羌、杏城虏水郝奴、河东蜀薛榆、氐帅符兴，各率其种内附。”同书《太宗纪》：“神瑞元年（公元 414 年）……六月……斗城屠各帅张文兴等，率流民七千余家内属。”又泰常五年（公元 420 年）“夏四月，河西屠各帅黄大虎、羌酋不蒙娥等遣使内附”。又《世祖纪上》神䴥元年（公元 428 年），“八月……上郡休屠胡酋金崖率部内属”。同书《世祖纪下》，“高凉王那破盖吴党白广平；生擒屠各路那罗于安定，斩于京师”。又卷四十《陆俟列传》说：“平凉休屠金崖、羌狄子玉等叛……追讨崖等，皆获之。”同书卷五十一《吕罗汉列传》说：“上邽休官吕丰、屠各王飞等八千余家，据险为逆，诏罗汉率骑一千讨擒之。”《魏书》卷五十一《封敕文列传》说：“金城边冏、天水梁会谋反，扇动秦、益二州杂人万余户，据上邽东城，攻逼西城。……被伤者众，贼乃引退。邽、会复率众四千攻城。氐羌一万屯于南岭，休官、屠各及诸杂户二万余人屯于北岭，为邽等形援。”同书又说：“略阳王元达因梁会之乱，聚众攻城，招引休官、屠各之众，推天水休官王官兴为秦地王。敕文与临淮公莫真讨之，军次略阳。……大破之。”

到六世纪的北周时代（公元 557—581 年），据《周书》卷二十七《梁台列传》说：“大统初，复除赵平郡守。又与太仆石猛破两山屠各。”同书卷三十九《王子直列传》说：“大统初，汉炽屠各阻兵于南山，与陇东屠各共为唇齿。太祖令子直率泾州步骑五千讨破之，南山平。”

屠各作为匈奴一个部族存在的历史，若从浑邪王与休屠王降汉迁居于五郡的时候算起，以至北周，共约有七百年之久。就是从东汉算起，也有五百余年的历史。从其历史来看，东汉以后，声势逐渐增大，一方面可能是由于人口生殖日繁，另一方面可能由于南匈奴投降以后，居于五郡者有的同化于屠各，而称为屠各。到了晋代，应时崛兴。如果刘渊及其族人和部分部属都是屠各的话，那么屠各正如《晋书·载记》序中所说，是“五胡乱华”的“祸首”。

从地域上看，休屠王的徒众虽迁到五郡，但河西走廊的武威一带，还有屠各居留。迁到五郡者，以后又分到各处，散居河西走廊至山西东部，比较集中的地方是并州，就是现在的山西一带。

从史书的记载来看，屠各在历代的反抗运动中被杀者很多，然而这个匈奴部族一直存在下来，证明生命力很强。

《晋书·载记》《十六国春秋》与《十六国春秋辑补》等书叙述刘渊以后的两代汉化匈奴族王朝皇帝刘聪、刘曜事迹的篇幅，比之叙述刘渊差不多多了三倍。因为刘渊建国，刘聪所起作用很大，许多重大的事情不少是发生在后两人在位的时候。比方洛阳、长安的攻陷，晋怀、愍二帝的被俘，都是在刘聪的时代。刘曜称帝后，改国号为赵，也是这个王朝的大事。

刘渊死后，不只是他的儿子们为争位而互相残杀，他的部下也为争权而互相残杀，如石勒之杀王弥，就是一例。石勒与刘聪之间貌合神离。加以刘聪即位之后，淫酗残忍，对政事逐渐荒废，群臣之间，互相排挤，互相倾轧。所以从表面上看，晋洛阳、长安的失陷，怀、愍二帝的被俘，是这个王朝的重大胜利，可是刘汉内部的腐化与分裂日愈发展。同时，晋自东迁以后，附者日众，人心渐安，虽不能收复中原，但还能维持偏安局面，而在中国北部，却陷入各少数族继匈奴后纷纷建立王朝互相争伐的五胡十六国时代。

刘聪于晋怀帝永嘉四年（公元 310 年）就位。次年，出兵攻洛阳，晋怀帝被俘。《晋书·刘聪载记》："署其卫尉呼延晏为使持节、前锋大都督、前军大将军，配禁兵二万七千，自宜阳入洛川，命王弥、刘曜及镇军石勒建师会之。晏比及河南，王师前后十二败，死者三万余人。弥等未至，晏留辎重于张方故垒，遂寇洛阳，攻陷平昌门，焚东阳、宣阳诸门及诸府寺。怀帝遣河南尹刘默距之，王师败于社门。晏以外继不至，出自东阳门，掠王公已下子女二百余人而去。时帝将济河东遁，具船于洛水，晏尽焚之，还于张方故垒。"《晋书·孝怀帝纪》说："大将军苟晞表迁都仓垣，帝将从之，诸大臣畏滔，不敢奉诏，且宫中及黄门恋资财，不欲出。至是饥甚，人相食，百官流亡者十八九。帝召群臣会议，将行而警卫不备。帝抚手叹曰：'如何曾无车舆！'乃使司徒傅祗出诣河阴，修理舟楫，为水行之备，朝士数十人导从。帝步出西掖门，至铜驰街，为盗所掠，不得进而还。"《晋书·刘聪载记》说："王弥、刘曜至，复与晏会围洛阳。里城内饥甚，人皆相食，百官分散，莫有固志。宣阳门陷，弥、晏入于南宫，升太极前殿，纵兵大掠，悉收宫人、珍宝。曜于是害诸王公及百官已下三万余人，于洛水北筑为京观。迁帝及惠帝羊后，传国六玺于平阳。"

汉军灭晋过程中的杀掠行为受到刘曜的制止，刘曜后来是这个王朝的第三代皇帝。《晋书·王弥传》："弥之掠也，曜禁之，弥不从。曜斩其牙门王延以徇，弥怒，与曜阻兵相攻，死者千余人。弥长史张嵩谏曰：'明公与国家共兴大事，事业甫耳，便相攻讨，何面见主上乎！平洛之功诚在将军，然刘曜皇族，宜小下之。晋二王平吴之鉴，其则不远，愿明将军以为虑。纵将军阻兵不还，其若子弟宗族何！'弥曰：'善，微子，吾不闻此过也。'于是诣曜谢，结分如初。弥曰：'下官闻过，乃是张长史之功。'曜谓嵩曰：'君为朱建矣，岂况范生乎！'各赐嵩金百斤。"

晋怀帝被俘到平阳之后，晋群臣立武帝孙、吴孝王晏的儿子秦王邺为帝，这就是愍帝。愍帝在位不到四年，即愍帝建兴四年，公元 316 年又为刘曜所俘，西晋亡。

愍帝被俘的时候，扬、徐、江、荆、湘、广、交七州尚为晋室所有，宁州也大半在晋室手中；梁、益、豫、兖、冀、幽等九州，晋室还有其半，而为刘汉所全有的不过并、雍、青、凉四州。然而从人心与士气方面来说，二京的失陷与怀、愍二帝的被俘是对晋的最大打击。

假如刘聪是一个英明君主，少事淫乐，励精图治，乘洛阳与长安的胜利，在晋元帝尚未安定江南之前，渡江穷追，就有统一中国的可能。可是相反，在刘聪死后，靳准反叛，刘粲被杀，石勒与刘曜互相攻伐而分裂为前赵与后赵，抵消了这个汉化匈奴族人建立的王朝的实力。

刘聪是刘渊的儿子，其母张夫人可能是汉人（匈奴人入居塞内者，多改汉姓），假如这个看法对，那刘聪有汉族的血统，而非纯粹的匈奴人。

刘渊已深受汉族文化的影响，刘聪的汉化比他的父亲更深。《晋书·刘聪载记》说："弱冠游于京师，名士莫不交结，乐广、张华尤异之也。"同书又说："太原王浑见而悦之，谓元海曰：'此儿吾所不能测也。'"他不只能文，而且能武，"十五习击刺，猿臂善射，弯弓三百斤，膂力骁捷，冠绝一时"。在刘渊称王以后的历次重要战役中，刘聪都参加了。所以在刘渊建立汉国过程中，他的功劳是很大的。

永嘉四年（公元 310 年）刘聪即皇帝位，"大赦境内，改元光兴。尊元海妻单氏曰皇太后，其母张氏为帝太后，乂为皇太弟，领大单于、大司徒，立其妻呼延氏为皇后，封其子粲为日河内王，署使持节、抚军大将军、都督中外诸军事，易河间王，翼彭城王，悝高平王。遣粲及其征东王弥、龙骧刘曜等率众四万，长驱入洛川，遂出轘辕，周旋梁、陈、汝、颍之间，陷垒壁百余。以其司空刘景为大司马，左光禄刘殷为大司徒，右光禄王育为大司空。伪太后单氏姿色绝丽，聪燕焉。"

照匈奴的风俗，父死子妻后母是一件极为平常的事情，刘渊死，刘聪不以单氏为妻，是受了汉族风俗的影响。但他却与单氏私通，说明还残留匈奴风俗的痕迹。

刘聪沉湎于女色的地方很多。赵翼《廿二史劄记》卷十五《一帝数后》条说："一帝一后礼也，至荒乱之朝，则漫无法纪，有同时立数后者。……刘聪僭位，立其妻呼延氏为皇后，后死，纳刘殷女为皇后，后死又纳靳准女为皇后，未几进为上皇后，而立贵妃刘氏为左皇后，贵嫔刘氏为右皇后，又立樊氏为上皇后。四后之外，佩皇后玺绶者，又七人，后又以宦者王沈养女为左皇后，宣怀养女为中皇后。”刘聪既沉湎于女色，对于政事置之不理。于是“六刘之宠倾于后宫，聪稀复出外，事皆中黄门纳奏，左贵嫔决之”。

同时，他对大臣的劝告不仅拒绝，而且残杀忠良，宵小因之乘进，国事毁坏，“左司隶陈元达以三后之立也，极谏，聪不纳，乃以元达为右光禄大夫，外示优贤，内实夺其权也。……其上皇后靳氏有淫秽之行，陈元达奏之。聪废靳，靳惭恚自杀。靳有殊宠，聪迫于元达之势，故废之。既而追念其姿色，深仇元达”（《晋书·刘聪载记》）。同书又说：“中常侍王沈养女年十四，有妙色，聪立为左皇后。尚书令王鉴、中书监崔懿之、中书令曹恂等谏曰：‘……从麟嘉以来，乱淫于色，纵沈之弟女，刑余小丑犹不可尘琼寝，污清庙，况其家婢邪！六宫妃嫔皆公子公孙，奈何一旦以婢主之，何异像榱玉箦而对腐木朽楹哉！臣恐无福于国家也。’”刘聪大怒，杀王鉴等。“鉴等临刑，王沈以杖叩之曰：‘庸奴，复能为恶乎？乃公何与汝事！’”刘聪还很残忍。《晋书·刘聪载记》说：“左都水使者襄陵王摅坐鱼蟹不供，将作大匠望都公靳陵坐温明、徽光二殿不成，皆斩于东市。”刘聪“游猎无度，常晨出暮归”，中军王彰谏，几为刘聪所杀。

又如刘聪欲建鹨仪殿，陈元达谏阻，聪大怒曰：“吾为万机主，将营一殿，岂问汝鼠子乎！不杀此奴，沮乱朕心，朕殿何当得成邪！将出斩之，并其妻子同枭东市，使群鼠共穴。”幸为刘聪之妻刘皇后所救才免于死。但他对于一些像石勒这样强有力的将领却又显得无可奈何。“寻而石勒等杀弥于己吾而并其众，表弥叛状。聪大怒，遣使让勒专害公辅，有无上之心，又恐勒之有二志也，以弥部众配之。”

到了后来，石勒发展到公开地不听刘聪的命令。“平阳大饥，流叛死亡十有五六。石勒遣石越率骑二万，屯于并州，以怀抚叛者。聪使黄门侍郎乔诗让勒，勒不奉命，潜结曹嶷，规为鼎峙之势。”（以上皆见

《晋书·刘曜载记》）

石勒、曹嶷既抗命于外，而王沈、靳准又专横于内，再加天灾不断。“时聪境内大蝗，平阳、冀、雍尤甚。靳准讨之，震其二子而死。河、汾大溢，漂没千余家。”过了一年，“聪所居螽斯则百堂灾，焚其子会稽王衷已下二十有一人。聪闻之，自投于床，哀塞气绝，良久乃苏”。（《晋书·刘聪载记》）

刘聪死前要刘曜从长安回来当丞相，刘曜推辞，大概刘曜也感到与刘聪周围的人气味不投，难于相处，故留在长安。

刘聪死后由其子刘粲继位，不久为靳准所杀。“准将作乱……勒兵入宫，升其光极前殿，下使甲士执粲，数而杀之。”靳准自称大将军、汉大王，置百官，为了巩固政权，防御刘曜、石勒对他的攻击，遣使称藩于晋，准备联合晋室以巩固自己的地位。靳准杀刘粲后，石勒果然以讨准为名向平阳进军。“勒命张敬率骑五千为前锋以讨准，勒统精锐五万继之。”（《晋书·石勒载记·上》）刘曜也自长安东进屯于蒲坂，称帝。石勒与刘曜皆以讨准为名，一个进军平阳，一个称帝，所谓讨伐靳准，结果成为石勒与刘曜的斗争。斗争的结果出现了两个赵国，史家称刘曜所建赵国为前赵，称石勒所建赵国为后赵。石勒都于襄国（今河北邢台），刘曜徙都于长安。

前赵皇帝刘曜是刘渊宗族成员，前赵王统是刘渊所建汉国王统的继续。刘曜是刘渊的族子，少孤被刘渊收养，广读汉籍，并在洛阳住过，汉化很深。在洛阳时“坐事当诛，亡匿朝鲜”。后来“遇赦而归”，回来后“自以形质异众，恐不容于世，隐迹管涔山，以琴书为事”。（《晋书·刘曜载记》）

在刘渊建立的汉国中，刘曜职位很高，都督中外诸军事，刘渊建立汉国的过程中他的功劳也是很大的。靳准弑粲后他从长安引兵东进，太保呼延晏等自平阳逃出，与太傅朱纪、太尉范隆等向他上尊号，劝他当皇帝，他于公元 318 年就是帝位，改元光初。

在世系上，刘曜是刘渊的族子，与刘聪是堂兄弟。但是刘曜就位之后一年，则表现了比刘渊、刘聪更强烈的匈奴民族意识。他不只下令改国号为赵，而且公开承认自己的祖宗是匈奴，以冒顿配天。但又称匈奴是夏后的后裔。他说："'盖王者之兴，必禘始祖，我皇家之先，出自夏后，居于北夷，世跨燕朔，光文以汉有天下岁久，恩德结于民庶，故立汉祖宗之庙，以怀民望，昭武因循，遂未悛革，今欲除宗庙，改国号，复以大单于为太祖，其议以闻。'于是太保呼延晏等曰：'今宜承晋，母子传号，以光文本封卢奴，中山之属城，陛下熏功懋于平洛，终于中山，中山分野属大梁，赵也，宜草称大赵，遵以水行承晋金行，国号曰赵。'曜从之，于是牲牡尚黑，旗帜尚玄，以冒顿配天，渊配上帝。"（汤球：《十六国春秋辑补》卷六《前赵录》"刘曜"，丛书集成初编本）

刘曜认为刘渊称汉，是因为"以汉有天下岁久，恩德结于民庶"。从刘渊建立汉国到现在已有数代，不必再冒充汉裔，所以现在不只宗庙要改，国号也要改。从"昭武因循，遂未悛革"的语气看，他觉得在刘聪时就应改了，可见他的民族意识多么浓厚。刘渊假托为汉高祖刘邦的后裔，刘曜公开宣布自己是匈奴的后裔，这也是匈奴走向完全汉化过程中的一种可以理解的曲折。

刘曜称帝之初，地位尚不巩固，长水校尉尹车和秦州刺史陈安反。刘曜用了很大的力气才将尹、陈之叛镇压下去。

> 曜亲征陈安，围安于陇城。安频出挑战，累击败之，斩获八千余级。右军刘干攻平襄，克之，陇上诸县悉降。曲赦陇右殊死已下，惟陈安、赵募不在其例。安留杨伯支、姜冲儿等守陇城，帅骑数百突围而出，欲引上邽、平襄之众还解陇城之围。安既出，知上邽被围，平襄已败，乃南走陕中。曜使其将军平先、丘中伯率劲骑追安，频战败之，俘斩四百余级。安与壮士十余骑于陕中格战，安左手奋七尺大刀，右手执丈八蛇矛，近交则刀矛俱发，辄害五六，远则双带鞬服，左右驰射而走。平先亦壮健绝人，勇捷如飞，与安搏战，三交，夺其蛇矛而退。会日暮，雨甚，安弃马，与左右五六人步逾

> 山岭，匿于溪涧。……辅威呼延清等寻其径迹，斩安于涧曲。（《晋书·刘曜载记》）

刘曜平定陈安，军威大振：“曜自陇长驱至西河，戎卒二十八万五千，临河列营，百余里中，钟鼓之声沸河动地，自古军旅之盛未有斯比。（张）茂临河诸戎皆望风奔退。”张茂惧怕，降曜。（《晋书·刘曜载记》）这时是刘曜势力最盛时期。

刘曜虽然战胜了在西边的许多敌人，可是对在东边最强劲的敌人石勒，不仅没有办法征服，反而在攻灭陈安之后，受到了石勒的攻击，最后为石勒所杀。

> 石勒遣石季龙率众四万，自轵关西入伐曜，河东应之者五十余县，进攻蒲坂。曜将东救蒲坂，惧张骏、杨难敌乘虚袭长安，遣其河间王述发氐羌之众屯于秦州。曜尽中外精锐水陆赴之，自卫关北济。季龙惧，引师而退。……曜不抚士众，专与嬖臣饮博，左右或谏，曜怒，以为妖言，斩之。大风拔树。昏雾四塞。闻季龙进据石门，续知勒自率大众已济，始议增荥阳戍，杜黄马关。俄而洛水候者与勒前锋交战，擒羯。送之。曜问曰：“太胡自来邪？其众大小复如何？”羯曰：“大胡自来，军盛不可当也。”曜色变，使摄金墉之围，陈于洛西，南北十余里。曜少而淫酒，末年尤甚。勒至，曜将战，饮酒数斗，常乘赤马无故跼顿，乃乘小马。比出，复饮酒斗余。至于西阳门，携阵就平，勒将石堪因而乘之，师遂大溃。曜昏醉奔退，马陷石渠，坠于冰上，被疮十余，通中者三，为堪所执，送于勒所。……勒谕曜与其太子熙书，令速降之，曜但敕熙“与诸大臣匡维社稷，勿以吾易意也”。勒览而恶之，后为勒所杀。（《晋书·刘曜载记》）

这是刘曜就位后第十一年，公元 328 年的事情。到了次年（公元

329年），他的儿子熙和胤也被石勒击败杀死。石勒所建后赵是羯人建立的王朝，至此，第一个汉化匈奴人建立的王朝结束。“曜在位十年而败。始，元海以怀帝永嘉四年僭位，至曜三世，凡二十有七载，以成帝咸和四年灭。”（《晋书·刘曜载记》）其实这二十七年中，若把刘和及刘粲加进去，应为五世。按照中国君主的标准，刘曜虽然“虓武”，但也很注意文治。《晋书·刘曜载记》说：“曜立太学于长乐宫东，小学于未央宫西，简百姓年二十五已下十三已上，神志可教者千五百人，选朝贤宿儒明经笃学以教之”，是一位认真接受汉族文化的匈奴族君主。

第二十七章　中国汉化匈人建立的王朝（下）

“五胡十六国”时期，汉化匈奴人除了刘渊所建立的汉国外，还有赫连勃勃所建立的夏和沮渠蒙逊所建立的北凉。淝水战后，前秦为后秦所灭，中国北部地区各少数民族再次纷纷割据称雄，自立国号。赫连勃勃叛后秦，据今陕西、甘肃及内蒙古等部分地区建立夏国，立国共二十五年（公元 407—431 年）。

赫连勃勃之所以称其国为夏，据《晋书·赫连勃勃载记》：“自以匈奴夏后氏之苗裔也，国称大夏。”《载记》又说：在他称王后六年，即夏龙升六年（公元 412 年），“勃勃谓买德曰：‘朕大禹之后，世居幽朔。祖宗重晖，常与汉魏为敌国。中世不竞，受制于人。建朕不肖，不能绍隆先构，国破家亡，流离漂虏。今得应运而兴，复大禹之业，卿以为何如？’买德曰：‘自皇晋失统，神器南移，群雄岳峙，人怀问鼎，况陛下奕叶载德，重光朔野，神武超于汉皇，圣略迈于魏祖，而不于天启之机建成大业乎！今秦政虽衰，藩镇犹固，深愿蓄力待时，详而后举。’勃勃善之”，抱有以少数族身份继承中华民族祖先的政治文化传统，统一中国之志。

赫连勃勃真兴元年（公元 419 年），他在刻石颂德中又重申他是大禹之后：“夫庸大德盛者，必建不刊之业；道积庆隆者，必享无穷之祚。昔在陶唐，数钟厄运，我皇祖大禹以至圣之姿……”（《晋书·赫连勃勃载记》）。这与刘曜令中所说：“我皇家之先出自夏后，居于北夷，世跨燕朔”，同样地是以夏禹为他们的祖宗。不过刘曜虽废除汉庙而改国号，但还没有公开地指出刘邦所建立的汉室是匈奴的仇敌；而赫连勃勃则很清楚地指出汉魏是匈奴的仇敌：“朕大禹之后，世居幽朔。……常与汉魏为敌国。”但他又不像刘曜以冒顿配天，却一再声称自己是夏禹的后裔，尊大禹而名其国为大夏。

关于赫连勃勃的祖先，《晋书·赫连勃勃载记》说他是去卑之后，与刘渊一支也有亲族关系：“赫连勃勃字屈孑，匈奴右贤王去卑之后，刘元海之族也。曾祖武，刘聪世以宗室封楼烦公，拜安北将军、监鲜卑诸军事、丁令中郎将，雄据肆庐川。为代王猗庐所败，遂出塞表。祖豹子招集种落，复为诸部之雄，石季龙遣使就拜平北将军、左贤王、丁令单于。父卫辰入居塞内，苻坚以为西单于，督摄河西诸虏，屯于代来城。”

曹魏废帝嘉平年间（公元249—254年），右贤王刘豹的势力很大，邓艾曾建议分其部众为二部，以分其势。以其中一部给去卑之子带领，使迁居雁门。邓艾没有说去卑的儿子叫什么名，但是去卑的孙子已经改用汉姓名，这就是刘武。刘武是赫连勃勃的曾祖父，刘武改用汉姓，但其本姓为铁弗。其所以姓铁弗，据《北史·僭伪附庸·夏》说：“北人谓胡父鲜卑母为‘铁弗’，因以号为姓。”所以严格说，赫连勃勃是混有鲜卑血统的匈奴人，这与他的祖先长时期“监鲜卑诸军事”有关。至赫连勃勃时，又改姓为赫连。《晋书·赫连勃勃载记》说：“今改姓曰赫连氏，庶协皇天之意，永享无疆大庆。系天之尊，不可令支庶同之，其非正统，皆以铁伐为氏，庶朕宗族子孙刚锐如铁，皆堪伐人。”铁伐当就是铁弗，因为伐与弗音相近。

赫连勃勃为什么要改姓为赫连呢？一方面是因为他要以大夏的正统与其支庶有所区别。另一方面赫连有天的意义。“朕之皇祖，自北迁幽朔，姓改姒氏，音殊中国，故以母氏为刘。子而以母之姓，非礼也。古人氏族无常，或以因生为氏，或以王父之名。朕将以义易之。帝王者，系天为子，是为徽赫实与天连，今改姓曰赫连氏，庶协皇天之意，永享无疆大庆。”（《晋书·赫连勃勃载记》）勃勃改姓为赫连，虽然他说：“帝王者，系天为子，是为徽赫实与天连。”然匈奴也谓天为祁连，赫与祁音相近，所谓赫连，也许就是祁连。“帝王者，系天为子”，皇帝称天子，匈奴单于也称为天所生大单于，勃勃之所以以赫连为姓者，也就是以自己为天子，故以天为姓。

赫连勃勃以后秦姚兴部将起事。《晋书·赫连勃勃载记》叙述这一过程说：

父卫辰入居塞内，苻坚以为西单于，……及坚国乱，遂有朔方之地，控弦之士三万八千。后魏师伐之，辰令其子力俟提距战，为魏所收。……克代来，执辰杀之。勃勃乃奔于叱干部。叱干他斗伏送勃勃于魏。他斗伏兄子阿利先戍大洛川，闻将送勃勃，驰谏曰：“鸟雀投人，尚宜济免，况勃勃国破家亡，归命于我？纵不能容，犹宜任其所奔。今执而进之，深非仁者之举。”他斗伏惧为魏所责，弗从。阿利潜遣劲勇篡勃勃于路，送于姚兴高平公没奕于，奕于以女妻之。

勃勃身长八尺五寸，腰带十围，性辩慧，美风仪。兴见而奇之，深加礼敬，拜骁骑将军，加奉东都尉，常参军国大议，宠遇逾于勋旧。兴弟邕言于兴曰：“勃勃天性不仁，虽以亲近。陛下宠遇太甚，臣窃惑之。”兴曰：“勃勃有济世之才，吾方收其艺用，与之共平天下，有何不可！”乃以勃勃为安远将军，封阳川侯，使助没奕于镇高平，以三城、朔方杂夷及卫辰部众三万配之，使为伐魏侦侯。姚邕固谏以为不可。兴曰：“卿何以知其性气？”邕曰：“勃勃奉上慢，御众残，贪暴无亲，轻为去就，宠之逾分，终为边害。”兴乃止。顷之，以勃勃为持节、安北将军、五原公，配以三交五部鲜卑及杂虏二万余落，镇朔方。时河西鲜卑杜崘献马八千匹于姚兴，济河，至大城，勃勃留之，召其众三万余人伪猎高平川，袭杀没奕于而并其众，众至数万。

勃勃并其岳父没奕于的部众，其势益盛，遂于公元407年自称天王大单于。《晋书·赫连勃勃载记》说：“义照三年，潜称天王、大单于，赦其境内，建元曰龙升，署置百官。自以匈奴夏后氏为苗裔也，国称大夏。以其长兄右地代为丞相、代公，次兄国倈提为大将军、魏公，叱干阿利为御史大夫、梁公，弟阿利罗引为征南将军、司隶校尉，若门为尚书令，叱以鞬为征西将军、尚书左仆射。乙斗为征北将军、尚书右仆射，自余以次授任。”一些重要的职位，都用其亲属，不少官号改用汉族的官制，但是单于这个名称他仍旧沿用。称王之后，乃并吞鲜卑部落，征伐鲜卑族所建之南凉（公元397—414年）秃发傉檀和羌族所建之后秦（公元384—419年）姚兴。《载记》说：

> 其年，讨鲜卑薛干等三部，破之，降众万数千。……勃勃初僭号，求婚于秃发傉檀，傉檀弗许。勃勃怒，率骑二万伐之，自杨非至于支阳三百余里，杀伤万余人，驱掠二万七千口、牛马羊数十万而还。傉檀率众追之，其将焦朗谓傉檀曰：“勃勃天姿雄骜，御军齐肃，未可轻也，今因抄掠之资，率思归之士，人自为战，难与争锋。不如从温围北渡，趣万斛堆，阻水结营，制其咽喉，百战百胜之术也。”傉檀将贺连怒曰：“勃勃以死亡之余，率乌合之众，犯顺结祸，幸有大功。今牛羊塞路，财宝若山，窘弊之余，人怀贪竞，不能督厉士众以抗我也。我以大军临之，必土崩鱼溃。今引军避之，示敌以弱。我众气锐，宜在速追。”檀曰：“吾追计决矣，敢谏者斩！”勃勃闻而大喜，乃于阳武下陕凿凌埋车以塞路。傉檀遣善射者射之，中勃勃左臂。勃勃乃勒众逆击，大败之，追奔八十余里，杀伤万计，斩其大将十余人，以为京观，号“髑髅台”，还于岭北。

从勃勃称王至姚兴死（公元416年）的十年之中，夏秦之间互相征伐从未停止。公元408年勃勃与姚兴恶战，勃勃获胜。公元415年勃勃与姚兴再战，“攻姚兴将姚逵于杏城，二旬，克之，执逵及其将姚大用、姚安和、姚利仆、尹敌等，坑战士二万人”（《晋书·赫连勃勃载记》）。

刘裕灭秦之后，曾遣使遗勃勃书请通和好，约为兄弟。勃勃命中书侍郎皇甫徽写了回书，勃勃将回书背熟，然后把刘裕使者叫到面前，“口授舍人为书，封以答裕”。刘裕看了答书，见回书写得很好，深为佩服，使者告诉刘裕“勃勃容仪瓌伟，英武绝人”。刘裕听后感慨地说：“吾所不如也！”（以上见《晋书·赫连勃勃载记》）

刘裕攻破长安之后，留其子义真镇守。这时勃勃已回到都城统万，听到刘裕留义真守长安的信息后，大喜，遂攻长安。“以子璝都督前锋诸军事。领抚军大将军，率骑二万南伐长安，前将军赫连昌屯兵潼关，以贾德为抚军右长史，南断青泥，勃勃率大军继发。璝至渭阳，降者属路。义真遣龙骧将军沈田子率众逆战，不利而退，屯刘回堡。……璝夜袭长安，不克。勃勃进据咸阳，长安樵采路绝。刘裕闻之，大惧，乃召义真东镇洛阳，以朱龄石为雍州刺史，守长安。义真大掠而东，至于灞上，百姓遂逐龄石，而迎勃勃入于长安。”（《晋书·赫连勃勃载记》）

勃勃于公元418年冬入长安，并于这一年筑坛于灞上即皇帝位。勃勃死于公元425年。在这几年中，除了真兴元年（公元419年）遣将叱奴侯提帅步骑二万攻毛德祖于蒲坂外，很少有大规模的军事行动。南朝的宋与北朝的魏，都是他的劲敌，他不愿离开统万，是恐有不守之忧。所谓恐有不守之忧，就是想安守一隅。

勃勃曾与另一个汉化匈奴人建立的北凉联盟。《晋书·赫连勃勃载记》说：

> 遣其御史中丞乌洛孤盟于沮渠蒙逊曰：“自金晋数终，祸缠九服，赵魏为长蛇之墟，秦陇为豺狼之穴。二都神京，鞠为茂草，蠢尔群生，罔知凭赖。上天悔祸，运属二家，封疆密迩，道会义亲，宜敦和好，弘康世难。爰自终古，有国有家，非盟誓无以昭神祇之心，非断金无以定终始之好。然晋楚之成，吴蜀之约，咸口血未乾，而寻背之。今我二家，契殊曩日，言未发而有笃爱之心，音一交而怀倾盖之雇，息风尘之警，同克济之诚，戮力一心，共济六合。若天下有事，则双振义旗；区域既清，则并敦鲁衡。夷险相赴，交易有无，爰及子

孙，永崇斯好。”蒙逊遣其将沮渠汉平来盟。

勃勃死，由其子赫连昌继位，公元428年赫连昌战败，为魏所虏，魏封他为秦王，且妻以公主，可是不久被杀。其弟赫连定继立，公元431年又为魏所虏，夏亡。

汉化匈奴族人沮渠蒙逊在今甘肃大部地区于公元401年所建北凉，是最后一个汉化匈奴族人王朝，也是最后一个被北魏灭亡的少数族王朝。439年北魏灭北凉统一中国北部地区。

《晋书·沮渠蒙逊载记》：“沮渠蒙逊，临松庐水胡人也。其先世为匈奴左沮渠，遂以官为氏焉。”《汉书·匈奴传》叙述匈奴官号中有相、都尉、当户、且渠之属。颜师古注云：“且音子余反。今之沮渠姓，盖本因此官。”《后汉书·南匈奴列传》所叙述的匈奴官号中，也是写作且渠而非沮渠。《晋书·北狄·匈奴》称为沮渠。“其四姓，有呼延氏、卜氏、兰氏、乔氏。而呼延氏最贵，则有左日逐、右日逐，世为辅相；卜氏则有左沮渠、右沮渠；兰氏则有左当户、右当户；乔氏则有左都侯、右都侯。又有东阳、沮渠、余地诸杂号，犹中国百官也。”

《晋书·沮渠蒙逊载记》与《汉书·匈奴传》颜师古注均以为沮渠以官为氏，而《晋书·北狄·匈奴》以左沮渠与右沮渠为卜氏，史、汉叙述匈奴贵姓为三，一为呼衍氏，一为兰氏，其后又有须卜氏。《后汉书·南匈奴列传》也有须卜氏，《晋书》卜氏当为须卜氏。《汉书》与《后汉书》也列举且渠官号，但是没有说明且渠为卜氏，若不依《晋书》来看，则沮渠为官号，而其姓为卜氏，沮渠蒙逊不以卜氏为姓而以沮渠为姓就难于考证。

前面提到匈奴壶衍鞮单于所宠的颛渠阏氏的父亲，是左大且渠，颛渠阏氏的弟弟都隆奇也是左大且渠，可能是承袭其父的职位。在虚闾权渠单于（壶衍鞮单于之弟）时，颛渠阏氏被黜，虚闾权渠单于死，颛渠阏氏切与其弟左大且渠都隆奇谋立右贤王屠耆堂为握衍朐鞮单于，重用颛渠阏氏弟都隆奇，尽免虚闾权渠单于子弟近亲。虚闾权渠单于子稽侯珊亡归岳父乌禅幕。乌禅幕与左地贵人共立稽侯珊为呼韩邪单于，发左地兵与握衍朐鞮单于战，握衍朐鞮战败自杀。都隆奇归附握衍朐鞮单于弟右贤王，共谋立日逐王薄胥堂为屠耆单于，后屠耆兵败自杀，都隆奇降汉。

这里稍为追述左大且渠都隆奇其人并不是因为都隆奇降汉而入居塞内，而是因为他有可能是沮渠蒙逊的祖宗。再说左大且渠在匈奴也是一个很重要的地位，他甚至一再谋立新单于，其地位之重要是无可怀疑的。

汤球《十六国春秋辑补》卷九十五《北凉录》说："沮渠蒙逊，临松庐水胡人也。……世居庐水为酋豪，高祖晖，曾祖遮，皆雄健有勇力，祖祁复延，封北地王，父法弘袭爵，苻坚时，以为中田护军，卒，蒙逊代领部曲。"蒙逊是深受汉文化影响的人。《晋书·沮渠蒙逊载记》说："蒙逊博涉群史，颇晓天文，雄桀有英略，滑稽善权变，梁熙、吕光皆奇而惮之。故常游饮自晦。"汉化程度方面他当然比不上刘渊，但比之赫连勃勃似又过之。他虽然没有否认他是匈奴的后裔，但他的匈奴民族意识却没有赫连勃勃那么浓厚，他没有以冒顿配天，也没有称大单于。

蒙逊本来臣事后凉国的吕光（氐族人），因伯父罗仇及仇弟麹粥为吕光所杀，遂反叛吕光。《十六国春秋辑补》说：

> 光之王于凉土，使蒙逊自领营人，配箱直，又以蒙逊伯父罗仇为西平太守，仇弟麹粥为三河太守。后凉龙飞二年，蒙逊伯父罗仇、麹粥，从吕光子纂瑣，征河南王乞伏乾归于枹罕，光前军大败，麹粥言于兄罗仇曰："主上荒耄骄纵，诸子朋党相倾，谗人侧目，今军败将死，正是智勇见猜之日，可不惧乎！吾兄弟素为所惮，与其经死沟渎，岂若勒众向西平，出苕藋，奋臂大呼，凉州不足定也。"罗仇曰："理如汝言，但吾家累世忠孝，为一方所归，宁人负我，无我负人。"俄而皆为光所杀。

罗仇、麹粥被杀后，其宗姻诸部来会葬者万余人，蒙逊乘机向众宣称，他的祖宗在前汉王莽末年与光武初年的时候，曾与窦融保宁河右，有过光荣的历史。同时他又说："吕王昏耄，荒虐无道，岂可坐观成败，不上继先祖安时之志，下使二父有恨黄泉。"（《十六国春秋辑补》卷九十五《北凉录》"沮渠蒙逊"）他这一号召得到群众拥护，"咸称万岁"，遂杀吕光的中田护军马邃，临松令井祥，十日之中，众至万余，屯据金山。吕光派吕纂进击蒙逊，蒙逊战败。这时蒙逊从兄男成闻蒙逊起兵反吕光，也集合数千人屯于乐涫，杀酒泉太守叠滕（《通鉴》作垒澄），蒙逊收集部曲，与男成共拥立吕光建康太守段业为使持节大都督、龙骧将军、凉州牧、建康公，改吕光龙飞二年为神玺元年，时为公元 397 年。

段业称王之后，《晋书·沮渠蒙逊载记》说：

> 业以蒙逊为张掖太守，男成为辅国将军，委以军国之任。业将使蒙逊攻西郡，众咸疑之。蒙逊曰："此郡据岭之要，不可不取。"业曰："卿言是也。"遂遣之。蒙逊引水灌城，城溃，执太守吕纯以归。于是王德以晋昌，孟敏以敦煌降业。业封蒙逊临池侯。吕弘去张掖，将东走，业议欲击之。蒙逊谏曰："归师勿遏，穷寇弗追，此兵家之戒也。不如纵之，以为后图。"业曰："一日纵敌，悔将无及。"遂率众追之，为弘所败。业赖蒙逊而免，叹曰："孤不能用子房之言，以至于此!"业筑西安城，以其将臧莫孩为太守。蒙逊曰："莫孩勇而无谋，知进忘退，所谓为之筑冢，非筑城也。"业不从。俄而为吕纂所败。蒙逊惧业不能容己，每匿智以避之。……业惮蒙逊雄武，微欲远之，乃以蒙逊从叔益生为酒泉太守，蒙逊为临池太守。

从上面吕光与段业的几次战争中可以看出蒙逊雄武而有智谋，因此引起段业畏忌。蒙逊对于段业也时时提防，最后产生了反叛段业的意图。"蒙逊谓男成曰：'段业愚暗，非济乱之才，信谗爱佞，无鉴断之明。……蒙逊欲除业以奉兄何如？"（《晋书·沮渠蒙逊载记》）男成拒绝了蒙逊的意见。

蒙逊见男成不同意他反叛段业，乃设计陷害男成，假段业之手杀之。蒙逊闻男成死，乃泣告男成部众“男成忠于段公，枉见屠害，诸君能为报仇乎？且州土兵乱，似非业所能济。吾所以初奉之者，以之为陈、吴耳，而信谗多忌，枉害忠良，岂可安枕卧观，使百姓离于涂炭”。于是“众皆愤泣而从之”。（《晋书·沮渠蒙逊载记》）最后段业为蒙逊所杀。

蒙逊既攻灭段业，他的部下推他为使持节、大都督、大将军、凉州牧、张掖公。于是大赦境内，改元为永安。时为东晋安帝隆安五年，公元 401 年。到永安十三年，即晋安帝义熙八年（公元 412 年）蒙逊又称河西王。蒙逊死于南朝宋文帝元嘉十年（公元 433 年），在位三十三年。他在位的三十三年中不只与西北诸国有外交关系，而且与南边的晋、宋，东边的魏，以及西域三十六国也有外交关系。他所建立的北凉，虽是一小国，但包括的地区范围很广，有这么多的和平外交关系，战争也少，内部比较稳定。在十六国中，它是最后灭亡的。

在蒙逊称凉州牧时，后秦姚兴曾遣姚硕德攻吕隆于姑臧，蒙逊遣从事中郎李典聘于兴，以通和好。三年后，蒙逊又遣弟挐入贡于秦，到了晋安帝义熙十三年（公元 417 年）刘裕攻灭后秦，蒙逊很恼火。“蒙逊闻刘裕灭姚泓，怒甚。门下校郎刘祥言事于蒙逊，蒙逊曰：‘汝闻刘裕入关，敢研研然也！’遂杀之。”（《晋书·沮渠蒙逊载记》）可见他对姚秦始终有好感。

晋安帝义熙十一年（公元 415 年），蒙逊在与东晋和平交往的最后，曾上表称臣于晋。“晋益州刺史朱龄石遣使来聘。蒙逊遣舍人黄迅报聘益州，因表曰：‘上天降祸，四海分崩，灵耀护于南裔，苍生没于丑虏。陛下累圣重光，道迈周汉，纯风所被，八表宅心。臣虽被发边徼，才非时隽，谬为河右遗黎推为盟主。臣之先人，世荷恩宠，虽历夷崄，执义不回，倾首朝阳，乃心王室。去冬益州刺史朱龄石遣使诣臣，始具朝廷休问。承车骑将军刘裕秣马挥戈，以中原为事，可谓天赞大晋，笃生英辅。臣闻少康之兴大夏，光武之复汉业，皆奋剑而起，众无一旅，犹能成配天之功，著《车攻》之咏。陛下据全楚之地，拥荆扬之锐，而可垂拱晏然，弃二京以资戎虏！若六军北轸，克服有期，臣请率河西戎为晋右翼前驱。’”（《晋书·沮渠蒙逊载记》）晋收到蒙逊书后，遣使拜他为凉州刺史。虽然他对刘裕攻灭姚泓十分恼火，但是在宋文帝元嘉六年（公元429年）也遣使入贡于宋，并求赐书。

此外，他又曾称臣于魏。《北史》卷二《魏本纪》：“（始光）三年……十二月……武都王杨玄及沮渠蒙逊等使使内附。”

但蒙逊与南凉的秃发傉檀之间却不断发生战争。“傉檀于是率师伐沮渠蒙逊，次于氐池。蒙逊婴城固守，芟其禾苗，至于赤泉而还。”过了两年，“傉檀伪游浇河，……征集戎夏之兵五万余人，大阅于方亭，遂伐沮渠蒙逊，入西陕。蒙逊率众来距，战于均石，为蒙逊所败。”（《晋书·秃发傉檀载记》）秃发傉檀与沮渠蒙逊之间发生多次战争，总的说来秃发傉檀是胜少败多。晋安帝义熙六年（公元410年）穷泉之战，傉檀大败，最后单骑逃走。

尽管蒙逊节节胜利，但是始终没有攻破南凉首都乐都。公元414年，傉檀决意向西发展，征伐乙弗而留其太子武台（《通鉴》作虎台）留守乐都。正当傉檀大破乙弗取得军事上很大胜利的时候，河南王炽磐乘虚攻破乐都，傉檀降，南凉亡。炽磐于这一年十月称秦王，这就是西秦。从此，沮渠蒙逊与西秦又不断发生冲突。

> 蒙逊遣其将运粮于湟河，自率众攻克乞伏炽磐广武郡。以运粮不继，自广武如湟河，度浩亹。炽磐遣将乞伏魋尼寅距蒙逊，蒙逊击斩之。炽磐又遣将王衡、折斐、麴景等率骑一万据勒姐岭，蒙逊且战且前，大破之，擒折斐等七百余人，麴景奔还。蒙逊以弟汉平为折冲将军、湟河太守，乃引还。
>
> ……
>
> 炽磐率众三万袭湟河，汉平力战固定，遣司马隗仁夜出击炽磐，斩级数百。炽磐将引退，先遣老弱。汉平长史焦昶、将军段景密信招炽磐，炽磐复进攻汉平。汉平纳昶、景之说，面缚出降。仁勒壮

士百余据南门楼上，三日不下，众寡不敌，为炽磐所擒。炽磐怒，命斩之。段晖谏曰：“仁临难履危，奋不顾命，忠也。宜宥之，以厉事君。”炽磐乃执之而归。在炽磐所五年，晖又为之固请，乃得还姑臧。及至，蒙逊执其手曰：“卿，孤之苏武也？”以为高昌太守。（《晋书·沮渠蒙逊载记》）

炽磐攻破湟河，乃以其左卫将军匹达为湟河太守，这是公元 415 年的事情。

蒙逊经过这次失败，第二年遂与炽磐媾和。双方和好之后，至炽磐死的十几年中，没有发生大规模的军事冲突。炽磐死后，由其子慕末继立。蒙逊出兵伐慕末，慕末将蒙逊从弟沮渠成都送回并求和亲。但不久蒙逊再次出兵伐慕末，慕末逃往上邽，又为夏国赫连定所败，于次年（公元 430 年）被杀，西秦亡。

下面谈谈北凉与西凉的关系。

西凉是李暠建立的，位于北凉的西边。西凉的建立者李暠是汉族人，段业为敦煌太守时，他是段业的部下，段业为蒙逊所杀，李暠自称凉公。从此，西凉与北凉之间不断发生军事冲突。“沮渠蒙逊来侵，至于建康，掠三千余户而归，暠大怒，率骑追之，及于弥安，大败之，尽收所掠之户。”（《十六国春秋辑补》卷九十三《西凉》）“既而蒙逊每年侵寇不止。”（同上书）同书又说：“（建初）七年，秋八月，蒙逊复背前盟，率轻骑来侵。暠曰：‘兵有不战而败敌者，挫其锐也，蒙逊新与吾盟，而遽来袭我，我闭门不与战，待其锐气已竭，徐而击之，蔑不克矣。’蒙逊粮尽引去，暠遣世子歆要击，败之，获其将沮渠百年。”同书卷九十五《北凉录》“沮渠蒙逊”说：“（永安）七年，蒙逊袭李暠于酒泉，至安弥，去城六十里，暠乃觉，引军出战，遂大破之，暠闭城自守，蒙逊亦引而归。”

据汤球《十六国春秋辑补》卷九十三《西凉录》“李暠”、卷九十五《北凉录》“沮渠蒙逊”，从李暠建初二年（公元 406 年）至建初七年（公元 411 年），每年都几乎有大小不同的战争。李暠死于公元 417 年，李暠死后由其子歆继位，李歆一继位便与沮渠蒙逊发生了战争。《十六国春秋辑补·西凉录》“李歆”：“沮渠蒙逊遣其张掖太守沮渠广宗诈降诱歆，歆遣武卫温宜等赴之，亲勒大军，为之后继，蒙逊率众三万，设伏于蓼泉，歆闻引兵还，为蒙逊所逼，歆亲贯甲先登，大败之，追奔百余里，俘斩六千余级。”

到宋武帝永初元年（公元420年），李歆闻蒙逊南伐西秦，遂举兵伐蒙逊，结果失败被杀。“歆遂率步骑三万东伐，次于都渎涧，蒙逊自浩亹来距，战于怀城，歆为蒙逊所败，左右劝歆还酒泉，歆曰：‘吾违太后明诲，远取败辱，不杀此胡，复何面目以见母也。’勒众复战，败于蓼泉，为蒙逊所杀。”（《十六国春秋辑补》卷九十四《西凉录》“李歆”）

李歆死，其弟李恂称冠军将军、凉州刺史，改元永建，可是不久又为蒙逊所杀，西凉亡。

蒙逊死于宋文帝元嘉十年（公元433年），其子沮渠茂虔继立，公元439年为魏所灭。自蒙逊于晋安帝隆安五年（公元401年）自称州牧起至北凉灭亡，立国三十九年。

第三编　匈奴西迁入欧始末

第二十八章　匈奴与西域的历史渊源

西迁入欧的匈奴人，通常指公元 91 年被东汉窦宪、耿夔击溃的那部分北匈奴，以及公元 374 年出现在东欧东哥特人边境上的匈人。大多数匈奴史研究者已确认，这两部分匈奴人的活动是同一历史运动过程的首尾部分。如何使这将近四百年的匈奴西迁运动史衔接起来，是一项至今尚未完全解决的难题。本书的看法是，匈奴西迁并非指某一特定部分匈奴人，如北匈奴持续的远征过程，而是原居住在蒙古高原上的匈奴族人，长时期地向西进行的民族移徙的过程。其中包括战争以及征服与反征服的内容，也包括种族、文化的融合内容。其时间至晚在公元前一二世纪时已经开始，至公元 5 世纪中叶欧洲史上的匈奴帝国崩溃以后，匈奴族人逐步融入欧洲各民族中为止。因此，匈奴西迁史与同时期其他有关民族和国家的历史是不可分的。

匈奴西迁的第一个浪潮就是进入中国古称西域（狭义）地方，即今日新疆地方的历史。

匈奴与西域的关系究竟始于何时，难于考证。《史记·匈奴列传》说在头曼的时候，“东胡强而月氏盛”。《史记·大宛传》又说：“始月氏居敦煌、祁连间。”敦煌、祁连就是后来的河西走廊。《汉书·张骞李广利传》又说：乌孙与“大月氏俱在祁连、敦煌间，小国也”。后来乌孙曾为大月氏攻灭，其残众及太子逃到匈奴。头曼时代的匈奴，东边有强盛的东胡，西边有强盛的大月氏，南边又有强秦，可以说其势力尚没有伸张到西域。

冒顿杀父头曼自立之后，史书有大破东胡，南侵汉，“西击走月氏”的记载。这应该是冒顿就位后不久的事，即汉高祖统一天下后数年间的事。不过所谓击走月氏，大概不外是击败月氏，并非把月氏逐出其故地。

到了冒顿的末年，也就是汉文帝三年至四年间（公元前177—前176年），冒顿又遣右贤王去攻击月氏，月氏这一次被匈奴打得大败，匈奴的势力遂伸张到西域诸国。据《史记·匈奴列传》说：匈奴战败月氏之后，又定楼兰（即后之鄯善，握入天山南路之要冲）、乌孙、呼揭及其旁二十六国。在楼兰之西及其西南的塔里木盆地的好多国家也为匈奴所威服。至于呼揭西南的大宛、康居等处是否也为匈奴所平定，就不容易回答了。

可以推想，在月氏未被匈奴击败仍很强盛的时候，可能楼兰及其近旁好多国是受月氏控制的。匈奴不能击败月氏，就难伸张其势力至西域。月氏为匈奴所破之后，这些原来受月氏控制的国家就不得不屈服于匈奴。而且西域的好多国家，过去若不是受月氏控制，则匈奴在很短的时间中是否能一举降服二十余国，也是一个问题。我们从汉朝争取西域诸国的历史中可以看出，在匈奴强盛时，西域诸国役属于匈奴；可是匈奴的势力若为汉所攻破，西域诸国又降服于汉。西域诸国的数目很多，力量单薄，不属匈奴就属于汉。在汉朝势力未伸张到西域之前，西域则是月氏与匈奴争夺的对象。

匈奴的右贤王虽然败月氏，平定楼兰及其他好多国家，但是月氏在这个时期还未灭亡。乌孙后为月氏所灭，可能还是在月氏被匈奴大败之后。所以，在这个时候，月氏仍居其故地，这就是敦煌、祁连之间。

冒顿死后，其子稽粥就位，稽粥号老上单于。他就位后不久又攻击月氏，月氏的这一次被击，不只大败，其王也被杀死，老上单于把他的头以为饮器。经过这一次的大败之后，大部分的月氏人不得不离开敦煌、祁连间，向西北逃到天山以北伊犁河谷一带，仍称大月氏，其小部分留在故地者，遂与羌人杂处，称小月氏。这个时候，敦煌、祁连一带地方，遂为匈奴占据。匈奴在西域的力量更加巩固，自河西走廊以至塔里木盆地，均入其范围。匈奴的版图，此时东至东胡故地，南到长城，北至贝加尔湖，西至葱岭以至于葱岭之西。

匈奴伸张其势力于广大的西域之后，有的地方由其部众及人民前去居住，敦煌、祁连就是一个例子。伊吾，就是近代的哈密，它和蒲类海一带可能也属这一类。因为这些地方水草丰茂，适宜于畜牧。有的地方如塔里木盆地一带是居国，有城廓，人民多从事耕种，适宜于畜牧的地方较少，所以，匈奴很少移民到这些地方居住。《汉书·西域传》说："西域诸国大率土著，有城郭田畜，与匈奴、乌孙异俗，故皆役属匈奴。匈奴西边日逐王置僮仆都尉，使领西域，常居焉耆、危须、尉黎间，赋税诸国，取富给焉。"这里所谓大率土著的西域诸国，就是塔里木盆地的诸国。匈奴西边日逐王这个官号，没有见于匈奴的早期历史，应该是匈奴征服西域之后才设置的。徐松《汉书·西域传补注》曾指出："匈奴传，狐鹿姑单于始以左贤王子先贤掸为日逐王，盖置在太始时。西边者，匈奴右部界西域。"

司马光《资治通鉴》指出，先贤掸为日逐王是在太始元年（公元前96年）。《汉书补注》又说：其时，"匈奴左右大都尉在二十四长之列，二十四长又各置相都尉"。僮仆都尉的位置，在大都尉之下，都尉与大都尉的位置又应在日逐王之下。日逐王在西边，照匈奴的官制来说，似应在右贤王之下。因为匈奴除单于外，地位最高的是左贤王，次为左谷蠡王，又次为右贤王。左贤王居东边，右贤王居西边。冒顿遣右贤王攻击月氏，平定楼兰及其旁诸国，就是因为有关西方的军事行动由右贤王负责。日逐王先贤掸居西边，是右贤王的管辖区，他自己是否完全管理西域事务？不得而知。但是，僮仆都尉为管理西域诸国的官号，而征收赋税，则直接受日逐王的指挥。日逐王所住的地方似在敦煌的西边伊吾、蒲类一带，僮仆都尉则常驻天山以南的北道诸国，以便就近管理。

匈奴奴役西域的人民，使他们在沙漠绿洲上点滴农田中辛苦得来的果实，用很多去供给匈奴，这是匈奴对西域在经济上的剥削。除此之外，西域的人民还要为匈奴当兵或服役。王先谦《汉书补注》述沈钦韩说："僮仆都尉盖主简阅人口。”所谓简阅人口，就是清查人口。清查人口的目的大致有二：一是为着征收赋税，同时在战时或必要时抽调丁壮去当兵。

总而言之，匈奴控制西域，不只在物力上对匈奴有帮助，在人力上也有帮助。‘强盛时代的匈奴得到了西域，固使其愈为强盛，就是在匈奴衰弱的时候，匈奴仍极力争取西域，目的是要得到西域的物力与人力以增强其力量，用以对抗汉朝。匈奴西徙第一步的目的，是要使西域成为匈奴物力与人力的主要来源。

僮仆都尉之所以常居焉耆、危须、尉黎这几个地方，是因为这几个地方是西域的交通要道。徐松考证说：“三国在西域北道，而东西适中，故僮仆都尉治之。”《汉书·西域传》叙又说：“其后日逐王畔单于，将众来降，护鄯善以西使者郑吉迎之。既至汉，封日逐王为归德侯，吉为安远侯。是岁，神爵三年也。乃因使吉并护北道，故号曰都护。都护之起，自吉置矣。僮仆都尉由此罢，匈奴益弱，不得近西域。”

日逐王之所以反畔握衍朐鞮单于，上面已经说过。他这次率众数万骑来降汉，说明他的势力相当雄厚。日逐王降汉之后，西域的南北两道，都为汉所控制，所以匈奴的僮仆都尉就不得不取消。这是汉宣帝神爵三年（公元前 59 年）的事情。僮仆都尉的设置，若是与日逐王的设置是同时的话，那么僮仆都尉也应设于武帝太始元年（公元前 96 年）。从设置至取消共三十七年的时间来看，应该指出，僮仆都尉的设置虽不过三十几年，但是，自冒顿征服西域到这个时候则已有八十多年之久，具有牢固影响。

在匈奴强盛的时候，天山以南的西域诸国固受其控制，乌孙以及乌孙以西的大宛、康居各国，也都畏服匈奴。所以匈奴使者之到这些国家的，只要持匈奴单于一封信，各国对其使者就毕恭毕敬。使者在旅途中所需要的食物或是交通工具，各国也皆不得不供给。反之，汉使者到了这些国家，若非用货物去交换或用钱币去购买，则这些国家往往不愿供给，而且所给予的财物价值多于换取的食物或驿骑。有时他们还抢劫汉使的财物，甚至杀害汉的使者。其原因一方面是因为汉朝富于财物，他们想取得这些财物，只有换取或抢劫；一方面则是因为匈奴在地区上与他们接近，威力又早已伸张到这些地方，汉朝则距离他们很远，不能遣兵去征伐他们。

在匈奴强盛的时候，西域诸国固往往优待匈奴的使者，虐待汉的使者，就是在匈奴衰弱的时候，以至汉遣兵攻破在康居的匈奴郅支单于之后，西域诸国，像康居对于汉使者仍极傲慢。《汉书·西域传》指出在匈奴已向汉称臣的时候，康居见了汉使仍不拜。

又如汉遣宗室公主细君嫁给乌孙昆莫，昆莫以她为右夫人，匈奴也遣女嫁给昆莫，昆莫以她为左夫人。匈奴与乌孙俗重左轻右，这又说明西域诸国之对于匈奴是比对汉为尊重的，虽则这时候匈奴在祁连、敦煌的势力已被汉攻破。班超出使鄯善，其王最初对于班超很为优待，但是匈奴使者一到，鄯善王对班超的态度就疏远起来。于阗王广德可以攻灭称雄一时的蒲车王贤，可是匈奴一来，就不得不投降。这都说明匈奴在西域有一种强大的潜在威力。

西域诸国的官制与匈奴的官制也互为影响。例如《汉书·匈奴传》说："匈奴谓贤曰屠耆，故常以太子为左屠耆王。"鄯善曾有个叫做尉屠耆的质于汉。他是鄯善王的太子。这大概就是受了匈奴官制名称的影响所致。《汉书·张骞传》云："傅父布就翎侯……"[1]其注中说服虔曰；"傅父如傅母也。"李奇曰："布就，字也。翖侯，乌孙官名也，为昆莫作傅父也。"师古曰："翖侯，乌孙大臣官号，其数非一，亦犹汉之将军耳。而布就者又翖侯之中别号，犹右将军、左将军耳，非其人之字。翖与翕同。"我们知道大月氏有五翕侯，匈奴传载康居有翕侯，《匈奴传》说：匈奴以小王赵信为翕侯，那么匈奴也有翕侯的官号，匈奴之所以有这个官号，可能是受了西域诸国的影响，这说明匈奴与西域在风俗上有相同之处，在政治文化上也曾有过相互影响。

汉朝在武帝就位后（公元前 140 年），开始与匈奴争夺西域。他争

[1] 据中华书局标点本《汉书·张骞传》正文，"翖侯"作"翎侯"。

取西域的方法有二：一为外交，一为武力。其实我们也可以说，他对两者是配合起来运用的。他就位后二年，就派张骞去联络已迁至葱岭以西阿姆河上游的大月氏，希望共击匈奴。张骞在往返途中，都为匈奴所捕获，而且他也没有说服大月氏与汉共攻匈奴。但是，他这一次出使经葱岭以东而到葱岭以西的大宛、康居、大夏、大月氏诸国，使汉人对于西域的情况，得到比较正确的认识。

张骞十余年中两次出使，虽然不能达到目的，然而汉朝在军事上，不只对于匈奴本部给予很大的打击，而且在公元前 121 年攻破了匈奴在祁连一带的势力，从此以后，匈奴所控制的西域，遂受到汉朝的威胁。张骞于公元前 115 年出使乌孙，就既不需要像第二次企图绕道蜀滇去通大夏，也不像第一次出使往来遭到匈奴的扣留了。他出使乌孙的目的，是说服乌孙徙回敦煌、祁连一带与汉联盟，共拒匈奴。这个目的也没有达到，但是乌孙使者跟着张骞来到汉朝，看见了汉的富强，使西域诸国此后对汉逐渐仰慕，汉的威信日增，匈奴在这些地方的势力乃日益受到不利影响。

敦煌—祁连间本为月氏与乌孙故地，月氏灭乌孙，乌孙太子昆莫及其一部残众逃亡匈奴。后来匈奴逐走月氏，使其大部分人民逃到伊犁一带，攻破这个地方的塞族，占领其地。后匈奴又帮助乌孙人逐走伊犁河谷的月氏人，由乌孙据其地，月氏遂迁至中亚阿姆河上游大夏地。匈奴自从迫走在敦煌、祁连一带大部分的月氏人之后，乃占有其地，住在这个地方的是浑邪王与休屠王。因霍去病率兵攻破祁连的匈奴势力，浑邪王与休屠王遂降于汉。

汉在初得这块地方时，本想照张骞的提议，说服乌孙迁回故地。由于乌孙不愿意这样做，汉除置酒泉郡外，后来又分置武威、张掖、敦煌三郡，共为四郡；又置两关，这就是玉门与阳关；并徙民实边，使本为匈奴牧场的一些地方，变成农田，成为汉的版图的一部分；同时，也成为与匈奴争夺西域的根据地。

公元前 104 年，武帝遣李广利伐大宛，因兵士在途中损失过大，没有到大宛都城而回。两年后又调大军去伐大宛，这一次降服了大宛。匈奴本来想截住汉朝的军队，可是汉军兵力雄盛，威震西域诸国，匈奴就没有轻举妄动。

汉既联络天山以北的乌孙，又降服葱岭以西的大宛，敦煌以西，分别据通往天山南北路要冲的鄯善、车师，遂成为匈奴与汉争夺的重点对象。

与此同时，匈奴本部因屡受汉的攻击，逐渐加紧向西边迁徙的活动。公元前 105 年，匈奴乌维单于死了，他的儿子詹师庐继立，号为儿单于。儿单于大约觉得在二十年中汉不断地攻击匈奴，使匈奴遭受很大损失，故而不得不向西北逃避。《汉书》中指出，乌维单于死后，“单于益西北”。以前东边左贤王所居的地方，退到了中部。而以前单于所居的中部，又退到以前右贤王所居的西部。至于右贤王又更向西移，与氐羌已很接近。

匈奴重心的西移，有两种结果：第一是在匈奴之东的乌桓、鲜卑慢慢地强盛起来；第二是匈奴益向西北走，匈奴不只愈近西域，而且匈奴本身也逐渐成为西域的一部分，因而匈奴与汉争夺西域也愈趋剧烈。对于控制西域的要冲来说，鄯善与车师尤其重要。

鄯善在冒顿的末年，已被匈奴征服。但是自汉占据了祁连、敦煌一带之后，用外交与武力两种手段争取到久为匈奴所控制的鄯善，于是控制了西域的南道。鄯善以西的南道既为汉所控制，汉又与匈奴争夺通向西域北道的要冲——车师。车师地当天山之南与天山之北，到了匈奴日逐王投降于汉之后，西域的北道也为汉所控制。郑吉被任命为都护也是在北道被汉控制之后。都护不只是保护葱岭以东的南北两道诸国，而且有权去安辑或征伐葱岭以西的大宛、康居诸国。

日逐王降汉不久，匈奴内部就发生了矛盾，分为南北两匈奴。南匈奴呼韩邪单于降汉，北匈奴郅支单于向西北迁徙，最后到中亚细亚的康居称雄一时。关于郅支，我们当在下面加以详细的叙述，这里需要指出的是郅支之所以向西北迁徙而跑到中亚细亚，是因为呼韩邪既有了汉的庇护，使郅支不能安居于匈奴故地；葱岭以东的西域诸国又为汉所控制，所以郅支不得不跑到较远的中亚细亚。

西汉末年至东汉初，是匈奴的势力在西域复兴的时期。葱岭以东，除了莎车以外，所有国家都投降了匈奴。匈奴乘机利用西域诸国去扰乱汉的边境。到汉明帝时，汉改变了光武帝对西域的消极政策，再加上班超二十余年的苦心经营，匈奴在西域的势力又有所削弱。在这个时期中，匈奴的活动中心是匈奴故地的西部。

第二十九章 匈奴西迁的第二次浪潮
——进入中亚，居留悦般时期

匈奴西迁过程，呈波浪势。公元 91 年以后至居留悦般时期，是进入西域中亚地带的第二个西迁浪潮的中心。

东汉章帝末年，匈奴曾为东边的鲜卑所败。和帝初年，窦宪又大败北匈奴。北匈奴不得不向西北逃跑至乌孙以西，后来到了悦般地方。悦般国就是这些匈奴人所建立的。

窦宪大败北匈奴，是在公元 1 世纪的末年。半个世纪之后，鲜卑檀石槐勃兴，他不只征服了匈奴的故地，势力更到达了乌孙。这时留在匈奴故地与在西域天山以北的匈奴人，除了投降于鲜卑受其统治外，必有不少跑到了乌孙以西，中亚细亚一带。可惜史书对于这一次的匈奴人的西徙没有明确的记载。匈奴人进入中亚的过程，可称为第二次西迁浪潮，其中又可分为三个阶段，而以建立悦般国为中心。

在此以前，《汉书·西域传》“康居”条说：康居“东羁事匈奴”。又说其势力的发展已达到乌孙以西。康居国在流入咸海的阿姆河（古乌浒水，又称妫水）与锡尔河（古称药杀水）流域的中亚地带。大月氏在康居以南。东南是大宛（费尔干纳盆地）。悦般属康居，在康居东部的都赖水流域。张骞出使大月氏，曾带了匈奴人甘父同行。这虽是由于甘父善射，在食物缺乏时可以猎野味以充饥，然而最重要的是利用他当翻译。因为匈奴为百蛮大国，声威既远播于中亚细亚，匈奴的语言在这些地方很可能已成为一种通用的语言。同时也可以推想，在匈奴强盛的时候，必有不少的匈奴人或其使者往来于中亚细亚这些地方，很可能也有不少人就移居到了这些地方。可是，这种迁徙大概是零星的，而非大量的。到了郅支单于时，征伐乌孙，攻败丁令、呼揭、坚昆，最初以坚昆为王庭，后来又跑到康居称雄于中亚细亚。失败之后，其残部又必散居于中亚细亚各处。可以说，这是匈奴人大规模迁徙于中亚细亚的第一次。但郅支在康居立足时间不长。窦宪大败北匈奴，匈奴好多人又跑到乌孙之西，最终建立悦般国，这是匈奴人大规模迁徙到中亚细亚的第二次。这次立国较久，至少有七十年。鲜卑檀石槐攻占匈奴故地，又伸张其势力到乌孙，匈奴人又必有不少逃亡于乌孙之西。我们推想，这是匈奴人大规模迁于中亚细亚的第三次，是悦般建国那次西迁浪潮的延续。

公元前 1 世纪的中叶，匈奴分为南北两部。郅支是北单于，郅支觉得他的弟弟呼韩邪投降于汉受汉朝的庇护，自己又没有力量去消灭呼韩邪或攻击汉朝，所以他就不得不向西北迁徙。

郅支西迁之始，攻败乌孙、小昆弥及丁令、呼揭、坚昆，势力逐渐强大，到了他迁至康居时，势力愈益膨胀，已称雄于中亚细亚。假使郅支最后不为陈汤所灭的话，可能中亚细亚的好多国家，如大宛、康居、月氏以至安息，都将会为这个新兴的匈奴帝国所征服。此后的中亚细亚又必将是另一种面貌，而与我们今日所认识的中亚细亚的历史可能大不相同。

郅支单于是呼韩邪单于的哥哥，他的本名是呼屠吾斯；呼韩邪本名是稽侯狦，二人都是虚闾权渠单于的儿子。虚闾权渠单于死时，颛渠阏氏与其弟左大且渠都隆奇谋立了右贤王屠耆堂为握衍朐鞮单于，稽侯狦以不得立而跑到其妻父乌禅幕的地方。呼屠吾斯也许是在这个时候跑到民间，以避免握衍朐鞮的捕杀。

到了稽侯狦立为呼韩邪单于，攻败握衍朐鞮之后，乃从民间找得其兄呼屠吾斯，并立之为左谷蠡王。后来左谷蠡王呼屠吾斯乃自立为郅支骨都侯单于，居在东边。在这个时候，屠耆单于从其弟休旬王率所属的五六百骑击杀左大且渠，而且并其兵众，去到右地自立为闰振单于。闰振单于见得呼韩邪之兄呼屠吾斯自立为郅支单于，乃率众去到东边攻击郅支单于，结果闰振单于反被郅支单于击杀，并有其兵众。

郅支单于既击杀闰振单于，并有其众，他的势力因而强大。于是他又乘胜进攻其弟呼韩邪单于。呼韩邪单于战败，不得不逃跑。郅支遂都于单于庭。

呼韩邪单于来到中国朝见前，这就是宣帝甘露元年（公元前53年）时，曾遣其子入侍汉朝。郅支单于为了讨好中国也遣子入侍。到了甘露三年，呼韩邪入朝的时候，郅支也遣使入献，中国对他也很厚待。过了一年，他和呼韩邪单于两人都遣使奉献，但是中国对于呼韩邪单于较为厚遇，当然使他不满意。他觉得呼韩邪单于既已投降中国，并得到中国的保护，他就没有法子去破灭呼韩邪。《汉书·匈奴传》说："始郅支单于以为呼韩邪降汉，兵弱不能复自还，即引其众西，欲攻定右地。又屠耆单于小弟本侍呼韩邪，亦之之右地，收两兄余兵得数千人，自立为伊利目单于，道逢郅支，合战，郅支杀之，并其兵五万余人。闻汉出兵欲助呼韩邪，即遂留居右地。"《汉书》卷七十《陈汤传》说："先是，宣帝时匈奴乖乱，五单于争立，呼韩邪单于与郅支单于俱遣子入侍，汉两受之。后呼韩邪单于身入称臣朝见，郅支以为呼韩邪破弱降汉，不能自还，即西收右地。会汉发兵送呼韩邪单于，郅支由是遂西破呼揭、坚昆、丁令，兼三国而都之。"

郅支单于因中国保护了呼韩邪单于，而觉到自己的力量不能统一匈奴，于是就向西方迁徙。在他未攻败呼揭、坚昆、丁令之前，曾想与乌孙联合起来，后因乌孙杀了他的使者，便攻破乌孙，然后再攻破呼揭、坚昆、丁令。《汉书·匈奴传》说：郅支"自度力不能定匈奴，乃益西近乌孙，欲与并力，遣使见小昆弥乌就屠。乌就屠见呼韩邪为汉所拥，郅支亡虏，欲攻之以称汉，乃杀郅支使，持头送都护在所，发八千骑迎郅支。郅支见乌孙兵多，其使又不反，勒兵逢击乌孙，破之"。

关于小昆弥乌就屠，《汉书·西域传》"乌孙"条说；"初，肥王翁归靡胡妇子乌就屠，狂王伤时惊，与诸翕侯俱去，居北山中，扬言母家匈奴兵来，故众归之。后遂袭杀狂王，自立为昆弥。汉遣破羌将军辛武贤将兵万五千人至敦煌，遣使者案行表，穿卑鞮侯井以西，欲通渠转谷，积居庐仓以讨之。”“初，楚主侍者冯嫽能史书、习事，尝持汉节为公主使，行赏赐于城郭诸国，敬信之，号曰冯夫人，为乌孙右大将妻。右大将与乌就屠相爱，都护郑吉使冯夫人说乌就屠，以汉兵方出，必见灭，不如降。乌就屠恐，曰：‘愿得小号。’宣帝征冯夫人，自问状。遣谒者竺次、期门甘延寿为副，送冯夫人。冯夫人锦车持节，诏乌就屠诣长罗侯赤谷城，立元贵靡为大昆弥，乌就屠为小昆弥，皆赐印绶。破羌将军不出塞还。后乌就屠不尽归诸翕侯民众，汉复遣长罗侯惠将三校屯赤谷，因为分别其人民地界，大昆弥户六万余，小昆弥四万余，然众心皆附小昆弥。”楚主解忧谋杀其夫狂王，狂王受伤。狂王是匈奴妇生的儿子，乌就屠也是匈奴妇生的儿子，元贵靡是楚主解忧的长子。中国本来要元贵靡继肥王立为昆弥，可是乌孙贵人因故约立狂王。这也可说是乌孙的亲中国派与亲匈奴的斗争。乌就屠因狂王受伤惊逃，扬言母家匈奴兵来，用匈奴去号召群众，后又杀狂王自立为昆弥。可是，中国坚持以中国的外孙元贵靡为昆弥，双方争执不下，于是用冯夫人去调解，结果以元贵靡为大昆弥，乌就屠为小昆弥。小昆弥既得众心，势力当然日大。郅支之所以要与之联络，恐就因为他是匈奴的外孙。但是，他又觉得呼韩邪单于有中国保护，郅支等于逃亡，遂杀了郅支的使者，同时再破灭郅支，向中国领功，却不料反为郅支所破。被击败的乌就屠的军队就是迎战郅支的八千骑，他本人是后来才死的。

郅支单于攻破乌就屠的军队之后，再向西北攻呼揭、坚昆与丁令。《汉书·陈汤传》有记，《汉书·匈奴传》也说：“因北击乌揭，乌揭降，发其兵西破坚昆，北降丁令，并三国。数遣兵击乌孙，常胜之。坚昆东去单于庭七千里，南去车师五千里，郅支留都之。”坚昆就是《史记·匈奴列传》里所说的鬲昆，《汉书·匈奴传》里所说的隔昆。冒顿时征服过这个国家以及丁令、浑庾、屈射、薪犁等。《史记》《汉书》的匈奴传故谓这些国家在北边。这里说西破坚昆，也许因为坚昆是在丁令、乌揭之西。《汉书·西域传》没有坚昆传，《三国志·魏书》卷三十注云：

“坚昆在康居西北，胜兵三万人，随畜牧，亦多貂，有好马。”郅支单于由匈奴单于庭西走七千里，都于坚昆，坚昆在乌孙之西。《三国志》注说在康居西北，似为东北之误，这里已经是在中亚细亚的北部了。为什么郅支单于不走别的方向，却向西北跑呢？其原因简单地说，南边有中国，呼韩邪已降汉，东边的乌桓逐渐兴盛，北边的丁令所居地多山林地带，不宜畜牧。葱岭以东的西域诸国，也完全为中国所控制，所以只有西北方向比较容易发展。

郅支单于既向西北迁徙，离开匈奴单于庭很远，与中国距离更远，为什么后来又被中国破杀呢？主要是因为他对中国保护与厚待呼韩邪单于很不满意，因而虐待甚至杀死中国的使者，召来中国的征伐。《汉书·陈汤传》说：“（郅支）怨汉拥护呼韩邪而不助己，因辱汉使者江乃始等。”又说：“初元四年（公元前 45 年），遣使奉献，因求侍子，愿为内附。汉议遣卫司马谷吉送之。”

为了送回郅支单于在中国的侍子这件事，公卿方面曾经过讨论。“御史大夫贡禹、博士匡衡以为《春秋》之义‘许夷狄者不壹而足’，今郅支单于乡化未醇，所在绝远，宜令使者送其子至塞而还。”但是谷吉自己却主张送其回国。他上书说：“中国与夷秋有羁（靡）不绝之义，今既养全其子十年，德泽甚厚，空绝而不送，近从塞还，示（捐弃）〔弃捐〕不畜，使无乡纵之心。弃前恩，立后怨，不便。议者见前江乃始无应敌之数，知勇俱困，以致耻辱，即予为臣忧。臣幸得建强汉之节，承明圣之诏，宣谕厚恩，不宜敢桀。若怀禽兽，加无道于臣，则单于长婴大罪，必遁逃远舍，不敢近边。没一使以安百姓，国之计，臣之愿也。愿送至庭。”贡禹对于谷吉这种说法仍不赞成，以为谷吉若送其子至单于庭，必“为国取侮生事，不可许”。后来元帝把这件事与冯奉世商量，奉世觉得谷吉可以送侍子回国。于是，元帝乃答应谷吉所请。然而，结果正如贡禹、匡衡所料，谷吉送郅支的儿子回到单于庭，郅支竟然杀了谷吉及其随从，遂与中国绝交。郅支单于在呼韩邪单于未入朝称臣前，遣子入侍，后来又遣使奉献，未始不欲与汉亲善。但是，中国对于呼韩邪特别加以爱护，使他怨恨，始而侮辱中国使者江乃始，再而杀中国使者谷吉等，这么一来，他很明白中国不会再容忍他。《汉书·匈奴传》说：“郅支既杀使者，自知负汉，又闻呼韩邪益强，恐见袭击，欲远去。会康居王数为乌孙所围，与诸翕侯计，以为匈奴大国，乌孙素服属之，今郅支单于困阸在外，可迎置东边，使合兵取乌孙以立之，长无匈奴忧矣。”匈奴虽然虚弱不堪，而分为南北两部，郅支又困阸在外，然匈奴大国的威风在西域诸国中仍未完全失掉。加之郅支击败乌孙小昆弥乌就屠之后，又数次侵略乌孙也得到了胜利。康居因受乌孙的侵略想报复，同时又怕郅支单于的势力太大，可能攻击康居，于是乃计划利用郅支共攻乌孙，一方面可以报仇，一方面可以把乌孙地与郅支居住，这好像是一举两得的事情。不过后来的结果并不见得是这样，因为郅支对康居也进行了凌侮。

康居既觉得联合郅支是一举两得的事情，乃请郅支到康居的东边来。《汉书·匈奴传》说：“即使使至坚昆通语郅支。郅支素恐，又怨乌孙，闻康居计，大说，遂与相结，引兵而西。康居亦遣贵人，橐它驴马数千匹，迎郅支。郅支人众中寒道死，余财三千人到康居。”上面抄录《三国志·魏书》卷三十注引鱼豢《魏略》说，坚昆在康居西北，我们已经指出坚昆应在康居东北。这里说郅支从坚昆引兵而西到康居，说明坚昆确是在康居的东北，否则郅支不会从坚昆引兵而西到康居，除非鱼豢《魏略》所说是指后来的坚昆，它向西发展或迁徙到康居的西北。但在前汉时，坚昆应该是在康居的东北。

康居不只遣贵人带很多畜物去迎接郅支，郅支到了康居之后，还与之和亲。《汉书·陈汤传》说：“康居王以女妻郅支，郅支亦以女予康居王。”这可以说是亲上加亲了。对方各以其女妻对方是一种奇特的婚姻关系。但是，这种例子也非孤立，如清朝的阿敏以亲女嫁蒙古塞特尔，自己又娶塞特尔的女儿为妻，两人互为翁婿，可能这种风俗在塞外的各处是屡见不鲜的。《汉书·陈汤传》又说：“康居甚尊敬郅支，欲倚其威以胁诸国。郅支数借兵击乌孙，深入至赤谷城，杀略民人，（欧）〔欧〕畜产，乌孙不敢追，西边空虚，不居者且千里。”乌孙是在康居、坚昆、呼揭一带的强大国家。《汉书·西域传》"乌孙"条说：乌孙有户十二万，口六十三万，胜兵十八万八千八百人。中国之所以极力联络乌孙就是因为乌孙是匈奴西边的重要国家，可以利用以牵制匈奴。但是，郅支单于西徙，一再攻败乌孙，到了康居之后，又借康居兵深入至赤谷城，使乌孙的西部千里地方空虚没有人居住，说明郅支这时仍很强盛。郅支从匈奴单于庭西徙，先攻杀屠耆单于之弟，再败乌孙小昆弥（莫）乌就屠，又征服乌揭、丁令与坚昆，复败乌孙而至其都城，声势浩大起来，因而更加骄傲，虐待康居，威服其邻近各国，同时又再次侮辱中国的使者。《汉书·陈汤传》说："郅支单于自以大国，威名尊重，又乘胜骄，不为康居王礼，怒杀康居王女及贵人、人民数百，或支解投都赖水中。发民作城，日作五百人，二岁乃已。又遣使责阖苏、大宛诸国岁遗，不敢不予。汉遣使三辈至康居求谷吉等死，郅支困辱使者，不肯奉诏。"郅支的强盛与傲慢，从这段文字中可以见其大概。

自从元帝初元四年（公元前 45 年），从遣送郅支儿子的谷吉被郅支杀死之后，中国虽有时遣使去追问这件事情，可是郅支所居的地方离中国很远，所遣使者虽一再受困辱，中国也没有法子报复。到了元帝建昭三年（公元前 36 年），陈汤与甘延寿被派到西域的时候，他们中特别是陈汤才计划去攻伐郅支单于。《汉书·陈汤传》说："陈汤字子公，山阳瑕丘人也。少好书，博达善属文。家贫匄贰无节，不为州里所称。西至长安求官，得太官献食丞。数岁，富平侯张勃与汤交，高其能。初元二年，元帝诏列侯举茂材，勃举汤。汤待迁，父死不奔丧，司隶奏汤无循行，勃选举故不以实，坐削（一百户）〔户二百〕，会薨，因赐谥曰缪侯。汤下狱论。后复以荐为郎，数求使外国。久之，迁西域副校尉，与甘延寿俱出。"

陈汤这一次出使西域，是副校尉，甘延寿是西域都护，可是这一次对郅支的征讨，完全是由陈汤发动的。《陈汤传》说："汤为人沈勇有大虑，多策谋，喜奇功，无过城邑山川，常登望。既领外国，与延寿谋曰：'夷狄畏服大种，其天性也。西域本属匈奴，今郅支单于威名远闻，侵陵乌孙、大宛，常为康居画计，欲降服之。如得此二国，北击伊犁，西取安息，南排月氏，山离乌弋，数年之间，城郭诸国危矣。且其人剽悍，好战伐，数取胜，久畜之，必为西域患。郅支单于虽所在绝远，蛮夷无金城强弩之守，如发屯田吏士，驱从乌孙众兵，直指其城下，彼亡则无所之，守则不足自保，千载之功可一朝而成也。”甘延寿对于这个计划，本也赞成，不过甘延寿以为要这样做，应当奏请。陈汤说：“国家与公卿议，大策非凡所见，事必不从。”甘延寿始终不敢擅自作主。恰巧甘延寿久病，陈汤遂“矫制发城郭诸国兵，车师戊己校尉屯田吏士。延寿闻之，惊起，欲止焉。汤怒，按剑叱延寿曰：‘大众已集合，竖子欲沮众邪？’”延寿不得已只好照他的计划去做。陈汤传说：“延寿遂从之，部勒行陈，益置扬威、白虎、合骑之校，汉兵胡兵合四万余人，延寿、汤上疏自劾奏矫制，陈言兵状。”“即日引军分行，别为六校，其三校从南道逾葱岭径大宛，其三校都护自将，发温宿国，从北道入赤谷，过乌孙，涉康居界，至滇池西。而康居副王抱阗将数千骑，寇赤谷城东，杀略大昆弥千余人，欧畜产甚多。从后与汉军相及，颇寇盗后重。汤纵胡兵击之，杀四百六十人，得其所略民四百七十人，还付大昆弥，其马牛羊以给军食。又捕得抱阗贵人伊奴毒。”“入康居东界，令军不得为寇。间乎其贵人屠墨见之，谕以威信，与饮盟遣去。径引行，未至单于城可六十里，止营。复捕得康居贵人贝色子男开牟以为导。贝色子即屠墨母之弟，皆怨单于，由是具知郅支情。”

“明日引行，未至城三十里，止营。单于遣使问：‘汉兵何以来？’应曰：‘单于上书言居困陁，愿归计强汉，身入朝见。天子哀闵单于弃大国，屈意康居，故使都护将军来迎单于妻子，恐左右惊动，故未敢至城下。’使数往来相报答。延寿、汤因让之：‘我为单于远来，而至今无名王大人见将军受事者，何单于忽大计，失客主之礼也！兵来道远，人畜罢极，食度且尽，恐无以自还，愿单于与大臣审计策。’”“明日，前至郅支城都赖水上，离城三里，止营傅陈。望见单于城上立五彩幡织，数百人披甲乘城，又出百余骑往来驰城下，步兵百余人夹门鱼鳞陈，讲习用兵。城上人更招汉军曰‘斗来！’百余骑驰赴营，营皆张弩持满指之，骑引却。颇遣吏士射城门骑步兵，骑步兵皆入。延寿、汤令军闻鼓音皆薄城下，四面围城，各有所守，穿堑，塞门户，卤楯为前，戟弩为后，卬射城中楼上人，楼上人下走。土城外有重木城，从木城中射，颇杀伤外人。外人发薪烧木城。夜，数百骑欲出外，迎射杀之。”

“初，单于闻汉兵至，欲去，疑康居怨己，为汉内应，又闻乌孙诸国兵皆发，自以无所之。郅支已出，复还，曰：‘不如坚守。汉兵远来，不能久攻。’单于乃披甲在楼上，诸阏氏夫人数十皆以弓射外人。外人射中单于鼻，诸夫人颇死。单于下骑，傅战大内。夜过半，木城穿，中人却入土城，乘城呼。时康居兵万余骑分为十余处，四面环城，亦与相应和。夜数奔营，不利，辄却。平明，四面火起，吏士喜，大呼乘之，钲鼓声动地。康居兵引却。汉兵四面推卤楯，并入土城中。单于男女百余人走入大内。汉兵纵火，吏士争入，单于被创死。军侯假丞杜勋斩单于首，得汉使节二及谷吉等所赍帛书。诸卤获以畀得者。凡斩阏氏、太子、名王以下千五百一十八级，生虏百四十五人，降虏千余人，赋予城郭诸国所发十五王。”

应该指出，这是匈奴人筑城而战的最值得注意的记载。《史记》《汉书》的“匈奴传”都说，卫青兵到赵信城，但没有涉及赵信城如何构造，也没有说到如何攻破赵信城。在上面几段话里，不只说明郅支城的建筑经过，而且说明郅支如何用城守备汉军，如何被攻入城内，又如城上立五彩幡帜以及诸阏氏夫人数十皆乘城助战。这都是在前此中国与匈奴的战争记载中所没有的。

甘延寿与陈汤既攻灭郅支单于，乃上疏说：“臣闻天下之大义，当混为一，昔有唐虞，今有强汉。匈奴呼韩邪单于已称北藩，唯郅支单于叛逆，未伏其辜，大夏之西，以为强汉不能臣也。郅支单于惨毒行于民，大恶通于天。臣延寿，臣汤将义兵，行天诛，赖陛下神灵，阴阳并应，天气精明，陷阵克敌，斩郅支首及名王以下，宜县头槁街蛮夷邸间，以示万里，明犯强汉者，虽远必诛。”

关于悬郅支及其名王等头事，公卿们意见也有所不同。《陈汤传》说："丞相匡衡，御史大夫繁延寿以为'郅支及名王首更历诸国，蛮夷莫不闻知。《月令》春：'掩骼埋胔之时，宜勿县。'车骑将军许嘉、右将军王商以为'春秋夹谷之会，优施笑君，孔子诛之，方盛夏，首足异门而出。宜县十日乃埋之。'"

结果是元帝同意了许嘉与王商的提议。至于甘延寿与陈汤攻灭郅支之后，是否应封侯及慰劳士卒等问题，公卿们争论得更为热烈，有如冯奉世攻灭莎车后当时公卿的争论一样。由于这件事涉及到对郅支单于西迁至中亚以后的历史作用的估价，不妨存录如下。《陈汤传》说："初，中书令石显尝欲以姊妻延寿，延寿不取。及丞相、御史亦恶其矫制，皆不与汤。汤素贪，所卤获财物入塞多不法。司隶校尉移书道上，系吏士按验之。汤上疏言：'臣与吏士共诛郅支单于，幸得禽灭，万里振旅，宜有使者迎劳道路。今司录反逆收系按验，是为郅支报仇也！'上立出吏士，令系道具酒食以过军。既至，论功，石显、匡衡以为'延寿、汤擅兴师矫制，幸得不诛，以复加爵土，则后奉使者争欲乘危徼幸，生事于蛮夷，为国招难，渐不可开。'"

匡衡是用宣帝时肖望之所用的理由去反对封甘延寿、陈汤的。应该指出，宣帝时冯奉世是出使大宛道经鄯善矫制发兵攻伐莎车的。而甘延寿是西域都护，有责任去安辑或攻击诸国之不臣服者。《汉书·西域传》叙说"都护督察乌孙，康居诸外国动静，有变以闻。可安辑，安辑之；可击，击之"。不过也得承认，发动大兵进攻郅支，应该奏请准可，然后施行，这一点甘延寿是知道的，这也是他与陈汤所见不同之处。不过，陈汤既已发动大兵，他为势力所迫，不得不这样办，故未出兵前已上疏"自劾奏矫制，陈言兵状"。

石显、匡衡虽以为有前例可循，认为不可封甘延寿与陈汤，但是，汉元帝内心是嘉许他们的功劳的，所以这件事议论了很长时期都没有结果。最后是宗正刘向上疏详陈应封的理由。刘向说："郅支单于囚杀使者吏士以百数，事暴扬外国，伤威毁重，群臣皆闵焉。陛下赫然欲诛之，意未尝有忘。西域都护延寿、副校尉汤承圣指，依神灵，总百蛮之君，槛城郭之兵，出百死，入绝域，遂蹈康居，屠五重城，搴歙侯之旗，斩郅支之首，悬旌万里之外，扬威昆山之西，扫谷吉之耻，立昭明之功，万夷慴伏，莫不惧震。呼韩邪单于见郅支已诛，且喜且惧，乡风驰义，稽首来宾，愿守北藩，累世称臣。立千载之功，建万世之安，群臣之勋莫大焉。昔周大夫方叔、吉甫为宣王诛猃狁而百蛮从，其《诗》曰：‘啴啴焞焞，如霆如雷，显允方叔，征伐猃狁，蛮荆来威。’《易》曰：‘有嘉折首，获〔非〕〔匪〕其丑。’言美诛首恶之人，而诸不顺者皆来从也。今延寿、汤所诛震，虽易之折首，《诗》之雷霆不能及也。论大功者不录小过，举大美者不疵细瑕。《司马法》曰：‘军赏不逾月’，欲民速得为善之利也。盖急武功，重用人也。吉甫之归，周厚赐之，其《诗》曰：‘吉甫燕喜，既多受祉，来归自镐，我行永久。’千里之镐犹以为远，况万里之外，其勤至矣！”又说：“延寿、汤既未获受祉之报，反屈捐命之功，久挫于刀笔之前，非所以劝有功厉戎士也。昔齐桓公前有尊周之功，后有灭项之罪，君子以功覆过而为之讳行事。贰师将军李广利捐五万之师，靡亿万之费，经四年之劳，而仅获骏马三十匹，虽斩宛王毋之首，犹不足以复费，其私罪恶甚多。孝武以为万里征伐，不录其过，遂封拜两侯，三卿，二千石百有余人。今康居国强于大宛，郅支之号重于宛王，杀使者罪甚于留马，而延寿、汤不烦汉士，不费斗粮，比于贰师，功德百之。且常惠随欲击之乌孙，郑吉迎自来之日逐，犹皆裂土受爵。故言威武勤劳则大于方叔、吉甫，列功覆过则伏于齐桓、贰师，近事之功则高于安远、长罗，而大功未著，小恶数布，臣窃痛之！宜以时解悬通籍，除过勿治，尊宠爵位，以劝有功。”

元帝看了刘向的奏书之后，同意刘向的意见，封赏甘延寿与陈汤，下诏嘉奖他们的功劳。虽然石显与匡衡还是力争，元帝仍封甘延寿为义侯，赐陈汤爵关内侯，食邑各三百户，加赐黄金百斤，告上帝宗庙。

我以为刘向所说“康居强于大宛，郅支之号重于宛王”，这是事实。而且，郅支自离开匈奴单于庭西徙之后，破灭诸国，每战必胜，素来强盛的乌孙，也常常为他所败，又威服诸国，使有贡献，这正如陈汤所说，假使不攻败郅支，郅支则必征服大宛、康居，再而北击伊列，西取安息，南排月氏、山离、乌弋，数年之间，城郭诸危矣。等到这个时候，他再发兵东归，则中国非要用比这更大的力量去征伐他不可。

从这些方面来看，甘延寿与陈汤攻灭郅支比李广利征服大宛功劳大得多。而且郅支、康居是在大宛以西，中国能发兵远征，杀灭郅支，威慑康居，中国的声威，无论在葱岭以东，或葱岭以西，都增高起来。然而，也得指出，李广利征伐大宛的时候，匈奴在西域的势力仍然不小，西域诸国还有很多不受中国控制，故李广利的军队与粮食，差不多全部要由中国内地供给，军队与粮食的运输上路程遥远，故困难特别多。至于甘延寿与陈汤的时代，情形却不是这样。时西域已差不多全被中国控制，中国已有都护去治理西域，而且中国在西域还有驻屯军队，且为数不少，因此之故，甘延寿以都护的地位，发诸国之兵，征各处的粮食比较容易。从西域逾葱岭以征伐郅支，比之从中国发兵运粮去征伐大宛，远近相差不知多少倍，都是值得留意的。

郅支被杀死，部众必有不少死亡，但估计郅支的残众之散居于康居及其他各处的也仍不少。郅支未到康居之前，有一个时期曾以坚昆为王庭，郅支虽率众到康居，但他也必留有不少部众去镇守坚昆。《汉书·匈奴传》指出：郅支在赴康居的途中，因天气大冷，死伤很多，到康居时只剩下三千人，这个数目并不很多。但是郅支定都于都赖水郅支城时，东征西伐，已称雄于中亚细亚。虽然有不少部众是其他外族，估计在这个时候，早已移居于这里和坚昆的匈奴人，以至在乌孙之东的匈奴人，因郅支的强盛又到康居归附于他的必定很多。所以在陈汤攻破郅支之后，郅支残众中的匈奴人，数目必定不少。郅支抵抗陈汤，康居本来答应帮助郅支，而且已派兵去观察动静，但见得中国部队强盛，没有参加战争。郅支死后，残众可能有的在康居军队中服务，有的逃到了他处。陈汤杀了郅支之后，既未远追其残众，也没有久留康居，则这些匈奴残众绝不会东去归附呼韩邪单于，那么，他们必是寄居在康居或其他各国。而且跟着郅支远迁到康居的匈奴人，必也是一些勇敢善战年富力强的人们。康居欢迎郅支到康居，目的本是想利用他的声威与力量去征伐乌孙与邻国，郅支死了，康居也不会不利用这些匈奴人，以增强其兵力。

郅支西迁后约一百四十年，东汉时的北匈奴因受到窦宪的攻击，又有一部分逃到乌孙西北，成为以后的悦般国。《北史·西域传》“悦般国”条说：“悦般国在乌孙西北，去代一万九百三十里。其先匈奴北单于之部落也。为汉车骑将军窦宪所逐，北单于度金微山西走康居，其羸弱不能去者，往龟兹北[1]。地方数千里，众可二十余万，凉州人犹谓之单于王。”《后汉书·窦宪传》说：“明年（公元91年），（窦宪）复遣右校尉耿夔，司马任尚、赵博等将兵出北虏于金微山，大破之，克获甚众，北单于逃走，不知所在。”又同书《耿夔传》说：“三年，宪复出河西，以夔为大将军左校尉。将精骑八百，出居延塞，直奔北单于庭，度金微山斩阏氏、名王已下五千余级，单于与数骑脱亡。”

《后汉书·窦宪传》与《耿夔传》以及《匈奴传》也只说逃亡不知所在，没有说单于逃到康居。窦宪击匈奴有两次，这是第二次。另一次是在和帝永元元年（公元89年），在这一年中，窦宪率众大破单于于稽落山。《窦宪传》说：“虏众崩溃，单于遁走。”也没有说明单于遁走到什么地方。《北史》说，匈奴北单于度金微山西走康居，不知有何依据。

然而，北单于度金微山西逃康居的可能性是很大的。康居在前汉时已有郅支的残众散居多处，经过百年的休养生息，其部族可能增加很多。北匈奴在后汉时代，向西北迁徙，在乌孙之东的匈奴人，与在康居的匈奴人，互有来往，互通消息，也是很可能的。北单于被耿夔攻破之后，西走康居，虽说也是由于康居对于匈奴一向友好，但最重要的是康居境内有了好多匈奴人，所以北单于才西逃康居，与其同族的人民聚居。

北单于的部落逃到乌孙的西北面，乌孙之西已靠近康居，北单于的部落大概是居住在乌孙与康居两者之间或是已入进康居的东境，单于个

[1] 当为乌孙北。

人及其少数随从到康居都城，处在康居王的庇护之下，也是很可能的。

《汉书·西域传》“乌孙”条说，乌孙至康居蕃内，地五千里。大约是指从乌孙都城赤谷城到康居王夏所居处的蕃内城而言。悦般在乌孙之西北，应在这两个都城之间而偏北。悦般、赤谷城与蕃内这三个地方，成为一个三角地带。乌孙之北稍偏西本为伊列国。悦般在乌孙之西北，则应在伊列之西，在都赖水流域极可能就是前汉时郅支单于定都的地方，或附近，或以北。

《北史》指出，悦般所居的地方有数千里，南边可能也包括了郅支城东北，其中包括坚昆一部分。而西北面则与奄蔡接近。又其众既有了二十余万之多，那么这个国家并非一个小国。

关于悦般的风俗语言，《北史》说：“其风俗言语与高车同，而其人清洁于胡。俗剪发齐眉，以䅟餬涂之，昱昱然光泽。日三澡漱，然后饮食。”

悦般国建立约六十年后，鲜卑族檀石槐占有匈奴全部故地，分匈奴国为三部，东部从右北平东至辽东；中部起右北平以西，包括上谷十余邑；西部从上谷以西至敦煌、乌孙，二十余邑；这说明鲜卑的势力已伸张到乌孙。在檀石槐未征服匈奴故地以及从敦煌至乌孙间地之前，匈奴留在故地或西域，尤其是留在自敦煌西北以至乌孙间地的可能性很大。檀石槐的西侵，我们推想又必促使好多匈奴人逃到乌孙之西，而且他们可能与西汉时郅支所留下来的匈奴人以及东汉时已在悦般建国的匈奴人会合。这构成匈奴西迁过程的一个重要历史时代。其时间大约涵括从冒顿以后至后汉末年的三百多年间。零星匈奴人徙向中亚细亚的路线，据史书所载，均系经过乌孙本土或绕过乌孙之北再到乌孙以西，或到乌孙的西北。零星的迁徙还有一条可走的路线，这就是从乌孙以南或天山以南越过葱岭。但是，这种可能性较小。因为大部分的匈奴人之逃到乌孙以西者，多是经过乌孙本土或绕向乌孙以北。所以匈奴人民居留中亚细亚期间大部分是在北部，这就是药杀水（锡尔河）之北，或药杀水一带，在妫水（阿姆河）南段者恐怕是很少的。说明这一点是必要的，因为这关系到他们从这些地方进一步迁徙的方向。从此处再向西北走就到了古代的奄蔡或中国南北朝时代所称的粟特及阿兰人分布的地区。这一地区包括今日苏欧东部的南方伏尔加——顿河流域下游的草原地带，即欧亚大草原西端。

第三十章 匈奴入据粟特，进至顿河流域草原

《北史》引《魏书·西域传》记载，公元439年魏克姑臧时获悉，粟特国是匈奴国家，自建国起已经历了三位国王。第一位匈奴国王是杀原粟特王后自立的。郅支先曾设王庭于康居，悦般也建国于这一带。再往西走，就是奄蔡或后来的阿兰或粟特。年代愈久，匈奴人口增加愈多。公元3世纪与4世纪的时候，匈奴人之在康居西境与粟特境内者必定很多。起初他们受这两个国家的统治，到势力大了，他们就杀其王而有其国。但是，匈奴人是在什么时候杀了粟特国王而有其国的？便成为一个很重要的问题。因为它涉及到匈奴是在什么时候，从什么地方开始朝向顿河流域草原进行第三次西迁浪潮的。顿河南流入黑海的支海亚速海。黑海北岸是塞种阿兰人分布区。

粟特即古奄蔡地，奄蔡又包括阿兰人分布区，地在咸海和黑海以北，势力范围直抵黑海北岸。《史记·大宛列传》说："康居在大宛西北可二千里，与大宛邻国，国小，南羁事月氏，东羁事匈奴。"《汉书》也说匈奴是百蛮大国，康居东羁事匈奴。《后汉书·西域传》"奄蔡国"条则说："奄蔡国改名阿兰聊国，居地城，属康居。"《史记·大宛传》又说："奄蔡在康居西北可二千里。"《正义》引《魏略》云："西与大秦通，东南与康居接，其国多貂，畜牧水草，故时羁属康居也。"

奄蔡曾羁属康居，康居又羁属匈奴。所以匈奴以入据粟特为中心的第三次西迁浪潮可能是发源于康居西境。匈奴经乌孙、呼揭、大宛、康居，以至奄蔡；或是南下大夏、大月氏以至安息等处的交通路线，最先都是匈奴人打通的。后来中国打通了河西走廊至乌孙这条路线，中国也有使者与商人到了乌孙以西以至奄蔡地方。《史记·大宛传》说："而汉始筑令居以西，初置酒泉郡以通西北国。因益发使抵安息、奄蔡、黎轩、条支、身毒国。而天子好宛马，使者相望于道。诸使外国一辈大者数百，少者百余人，人所赍操大放博望侯时。其后益习而衰少焉。汉率一岁中使多者十余，少者五六辈，远者八九岁，近者数岁而反。"可见我国早已有人到过奄蔡。欧洲东部的南方地区（里海以西、黑海以北一带的伏尔加——顿河流域草原），在匈奴人未到达之前，原为西密利安人（Cimmerians）居住地。公元前7、8世纪时，塞人攻占其地。公元前1、2世纪时，塞族帝国又被语言相同、种族相近的萨尔马特人（Sarmatians）所占据。

萨尔马特人是一个很大的种族，其中又分为好多部族，分居于中亚细亚各处。与欧洲最接近的是阿兰（Alani）族。匈奴到达此地后，阿兰人有的居留故地遂成为后来的俄西特人（Ossetes）；有的在匈奴人的统率下再去征服其他部族；有的则逃迁至罗马帝国境内外，于是对欧洲历史产生影响。

关于入据粟特的时间问题，夏德在《伏尔加河流域的匈人与匈奴》一书中，把《魏书·西域传》中提到的第三世粟特王忽倪当做是后来在欧洲的匈奴帝国名王阿提拉的少子。他以为阿提拉死后，其长子埃拉克（Ellak）与格庇德人（Gipidae）决阵而死亡，这是公元454年间的事情。阿提拉的第二个儿子原来在多瑙河沿岸，后来也为罗马人所杀。只有少子厄内克（Hernac）事前退到东边的粟特，保持了匈奴人的势力。因而他以为厄内克就是《魏书·西域传》"粟特"条中所说的忽倪。

夏德意见的根据是忽倪应读作Hut—Ngai，也就是Hernac，或Irnas的对音。他以为忽倪在位的时候，是魏文成帝太安时代，这就是公元455到459年。他以为《魏书·西域传》说忽倪王粟特既已经三世，那么每世约三十年，三世就有约百年之久。匈奴人之杀粟特王而有其国，当约在公元355年。但是匈奴人之侵入欧洲，是在公元375年，这也就是说，匈奴人之侵入欧洲晚于匈奴人之占据粟特约二十年。

夏德的这种解释和说法是有很多问题的。

首先，忽倪若为阿提拉的儿子，那么，《魏书·西域传》“粟特”条所说传至忽倪，已三世矣，这个忽倪若为第三世国王，则阿提拉应为粟特的第二世国王。假使王位不是父传于子的话，那么阿提拉的哥哥布雷达应该是第二世王。

可是，我们所知道的阿提拉也好，布雷达也好，他们之继承王位，成为匈奴人的首领，都是在公元433年或434年间。在这两位之前的匈奴领袖是卢加（Ruga），照西洋史书的记载，卢加在欧洲的活动时间是5世纪的20年代至30年代。据说公元424年与426年匈奴人侵入东罗马帝国，这可能就是卢加领导的匈奴人军队。后来不久，东罗马皇帝狄奥多西第二（Theodos Ⅱ）答应了匈奴国王的要求，每年缴纳约三百五十磅的黄金，然后相安无事。直到公元433年，因为匈奴有人逃难到东罗马，卢加要求引渡这些难民，两家的关系又恶化起来。

这样看来，从阿提拉的少子厄内克上推至包括阿提拉与卢加在内的统治时间，也不过是三十年左右，夏德所谓三世为一百年左右的看法，是错误的。

而且我们知道，在卢加之前有位匈奴领袖叫做乌尔丁（Uldin），他带领军队在公元408年侵入罗马的东境，罗马的编年史称他为多瑙河以外的“百蛮之长”。可是乌尔丁不见得与卢加有什么关系；就是有关系，不只三世没有一百年，四世也没有一百年之久。

况且，这几位匈奴国王的活动都是见诸于欧洲，而非在伏尔加河或顿河一带。卢加、布雷达、阿提拉，这些人都死在欧洲，并非死在粟特。假使他们既已离开粟特，而又非死于粟特，他们怎能又传位于少子忽倪？这就是说，假使卢加是粟特王，他从粟特带兵到东罗马帝国，粟特王位必为他人所据。卢加死后，布雷达、阿提拉正在欧洲，承继叔父卢加的王位，作为阿提拉的少子的“忽倪”如何能回粟特继承王位，而为第三世王？这是很难理解的。

现在再回过来看看《魏书·西域传》“粟特”国条的内容：“先是匈奴杀其王而有其国，至王忽倪已三世矣。其国商人先多诣凉土贩货，及克姑臧，悉见虏。高宗初，粟特王遣使请赎之，诏听焉。”

中国史书很准确地记载了这件事。从魏克姑臧以前的一些事件中看到，魏克姑臧是在公元439年，魏克姑臧后在姑臧的粟特人都被虏了。高宗是魏成帝，在位时间是公元452—466年。《魏书》本纪中说，太安是成帝的年号，太安三年，粟特、于阗国各遣使朝贡，因此粟特王之请赎俘虏，当是在公元457年。

从表面上看起来，请赎粟特俘虏的国王，似乎是忽倪王，但若细心去读这段话，这位请求赎回粟特俘虏的国王，却不一定是忽倪。首先，这位忽倪王不一定是魏成帝的同时人。这就是说，不一定是5世纪中叶的人物，很可能是5世纪初叶或是4世纪下半叶的人物。

魏克姑臧时的姑臧，是北凉的都城。北凉的建立者是沮渠蒙逊，沮渠蒙逊是匈奴人，这个国家是匈奴人建立的，人民也应该多是匈奴人。沮渠蒙逊死后，子沮渠茂虔继位，他在位的第七年，即公元439年为魏所攻破，灭国。北凉自勃兴至灭亡，共约三十九年。北凉建立是在公元400年（有人说是在公元397年），北凉建国前，可能已有粟特商人到这个地方贩货。北凉建国之前，应该已有不少匈奴人在这里居留。粟特商人之来北凉的，虽然长途跋涉，然而为着谋利，就不怕旅途艰苦，而且在北凉既有匈奴人，同种、同语、同风俗习惯，就更容易引来粟特的商人。

《魏书·西域传》指出，其国商人先多诣凉土贩货。所谓“先多诣”者，其来凉土的历史必定很久，应该是在沮渠蒙逊建国之前。沮渠蒙逊的父亲与伯父都是后凉吕光的部下。吕光则本来是秦苻坚的部下。苻坚平定山东后，有志图西域。前秦苻坚建元十九年，即公元383年，曾遣吕光征伐西域。据《十六国春秋》卷八十一记载，吕光于建元二十年秋大败龟兹之后，西域“王侯降者三十余国……诸国惮光威名，贡款属路。光抚赛西域，威恩甚著，桀黠胡王，昔所未宾者，不远万里望风归附”。

《魏书》“粟特”条所说的忽倪王，可能与吕光同时。所谓昔所未宾者，不远万里皆来归附，可能粟特王忽倪也是其中之一位。吕光威加西域，不只远国遣使到中国，吕光也必遣使到过这些国家。因此，当时的人们，对于粟特的情况较为熟悉，也知道其王忽倪是第三世王。魏收撰《魏书》叙述这段话时，是追述魏克姑臧以前的粟特历史。这就是说，我国人之知道忽倪王名是由于“先多诣凉土贩货”的商人告知的，不见得就是魏克姑臧时的国王名字。遣使到魏来请求赎回粟特俘虏的粟特国王，可能是忽倪的后代，而非忽倪自己。

匈奴人侵入东罗马，攻败哥特人，是在公元 375 年。假使这些匈奴人是来自粟特，那么，粟特为匈奴人占有的时间应当在公元 375 年以前。匈奴人杀粟特王而有其国一定经过一个时期，或者长时期的互相征伐。既杀其王而有其国之后，也要经过一个时期的休养生息与准备工作，然后侵入欧洲。匈奴人之王粟特者，也不一定是每个在位三十余年之久。其实若以一世为三十年，那么，忽倪不一定是第三世王，因为在位君主三十年者并不多，特别是第一世王之杀粟特王者，年纪不会很小，统治三十年后，即使第二世在位有三十年之久，第三位也未必能若是。在忽倪之前的两个匈奴国王，可能治国共约三十年，然后传到忽倪。而中国人之知道忽倪的时候，忽倪不一定是个老人，这样推算匈奴之征服粟特而王其国，可能是在 4 世纪的上半叶或中叶。忽倪在位的时候正是吕光征服西域的时代，由于粟特商人来到我国，乃把其国历史略加告诉于我国人。

这也只能说是一种推论。然而，比之夏德以为忽倪为阿提拉的少子似乎较为合理。

前面已经指出，白鸟库吉以为忽倪的对音是 Xut—Ngei，他又以为这个国王即西书所载的 Xus Nawaz，因而又以为这里所称的匈奴必指哌哒而言。这样看起来，忽倪及其祖先也是㕧哒人了。《北史·西域传》“㕧哒”条说：“㕧哒国，大月氏之种类也。”这很明显的指出，㕧哒人在种族上，是与匈奴有不同之处的。又㕧哒人的风俗，“兄弟共一妻，夫无兄弟者，妻戴一角帽，若有兄弟者，依其多少之数，更加帽角焉”。这种风俗显然又与匈奴不同。在西史记载中，㕧哒之于匈奴也并非混而为一。公元5世纪的普罗科彼阿斯的《历史》曾指出两者有所不同。其中说：㕧哒人是匈奴种，而且用匈奴名称，但是书中所说的两者与我们所认识的匈奴完全不同。侵略欧洲的匈奴人，如阿提拉，根据欧洲的记载，形貌是蒙古种，所以白鸟库吉以为忽倪与其国人是㕧哒，也是很有问题的。

我们知道在侵入欧洲的匈奴首领中，有一位叫做Balmler，或Balamir的，据西史所载（参看麦戈文《早期的中亚帝国》第366页），约在公元4世纪的下叶，匈奴这位首领，曾率领部众攻击东哥特，忽倪，在声音上也近于这个Balmler或Balamir，说不定“粟特”条所说的忽倪就是西史中所传的Balamir。

第三十一章　匈奴征服东哥特，逼走西哥特人

4 世纪中叶，迁至中亚细亚西部的匈奴人，在入据粟特并征服阿兰人之后，继续西侵。这时，居住在罗马帝国之东的哥特人便首当其冲。匈奴征服东哥特，继之又逼走西哥特人，是匈奴西迁入欧过程中的最后一个阶段，而欧洲历史也因之进入一个新的时期。

在未叙述哥特人之前，应略述与哥特人有关系的汪达尔（Vandals）人与格庇德（Geopids）人。

一些古代的学者，把汪达尔之名当做一些条顿部落的总名。他们大致是从波罗的海一带迁徙而来的。罗马人认为他们的语言、法律、风俗与哥特人相同，所以以他们为同种。例如普林尼（Pliny）甚至以汪达尔之名包括柏干提人（Burgundians）与哥特人；而托勒密（Ptolemy）所说的西林加（Silingae）人后来也有好多在汪达尔的部落中。汪达尔与罗马帝国最初发生关系是在马科曼奈尼（Marcomannic）战争中。在罗马皇帝奥理利安（Aurelian）时代（公元 270—275 年），汪达尔人侵入潘诺尼亚（Pannonia，在今匈牙利境内）。他们后来之继续迁徙，恐怕也是受了匈奴人的间接威胁。他们原居于哥特人之西，哥特人因受匈奴人的威胁而西迁时，他们至少有一部分人跑到高卢，再到西班牙以至北非。他们还占据迦太基，公元 455 年攻破罗马。

据约但尼斯说，格庇德人原来住在斯堪的那维亚半岛的斯干西亚（Scanzia）岛上。他们分乘三条船在其王柏烈（Berig）统率下赴欧洲大陆，其中一艘因重载到达最晚，于是这条船上的人被称为格庇德。格

庇德之名来自哥特语的“格宾塔”，意思是“迟慢”。这一传说是否确实虽是问题，但他们与哥特人关系密切则是无疑的。这个部族的住地与汪达尔人的住地相近，即在哥特人之西。他们也与哥特人互相攻伐。在匈奴人西侵时，格庇德人与汪达尔人同受威胁，然大部分格庇德人始终保持所占有的地方，即今匈牙利东部山地。

此外，在汪达尔人与格庇德人的住地附近还有夸迪人（Quadi）的支派斯威汇人（Sueves）。他们是日尔曼种，曾与汪达尔人同到高卢与西班牙，大概也是因受匈奴之威胁而迁徙的。

据说，最先发现哥特人的是希腊殖民地马赛（Marseilles）旅行家彼泰阿斯（Pytheas）。他告诉当时的人们，在夫利什哈夫（Frische Haff）附近，即东普鲁士一带，有一种人叫哥顿尼斯人（Guttones），常在波罗的海岸寻找琥珀，进行交易。此后差不多有四个世纪，欧洲人不知道这些从事琥珀交易的人的消息。直到公元 79 年逝世的罗马学者普林尼才又告诉人们，这种人当时仍居住在波罗的海岸附近。公元 1 世纪中叶至 2 世纪初的罗马史家塔西佗在著作中再次提到这种人的名字，但他拼为 Gottones。塔西佗所说的 Gottones 就是哥特人。（参看亨利•布雷德利：《哥特人史》[Henry Bradley，*The Story of the Goths*. 1891，p.1 ～ 2）

约但尼斯说哥特人是乘船从波罗的海沿岸来到罗马帝国的边境的。这个说法不一定可靠。他们从波罗的海沿岸向东南迁移，到达里海附近，这是事实。他们为什么迁移呢？历史学家没有说明。他们不见得是被比他们强的部族所迫，因为当时住在波罗的海沿岸的都是一些弱小的部族。

在他们未南下之前，罗马帝国东部边境以外地区已为萨尔马特人所占，哥特人迫走萨尔马特人及其支派阿兰人占有其地。此外，在多瑙河口之北，古代还有基特人（Getae），当哥特人于公元 3 世纪到达这个地方后，便与基特人杂居。因此，罗马人乃以哥特人与基特人是同种或是一个名称的两种拼写法。为哥特人写历史的约但尼斯没有区分开这两个名称和这两种人，故名其书为《基特史》（*Getic History*）。近代仍有学者企图证明基特即哥特，其实，这种证明是不正确的。

约在公元1世纪中叶，哥特人仍住在维斯杜拉河（Vistula）东岸，他们逐渐南迁，最后抵达黑海与亚速海以北。他们本来是近海的居民，习惯于海上生活，因此，到达后很注意海上生活。

继而他们又向西伸张，遂至多瑙河北岸。在迁徙过程中，他们不止散居很多地方，而且联合一些与其有密切关系的部族如格庇德人、赫鲁尔斯人（Herules）等。又征服了一些部族如斯帕里（Spali），因此，他们的人口增加了。据说，率领他们南迁的是国王菲尔马（Felmer）。

当他们居留在黑海与亚速海之北时又分为二部：居聂斯德河以西者称提尔文人（Thervings），即西哥特人（Visigoths）；居聂斯德河以东者称格尔同人（Greutungs），即东哥特人（Ostrogoths）。东西之名本来是指所居之方位不同，但后来便一直沿用。其后，西哥特向西发展，直至高卢与西班牙，东哥特则留居在意大利，仍保留其一东一西的位置。

哥特人是北欧民族，面貌端正，蓝睛黄发，很像近代的瑞典人，身材高大强壮，性格勤劳勇敢。

哥特人因受匈奴人的迫逐向西迁徙，大大影响罗马帝国而成为世界上的重要事件。特别是东哥特人被匈奴打败后，长期为匈奴人服务，与西哥特人、罗马人作战，因而在血统上、文化上，两者互相混杂的程度很深。

3世纪初，哥特人与罗马人联盟，罗马帝国给哥特人钱，使抵抗萨马提亚人的侵扰。公元244年，“阿拉伯人”菲利普（Philip the Arab）皇帝在位，停止供应这笔钱，哥特国王俄斯特罗哥德（Ostrogotha）遂渡过多瑙河西侵东罗马帝国的摩西亚（Moesia）与色雷斯（Thrace）等地。

俄斯特罗哥德约死于公元250年，继承者仍时时侵扰罗马边境。哥特人除从陆路侵入外，又渡过黑海，占领达拉布松（Trebizond），进扰小亚细亚西岸，著名的以弗所的代安那神庙被毁。公元267年，哥特人渡过爱琴海，抢掠雅典。

罗马皇帝奥理利安在位时，哥特人又入侵，双方损失都很大，于是议和，哥特人退至达西亚（Dacia），即今罗马尼亚与匈牙利东部。以后，许多哥特人在罗马帝国的军队中工作，很多哥特人贵族的子女到罗马受教育，并多与罗马人通婚。五十年间，居住在达西亚的哥特人与罗马人和平相处。

4世纪30年代，罗马皇帝君士坦丁（Constantine）在位。西哥特与东哥特联合在其王亚里魁加（Aliquaca）统率下进攻多瑙河南罗马帝国的君士坦丁省区。君士坦丁三次打败他们后，仍给他们以较好的待遇。因此，当君士坦丁与其政敌利西尼亚斯（Licinius）在夏德里安那普尔（Hadrianople）作战时，亚里魁加亲率士卒帮助君士坦丁打了胜仗。

过了八年，哥特人进攻住在匈牙利西部的汪达尔人，汪达尔人向君士坦丁求救。君士坦丁初战不利，后来哥特人战败了。于是讲和，哥特王遣子为质，双方和平相处又达三十年。

君士坦丁在位时，定基督教为国教并建新都于君士坦丁堡（Constantinople）。从此，以罗马城得名的罗马帝国的政治中心遂迁至君士坦丁堡而与外族更加接近。

新都建成后，帝国便有了两个都城。后来由于有了两个皇帝而分为东罗马与西罗马帝国。由于执政者的争权，内乱屡作，加以天灾、疾疫，人口减少、工商凋敝，罗马帝国的基础动摇。

大约在公元350年，东哥特人选赫尔曼利克（Hermanrik或Ermanric）为国王。他统一了东哥特各部，巩固其根据地，统治地区大致南起自多瑙河，北抵波罗的海，东起顿河，西至泰斯河（Theiss）。他迫走达西亚的汪达尔人，征服了斯拉夫人、芬兰人、波的尼亚（Bothnia）海湾沿岸的爱沙尼亚人（Esthonians）。约但尼斯在其《哥特史》中将之称为“哥特的亚历山大”。

在日尔曼的神话中，赫尔曼利克又是一个残暴的君主。在日尔曼的史诗中和盎格鲁·萨克逊（Anglo Saxon）的诗歌中有时说到他的罪恶。这说明了后来匈奴人来，他要人民去抵抗，人民不但不听从他的命令，反而起来反对他的原因。

赫尔曼利克统治的地区既已东至顿河，则来自东方的匈奴部队虽不见得与赫尔曼利克直接接触，但匈奴的一些零星部落必已到了东哥特的东北边境。这些匈奴人及其所征服的阿兰人似乎已给赫尔曼利克带来不少麻烦。因此，后来东哥特受到攻击时便难于抵抗。

这时的西哥特的内部亦分为许多部落，远不如东哥特统一，因而受制于东哥特。

赫尔曼利克即位之初，匈奴人本已接近东哥特之东北边境。在他长期专制统治下，人民深为不满，故当匈奴进攻时，人民不但不抵抗匈奴人，反而认为是推翻他的机会，赫尔曼利克悲愤之余，自杀身死。但约但尼斯在其《哥特史》中则谓系被杀。传说他曾派其子求婚于皇后古特朗（Gudrun）的美丽女儿斯瓦提尔塔（Swathilda），其子受顾问引诱而将之纳为妻，赫尔曼利克极为痛恨，遂用野马分尸的残忍手段害死了她。她的两个哥哥痛恨这个暴君，于是又设法杀死了他。这是当时的阿密阿那斯·马西林那斯所记述的。

赫尔曼利克死于公元 375 年。他死后，东哥特遂为匈奴所破，人民一部分西逃与西哥特联合。仍留故地的哥特人，一部分奉其兄弟的孙子文尼塔尔利（Winithari）为国王反抗匈奴；一部分屈服于匈奴。匈奴以赫尔曼利克之子匈尼牟德（Hunimund）为国王且与文尼塔尔利作战。最后，文尼塔尔利战败被杀，这两部分东哥特人遂均屈服于匈奴人。

据欧洲史家记载，统率匈奴人征服东哥特的国王是巴拉米尔（Balamir），可能即《北史》和《魏书·西域传》的“粟特”条所载的忽倪。

巴拉米尔征服东哥特后，曾娶东哥特的阿玛玲（Amaling）公主为妻。东哥特自选国王并管理内政，故相当长时期内，东哥特很少反叛匈奴。

在巴拉米尔统治下的东哥特王匈尼牟德曾征服斯威汇人的日耳曼国家。死后，儿子松利斯牟德（Thorismund）继位，曾征服格庇德人，后因坠马而死。他死后四十年间，东哥特没有国王。恐怕是由于找不出一位能为匈奴人所同意的国王，因而匈奴人遂直接管理东哥特的内政，同时，向西哥特人进逼。

关于忽倪所率领的匈奴人的风俗、习惯、形貌等，当时人和后来的史家曾有记述。阿密阿那斯·马西林那斯说：

> 匈奴人是不耕种的，他们甚至没有摸过犁柄。因为他们没有安定的住宅，他们好似没有家庭，没有法律，继续不断地游荡于车上。事实上，这种车就是他们的房子。他们并不住在有屋顶的房子里，而是住在坟墓式的房子里。在他们的住处中，找不出一间房子是用芦蓬盖的。他们穿的是亚麻布衣或缝合了的田鼠的皮，他们无论在家里或者外面，都穿这种衣服，除了完全破烂外是不更换的。他们头上戴着圆形的帽子，在有毛的脚上穿着羊皮裤子。他们穿的鞋很笨重，使他们的行动很不方便。

又说：

> 因此，他们不适宜步兵。相反，他们经常在马背上。他们的马壮健而没有什么装饰。他们坐在马背上像妇女一样。事实上他们日夜都在马背上：在马背上做买卖，吃喝，蜷曲在马颈上睡觉，在马背上讨论问题。

曾经见过阿提拉的普利斯库斯说阿提拉在马背上与罗马使者讨论问题。约但尼斯指出匈奴人的形貌使人恐怖，黑黑的脸，头不像头，目如小孔，肩膀很宽，没有须，身材矮小，行动快捷，随时可以引弓射击。颈部坚硬直立，一副骄横的样子。他们教养小孩很残忍。刚出生不久，就用刀割其面部，使能忍耐痛苦，因此之故，他们青年的面部有很多刀痕，很少有好看的。约但尼斯认为他们没有须即因面部受伤所致。

哥特人一看见匈奴人就感到恐怖，认为匈奴人是两只脚的禽兽。认为可能是在巫术盛行的社会里，受了巫术的迷惑，跑到荒野中与恶魔交接而产生的人种。这种传说愈使哥特人畏惧、憎恶，甚至认为匈奴人可能有一种超人的力量因而无法抵抗。匈奴征服东哥特人后，继续向西哥特人进逼。

前已述及，在东哥特强盛时，西哥特曾属于东哥特，但西哥特亦非完全丧失独立。西哥特也自有领袖，称为“裁判官”。当时共有三位：阿坦那利克（Athanaric）、夫利提坚（Frithigern）和阿劳威（Alawiw）。

三人中阿坦那利克势力最大，夫利提坚次之。以此，二人遂互相敌对。另外，在宗教问题上，夫利提坚若非基督教徒亦系同情者，而阿坦那利克则系异教徒。

这里简述一下阿坦那利克排斥基督教和武尔非拉（Wulfila）在哥特的传教工作及其改革哥特文字的情况。

自君士坦丁皇帝规定基督教为罗马帝国国教后，罗马人信教者日多。4 世纪上半叶以来，哥特人与罗马人日益接近，故哥特人亦有人信奉基督教，尤其在武尔非拉传教以后。

武尔非拉约生于公元 310—311 年，有人说他是哥特人，有人说他不是纯粹的哥特人。他的祖父是卡巴多喜阿（Cappadocia）人，约在公元 267 年被哥特人俘虏。武尔非拉二十岁时曾随哥特的公使团到君士坦丁堡，后即留居该地学习拉丁文与希腊文，可能即在这时，皈依了基督教。约三十岁时，奉派回国传教。他在达西亚传教达七年，信教者日多，于是招致阿坦那利克的排斥。他与信徒们受不了压迫，乃上书东罗马皇帝，要求渡过多瑙河避居罗马帝国境内。得到允许后，遂偕其信徒居于摩西亚（Moesia）。这是哥特人迁入罗马帝国之始。武尔非拉在这里传教二十三年。

为使传教工作做得更好，武尔非拉改革了哥特原来的郎尼（Runic）字母而以希腊字母为主创造出哥特文字，并以之翻译基督教《圣经》。后来哥特灭亡了，别的什么都没有留传下来，只留传下来他翻译的一部分《圣经》。

武尔非拉所传的基督教属于阿里安（Arian）派，与罗马帝国所普遍信仰者不同，因而二者亦有争执。

当哥特的三位裁判官在位时，西罗马皇帝发楞提尼安（Valentinian）亦在位（364—375年）。他感到罗马帝国疆域广大，一个人难于统治，于是以其兄弟瓦伦斯（Valens）为东罗马皇帝，镇守君士坦丁堡，而自己则留守罗马，统治西部省份。然而瓦伦斯知识浅，决断差，处事迟疑，并且不懂东罗马帝国大部居民所操的希腊语。

自君士坦丁皇帝与西哥特订约后，双方很少战争。西哥特依约提供人力为罗马帝国当兵。西哥特的阿坦那利克的地位是承继其父罗特斯特斯（Rothestes）的，罗特斯特斯以是罗马帝国的忠实同盟者而备受青睐，君士坦丁堡曾立有他的纪念牌。据说阿坦那利克曾在他死前向皇帝宣誓：永远不进入罗马国境。他先曾忠实履行与罗马帝国的友好的盟约，但后来却与瓦伦斯皇帝发生了冲突。

起因是公元360年至363年在位的朱理安皇帝有一个亲戚普罗科彼亚斯（Procopius），因反对瓦伦斯皇帝被逐出君士坦丁堡。他自称皇帝，要求阿坦那利克依照盟约派兵帮助，阿坦那利克以为他是真皇帝，遂发兵三万至色雷斯（Thrace）。恰巧这时普罗科彼亚斯死了，瓦伦斯恢复帝位，出兵打败了哥特的军队，俘虏甚众。阿坦那利克遣使者到君士坦丁堡抗议，要求释放俘虏。瓦伦斯征求发楞提尼安意见，回答是进攻哥特。结果双方作战达三年之久而后议和。阿坦那利克同意以后不受罗马钱财，但要求罗马帝国承认其为哥特国王。瓦伦斯要阿坦那利克到东罗马首都来签字，阿坦那利克则谓曾对其父皇宣誓不蹈罗马土地而拒绝。最后双方协议在多瑙河的船上会面。

此后数年间，双方相安无事。

匈奴人在巴拉米尔（忽倪）统率下征服东哥特后，势力直抵聂斯德河而与西哥特相接。于是阿坦那利克、夫利提坚、阿劳威言归于好，而以阿坦那利克统率全国军队，驻守聂斯德河西岸，以防匈奴人渡河。

但匈奴人巧妙地从聂斯德河上游偷渡成功，并抄袭西哥特军队的后路，阿坦那利克遂退至特兰西瓦尼亚（Transylvania），打算在普卢特（Pruth）河即今罗马尼亚南部窝雷基阿（Walachia）地方布防。

西哥特人认为只有渡过多瑙河才能避免匈奴人的攻击，于是在夫利提坚与阿劳威统率下的民众纷纷逃至多瑙河边要求进入罗马帝国国境。

阿坦那利克不得已，遂率其少数追随者留居在特兰西瓦尼亚的山地——森林深密、不易进入的高加地（CancaLand）。

东罗马皇帝瓦伦斯与阿坦那利克在多瑙河的船上签订和约后，就到叙利亚都城安提阿（Antioch）居住，前后凡五年。目的是观察波斯皇帝的敌对行动和阻止塞拉成人（Saracens）与爱骚利亚（Isaurians）人的抢掠。

西哥特使团——包括传教师武尔非拉，向瓦伦斯报告匈奴人的进攻和西哥特人的危险情况，保证进入罗马国境后遵守法律，保卫帝国边境并要求利用帝国边境荒地从事耕种。瓦伦斯对西哥特人深表同情。这时西罗马皇帝发楞提尼安已死，经大臣讨论同意，允准哥特人的请求，但增加两个条件：一、哥特人渡河前交出武器；二、将哥特人的儿童送到小亚细亚受教育——事实上是做人质。西哥特完全接受。

进入罗马国境的西哥特人数，仅士兵即约二十万，连同家属及群众，估计在百万以上，这是历史上少见的一次种族大迁徙。

由于西哥特人被匈奴人战败攻破，故地被侵占，财物被掠夺，处境极为狼狈。到达多瑙河边以后，粮食及用品均极为匮乏。渡河前之谈判历时既久，心情更为焦灼。因而有些人在罗马帝国未批准前即强行渡河。驻守对岸的罗马士兵进行阻击，西哥特人被杀、溺水者甚众。虽然后来帝国政府惩办了这些士兵，但双方的仇恨很深。

匈奴人侵占西哥特后，没有继续追击，西哥特人终于进入罗马帝国境内。

第三十二章　匈奴入欧与罗马帝国衰亡的关系

吉本以为罗马帝国的衰亡与匈奴的侵入欧洲有关。其影响可分为直接的与间接的两个方面。

从时间上看，间接的影响早于直接的影响。这就是哥特人受匈奴压迫进入帝国境内以后的活动。

哥特人最初停留在罗马帝国的边境，后来逐渐深入罗马帝国境内。为着管理入境的西哥特人，罗马帝国委派了军事管理人员：琉彼成诺斯（Lupicinus）和马克西马斯（Maximus）。二人贪求无厌，对西哥特人横加勒索，西哥特人虽卖儿鬻女仍难以生存，于是对罗马人的仇恨益深。

这时，东哥特有两位将军：萨夫拉克（Safrax）和阿拉提乌斯（Alatheus），奉一王族幼子维德利克（Wideric）为国王，率领一部分东哥特人，继西哥特人之后也抵达多瑙河北岸。他们亦派遣使者至叙利亚见瓦伦斯皇帝，希望以西哥特人的同样条件进入罗马帝国。瓦伦斯坚决拒绝。

约公元377年，西哥特人与罗马人不断发生冲突，使罗马帝国主持军事的人疲于应付，他们放松了多瑙河的河防工作，甚至撤销了炮台和战船上的武装。于是停留在河北岸的东哥特人乘机渡河入境。

西哥特裁判官夫利提坚一方面联系东哥特人，一方面把他的部众暗地里移至离多瑙河约二百里的马西安诺波里斯（Marcianopolis）即下摩西亚（Lower Moaesia）的都城附近。

琉彼成诺斯在这里宴请夫利提坚与阿劳威。宴会进行中，传来了外面食物市场上罗马士兵与哥特人发生冲突的声音。夫利提坚离席并出城来到他的部队驻地，人们向他高呼：宁愿死于战场，不愿长期挨饿。于是夫利提坚决心率部进攻琉彼成诺斯。

在离马西安诺波里斯二十里处，双方接战，罗马军不利，琉彼成诺斯退入城内固守。写哥特史的约但尼斯曾记载道："从这一天的胜利起，哥特人的痛苦中止了，罗马人的安全也停止了。从这一天起，哥特人放弃了他们的作客与流亡的不安定的情况，争取主人与公民的资格，要求在其所占领的土地上的绝对统治权，而且用他们自己的权力保有靠着多瑙河的帝国的北部省区。"

接着，哥特人便在城外、乡村，大肆抢掠。

先是，在西哥特人未进入罗马境内之前，已有一些西哥特部众在哥利亚斯（Colias）和苏里德（Suerid）统率下在罗马帝国的军队中服务。他们驻在哈德里安诺普尔（Hadrianople）城。罗马政府为防止他们与夫利提坚交通，打算把他们调到较远的地方。他们要求给两天时间做准备和携带足够的食物，罗马的长官不同意。于是他们乃与夫利提坚联合起来。

此外，他们又得到色雷斯金矿对矿主不满的矿工们的帮助，从小路找到罗马人的粮食和贵重物品的贮藏所，这给他们带来很大方便。

双方多次战斗，互有胜负。由于战争在罗马境内进行，故罗马损失极重。

哥特人声势日大，新加入他们阵营的还有泰法斯人(Taifals)、塞人、阿兰人、投降匈奴后又逃出的东哥特人以及小部分的匈奴人部落。

瓦伦斯皇帝于公元378年回到君士坦丁堡，民众对他极为不满。数日之后，他亲自率军出发讨伐哥特人。

瓦伦斯皇帝的侄子、西罗马皇帝格拉提安（Gratian）派将军利支荷马（Richomer）带信告诉瓦伦斯，他将亲自率军前来助战，请瓦伦斯等待。但瓦伦斯的左右怂恿瓦伦斯不要等待，立即进攻。

这时，夫利提坚派来使团，以传教师武尔非拉为首，要求罗马人承认他们在色雷斯的统治权。夫利提坚并写了私人信件，说哥特人不一定同意这一讲和条件，希望罗马皇帝施用一些压力，以使哥特人了解这一条件的来之不易。但罗马人没有给予回答。

8月9日，瓦伦斯将他的贵重物品在哈德里安诺普尔城内安顿好了之后，率兵进攻哥特人。

夫利提坚又派使者伪装要求停战投降，瓦伦斯复要哥特人派出重要的贵族来谈判。夫利提坚又表示如果罗马先派一个重要人物来作人质，则他将亲自来谈判。商量结果，由利支荷马先到哥特方面来。

当利支荷马走到两军阵地的中途时，罗马军队中的爱俾利亚（Iberian）部在没有命令的情况下突然发起进攻，恰巧这时东哥特的部众赶到了，夫利提坚挥军反击，罗马军队或逃或被围杀。罗马将军特累詹（Trajan）与维克托尔（Victor）企图救出瓦伦斯，却找不到他。据好多年后的一位从哥特人部众中逃出的罗马青年说，瓦伦斯皇帝负伤后，被抬到战场上的一间房子里治疗。哥特人放火烧了这间房子，只有这个青年从窗户里跳出后被俘，其他人都被烧死了。

战斗中，将军特累詹、塞巴斯提安（Sebastian），帝国宫廷高级人员如伊基提亚斯、发拉利安（Valarian）以及三十五位护民官均阵亡。精锐损失三分之二，仅利支荷马率领残部退出阵地。

夫利提坚知道瓦伦斯皇帝的贵重物品放在亚得里亚堡城内，于是率众攻城。城内居民与退入城内的守军婴城固守，哥特人久攻不下，只好退走。

两天后，哥特人到达东罗马首都君士坦丁城外并猛烈攻城，服务于罗马帝国军队里的一部分阿拉伯军迎战。战斗中，哥特人看见一个阿拉伯士兵喝一个被杀的哥特人的血，哥特人非常害怕。于是放弃攻城计划，在城外大掠后北去，分散居住在黑海至亚得里亚(Adriatic)海一带地区。

其后两年间，据罗马史家说，这些地区饱受哥特人蹂躏。因此，罗马人对哥特人的仇恨日深。

另一方面，哥特人对罗马人的仇恨也是很深的。前已述及，哥特人在迁入罗马帝国境内时，曾约定哥特的一些贵族子弟须为质于罗马。这些青少年便被分送到各地，有很多被送到小亚细亚。哈德利安诺普尔战争前不久，哥特人曾得到金矿工人的帮助，在许多地方找到了一部分哥特的青少年，这些青少年向他们的父母诉说受到罗马人虐待的苦况，这当然引起哥特人对罗马人的仇恨。尤其当瓦伦斯皇帝战死之后，罗马帝国的小亚细亚军事领袖朱理亚（Julius）得到君士坦丁堡议院的许可，计诱为质于当地的哥特儿童全部杀死。消息传来，哥特人对罗马人的仇恨当然更深。

西罗马皇帝格拉提安亲率援军向东罗马进发，半途中得到利支荷马的报告，又因西罗马帝国内的日耳曼人也有反叛可能，于是又率军撤退。

经过格拉提安考虑，选狄奥多西（Theodosius）为东罗马皇帝，于公元 379 年 1 月即位。

公元 380 年，夫利提坚死了。与此同时，久居山地的阿坦那利克可能因受到匈奴人的压迫，率其部众渡过多瑙河。于是东哥特的大部分部众又承认阿坦那利克为领袖。

狄奥多西邀请阿坦那利克访问君士坦丁堡，并签订友好条约。此后不久，公元 381 年 1 月，阿坦那利克逝世，狄奥多西曾为之举行隆重的葬礼。

狄奥多西又多方设法与西哥特人修好。他安置东哥特人于小亚细亚、西哥特人于色雷斯，他们可以有自己的军队，许多哥特贵族在皇室中占据较高的地位。因此，哥特人都愿意受狄奥多西的统治，哥特人与罗马人之间乃和平相处。

其间也发生过一次冲突。公元 386 年，萨发拉克与阿拉提亚斯所统率的东哥特人，曾由奥德提亚斯率领来到达西亚入侵日耳曼的西部与北部。当渡多瑙河时，被罗马帝国军队拦截，溺死者甚众，已渡至对面岸者亦均被缴械。这些东哥特人可能是受匈奴人所迫而西迁的。

狄奥多西在位末年，西罗马没有皇帝，他便成为东、西罗马的皇帝。

公元 395 年，狄奥多西逝世。逝世前，他安排长子阿加提亚斯

（Arcadius）统治东罗马，次子荷诺利乌统治西罗马。但这两个人能力都不强，故实权均操诸大臣之手。

前已述及，当东哥特人进入罗马帝国境内时，亦有一些匈奴部落随同迁入。狄奥多西允许这些匈奴人居住在潘诺尼亚与下摩西亚。潘诺尼亚在今匈牙利境内，后来成为匈奴人在欧洲建立帝国的中心。下摩西亚在多瑙河南，今罗马尼亚境内。

罗马人对狄奥多西的妥协政策表示不满。因此，他死后，人们便要求新皇帝解散哥特军队，把所有哥特人都赶到多瑙河之北。

阿加提亚斯既不能无视人们的情绪，事实上又赶不走哥特人，于是减少每年给予哥特人的财物。因此，哥特人起而反抗。

这时，在罗马军队中有一位年轻的哥特人名阿拉列，因多次立功得不到提级，愤而参加反叛的哥特人阵营。阿拉列原系哥特的巴尔丁贵族子弟，勇而有谋，哥特人遂选之为国王。

阿拉列带领西哥特人先进攻马其顿尼亚与塞萨列（Thessaly），进抵俄塔（Oeta）山麓；更向西越过险要的瑟摩彼利（Thermopylae）抵达希腊。在肥美的福西斯（Phocis）与俾俄喜阿（Boeocia）两地杀戮抢掠后直逼雅典城下。雅典人把大部分财物交给阿拉列，才得免于焚烧。然其他城市如米加拉（Megara）、阿哥斯（Argos）、科林斯（Corinth）、斯巴达等均遭受极大损失。

这时，西罗马将军斯提利科（Stilicho）在意大利的港口集中军队，经过爱俄尼安（Ionian）海，抵达科林斯。在阿加底亚（Arcadia）与阿拉列交战，将哥特的部众赶至福罗埃（Pholoë）山地，即伊利斯河（Elis）附近。斯提利科截流改道，以断阿拉列水源。斯提利科以为胜算在握而沉湎于歌舞之中。阿拉列却暗中越过防线渡过伯罗奔尼撒（Peloponnesus）与大陆之间的长一里多的海湾。等斯提利科发现后打算追击时，阿拉列已与东罗马帝国订了条约，哥特部众获许在伊彼鲁斯（Epirus）省居留。接着，东罗马帝国任命他为东伊利尔利卡（Illyricum）的军事长官，辖区几乎为帝国的欧洲部分的全部。

阿拉列留在这里约三年。公元400年秋，率部向意大利进发。有人以为是他听说斯提利科不在意大利，因而乘机去扰乱。其实原因不在此，而在于正是这年秋天，匈奴人在东罗马东部边境者开始与罗马接触。阿拉列畏惧匈奴人的攻击，决定西迁。差不多就在这时，有一部分东哥特部众因受匈奴压迫由拉达盖斯（Radagais）率领，渡过多瑞河，抵达潘诺尼亚，不久亦侵入意大利。此外，斯威汇人、汪达尔人、阿兰人也纷纷西迁至高卢与西班牙。这都与匈奴的西侵有关。当阿拉列离开东罗马时，匈奴人已渡过多瑙河侵入色雷斯与马其顿尼亚。而斯提利科之离开意大利，只不过给阿拉列提供良好的机会而已。

阿拉列大概是从帖撒罗尼迦（Thessalonica）经潘诺尼亚抵达朱利安阿尔卑斯（Julian Alps）山麓的。他征服阿基利亚（Aquileia）及伊斯特利亚（Istria）与维尼提亚（Venetia）省。一年半间，横行意大利半岛北部。

这时，西罗马皇帝荷诺利乌住在米兰（Milan），在腐败臣僚的包围下，直到阿拉列的部队已靠近米兰的宫廷时，他与他的臣僚才手忙脚乱，准备偷偷逃到高卢。

正在高卢的斯提利科赶快回到意大利。

荷诺利乌走向阿尔卑斯，打算逃往阿里斯（Arles）城。当他渡过波（Po）河时，哥特人的骑兵部队已靠近他了。他赶快逃到附近的阿斯塔（Asta）停留于坦那拉斯（Tanarus）河边，处境十分危急。恰在这时，斯提利科的部队赶到了。公元402年3月29日，哥特人正在庆祝复活礼拜，斯提利科发起进攻，阿拉列大败，妻子被俘。这就是波林提亚（Pollentia）战役。

阿拉列的一部分部众开始对他不满，甚至有的逃亡了。阿拉列于是计划入侵高卢，又为斯提利科大败于凡洛那（Verona），阿拉列几乎被俘。斯提利科本来可以继续追击阿拉列，但他又想利用阿拉列要挟东罗马皇帝阿加提亚斯，于是建议给阿拉列以大量财物换取他离开意大利。尽管阿拉列本人不同意这样做，但他手下的一些重要人物都赞成这样做。

阿拉列于是退到伊利里亚（Illyria）的阿摩那（Aemona）。

荷诺利乌在罗马住了几个月，便又迁到拉文那（Ravenna）。

公元408年，斯提利科遣使说服阿拉列承认荷诺利乌的统治权，并为其服务，把阿拉列所统治的伊利里亚省联合于西罗马帝国，并答应给阿拉列大量财物。然而不久，斯提利科又改变了这个计划，要缓期实行。阿拉列索要财物，斯提利科要求西罗马元老院照办，元老院的议员们大怒，但慑于斯提利科的权势，只好照办，然而怀恨在心。这件事促使荷诺利乌于这年8月下令，处死斯提利科。

斯提利科是汪达尔人，部下多为所谓的各种蛮族人。在宗教上，他们属于阿利安（Arian）派，对斯提利科忠诚。斯提利科被杀后，帝国的大臣们通令解除军队中的哥特的或其他蛮族的将官，并通过法律，禁止阿利安派或异教徒在帝国服务。这当然引起这些人的反感，于是纷纷投向阿拉列。阿拉列的势力更大了。同时，元老院所答应的财物又始终没有到手，于是阿拉列率众侵入意大利北部各城市。公元409年初，包围了罗马城。

城内居民因饥饿而死者日多，于是元老院向阿拉列求和。条件是给予大量钱财与珍品：五千磅黄金，三万磅银，四千件用很贵的提尔的（Tyrian）紫色染的衣服与四千磅胡椒——胡椒是珍品，是从印度运来的。

阿拉列志得意满，离开罗马去到塔斯干尼（Tuscany）。在这里，有四万名奴隶加入了他的军队，他的衿兄弟阿塔武尔夫（Atawulf）带领一大队哥特人自多瑙河边来参加他的队伍。

阿拉列宣称希望与罗马帝国友好。元老院于是选了三位议员到拉文那向荷诺利乌说明阿拉列的要求：罗马帝国任命他为军事长官，统治达尔马提亚（Dalmatia）、诺利卡（Noricum）、维尼提亚（Venetia）数个省区，即相当于后来的奥国境界；使他领有意大利与多瑙河之间的交通线或仅在诺利卡区者亦可。

这项要求被荷诺利乌的大臣俄利姆比阿斯（Olympius）拒绝。俄利姆比阿斯且派出六千精锐与阿拉列作战，结果大败。不久，俄利姆比阿斯失势，佐维阿斯（Jovius）当权，但西罗马皇帝及其宫人仍反对阿拉列的条件。阿拉列一怒征服泰伯（Tiber）河口的城市，抢掠粮食，要求罗马居民投降，否则将毁灭这个城市。元老院答应了他的要求，并废黜荷诺利乌皇帝而另立阿塔拉（Attalus）为皇帝。阿塔拉于是进攻拉文那要求荷诺利乌退位。但当这时，阿塔拉与阿拉列却发生了争端。阿拉列遂于利米尼（Rimini）附近的平原中召集哥特人与罗马人开大会，要阿塔拉当众脱掉紫袍，摘掉皇冠，宣布为平民。阿拉列把这副冠袍送给荷诺利乌以示友好，并要求答应他所提出的条件。但在罗马帝国中服务的一部分哥特军队，出其不意袭击了阿拉列的军队，并宣布阿拉列为帝国永远的敌人。阿拉列于是又横过意大利半岛，包围并攻入罗马城——这是继八百年前高卢人曾攻入罗马后的第二次外族攻入。

据历史家记载：阿拉列认为自己是基督教徒，故除勒索财物外，极少毁坏建筑物。而且，凡逃避于圣彼得与圣保罗教堂的人和放下武器的兵士均不伤害。对教堂的财物也很少掠取。因此，这次罗马城的损失是较小的。至于街道堆满了死尸，则系因这些人拒不交出财物所致。另有许多市民被俘后被当做奴隶出卖。这座所谓光荣、神圣的罗马城经此浩劫，帝国威信遂扫地殆尽。

阿拉列从罗马城向南推进，沿途征服许多城市，直抵意大利南部，他打算征服非洲，取得粮食——意大利的粮食大部分来自非洲——然后再回头占领意大利。但是当他的部众渡海时，突遇大风，沉没了许多船。阿拉列也病了，不久死去，年仅三十五岁。于是哥特人选阿塔武尔夫为王。阿塔武尔夫继续与荷诺利乌谈判，希望在帝国内得到一个地区，拥有自治权以统治哥特人。公元 412 年，阿塔武尔夫率部至高卢。公元 413 年，占领了高卢南部的大部地区。公元 414 年阿塔武尔夫娶了荷诺利乌的妹妹加拉普拉西提亚（Galla Placidia）为夫人。接着，又向南推进，抵达西班牙的巴西伦那（Barcelona），征服了这里的汪达尔人。

公元 415 年，阿塔武尔夫被部下杀死。经过一度混乱，哥特人选出巴尔丁族的发利亚（Wallia）为王。发利亚征服了西班牙的汪达尔人和斯威汇人。公元417年俘虏了两位汪达尔王，送到罗马。这时，整个西班牙除西北山区外均在哥特人统治之下。

发利亚把荷诺利乌的妹妹送回帝国，并送了大量粮食。这位皇帝的妹妹又嫁给大臣君士但特阿斯（Constantius）。荷诺利乌死后无子，便由他妹妹的儿子继承，是为发隆提尼安第三（Valentinian），但实权则操诸其母之手。其母活到公元450年，正是匈奴皇帝阿提拉的势力扩张得最快的时候。

发利亚征服西班牙后，罗马帝国承认了他的统治权。

大约在这个时候，罗马帝国当权大臣君士但特阿斯提议，发利亚应该统率其部众到高卢，包括波尔多（Bordeaux）、阿仁（Agen）、翁吉雷姆（Angouleme）、波亚埃（Poitiers）、土鲁斯（Toulouse）等地。这些地方是帝国最肥沃的地区，发利亚喜出望外。公元418年，发利亚统率部众到了这些地方，并以土鲁斯为他统治的地区的都城。

发利亚死于公元419年，无子。哥特人选巴尔丁族的狄奥多利克为王。在他长达三十二年的统治中，北面的佛朗克人（Franks）、西面的柏干提人（Burgunds）的土地均被攻占。他还多次设法侵略罗马帝国的城市。狄奥多利克后来与匈奴人作战时阵亡。

狄奥多利克死后，儿子狄奥多利克第二即位。公元466年，被其弟攸利克（Euric）所杀。攸利克即位后，征服了整个西班牙半岛和罗马帝国在高卢所统治的地方。攸利克死于公元485年。由于高卢的民众是天主教徒，哥特人是阿里安教徒，信仰不同而产生仇恨，结果引起佛朗克人与哥特人的战争，哥特王阿拉列第二战败身亡，土鲁斯被占，其幼子阿玛拉利克逃到西班牙。

自狄奥多利克第二到阿拉列第二，西罗马帝国变化很大，最后灭亡。整个意大利半岛均由东哥特人统治。

5世纪中叶，当匈奴的阿提拉死的时候，东哥特的部众居于今奥国的西南部。他们得到独立，国王西德玛（Theudemer），但处在格庇德人、萨尔马特人、阿拉曼（Alamans）人、斯威汇人和律歧安（Rugians）

人、匈奴人的包围之中。西德玛的儿子狄奥多利克曾长期在东罗马都城受教育，回国后帮助他父亲抵御邻国的侵略。西德玛死于公元 474 年，狄奥多利克继立时年二十岁。公元 488 年，他得到罗马帝国的许可，到意大利征伐俄杜威加（Odovacar）王国，因而逐渐征服整个意大利半岛而成为意大利的历史上著名的君主。他在位三十三年（474—507 年），西哥特的阿拉列第二是他的女婿。阿拉列第二死后，其子阿玛拉利克逃到西班牙，狄奥多利克曾帮助他的这个外孙与佛朗克人作战，并使其统治西班牙。

自夫利提坚带领西哥特人于公元 374 年渡过多瑙河进入罗马帝国国境起，到狄奥多利克时止，从里海西岸、希腊半岛、多瑙河流域、意大利半岛到高卢和西班牙，都有西哥特人的踪迹。他们在高卢和西班牙建立起强大的王国。东哥特自 4 世纪下半叶西迁后，也从欧洲的东部向西以展，到达今奥国的西南部，后来又征服意大利半岛。因此，在 5 世纪下半叶，意大利、高卢和西班牙，都被东、西哥特人统治。罗马帝国的被摧毁，欧洲民族的大迁徙，都是这一过程中的事。不过这些哥特人所建立的王国不久又归于消灭。

总之，由于匈奴人的压迫，哥特人深入到罗马帝国境内，而匈奴人之所以西侵欧洲又是与中国的征伐匈奴分不开的。

第三十三章　欧洲匈奴帝国的形成

匈奴人对罗马或欧洲的直接的影响虽迟于间接的影响，但两者并非截然分开而是互相交叉的，尤其在公元400年以后，这两种影响往往同时并存。

当哥特人初入罗马帝国境内时，就有少部分匈奴部落随着进入罗马帝国，继又占领在今匈牙利境内的潘诺尼亚，因此有人以为匈牙利人的祖先是匈奴人，但这一看法仍待商榷。

这少部分匈奴人部落可以说是匈奴人进入罗马帝国国境的先锋队。匈奴人在蒙古高原不断遭受汉王朝的攻击，一部分不得不向西迁徙，大约经过三百年，乃在罗马帝国境内出现。这不仅在东亚与欧洲的交通史上占有重要地位，而且对欧洲产生过巨大影响。然而这些少数的匈奴人部落初期与哥特人同入罗马国境，这说明4世纪时在欧洲东部的匈奴部落相当散漫。各个部落有时联合，在某一部落或某一领袖的领导下共同对付敌人或保护其利益；但也有时各自为政或在某种情况下并不参加集团的行动，甚至单独迁徙，甚至与敌人联合。

当然，这少部分匈奴人对罗马帝国的影响并不大。因为他们人数既不多而且又非居于入侵者的领袖地位。

带领匈奴人从咸海和里海进攻哥特人的领袖应该是忽倪（Balamir），忽倪是侵略欧洲边境的最早的匈奴人的领袖，但我们找不到他渡过多瑙河的记载。

公元375年，忽倪攻破东哥特，继又打败西哥特，但他没有穷追猛打，致使大量西哥特人渡过多瑙河。这是西哥特与罗马帝国开始发生纠纷的主因。等后来匈奴人与罗马帝国直接发生关系时，则已是大量的匈奴部众入境，罗马帝国乃受到更大威胁。加之东、西罗马帝国间的纷争，内乱与天灾，这个历时数百年，统治欧、亚、非部分地区的大帝国遂逐步衰亡，使整个欧洲由统一变为分裂，使古代的欧洲进入中世纪的欧洲，使政治的集中制度变为教会的统一，使希伯来文化代替希腊、罗马文化。这就是说欧洲的封建制度的产生与发展，是与所谓蛮族——匈奴、哥特、汪达尔以及北方的其他蛮族等的侵入分不开的。

忽倪死的时间无可考，但他没有进入罗马国境，也没有与罗马帝国有过直接关系。他没有追击西哥特的原因，可能是因为虏获过多，也可能是因为不久之后便死了。假使这一看法成立，则忽倪应死于公元375年前后，不可能活到公元400年，因为这时与罗马帝国发生直接关系的匈奴领袖不是忽倪而是乌单（Uldin）了。

大量匈奴人进入罗马帝国的时间应在公元400年之前。因为公元400年，乌单已打败罗马帝国的将军干那斯（Gaïnas）并杀之于多瑙河下游，即今之罗马尼亚境内。

干那斯被杀的背景是：罗马皇帝狄奥多西死后，长子阿加提亚斯继立为西罗马皇帝（公元395—408年），幼子荷诺利乌继立为西罗马皇帝（公元395—423年），这二人都很昏庸。当时东罗马的当权者是鲁菲纳（Rufinus），西罗马的当权者是斯提利科，二人异常敌对。东罗马统治下的伊利尔伊卡（Illyricum）是格拉提安皇帝交给东罗马的，斯提利科想要回这个地方，因而与鲁菲纳冲突。恰巧东罗马统治下的小亚细亚受到匈奴人的侵略，斯提利科于是便率军进入东罗马。鲁菲纳不欢迎他，便鼓动东罗马皇帝命令斯提利科仍回西罗马去。斯提利科便把部众交给亲信干那斯统率（干那斯是哥特人，斯提利科是汪达尔人，是否因均系罗马人所视为的蛮人而遂关系密切，则不得而知）。干那斯率部到君士坦丁堡，当皇帝与鲁菲纳出来劳军时，干那斯乘机杀死鲁菲纳而成为东罗马的当权者。但他与皇后常常发生纠纷，干那斯及其部众又系阿利安教派，因而与君士坦丁堡的皇室不睦，与首都信仰天主教的民众也敌对。于是，首都民众对服务于帝国的哥特人大加杀戮，干那斯逃到多瑙河下游，希望得到匈奴人的帮助，结果匈奴人反而杀死干那斯，将其头颅作为礼物送给东罗马皇帝。

从这一点看，在这个时候，乌单与东罗马帝国的关系是友好的。这种友好关系还表现在另一件事情上：

东哥特的拉达盖斯（Radagais）自称为哥特王，有一万二千贵族战士为先锋队，二十万以上的兵卒，加上妇女、儿童、奴隶，总数约四十万，虽少于夫利提坚统率下渡过多瑙河的人数，但士卒的数目相等。在拉达盖斯的领导下，从罗马帝国的北部入境，他们都是异教徒，残暴甚于阿拉列统率下的哥特人。有人说他们所以进入罗马帝国，即因受匈奴王乌单的压迫。他们渡过多瑙河后，先停留在匈牙利的东部，即泰斯河以东。不久，又为乌单所迫而西逃，公元 404 年，经过阿普尔山东部侵入意大利。拉达盖斯曾宣称要焚烧西罗马帝国的都城——罗马，杀死元老院的议员以祀神。他们经过波河与亚平宁山（Apennine），没有遇到抵抗。他们没有攻打荷诺利乌皇帝所居住的拉文那，掠夺了其他城市，进攻佛罗棱萨（Florence），罗马城的官员与市民大为震动。于是斯提利科召集帝国军队抵抗，由于乌单与罗马帝国联盟，结果在佛罗棱萨打败并杀死了拉达盖斯。

拉达盖斯虽然败亡，但影响很大。匈牙利东部久为汪达尔人占据，而前此约二十年，斯威汇人与阿兰人因受匈奴人的威胁曾从聂斯德河一带逃至此处——潘诺尼亚。拉达盖斯及其部众，还有跟在他后面的匈奴人一到这个地方，对这里的汪达尔人、斯威汇人、阿兰人当然是个打击，因而不得不向西逃跑而去到高卢与西班牙。这说明 5 世纪初，匈奴人对罗马境内的种族迁徙影响很大，且远及高卢及西班牙等处。

拉达盖斯败死后，乌单又回到东边的潘诺尼亚。他很少侵略西罗马，对东罗马则时时扰乱，主要在多瑙河南一带。东罗马皇帝阿加提亚斯死于公元 404 年，这前后数年中，乌单所统治的地区必相当广大。当罗马的色雷斯省省长向他求和时，乌单说："太阳所照的地方，我愿意的话都可以征服。"《罗马编年史》说他是多瑙河以外的所有蛮人的统治者。

他所统治的地方究竟多大，当然不易确定，但是从匈牙利的东部、多瑙河的北部至聂斯德哥河和顿河流域，即西哥特与东哥特的故地应当都在他的统治之下。至于咸海与里海之间的北部，即粟特或以前的奄蔡本为忽倪所统治，这时是否在乌单的统治之下则是个问题。

公元408年，乌单侵略东罗马边地，满载而归，突然受到罗马帝国军队的袭击，损失很大。有人说是因为他拒绝了罗马人提出的优渥的求和条件，因而受到部下的反对，不得不退到多瑙河北。这一次乌单几乎被杀。

此后，史书对于乌单没有记载，死于何时也不清楚。

数年后，匈奴又有两位领袖的名字见于欧洲的史书。他们是兄弟俩，一为俄塔（Oktar），一为卢阿（Rua，或Ruga，或Rugilas）。

据一些史家意见，这两位领袖与乌单和忽倪没有什么血缘或继承关系。可以推想，自忽倪至俄塔的四十年间，到达欧洲边境或进入罗马帝国的匈奴人，组织并不严密而是相当松散。故忽倪死后，继承者如不是一位能干的人物，其他部落之有才干的领袖，在必要时即可能成为各部落的共同领袖，乌单即可能是这样的，俄塔当亦如此。

这时的匈奴人，除乌单所率领者外，与哥特人一同进入罗马帝国境内的，大概住在潘诺尼亚。此时，据说在乌单时代，从中亚细亚的咸海、里海一带，又有许多匈奴人西迁而抵达东罗马帝国东境。如德卢安（E. Drouin）在《大百科全书》（*Grand Encyclopedia*）的"匈奴"（Huns）条中主张俄塔及卢阿就是这些人的领袖。

这种看法不见得可靠。因为如果俄塔是新来的，便不会在很短时间里进至欧洲的中部和西部而与莱茵河畔的柏干提（Burgundians）人作战。故俄塔与卢阿仍当是久已住在潘诺尼亚的匈奴人的后裔。

吉本说俄塔是一位勇敢的领袖。有的学者认为他是一位不很露面的人，但确是这个匈奴王朝的建立者。俄塔可能是欧洲史书中所载的那位率领军队征伐莱茵河边的柏干提人的领袖。初期获胜，后来战败被杀。他应是最先侵入欧洲中部和西部的匈奴人的领袖，时间在公元415年前后。

俄塔死后，传位于其弟卢阿。初期情况，欧洲史书记载很少，公元422年，统率匈奴部众侵略罗马的色雷斯和马其顿尼亚的大概是卢阿。

公元426年，卢阿又侵略这两个地方。东罗马虽然打退了卢阿，但对东罗马始终是一大威胁。可能这时从咸海和里海一举又新来了许多匈奴人。

为了使罗马边境不受侵略，狄奥多西每年给卢阿三百五十磅金子，但到公元432年，卢阿又提出新的条件。由于好多匈奴部落的人不满卢阿或受不了他的压迫而逃到罗马帝国境内时，卢阿要求引渡这些人。罗马边境的许多匈奴部落曾单独与罗马订立条约，内容大致是由罗马给予财物，他们则答应不侵略罗马边境，或是边境如遭受侵略则负责防卫等等。卢阿要求所有这些条约均作废，用意当然是条约的订立应该由他来办。

狄奥多西不敢拒绝，于是派遣使者、塞族后裔普林塔斯（Plinthas）将军和埃彼日尼斯（Epigenes）去商谈。使团于公元434年抵达匈奴统治区边境时，得知卢阿已死，他的两个侄子布雷达和阿提拉继位。

这里叙述一下卢阿死前与一位罗马人阿伊喜阿斯（Aetius）的关系。阿伊喜阿斯的祖先可能是罗马人所谓的蛮人，但他的父亲曾在西罗马帝国政府中服务，后来是非洲的伯爵。阿伊喜阿斯曾在哥特人领袖阿拉列的军营中为质多年，后又为质于卢阿的王庭中，因此与卢阿友好并结识了布雷达与阿提拉。

公元423年，西罗马皇帝荷诺利乌去世，无子，军队长官卡斯丁那斯（Castinus）拥立帝国法院高级官员约翰（John）为皇帝。东罗马皇帝狄奥多西反对，要以姑母普拉西提亚（Placidia）的五岁幼子发隆提尼安为皇帝。阿伊喜阿斯拥护约翰，便说服卢阿发兵六万帮助约翰即位。后来约翰失败了，阿伊喜阿斯又迫使摄政者普拉西提阿任命他为高卢的军事长官。

由此可见卢阿与阿伊喜阿斯的友谊很深。据说西罗马帝国于卢阿在位时即因这种关系而很少遭受匈奴的侵扰。卢阿死后，布雷达与阿提拉继位之初，阿伊喜阿斯与二人关系仍好，书信礼物，往还不断。

布雷达与阿提拉会见罗马使者的地方在今南斯拉夫的马该斯（Margus）附近，即上马西亚（Upper Maesia）的一个平原上。他们会见时，布雷达与阿提拉拒绝下马，随从人员也都骑在马上，所以罗马使者也只好骑在马上会谈。

各种条件都由匈奴领袖决定。

第一，卢阿要求引渡的人应照办。其中有两个匈奴部落中的王子，避居君士坦丁堡，匈奴人要求把他们钉死。

第二，废除一切与匈奴其他部落订立的条约，承认只有他们二人才有订定条约的权力。

此外，又增加了三条。

一、以前每年交付匈奴三百五十磅黄金，以后改为七百磅。因为以前只有一个国王而现在则有两个。

二、罗马帝国在多瑙河岸开设市场，供给物资。

三、在匈奴的罗马帝国俘虏，逃跑一个赔偿黄金八片。

阿提拉与布雷达宣称：如不接受，即行宣战。

狄奥多西第二不得不答应这些要求。阿提拉并要罗马使团短期逗留，看他派兵去征服塞族与日尔曼的一些部落。

多瑙河西的东哥特王发拉弥尔（Valamir）和多瑙河东的格庇德王阿德利克（Ardarik）都受匈奴统治。这两者的人数之和可能多于匈奴人。

布雷达与阿提拉在多瑙河中游，即德意志的领土上也扩张势力。住在莱茵河旁或附近的日耳曼族人为阿拉曼尼人（Allemani）、柏干提人、利科利安佛朗克人（Ricuarian Franks），他们或贡奉财物，或为其军队服务。图林基亚人（Thuringians）、萨克逊人（Saxon）则把他们的壮丁送给匈奴当兵。由于匈奴势力的扩张，直接或间接使盎格鲁和萨克逊与朱特（Jutes）各种族由欧洲大陆迁到不列颠岛。据古代学者记载，匈奴的势力一直延伸到北海与波罗的海。

在布雷达与阿提拉之前，匈奴的势力有时到达欧洲的东南方罗马统治下的小亚细亚。阿提拉曾企图征服波斯。在欧洲东部的芬兰人和一些住在山林地带的斯拉夫人也受到匈奴人侵略。住在咸海与里海之间北部的阿兰人、萨马提阿人以及他们散居于欧洲之东部者也受布雷达与阿提拉的役属。

有人估计：在亚细亚西部、顿河以西一带还有很多匈奴人，其数量超过住在欧洲的匈奴人。公元 435 年，索拉斯基（Sorasgi）和各地的匈奴人也被布雷达与阿提拉征服。又过八年，布雷达死。另一匈奴部族阿卡特斯利（Akatsiri）一向为阿提拉盟友，处于平等地位，于公元 447 年被阿提拉征服。阿提拉派其子埃拉克（Ellak）去统治他们。

总之，由中国北部迁移到中亚细亚的匈奴人于 4 世纪迁至欧洲东境。又过百年，在布雷达与阿提拉时代，顿河以西和欧洲的匈奴人和小亚细亚的许多种族都在匈奴帝国的统治之下，罗马帝国需要向它求和。

当布雷达与阿提拉时代，他们的势力南到里海南岸近于地中海，北至北海与波罗的海，东至顿河，西至高卢、大西洋岸，这是历史上少见的大帝国，其势力范围比古代的中华帝国、罗马帝国还大。

第三十四章　欧洲匈奴帝国的阿提拉时代

卢阿死后，虽然布雷达与阿提拉两兄弟继立，但布雷达性情消沉而阿提拉积极，主观性强，故实际上阿提拉当权。公元445年，布雷达死，阿提拉便成为欧洲匈奴帝国的统治者。

有人认为布雷达是被阿提拉害死的。因为这种情况在匈奴的历史上是常有的，而两单于共同统治则是没有的。匈奴的祖先曾因内乱而有南北单于和五单于分治的情况。

但他们共同统治既达十年之久，可见关系较好。布雷达死后，他的妻子既未被阿提拉杀害，也没有按匈奴的风俗娶她为妻。在匈奴接待各国使节时，她还参加接待。因此，布雷达不见得是被阿提拉杀害的。

阿提拉单独统治欧洲匈奴帝国后，势力日盛，成为欧洲、中亚西部和小亚细亚一带最有威权的统治者。

关于阿提拉，除普利斯库斯与约但尼斯记载的以外，还有一些记载与传说：12世纪的达尔马提那斯（Juvencus Caelius Calanus Dalmatinus）的《阿提拉传》，16世纪的格兰（Gran）大主教俄拉胡斯（Nicolas Olahus）的《阿提拉传》。18世纪的吉本写《罗马帝国衰亡史》时没有看到这两本书。1929年，布利翁（M.Brion）所刊行的《阿提拉——上帝的鞭子》（*Attila，The Scourge of God*，1929）和1931年刊行的《匈奴人的生活》（*Lavie des Huns*，1931）是文学创作不是历史。《尼伯龙根之歌》（*Nibelungenlied*）流行于北欧，其中的埃特西尔（Etzel）即暗指阿提拉，但也不是历史。其中有关人物的生卒年错误很多。

匈牙利人在其历史中把阿提拉作为祖先，并上溯三十五代至亚伯拉罕——诺亚（Noah）的儿子，这当然是假托。

在阿提拉的使者与罗马皇帝狄奥多西二世的谈话中，有一次，使者说阿提拉的父亲叫蒙祖（Mundzuk），声音近于“沮渠蒙逊”的“蒙逊”，也近于“冒顿”。但究竟其祖先是否为匈奴的单于或贵人则难于考证。

阿提拉动作矜持，表现优越感。当他想引起恐怖时，习惯地转动两只凶猛的眼睛。在人们表现兴奋、急迫或恐慌的时候，他面不改容，表现镇定。他酷好战争。在欧洲人的心目中，他是一个残暴的人物，故被称为“上帝的鞭子”。

阿提拉像乌单一样，认为世界上任何地方，他想要征服便可以征服。他曾对罗马人说：“在罗马帝国的广大疆土中，任何安全或难于攻克的堡垒和城市都不存在。假使我们喜欢的话，我们都可以把它从地面上去掉。”

其实，按人口数量，在欧洲的匈奴人并不很多，阿提拉之所以能够战胜其他民族是由于军队精悍。平时，他听任各族的领袖住在各自的领地，统率其部队。必要时，他可以调用、指挥五十至七十万军队，他是一位很出色的军事统帅。

阿提拉虽然宣称他每战必胜，可是凡在可以不用兵即可达到要求时他从不出兵；即使出了兵，也会自动退却。即《史记·匈奴列传》所载匈奴人的传统战术：“利则进，不利则退，不羞遁走。”

他也有仁慈的心，他的敌人相信他的宽恕的诺言与和平的保证。他的部众觉得他是一位公正而宽大的君主。有人以为他也可以说是一位慈爱的父亲。在大庭广众之中，他看见他的最小的儿子时，便笑容满面地抱起来。

在生活方面，阿提拉很简朴。在宴会上，他把大量的好的东西给客人吃，自己只吃简单的食物。他的部下使用金杯银碗，他却使用木碗。他酒量很大，据说他后来死于饮酒过度。他穿的衣服也很朴素。

可以看出，匈奴人经中亚细亚抵达欧洲，生活方式必有不少改变。

尤其与罗马接触后，罗马人的奢侈享受必然会影响一部分匈奴人。

阿提拉很迷信，自认是超人。相传在阿提拉的臣民中有一个牧人，发现他的牝犊食草时，脚上有伤并流血，于是跟踪血滴来到一处草长得很茂盛的地方，发现了一把古剑，献给了阿提拉。阿提拉非常高兴，以为是天神所赐，便筑了一个三百码见方的祭台，把剑放在最高处，用羊、马的血去祭奠，以后每年都举行一次。

找不到阿提拉像他的蒙古高原上的祖先“拜天地日月”和“祠龙城”那样的记载。阿提拉并不仇视与他不同的信仰，他对不同信仰的宗教还是宽大的。

关于阿提拉的家世情况人们所知甚少。他的使者对狄奥多西二世谈到他的父亲时，曾说他来自贵族家庭，而且比作狄奥多西二世的父母。阿提拉与布雷达的地位传自叔父卢阿，卢阿则传自其兄俄塔。那么，他的祖父、父亲虽不必是匈奴的领袖，也必是帝国中的一位重要人物。

关于阿提拉的家庭，据说夫人很多，其中一位地位最高，相当于皇后。到过阿提拉王庭的罗马使团说夫人们是分居的，各有宫院。皇后名西露茄（Cerca），阿提拉不在京城时，她多次招待罗马使者，并请布雷达的遗孀作陪。使者们到过她的宫院，除同桌宴会外，甚至许可使者行欧洲人的拥抱仪式。这可能是到欧洲后受的影响。

阿提拉的孩子很多，他最喜爱的是最小的一个，名厄内克（Ernac），阿提拉死后继位。

阿提拉王庭建于今匈牙利境内。位置在多瑙河的泰斯（Theiss）与喀尔巴阡（Carpathian）山之间，在上匈牙利的平原即布达佩斯（Budapest）的右侧附近，或是旧城布达（Buda）之西约百里。克尔特人（Celts）曾居于此而称之为阿克利克（Ak-Rik），意为“多水”。后归罗马人统治，直至4世纪后半叶遂为哥特人、匈奴人和其他族人所据。土地肥美，又久已为匈奴人所居，当是阿提拉选为王庭所在的主要原因，而其地亦随之成为欧洲的一个重要地方。

可能因其本为游牧民族，不注意城市建筑，故王庭中除一所浴室是用石料建筑的以外，其他重要房屋都是木结构，非常简陋。

阿提拉所住的宫室也是用木建造的，占地很广，外有很高的方木的围城并有堡垒。木城倾斜地环绕一个小山。阿提拉和他的夫人们的居室的木柱亦有雕饰，室内铺有地毯，用具则由俘虏或请来的希腊艺术家设计制造，虽罗马使者也感到精巧。这也说明匈奴人到欧洲后受了希腊、罗马文化的影响。

在阿提拉的宫廷里有两个人值得注意。一位是为阿提拉建筑浴室的俄尼基西亚斯（Onegesius），是一位建筑师。除浴室外，其他建筑也可能是他设计并监修的。他很得阿提拉的信任。另一位是希腊人，在匈奴人攻破维米尼亚卡时财产全部损失，成为俄尼基西亚斯的奴隶。他忠于匈奴，被提拔在王庭中服务，后来还娶妻生子。当罗马使者普利斯库斯到匈奴王庭时，曾用希腊语与之谈话。有些匈奴人喜欢学希腊语，可能是由于有他这样的人教的缘故。许多匈奴人也喜欢学拉丁语。

匈奴王庭里也用了许多铁工、木工以制造兵器。外族医生在这里受到特殊的尊重。

阿提拉强盛时，势力伸张至伏尔加河流域，征服了乔乌坚（Geougen）的可汗。传说阿提拉曾征伐波斯。经过沙漠与沼泽即密俄提斯湖（Maeotis），继又深入山地，经十五天而到达米太（Media）。他们与波斯人剧战，据说飞箭往来遮住了阳光。最后匈奴人撤退，损失很大。此后阿提拉遂将注意力放在西方。

布雷达在世时，阿提拉在对东罗马的要求中曾有一条：在多瑙河沿岸设置市场，以利双方交易。罗马在市场附近设置了一个堡垒君士但提亚（Constantia）。阿提拉的军队赶走或杀死来这里贸易的罗马人，并攻破堡垒，理由是马尔格斯（Margus）的主教进入他们的领土，发现并偷窃了国王的珍宝。阿提拉严厉要求送还赃物，逮捕主教及其同党。

东罗马帝国拒绝这一要求，于是双方开战。马斯安人（Maesians）最初赞扬帝国的这一措施。但当他们听说维米尼亚卡（Viminicum）及其附近城市均被匈奴攻破，于是又采取另一态度。马尔格斯的主教遣人秘密与匈奴首领商量，约定时间，亲开城门投降。伊利利亚边境堡垒被匈奴人决河水攻占。名城如瑟密阿姆(Sirmium)、星基敦纽(Singidunum)、拉提亚利亚（Ratiaria）、马尔西亚诺波利斯（Marcianopolis）、那斯苏斯（Naissus）与沙底卡均被匈奴攻破焚毁。在罗马帝国的疆土上，从修克星（Euxine）到黑德利亚提克（Hadriatic）千五百里，到处受到阿提拉军队的蹂躏。

在这严重时刻，狄奥多西二世没有亲自统率罗马军队去抵抗。他的大臣将军们把在西西里（Sicily）抵抗汪达尔王贞瑟利克（Genseric）以及防备其他地方的军队都调来救急，但在三次作战中都失败了。前两次是在乌塔斯（Utus）河边马利西安诺波利斯城下；在多瑙河与哈马斯（Haemus）中间的广大平原中。匈奴军队取得优势后，罗马军队向刻索尼萨斯（Chersonesus）与色雷斯及马其顿尼亚逃跑。结果，东罗马的七十个城市被侵占。虽然狄奥多西二世及其王公大臣迅速修好君士坦丁堡，希望保全，但士气不振，人心惊慌，甚至以为上帝降灾于帝国而要把帝国都城交给匈奴人。东罗马损失不可胜计，长期以来光荣的罗马帝国走上了衰亡的道路。

游牧民族是从来不作久居之计的。阿提拉所统率的匈奴人虽然已开始过着居国的固定生活，但是他们仍保有游牧的习惯。在战争中，破坏的传统作风没有多大改变，所以他的军队所到之处，城市化为废墟，田园成为荒野。这使罗马人更觉得野蛮的匈奴人的可怕。匈奴这个名词成为可怕的象征，迷信的罗马人便以阿提拉为“上帝的鞭子”。

阿提拉没有攻击君士坦丁堡，他对狄奥多西二世提出三项要求。

一、让出大片土地。在多瑙河南岸，从星基敦纽或贝尔加得（Belgrade）到色雷斯（Thrace）主教区的诺发（Novac），地方之广，约当十五天的旅程。

二、每年输黄金由七百磅增至二千一百磅。

三、立即无偿交还战争中被罗马俘虏的匈奴人；被匈奴俘虏的罗马人则每人交十二片黄金——比以前增加四片。所有匈奴军队中人逃到罗马帝国者应引渡。

在第三条要求下，罗马帝国被迫杀死好几个所谓蛮人的贵族和一直忠于罗马帝国的人，这使一些一向对帝国友好的蛮族部落产生恶感。

据第二条要求，黄金的数目虽然增加了，但以东罗马帝国的财富而言是足够支付的。无如政治腐败，官吏借机敲诈，人民更加痛苦而帝国经济亦益加紊乱。

关于第一条，狄奥多西二世没有拒绝。但有一个不知名的城市阿詹马斯（Azimus 或是阿詹曼提阿姆 Azimuntium，是伊利利亚边境色雷斯的一个小城）却加以反抗。阿提拉要求罗马帝国迫使阿詹马斯城的人民放弃抵抗，狄奥多西二世答以已失去控制该城的力量，于是阿提拉便直接与这个城办交涉。

东罗马帝国方面选出以马克西明（Maximin）为首的使团以与匈奴人谈判。叙述这次出使经过的普利斯库斯也是使者之一。阿提拉也有两位使者在君士坦丁堡，一为俄累斯提斯（Orastes），一为挨得空（Edecon）；前者为潘诺尼亚的贵族公民，后者为西尔利（Scyrri）部落的首领，这两个人的儿子后来也是历史上的重要人物。俄累斯提斯的儿子罗谟拉斯·奥古斯杜拉斯（Romulus Augustulus）是西罗马帝国最后一任皇帝（公元 475—476 年）；挨得空的儿子则是意大利的第一位国王。俄累斯提斯与挨得空在马克西明所率领的使团要去与阿提拉谈判时，也准备回匈奴王庭，因而约定同时出发。

使团走了十三天，约近千里，到达沙特卡（Sardica），这是罗马帝国的边境，过此就是匈奴的领土了。这个省的长官杀了牛羊款待匈奴使者，酒酣之余，罗马使团中的一个译员维基利阿斯（Vigilius）反对把凡人的阿提拉与神圣的狄奥多西二世相比，于是引起争论。马克西明与普利斯库斯多方努力才平息了匈奴使者的愤怒，随后又馈赠了丝袍、珍珠。但俄累斯提斯觉得帝国对他不如对挨得空好而表示不满。

又走了三百里，抵达那斯苏斯(Naissus)。此地不久前曾被匈奴攻占，已夷为平地，经过今之塞尔维亚（Servia）的山地，斜下至多瑙河平原，即入匈奴境。过河后，匈奴使者就先走了。

过河后，走了不过六七里，罗马使者便感受到匈奴统治者对他们的虐待和侮辱。他们不能在景色宜人的地点打开帐幕住宿，因为匈奴人认为这会对远处的王庭不利。阿提拉的左右压迫他们说明要与阿提拉会谈的内容，马克西明认为这是违反国与国间使者的惯例的。于是他们被阻止前进，并迫使他们返回君士坦丁堡。最后经俄尼基西亚斯（Onegesius）的兄弟斯哥塔（Scotta）调解，又送了许多礼物才算解决。

匈奴的带路者故意领着他们走许多弯路，并且很骄横，要他们走才能走，要他们停就得停。沿途的食物充足，但饮的是蜜酒而不是葡萄酒。他们又饮了一种流质，名卡马斯(Camus)，普利斯库斯说是用大麦蒸制的。他们吃的是黍米不是面包。在君士坦丁堡住惯了的，过惯了侈靡生活的罗马使者感到旅途生活很苦。

有一天晚上，他们在一个沼泽边住宿，忽然风雨大作，帐幕被掀翻。正窘困间，被住在附近的希雷达夫人知道了，殷勤地招待了他们，双方互赠了许多礼物，然后继续进发。六天之后，与匈奴使者俄累斯提斯和挨得空会合，不久，遂抵达阿提拉王庭。

恰巧这时西罗马的使团也到了，阿提拉两次举行宴会。

使者入门前，先要停下来，行祝贺匈奴皇帝身体健康与国家兴盛的酒礼后才能进去。他们被引至一个大厅中，坐在指定的座位上。在主人座位的两旁，排着两张小桌子，每桌三至四人。阿提拉的儿子、叔父、一些他喜欢的国王和贵族应邀作陪。右边的桌子是高位，但东罗马与西罗马皇帝的使者排在左边的桌位，而哥特人的首领却坐在右边，罗马使者认为这是侮辱。阿提拉举杯祝贺使者健康，使者们也回敬，多次以后，仍继续喝酒。有许多娱乐助兴，两个匈奴人站在阿提拉座位前唱歌，歌曲是歌颂这位统治者的胜利与光荣，大厅里的人们都静静地听着。还有一些丑角，穿着怪服，说了一些话，夹杂着拉丁、哥特、匈奴的语言，人们都大笑起来。

过了两天，阿提拉宴请东罗马使者并与马克西明长谈，对于他所不满意的问题则表现粗暴。他提出君士但丁提亚斯的婚事。他说罗马皇帝前已答应给他一位富有的夫人，皇帝不能使君士但丁提亚斯失望，否则便是说谎者。

第三天，罗马使者告辞。一些罗马俘虏付出少量代价后被准予回国。阿提拉赠与使者礼物，他的左右把马送给他们，罗马使者也回赠礼物。

与马克西明同到匈奴王庭的维基斯阿斯谋杀阿提拉的阴谋被发觉了。这件事的主谋者是狄奥多西的当权太监克赖萨菲亚斯（Chrysaphius）。他在狄奥多西二世在位时是真正统治东罗马的人。他唆使匈奴使者挨得空暗杀阿提拉。挨得空先同意，但后来又反悔了，并向阿提拉交代了这件事。维基斯阿斯带着儿子到达匈奴王庭后，命其子把克赖萨菲亚斯的一袋黄金带交给挨得空，父子俩立即被捕送给阿提拉审问。在以杀死他的儿子的要挟下，他不得不全部交代。阿提拉接受他二百磅黄金，没有杀死维斯基阿斯，然后派出俄累斯提斯和伊斯劳（Eslaw）到君士坦丁堡。俄累斯提斯把维斯基阿斯的那袋黄金挂在颈上，大摇大摆地走进宫廷，质问克赖萨菲亚斯是否认得他的原物，是否知罪。伊斯劳严厉地对东罗马皇帝说：“狄奥多西是一位显赫可敬的父亲的儿子，阿提拉同样来自贵族而且用实际行动保持其父亲蒙祖（Mundzud）所传下来的尊严。可是狄奥多西丧失了他父亲的光荣，曾同意进奉贡献，而把自己降低到奴隶的地位，因此，他应该尊敬在命运与价值上都比他高的人物，而不应该相反地像一个邪恶的奴隶，秘密地去谋害主人。”接着，转达阿提拉的要求：要得到克赖萨菲亚斯的头。

狄奥多西二世立即派出一个全权使团，带着大批礼物去会见阿提拉。阿提拉同意在特兰哥（Drenco）河边接见使团。

阿提拉看见使团里都是帝国的重要人物。两位贵族执政官：诺马斯（Nomus）和阿那托利亚斯（Anatolius）；一位财政大臣，一位大将军。带来的礼物非常贵重，加之使者们的善于辞令，阿提拉转怒为喜，宽恕了东罗马皇帝、维基斯阿斯和克赖萨菲亚斯，并保证遵守和约，释放许多俘虏，对于逃亡于帝国境内的匈奴人不予追究，还放弃多瑙河南的一大片土地——这些地方的人民和财富已几乎被阿提拉搞光——当然，东罗马帝国需付出很大代价，东罗马人民更穷困了。

狄奥多西二世死于公元450年，年五十岁。死后，由其姊巴尔基利阿（Pulcheria）继位。不久，杀死太监克赖萨菲亚斯。她又选定元老院议员马尔西安（Marcian）为丈夫，帮助她统治帝国。

马尔西安要改变狄奥多西二世的忍辱求和的政策。他认为与其用大量财物去求和，不如用来整顿军队。他使阿提拉知道，他反对每年向匈奴纳贡，如果仍像以前那样勒索，他必起而反抗。他派遣阿波罗尼亚斯（Appollonius）出使匈奴。这位使者虽然带了礼物，但在阿提拉没有答应会见之前拒不交出礼物，这大出阿提拉的意料，使阿提拉过去对狄奥多西二世所惯用的威胁政策不得不有所改变。阿提拉考虑到与其再对付事实上已极端贫困的东罗马不如向西发展。

阿提拉用什么理由作借口去进攻西罗马帝国呢？

第一个借口是关于瑟密阿姆（Sirmium）的教堂里的珍宝。在过去的许多年中，阿提拉曾与西罗马帝国交换信件，提出珍宝的所有权问题，但始终没有解决。现在，阿提拉要用来作侵略西罗马的借口。

第二个借口是西罗马皇帝发隆提尼安的妹妹荷诺利亚（Honoria）与阿提拉的婚姻。荷诺利亚是普拉西提亚（Placidia）之女，十六岁时与宫室侍从攸基尼阿斯（Eugenius）发生关系并怀了孕。她的母亲普拉西提亚把她送到君士坦丁堡看管，前后逾十年。这时正是阿提拉向东罗马诛求无厌的时候，阿提拉的名字几乎妇孺皆知，她便设法把一个戒指送给阿提拉，表示愿意做阿提拉的夫人。阿提拉虽然接受了她的戒指，但态度冷淡，这期间阿提拉曾娶了好几位夫人，现在阿提拉要利用她了，正式向西罗马提出与这位公主结婚并要求用西罗马的一半土地和人民做嫁妆。

西罗马表示拒绝。

阿提拉决心征服西罗马帝国。目标选定较西边的高卢而不是较东边的意大利。原因可能出于政治和外交上的考虑。意大利是西罗马帝国的中心，军事力量强；而高卢则为外族人所占，历来多与罗马帝国发生冲突。

在高卢的西哥特王狄奥多利克曾在进攻西罗马的一个富有的城市阿利斯（Arles）时被阿伊喜阿斯打败。第二次进攻时又被打败。后来，阿伊喜阿斯返回意大利，列杜利阿斯（Litorius）将军继任，被狄奥多利克打败后俘获。阿提拉希望在进攻高卢时，西哥特人不帮助罗马人。

此外，占据莱茵河下游的佛朗克王克罗维斯（Clovis）也曾被阿伊喜阿斯打败，死后二子争立。幼子美罗维亚斯（Meroveus）曾到西罗马首都，且被阿伊喜阿斯收为养子。这时，长子与阿提拉订约：阿提拉进攻高卢时可以通过佛朗克领土。

同样，西罗马帝国也尽力联络一些外族，尤其是西哥特人。派出退休长官阿维塔斯（Avitus）游说西哥特王狄奥多利克。结果狄奥多利克不但愿与罗马结盟而且愿意亲自率兵抵抗匈奴人。

公元451年，阿提拉亲统五十万大军西进，经二千余里，始抵莱茵河与内卡河（Neckar）的合流处，佛朗克的克罗维斯王的长子派军相助。由于部队人数多，辎重长途运输不易，故选择较暖的时候，利用赫星尼安（Hercynian）森林的木料造船渡河。渡河后，一路攻城略地，较大的城市美兹（Metz）亦被攻占。

阿提拉从莱茵河与摩塞尔（Moselle）推进到高卢的中心地区，巴黎没有被占的原因是当时还实在太小。渡过赛纳河（Seine）的奥舍尔（Ouxerre）后到达奥利安（Orleans）。正在军民奋起抵抗，阿提拉猛攻不下时，阿伊喜阿斯和狄奥多利克的援军到了。这很出阿提拉的意料，于是下令全军回渡赛纳河，退至沙隆（Chalon）平原以利于匈奴的骑兵活动。

阿伊喜阿斯与狄奥多利克率军追击。

据说阿提拉曾找他的祭士及占卜者商量。他们的预言是匈奴人失败，对方的主要领袖会阵亡。

阿提拉为鼓励士气，亲自对军队讲话：“我自己要抛第一支矛，卑鄙而反对去仿效他的君主的榜样者的命运，注定其难免于死。”他亲自指挥中军，仆从部族如卢基安人（Rugians）、赫叩利人（Herculi）、图林基安人（Thuringians）、佛朗克人、柏干提人分在左右，右翼由格庇德国王阿达利克（Ardatria）统率，左翼由东哥特的三位兄弟统率。

在对方，曾与阿提拉勾结、密谋而被发觉的阿兰王桑基邦所部居中——为的是便于监视——，阿伊喜阿斯居左，狄奥多利克居右。狄奥多利克之子松利斯蒙德占据战场上最高的地方，向左右翼展开，包抄阿提拉的后路。

这是历史上规模最大的战役之一，也可以说是早期的世界大战。东亚的匈奴和一些东方民族，中亚的阿兰和其他一些民族，大西洋岸的国家和欧洲的一些种族都聚集在沙隆战场上。这是一场东方与西方的战争。然而又好像一些部族的内战：帮助罗马的阿兰人与帮助匈奴的阿兰人打；帮助罗马的西哥特人与帮助匈奴的东哥特人打。

阿提拉亲率中军猛攻阿兰王桑基邦，冲破后又集中力量攻击西哥特人。狄奥多利克正骑在马上指挥作战，被东哥特贵族安德基斯（Andages）一矛投中而死，迷信的匈奴人以为这正应验了祭士的预言。

东哥特部队混乱之际，松利斯蒙德率军从山上驰下，阿提拉的中军由于推进太快而与两翼脱节，形成孤军，于是战局顿生变化。阿提拉下令退却，用车子围成圆圈固守。两军竟夜混战，死亡极众，有人估计为十六万二千，有人说三十万，而匈奴人居多。

松利斯蒙德与阿伊喜阿斯会师后，找到狄奥多利克尸体，举行葬礼后，松利斯蒙德被推为西哥特王。

阿伊喜阿斯考虑到与其打败匈奴，使西哥特强大，不如暂时保留匈奴不使西哥特获得全胜。这样，匈奴和西哥特就不至于危害帝国了。

阿伊喜阿斯对松利斯蒙德说狄奥多利克死后，应防止西哥特国内的有野心的兄弟们抢夺王位和首都土鲁斯的珍宝。于是松利斯蒙德立即退出战场回国。接着，罗马和其他各军也都撤出沙隆回国。这完全出乎阿提拉的意料，简直不敢相信。他又在营地里困守几天之后，才下令返回匈牙利。

沙隆之战，阿提拉虽然失利，但过了不久，他又准备再次进攻。他又提出荷诺利亚的婚事和嫁妆问题。西罗马帝国拒绝。于是公元452年，阿提拉又率军西进。

阿提拉吸取上次攻打高卢失败的教训，这次他决心进攻意大利。

高卢的西哥特王松利斯蒙德在沙隆战后因与阿伊喜阿斯在分虏获品时发生争执，所以这次不但不派兵帮助罗马帝国，反而派兵攻打罗马帝国，因而受到臣民反对。公元453年，被他的两个兄弟杀死。

阿提拉在意大利的北部战无不胜，但进攻亚得利亚（Hadriatic）海岸的阿基利亚镇（Aquileia）时却顿兵三月之久。这个镇很富足，人口也多，抵抗坚决。阿提拉准备转移时，发现一只鸟带着小鸟飞离城楼上的鸟巢，他断定这个城楼已经毁败，于是下令猛攻这个城楼，阿基利亚镇终于被攻下了。入城之后，财物悉遭劫掠，居民大部被杀。

接着又攻占阿尔提纽（Altinum）、空哥地亚（Concordia）和巴杜（Padua），占领后均夷为平地。内地的城市如维星萨（Vicenza）、凡罗那（Verona）、巴加姆（Bergamo）也均惨遭劫掠。米兰、巴维亚（Pavia）投降后交出财物，换取人民生命的安全。据说当阿提拉进入米兰的贵族宫室时，曾为一张图画而惊讶。这张图画上画着恺撒坐在宝座上，塞族的国王跪在脚旁。阿提拉命令一位画工改画为罗马皇帝跪在塞王面前，打开盛有黄金的口袋，表示向塞王进贡。

人们说，凡是经阿提拉的马蹄践踏过的地方，草也永不生长。有的欧洲历史学家又指出，这位“上帝的鞭子”无意中给欧洲的文艺复兴奠定基础。阿提拉毁灭了许多旧城市，人们逃到新的地方又建立了新城市。威尼斯（Venice）就是难民建起来的，代替了阿基利亚镇而成为意大利的名城。

大战之后，必有凶年。这时饥馑严重，疫疠流行，匈奴军队死者很多。同时东罗马帝国的援军也到达了意大利。于是阿提拉接受了罗马帝国的和议。罗马的使者是阿维那斯（Avienus）、司法官特利基提亚斯

（Trigetius）、罗马主教利奥（Leo），罗马方面出了很高代价，阿提拉才答应离开意大利。阿提拉宣称如不把“未婚妻”荷诺利亚送到，将更大地侵略西罗马。

公元453年，阿提拉举行婚礼，夫人名伊尔提哥（Ildico）。据约但尼斯记载，婚后第二天发现阿提拉死亡。

据说阿提拉的尸体放在三个一套的棺材里——一个是铁的，一个是银的，一个是金的。并被埋葬在一个秘密的地方。

阿提拉死后，北欧的文学作品中有关于他的传说；匈牙利史家把他当作建国元勋；民间传说也很多。足见这位东方匈奴人的后裔对欧洲的影响之大。

第三十五章　欧洲匈奴帝国的尾声

阿提拉死后，几个儿子争立。长子埃拉克（Illak）于公元454年，在尼达尔（Nedal）河畔与反叛的外族作战时阵亡，匈奴帝国土崩瓦解。在帝国中心匈牙利的匈奴人力量也很微弱，较大的部落逃到喀尔巴阡山以东受柔然人的统治。

阿提拉最喜爱的幼子厄内克逃到多不鲁甲（Dobruga），即多瑙河口以南一带。另有两个儿子挨尼祖（Emnedzur）和乌星托（Ultsindur）则占据东罗马的达西亚利彭西斯（Dacia Ripensis）省的西部，有些匈奴部落则居于东罗马的其他地方。

公元461年，阿提拉的一个儿子顿基西克（Dengesik）企图重建匈奴帝国，沿着多瑙河的上游向潘诺尼亚的东哥特人进攻，遇到抵抗后撤出。公元468年又渡过多瑙河进攻东罗马，战败被杀。罗马人把他的头悬在君士坦丁堡。

6世纪初，意大利王、东哥特人狄奥多利克为争夺意大利的北部与东罗马发生战争时，曾联合附近的外族部落，其中有定居于塞尔维亚（Servia）的匈奴人领袖为蒙杜（Mundo），据传为阿提拉后代。公元504年，东罗马皇帝安那斯泰喜阿斯（Anastasius 491—518年）派将军萨宾尼亚那斯(Sabinianus)攻击蒙杜，由于有保加利人(Bulgars)——这是保加利人第一次见于历史——的援助曾取得胜利。但东哥特王狄奥多利克的将军彼提西亚（Pitzia）率军援救蒙杜，结果罗马帝国大败。由此可见蒙杜当时的力量还很大。至于此后的事情则完全不清楚了。